中华人民共和国应急管理标准汇编

(第十三辑)

应急管理部政策法规司 编

应急管理出版社

·北京·

图书在版编目（CIP）数据

中华人民共和国应急管理标准汇编. 第十三辑 / 应急管理部政策法规司编. -- 北京：应急管理出版社，2022

ISBN 978-7-5020-7351-0

Ⅰ. ①中… Ⅱ. ①应… Ⅲ. ①危机管理—国家标准—汇编—中国 Ⅳ. ①D630.8-65

中国版本图书馆CIP数据核字(2022)第047905号

中华人民共和国应急管理标准汇编　（第十三辑）

编　　者	应急管理部政策法规司
责任编辑	孟　楠
责任校对	张艳蕾
封面设计	罗针盘
出版发行	应急管理出版社（北京市朝阳区芍药居35号　100029）
电　　话	010-84657898（总编室）　010-84657880（读者服务部）
网　　址	www.cciph.com.cn
印　　刷	北京玥实印刷有限公司
经　　销	全国新华书店
开　　本	880mm×1230mm $^1/_{16}$　印张　26$^3/_4$　字数　815千字
版　　次	2022年5月第1版　2022年5月第1次印刷
社内编号	20220239　　　　定价　175.00元

版权所有　违者必究

本书如有缺页、倒页、脱页等质量问题，本社负责调换，电话：010-84657880

编 辑 说 明

2021年是党和国家历史上具有里程碑意义的一年，也是应急管理事业发展极不平凡的一年。一年来，应急管理标准化工作认真贯彻落实习近平总书记关于应急管理重要指示批示精神和标准化战略重要论述精神，根据应急管理部党委标准化工作部署，全力稳步推进适应"全灾种、大应急"要求的标准化建设：一是加快安全生产、消防救援、防灾减灾与综合性应急管理等重点领域标准制修订，按程序和要求报请国家标准化管理委员会发布人员密集场所消防安全管理、坠落防护的安全带等15项国家标准；突出"急用先行，需求导向"，以应急管理部公告形式发布了加油（气）站油（气）储存罐体阻隔防爆技术要求等4项行业标准；下达有限空间作业安全技术规范、社会应急力量救援队伍建设规范等24项标准制修订计划；组织对应急避难场所、风险监测预警、救灾物资、救援装备等200多项紧缺标准的研究制定。二是编制《应急管理部强制性标准整合工作方案》，对《危险化学品重大危险源辨识》等30项强制性标准实施情况进行了统计分析，组织完成32项强制性国家标准复审，联合印发了《个体防护装备标准化提升三年专项行动计划（2021—2023年）》。三是完成全国安全生产、个体防护装备、消防、应急管理与减灾救灾等18个标准化技术委员会及分技术委员会的换届或重组工作。四是持续强化应急管理标准宣贯实施，开展了"标准云课堂""标准助力城市安全发展""国家强制性标准相关个体防护装备配备"等宣贯工作。

根据应急管理标准汇编的出版惯例，我们按年度组织编写标准汇编，至今已连续出版12辑，取得了良好的社会效果。本辑紧紧围绕应急管理部中心工作，全面收录了2021年国家市场监督管理总局（国家标准化管理委员会）公告发布的、应急管理部归口管理的15项国家标准，以及应急管理部公告发布的4项安全生产行业标准。

在本书编辑过程中，国家标准化管理委员会秘书处，国家标准技术审评中心，全国安全生产、消防、个体防护装备、应急管理与减灾救灾、公共安全基础标准化技术委员会，北京市科学技术研究院城市安全与环境科学研究所等单位给予了大力支持和协助，一并表示衷心感谢。同时，诚挚欢迎广大读者对本书编辑工作提出宝贵意见。

应急管理部政策法规司

2022 年 4 月

目 录

第一部分 应急管理国家标准

一、危险化学品

1 GB 40554.1—2021 海洋石油天然气开采安全规程 第1部分:总则 …………… 5

二、个体防护

2 GB 24539—2021 防护服装 化学防护服 ……………………………………… 33
3 GB 6095—2021 坠落防护 安全带 ……………………………………………… 103

三、消防救援

4 GB/T 40237—2021 泡沫塑料着火性试验方法 电焊火花法 …………………… 127
5 GB/T 40238—2021 建筑材料及制品燃烧试验 基材选取、试样状态调节和
安装要求 ……………………………………………………… 137
6 GB/T 40248—2021 人员密集场所消防安全管理 ……………………………… 149
7 GB/T 16838—2021 消防电子产品环境试验方法及严酷等级 ………………… 174
8 GB/T 16840.2—2021 电气火灾痕迹物证技术鉴定方法 第2部分:
剩磁检测法 …………………………………………………… 233
9 GB/T 16840.3—2021 电气火灾痕迹物证技术鉴定方法 第3部分:
俄歇分析法 …………………………………………………… 240
10 GB/T 16840.4—2021 电气火灾痕迹物证技术鉴定方法 第4部分:
金相分析法 …………………………………………………… 247
11 GB/T 16840.7—2021 电气火灾痕迹物证技术鉴定方法 第7部分:
EDS成分分析法 ……………………………………………… 255
12 GB/T 16840.8—2021 电气火灾痕迹物证技术鉴定方法 第8部分:
热分析法 ……………………………………………………… 262
13 GB/T 17906—2021 消防应急救援装备 液压破拆工具通用技术条件 ……… 274
14 GB/T 40484—2021 城市轨道交通消防安全管理 ……………………………… 291
15 GB/T 41020—2021 建筑物财产保险火灾风险评估指南 ……………………… 307

第二部分 应急管理行业标准

一、危险化学品

1 AQ/T 3001—2021 加油(气)站油(气)储存罐体阻隔防爆技术要求 ……………… 351
2 AQ/T 3002—2021 阻隔防爆橇装式加油(气)装置技术要求 …………………… 364

二、煤　　矿

3　AQ/T 1118—2021　矿山救援培训大纲及考核规范 ……………………………………… 377
4　AQ/T 1009—2021　矿山救护队标准化考核规范 …………………………………………… 391

第一部分

应急管理国家标准

一、危险化学品

ICS 13.100
E 09

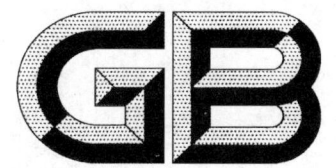

中华人民共和国国家标准

GB 40554.1—2021

海洋石油天然气开采安全规程
第1部分:总则

Code of safety practice for offshore oil & gas exploration and production—
Part 1:General

2021-08-10 发布　　　　　　　　　　　　　　　2022-09-01 实施

国家市场监督管理总局
国家标准化管理委员会　发布

目 次

前言 ··· 7
1 范围 ·· 8
2 规范性引用文件 ··· 8
3 术语和定义 ··· 8
4 总体要求 ·· 10
　4.1 基本规定 ··· 10
　4.2 主要负责人 ·· 12
　4.3 安全生产管理机构及安全生产管理人员 ·· 12
　4.4 作业场所安全生产管理 ··· 12
5 海洋石油生产设施 ·· 13
　5.1 方案与设计阶段 ··· 13
　5.2 工程建造阶段 ·· 13
　5.3 试生产阶段 ·· 13
　5.4 生产阶段 ··· 14
　5.5 其他要求 ··· 14
6 海洋石油作业设施 ·· 14
7 其他设备设施管理 ·· 15
　7.1 救逃生设备设施与消防配备 ··· 15
　7.2 海上锅炉、压力容器与压力管道 ··· 16
　7.3 系物与被系物 ·· 16
　7.4 电气与安全仪表设备 ·· 17
8 作业管理 ·· 17
　8.1 作业设施作业活动 ··· 17
　8.2 延长测试作业 ·· 18
　8.3 直升机作业 ··· 18
　8.4 海上特殊作业 ·· 19
9 井控管理 ·· 22
10 硫化氢防护管理 ·· 24
　10.1 海上设施硫化氢环境标志 ·· 24
　10.2 钻井过程中硫化氢防护管理 ··· 24
　10.3 生产过程中硫化氢防护管理 ··· 25
11 危险物品管理 ··· 25
12 安全教育与培训管理 ··· 26
13 应急与守护管理 ·· 27
　13.1 应急管理 ··· 27
　13.2 守护船 ·· 29

前　言

GB 40554《海洋石油天然气开采安全规程》分为5个部分：
——第1部分:总则；
——第2部分:海上部分；
——第3部分:浅海部分；
——第4部分:滩海部分；
——第5部分:陆岸终端部分。

本部分为 GB 40554 的第1部分。

本部分按照 GB/T 1.1—2009 给出的规则起草。

请注意本文件的某些内容可能涉及专利。本文件的发布机构不承担识别这些专利的责任。

本部分由中华人民共和国应急管理部提出并归口。

GB 40554.1—2021

海洋石油天然气开采安全规程
第1部分：总则

1 范围

GB 40554的本部分规定了从事海洋石油天然气开采作业活动的安全生产要求。
本部分适用于滩海、浅海、海上、陆岸终端。

2 规范性引用文件

下列文件对于本文件的应用是必不可少的。凡是注日期的引用文件，仅注日期的版本适用于本文件。凡是不注日期的引用文件，其最新版本（包括所有的修改单）适用于本文件。
GB 2894 安全标志及其使用导则
GB 15603 常用化学危险品贮存通则
GB 16557 海船救生安全标志
GB 26123 空气潜水安全要求
AQ 3009 危险场所电气防爆安全规范
特种作业人员安全技术培训考核管理规定（国家安全监管总局2015年第80号令，第二次修正）
国际海上人命安全公约（国际海事组织，2014综合文本）

3 术语和定义

下列术语和定义适用于本文件。

3.1
浅海 shallow water
海图水深5 m～15 m的海域。

3.2
滩海 beach shallow water
海图水深不足5 m（含5 m）的海域。

3.3
海上 offshore
海图水深超过15 m的海域。

3.4
海洋石油生产设施 offshore oil and gas production facilities
以开采海洋石油为目的的水上、水下各种固定或者浮动构筑物、装置。
注：海洋石油生产设施包括海上固定平台、单点系泊、浮式生产储油装置、海底管线、水下生产系统、人工岛、滩海陆岸石油设施和陆岸终端等海上和陆岸结构物。

3.5
海洋石油作业设施 offshore oil and gas operating facilities
用于海洋石油天然气开采作业的钻井船、海上移动式钻采平台、物探船、铺管船、起重船、固井船、酸化压裂船等设施。

3.6
滩海陆岸石油设施　beach shallow oil and gas facilities
海岸线向海一侧滩海区域内,采用筑路或者栈桥等方式与陆岸相连接,从事石油作业活动所修筑的滩海通井路、滩海井台及其他石油设施。

3.7
陆岸终端　onshore oil and gas terminal
建造在陆地上、与海上油气田通过油气管线连接形成上下游流程关系、为处理海上油气田开采出来的油、气、水或其混合物的油气初加工厂。

3.8
作业者　operator
负责实施海洋石油天然气开采活动的企业,或者按照石油合同的约定负责实施海洋石油天然气开采活动的实体。

3.9
承包者　contractor
向作业者提供海洋石油天然气开采有关服务的企业或者实体。

3.10
长期出海人员　long-term offshore personnel
在海上从事海洋石油天然气开采作业活动或服务支持活动单次超过15 d(含15 d),或者年累计超过30 d(含30 d)的人员。

3.11
短期出海人员　short-term offshore personnel
在海上从事海洋石油天然气开采作业活动或服务支持活动单次超过5 d、不足15 d(含5 d,不含15 d),并且年累计超过10 d、不足30 d(含10 d)的人员。

3.12
临时出海人员　interim offshore personnel
在海上从事海洋石油天然气开采作业活动或服务支持活动单次不足5 d,并且年累计10 d以下(不含10 d)的人员。

3.13
兼职消防队员　part time fireman
非专职的直接进行消防设备操作和现场灭火指挥的海上石油天然气开采作业人员。

3.14
发证检验机构　certifying survey agency
按照有关规定认定,对海洋石油生产设施实施旨在保证达到安全生产技术条件的检验工作的技术服务机构。

3.15
专业设备检验机构　qualified special equipment inspection(survey) agency
按照有关规定认定,对海洋石油天然气开采过程中使用的专业设备进行安全生产检测检验活动的技术服务机构。

3.16
专业设备　specialized equipment
海洋石油天然气开采过程中使用的危险性较大或者对安全生产有较大影响的设备。

3.17

海底长输油气管线 subsea oil and gas pipeline

从一个海上油气田外输油气的计量点至陆岸终端计量点或者海上输油气终端计量点的长输管线，包括管段、立管、附件、控制系统、仪表及支撑件等互相连接的系统和中间泵站等。

3.18

危险区划分 hazardous areas classification

根据环境中达到引燃或爆炸浓度的可燃气体或者蒸气出现的频率将环境进行分区。

注：0类危险区，指在正常操作条件下，连续出现达到引燃或者爆炸浓度的可燃性气体或者蒸气的区域；1类危险区，指在正常操作条件下，断续或者周期性出现达到引燃或者爆炸浓度的可燃性气体或者蒸气的区域；2类危险区，指在正常操作条件下不可能出现、但在不正常操作条件下可能出现达到引燃或者爆炸浓度的可燃性气体或者蒸气的区域。

3.19

作业许可 permit to work

为控制作业风险而实施的作业安全生产风险分析、安全保障措施确定、作业前审批、作业过程管理及其责任确认的工作程序。

3.20

延长测试作业 extended well testing operation

在油层参数或者早期地质油藏资料不能满足工程需要的情况下，为获取这些数据资料，在原钻井装置或者井口平台上实施，并有油轮或者浮式生产装置作为储油装置的测试作业。

3.21

弃井作业 well abandonment

对废弃油气井进行封堵井眼及回收井口装置的永久性作业，或者对正在作业井，因故中止作业或者对已完成作业的井需保留井口而进行的封堵井眼、戴井口帽及设置井口信号标志的临时性作业。

3.22

变更管理 management of change

对工艺、技术、装备、操作方法等永久性或者暂时性变化进行安全生产风险辨识、评估和针对性管控的活动。

3.23

海上石油作业安全救生培训 life saving training for offshore oil operation

海上求生、海上平台消防、救生艇筏操纵、海上急救、直升机遇险水下逃生等5项内容的培训。

3.24

危险及可操作性分析 hazard and operability studies

一种系统的危险性评估方法，用于探明装置和作业过程中的危险及其原因，提出必要安全措施，以保障装置和作业的可操作性。

3.25

安全完整性等级 safety integrity level

分配给安全仪表系统的仪表安全功能的离散等级。

4 总体要求

4.1 基本规定

4.1.1 作业者和承包者应配备专职安全生产管理人员，从业人员超过100人的应当设置安全生产管理机构。

4.1.2 海洋石油生产设施与作业设施应配备安全生产管理人员,作业人员超过30人的应当配备专职安全生产管理人员。

4.1.3 作业者和承包者应为从业人员提供符合国家标准要求的劳动防护用品。进入作业场所的人员,应按规定佩戴劳动防护用品。

4.1.4 作业者和承包者应建立安全生产预防控制体系,持续强化安全风险分级管控与隐患排查治理工作,加强设备设施和作业活动风险管理,并对承包者活动、产品和服务所带来的风险和隐患进行管理。

4.1.5 海洋石油生产设施上应保存下列图纸、文件以及证书等资料,并根据实际情况变化及时更新:

——油气田地理位置图、设施500 m范围内水下设施布置图、设施5 n mile范围内航道航路图,所属海底长输油气管线路由图;
——设施技术说明书、总体布置图、危险区划分图、防火控制图、救生设备布置图、工艺流程图和消防、应急部署表;
——发证检验机构对设施的最终符合证书(或者临时符合证书)和检验报告;
——油气生产、处理设备,注水设备的合格证书和试验报告;
——安全应急广播及警示系统、消防系统、救逃生系统等设备的合格证书和试验报告;
——紧急自动停产系统和生产井防喷装置(包括井上、井下安全阀)的逻辑控制表及其合格证书和试验报告;
——钻修井系统的钻修井防喷装置合格证书和试验报告;
——防硫化氢的井口装置、检测装置、排放装置的合格证书和试验报告;
——单点系泊的锚的合格证书和试验报告及锚链的合格证书;
——起重设备的合格证书和试验证书;
——主电站和应急电站设备的合格证书;
——油气工艺管线、海底长输油气管线的检验合格报告和试压报告;
——探火和失火报警系统、有毒和可燃性气体检测与报警系统的合格证书和试验报告;
——特种设备及车辆的定期检验证明;
——人员劳动防护器具的合格证书。

4.1.6 海洋石油作业设施上应保存下列图纸、文件以及证书等资料,并根据实际情况变化及时更新:

——设施技术说明书、总体布置图、危险区划分图、防火控制图、救生设备布置图及应急部署表、稳性计算书;
——船舶证书,如国籍证书、船级证书、安全证书等;
——与其他海上设施连接的通道、移动式栈桥的检查计划与记录、检维修计划书;
——锚、锚缆、锚链和锚机的检验合格证件及拉力试验报告、船舶的倾斜试验报告;
——探火和失火报警系统、可燃性气体检测与报警系统的试验报告;
——硫化氢检测、报警装置的出厂合格证书及其试验报告;
——特种设备及车辆的定期检验证明;
——作业所用压力管道、增压设备的合格证书及其试验报告;
——人员劳动防护器具的合格证书;
——作业设施(或者船舶)负责人的资格证书。

4.1.7 作业者和承包者应建立基于风险的设备设施完整性管理制度,全面管控自然环境条件参数选取不当、设备选型不当、技术落后、维护保养不到位等设备设施管理风险,针对以上4类风险导致的隐患应进行整改,设备设施达到安全生产条件后方可投运。

4.1.8 作业者和承包者应建立设备设施维护、保养、检修制度,落实设备设施维护、保养、检修责任并做好记录。

4.1.9 海洋石油的专业设备应经专业设备检测机构对其安全生产技术条件检测合格后,方可投入使用。

4.2 主要负责人

4.2.1 作业者和承包者主要负责人对所开展的海洋石油天然气开采作业活动的安全生产负责。

4.2.2 主要负责人及其所属从事海洋石油天然气开采作业活动的海上设施主要负责人应具备海洋石油天然气开采作业安全生产专业知识和管理能力,应依法接受安全培训和考核,取得合格证。

4.2.3 主要负责人负责建立安全生产管理组织机构、建立健全并督促落实各项安全生产管理制度和责任制、保证本单位安全生产所需的资金投入。

4.3 安全生产管理机构及安全生产管理人员

4.3.1 作业者和承包者专职安全生产管理人员应具备不低于中等专业学校学历,有必要的安全生产专业知识和安全生产工作经验,从事海洋石油天然气开采相关工作5年以上,或具备安全专业相关学历,再或取得注册安全工程师资格,并应依法接受培训和取得合格证。

4.3.2 安全生产管理机构及安全生产管理人员应组织或者参与拟订本单位安全生产规章制度、操作规程和生产安全事故应急救援预案。

4.3.3 安全生产管理机构及安全生产管理人员应组织或参与本单位从业人员的安全生产教育和培训工作以及外来人员作业前的安全教育工作,如实记录安全生产教育和培训情况。

4.3.4 安全生产管理机构及安全生产管理人员应按规定组织本单位的应急救援演练。

4.3.5 安全生产管理机构及安全生产管理人员应按照岗位职责和安全生产检查制度对安全生产状况进行检查;及时排查生产安全事故隐患,提出改进安全生产管理的建议;制止和纠正违章指挥、强令冒险作业、违反操作规程的行为;督促落实本单位安全生产整改措施。检查、处理情况和改进措施及整改情况应由检查人员记录,并由各级责任人员签字确认后存档。

4.4 作业场所安全生产管理

4.4.1 不准许酒后进入海上作业场所;不准许在非指定区域吸烟。不准许将酒类饮料和麻醉剂带入海上作业场所(紧急医疗除外)。

4.4.2 开采作业活动过程中,作业场所应配备风向标、风速仪。

4.4.3 不准许在海洋石油生产设施和作业设施上从事各种可燃性气体的充装作业(实验用取样除外),陆岸终端另行规定。

4.4.4 海洋石油生产设施和作业设施的重要设备和设施及危险区域,应根据其可能出现的事故模式,设置符合 GB 2894 和 GB 16557 要求的安全警示标志。

4.4.5 作业者和承包者应建立健全作业人员出海与返回陆地的登记和检查制度,严格执行海上设施值班制度和交接班制度。

4.4.6 海上作业场所设备设施的裸露转动部分应设防护罩等安全保护装置,有坠落危险的井孔、人孔、泥浆池和油水舱等均应加盖或设栅栏并设置明显的标志和照明,行人和车辆通行的孔、沟、坑、池的盖板,应固定可靠,满足承载要求。

4.4.7 从业人员应遵守安全生产规章制度、作业规程和操作规程,不准许违章指挥、违章作业,有权制止违章作业,拒绝违章指挥;当工作地点出现险情时,有权立即停止作业,撤到安全地点;当险情没有得到处理不能保证人身安全时,有权拒绝作业。

4.4.8 在海上石油天然气勘探、开发、生产、储运及油田废弃等作业中,发生下列生产安全事故,作业现场有关人员应当立即向所属作业者和承包者报告:
——井控事件;
——火灾与爆炸;
——平台遇险(包括平台失控漂移、拖航遇险、被碰撞或者翻沉);

——直升机事故；
——船舶遇险（包括碰撞、搁浅、触礁、翻沉、断损）；
——急性中毒；
——潜水作业事故；
——其他造成人员伤亡或者直接经济损失的事故。

5 海洋石油生产设施

5.1 方案与设计阶段

5.1.1 作业者应辨识海洋石油生产设施全生命周期各阶段的风险因素，并依据相应规范形成专业性研究报告，研究报告应作为可行性研究报告或者总体开发方案的组成部分。

5.1.2 作业者应采用危险及可操作分析方法，对油气开采流程及其控制系统的安全技术条件进行分析，并就其安全仪表系统开展安全完整性等级分析与验证工作。

5.2 工程建造阶段

5.2.1 海洋石油生产设施应由符合规定资质或者能力的专业单位按照发证检验机构审查同意的设计方案或者图纸施工和建造。

5.2.2 海上施工设计和专项施工方案的安全技术措施需要经过发证检验机构审查同意。

5.2.3 发证检验机构应对工程建造质量进行现场检验，发现不按图纸施工或其他影响海洋石油生产设施安全性能的问题和隐患，应及时向作业者反馈，在施工单位整改后进行复核，并留存复核资料。

5.2.4 作业者应制定建造阶段的资料管理制度，落实设计变更审核等制度，整改影响海洋石油生产设施安全性能的问题和隐患。

5.3 试生产阶段

5.3.1 试生产前，应具备以下条件，方能进入试生产阶段：
——作业者应编制试生产方案和试生产安全措施，组织专家评估油气生产处理系统试压、供配电系统启停试验、打开井口物流、排放系统及其火炬调试以及工程支持的其他调试作业等的各类安全风险管控情况；
——海洋石油生产设施应取得发证检验机构对其安全生产技术条件的检验合格证书和检验报告；
——作业者应对建造阶段的遗留问题整改情况逐一确认，消除潜在安全隐患；
——作业者应检查确认各类设备设施的出厂合格证书或检验合格证书、机械完工状态、系统调试情况以及临时安全措施，确保设施整体符合安全生产要求；
——作业者应编制发布完善的安全生产责任制、操作手册、维修手册等安全生产制度和作业规程，对相关人员进行针对性培训；
——作业者应对潜在的安全风险进行分析，编制试生产期间使用的危险源清单，清单包括危险源（包括海洋环境条件）、危险因素、控制措施等内容；
——作业者应对试生产应急预案、应急救援组织、应急装备和器材、外部支援力量等进行检查确认，并通过应急演练评估应急准备情况。

5.3.2 对于设计、建造安装和调试阶段发生的与设备设施完整性管理给出的安全技术条件有所差别的项目，作业者要在试生产阶段开展风险分析，并为生产阶段制定相应的风险防范措施与制度。

5.3.3 试生产结束前，作业者应对因地质油藏数据变化、环境条件数据变化、设备缺陷、施工缺陷、分期建设与分期投用等所导致的与基本设计不符的内容进行安全风险分析评估，制定安全生产风险防范措施并形成报告，由发证检验机构审查同意。

5.3.4 海洋石油生产设施试生产后6个月内(最长不得超过12个月)应组织安全竣工验收。

5.4 生产阶段

5.4.1 作业者应颁布海洋石油生产设施安全管理机构成立文件及人员任命书。

5.4.2 作业者应持续跟踪设备设施完整性状态,监测影响安全生产的关键设备设施的技术指标偏离情况,制定专业设备检测检验计划,对结构物、锅炉与压力容器、起重和升降设备、探火和失火报警系统、有毒和可燃性气体检测与报警系统、油气流程的紧急关断泄压与停车系统、海底长输油气管线等实施基于风险的检测检验。

5.4.3 作业者应建立油气水井筒档案,持续跟踪油气水井筒结构状态,定期评估生产油气井的关键部件(隔水套管、采油树、生产管柱、全部井身结构及其安全附件)的磨损和腐蚀情况,定期验证井上、井下安全阀的可靠性,保障油气水井的安全风险可控。

5.4.4 对海上固定平台、浮式生产储油装置、水下生产系统、人工岛、滩海陆岸石油设施、陆岸终端实施以下(包括不限于)变更或改造前,作业者应开展安全风险分析,制定安全保障措施,投入使用前应经发证检验机构审核同意其安全性能符合要求:
——更换或拆卸井上和井下安全阀;
——火气探测和报警系统改造;
——消防和救生设备等主要安全设施改造;
——关断系统改造;
——专业设备主体或其安全附件修理或技术改造。

5.4.5 海底长输油气管线出现以下情况,作业者和承包者应开展安全风险分析,制定安全保障措施,投入使用前应经发证检验机构审核同意:
——超过设计最大允许输量及输送压力;
——管线位置失稳,水平向或垂直向移动、悬空、沉陷、漂浮等超出设计允许走向偏差值;
——实施过大修、改造的海底长输油气管线;
——管线安全保护系统(如紧急放空装置、定点截断装置等)失效。

5.4.6 超过设计年限的海洋石油生产设施应进行专门的安全风险评估,符合安全生产技术条件方可继续使用。

5.5 其他要求

5.5.1 海洋石油生产设施停产6个月以上,恢复生产前应进行全面的安全检查,制定可靠的安全措施,满足安全生产条件后方可恢复生产。

5.5.2 海洋石油生产设施弃置前,作业者应编制实施方案,开展弃置作业风险评估工作,制定安全保障措施。

5.5.3 油气水井弃井作业前应编制施工方案,通过技术审查后方可实施,作业完成后,应编制完工图和弃井作业最终报告表。

6 海洋石油作业设施

6.1 作业设施应按照相关规定要求,制定符合设施现状的操作手册、安全手册和应急预案。

6.2 作业设施应建立安全生产管理机构,建立健全安全检查、作业许可、应急演习等安全管理制度。

6.3 物探船上应保存下列图纸、文件以及证书等资料,并根据实际情况的变化及时更新:
——震源系统、震源系统的主要压力容器和装置、震源的拖曳钢缆和绞车、电缆绞车等设备的出厂合格证、发证检验机构的检验证书和安装后的试验报告;

——水面拖曳式震源系统的说明书(包括震源类型及其相应的工作气压、工作温度、各类震源的拖曳方式等);震源系统的主要压力容器和装置的试压合格证件(包括:高压储气罐、高压气管线、蒸汽发生器、过热器、高温蒸汽管线,氧气罐、易燃易爆气体罐);
——震源危险品(包括炸药、雷管、易燃易爆气体等)的实际储存数量与储存地登记表,按照GB 15603 要求编制的进出库管理办法和看管、使用制度等资料;
——物探船经理、地震仪器工程师、物探船船长、物探船定位、导航工程师和/或主操作员、震源机械师和/或主操作员等主要管理人员和操作人员的资格证件。

6.4 钻井船与海上移动式钻井平台上应保存下列图纸、文件以及证书等资料,并根据实际情况的变化及时更新:
——钻/修井专用设备、防喷器组、防喷器控制系统、阻流管汇及其控制盘、压井管汇、固井设备、测试设备的发证检验机构证书、出厂修理后的合格证和安装后的试验报告;
——防喷器组的出厂合格证书和/或维修后的合格证书及试压报告;
——防喷器控制系统的出厂合格证书和/或修理后的检验合格证件;
——测试管汇及其控制盘的出厂合格证书和/或维修后的合格证书及其试压报告;
——压井管汇的出厂合格证书和试压报告;
——试油设备取得出厂合格证书和/或修理后的检验、试验合格证件;
——固井设备取得出厂合格证书和/或修理后的检验、试验合格证件;
——从事钻完井作业的设施主要负责人和安全管理人员取得安全生产知识和管理能力考核合格证书和井控证书;
——钻井船与海上移动式钻井平台的经理、钻井监督、钻井工程师、水下器具师、钻井领班(队长)、司钻的井控证书。

6.5 起重船上应保存下列图纸、文件以及证书等资料,并根据实际情况的变化及时更新:
——从事海上起重作业船舶的有效船级证书及证书登记表;
——吊机检验合格证书和检验报告;
——从事起重作业设施主要负责人和安全管理人员取得安全生产知识和管理能力考核合格证书。

6.6 铺管船上应保存下列图纸、文件以及证书等资料,并根据实际情况的变化及时更新:
——从事海上铺管作业船舶的有效船级证书及证书登记表;
——特种设备操作及其控制系统、管线收放绞车、海底长输油气管线安装系统的出厂合格证和安装后的试验报告。

6.7 对作业设施实施以下可能对作业活动安全产生影响的变更或改造前,承包者应开展安全风险评估,制定针对性安全风险管控措施,变更或改造完成后应确认其整体安全性能满足要求后才可投入使用:
——改动井控系统的;
——更换或拆卸探火和失火报警系统、有毒和可燃性气体检测与报警系统、消防和救生设备等主要安全设施;
——增加、拆除油气处理主工艺系统设备设施或者改变其性能;
——对专业设备主体或其安全附件进行修理或技术改造。

7 其他设备设施管理

7.1 救逃生设备设施与消防配备

7.1.1 海上作业场所的各危险区等级应准确地标注在操作手册的附图上;各场所通往危险区的通道口、门或者舱口,应在其外部标注清晰可见的中英文危险区域、禁止烟火、禁带火种等标志。

7.1.2 海上作业场所的应急撤离通道和通往消防设备的通道应设置明显标志,并保持畅通,并设置应急照明。

7.1.3 海上作业场所上配备的救生艇、救助艇、救生筏、救生圈、救生衣、保温救生服及属具、遇险信号等救生设备,应经发证检验机构检验合格;所有救生设备都应按规定合理存放,并在总布置图上标明存放位置。

7.1.4 海洋石油生产设施(除滩海陆岸石油设施)与作业设施上应至少配备4套消防员装备,包括隔热防护服、消防靴和手套、头盔、正压式空气呼吸器、消防斧以及可以连续使用3 h的手提式安全灯。根据平台性质和工作人数,经发证检验机构审查通过,可以适当减少配备数量,所有的消防设备都存放在易于取用的位置,定期检查并应有检查记录标签。

7.1.5 滩海陆岸石油设施至少配备2套消防员装备,包括消防头盔、防护服、消防靴、安全灯、消防斧等,至少配备3套带气瓶的正压式空气呼吸器和1台可移动式消防泵。所有的消防设备都存放在易于取用的位置,定期检查并应有检查记录标签。

7.2 海上锅炉、压力容器与压力管道

7.2.1 锅炉、压力容器以及压力管道应由符合规定的单位设计和生产,按规定取得出厂合格证书、铭牌、标识及文件,由专业设备检验机构检验合格后方可使用,并由专业设备检验机构定期检验。

7.2.2 锅炉、压力容器以及压力管道的修理与技术改造工作应由具备有关资质或者条件的单位开展,由专业设备检验机构检验合格。改变使用条件的,应经原设计单位认可或具备相应设计资质的单位进行设计变更。

7.3 系物与被系物

7.3.1 作业者和承包者应制定系泊和起重作业所用系物和被系物的安全管理制度。

7.3.2 作业者和承包者应明确其设施上的系物与被系物安全管理责任制,明确有关岗位或工种的安全责任,强化系物与被系物的使用管理、维护保养及安全检查,落实系物与被系物的以下管理内容:
—— 安全系数;
—— 报废标准;
—— 使用、日常检查和维护保养制度;
—— 缺陷处理;
—— 系物与被系物安全管理记录要求,包括登记、分类编号和记录内容等;
—— 建立系物与被系物的维护、保养记录。

7.3.3 箱件应有明显的尺寸、自重和额定安全载重标记,定期对其主要受力部位进行检验。吊网应标有安全工作负荷标记,非金属网不准许超过其使用范围和环境。

7.3.4 系物与被系物有下列情形之一的,应停止使用:
—— 已达到报废标准而未报废,或者已经报废的;
—— 未标明检验日期的;
—— 超过规定检验期限的;
—— 在检验有效期内,使用过程中发现有明显缺陷的。

7.3.5 自行加工制造的系物与被系物应按规定检验合格后方可投入使用。

7.3.6 自行加工制造系物与被系物应具备以下所有条件:
—— 非标准件且又是厂家非批量生产的;
—— 因特殊需要,经作业者与承包者主要责任人批准;
—— 按作业者与承包者选用的规定和标准进行强度设计和计算;
—— 经作业者与承包者认可的样品负荷试验。

7.3.7 系物应按规定定期检验,每个系物都应配有检验机构的合格标记。系物与被系物编号应唯一且

具有可追溯性;对于小尺寸的可卸零部件,打标记的位置受限制时,可不打零件编号与日期。

7.3.8 系物、系物器具和被系物之间的配备应符合规范要求,且有相应的防脱保险措施。

7.4 电气与安全仪表设备

7.4.1 电气设备应按铭牌规定的额定参数(电压、电流、功率、频率等)运行,安装相应的过载、短路和漏电保护装置并定期校验。金属外壳(安全电压除外)有可靠的接地装置。

7.4.2 安装在不同等级危险区域的电气设备应符合 AQ 3009 的要求。

7.4.3 火焰探测器、可燃气体探测器及硫化氢探测器应每 3 个月进行 1 次可靠性检查。

7.4.4 在危险区内进行作业的用电设备应采用防爆型,检维修工具应为防爆工具,危险区内布置有非防爆电气的活动房应采用正压防爆型。

8 作业管理

8.1 作业设施作业活动

8.1.1 海洋石油作业设施在前往作业海区前,作业者要审查通过其作业方案,确认其安全生产技术条件,明确其满足作业及迁移路径海域的自然环境条件要求。

8.1.2 海洋石油作业设施开展物探、钻完井、海上吊装、铺管等作业前,作业者应审核同意作业项目的作业指导性与计划性文件。承包者应明确作业设施岗位任职、操作规程与应急处置的要求,落实作业现场及周边环境安全生产条件、作业人员安全能力及设备安全状态,并明确需要关注的风险管控内容、应急处置措施及其应急准备清单。

8.1.3 物探船在作业过程中发生以下变更前,承包者应开展风险分析,确定安全保障措施及其责任人,确认其达到安全条件后方能投入使用:
——震源系统的主要设备和装置,安全监测、报警系统,消防、救生设备及通信设备的变更;
——物探船作业安全应急预案的变更;
——物探船经理、船长、地震仪器工程师及震源机械师的变更;
——其他对物探船及物探作业安全有重大影响的变更。

8.1.4 海上移动式钻井平台的拔桩、起浮、拖带、搬家、就位、插桩、坐底等作业应编制作业指导性与计划性文件,建立作业审核批准程序。

8.1.5 钻井船或海上移动式钻井平台开钻前,作业者应审核钻完井基本设计和工程设计,进行作业全过程安全风险分析,制定风险控制措施和应急处置方案。

8.1.6 钻井船或海上移动式钻井平台在钻井作业过程中发生以下变更前,作业者应开展风险分析,确定安全保障措施及其责任人,确认达到安全条件后方能投入使用:
——井口装置、防喷器组、检测和报警系统、主要消防和救生设备的变更;
——钻井作业合同、作业者、作业海区及安全应急预案的变更;
——钻井作业经理、船长、钻井监督及稳性和压载工程师的变更;
——其他对钻井船或海上移动式钻井平台、钻井作业及人员安全有重大影响的变更。

8.1.7 起重船从事海洋石油生产设施组块及相关结构物等大型吊装作业活动应编制详细作业方案,就结构物下水扶正、设施组块吊装安装等作业内容,承包者应编制作业指导性与计划性文件,并经过作业者审核同意。

8.1.8 起重船在作业过程中发生以下变更前,承包者应开展风险分析,确定安全保障措施及其责任人,确认其达到安全条件后方能投入使用:
——吊机主要部件的变更;
——起重作业合同、作业者或总承包者、作业海区的变更;

——起重船作业者或总承包者生产安全事故应急预案的变更；
——船长或船舶负责人与起重机操作人员的变更；
——其他对起重船作业安全有重大影响的变更。

8.2 延长测试作业

8.2.1 延长测试作业前，负责延长测试作业的作业者和承包者应制定延长测试作业方案及其安全保障措施方案，编制运营安全手册、应急预案、安全生产规章制度和操作程序，开展针对性应急演练并记录。

8.2.2 延长测试作业所依托主体设施的作业者和承包者应根据作业项目需要，建立以下安全生产管理制度：
——安全生产与应急组织机构；
——安全检查制度；
——工作许可制度；
——船舶系泊装卸和油气外输管理制度；
——其他安全管理制度。

8.2.3 从事延长测试作业的作业者和承包者，应建立以下安全生产文件与资料清单：
——延长测试所依托的设施整体证书，包括海洋石油生产设施发证检验符合证书，有关部门认可的作业设施整体证书；
——延长测试流程的工艺流程图、工艺控制因果逻辑图、总体布置图及技术说明；
——作业活动主要负责人和安全管理人员的安全生产知识和管理能力考核合格证书；
——油轮或者浮式生产储油装置的系泊点、锚、锚链、快速解脱装置、系缆张力和距离测量装置的发证检验符合证书；
——延长测试专业设备的出厂合格证、发证检验机构的检验证书、安装后的试验报告；
——所有作业人员安全培训证书登记表，含有硫化氢的海洋石油生产设施的人员防硫化氢技术安全培训证书；
——发证检验机构认可的符合现状的设施说明书、总体布置图、危险区划分图、防火控制图、救生设备布置图、工艺流程图和消防、应急部署表。

8.2.4 油气加热器、油气分离器、原油外输泵、天然气火炬分液包及凝析油泵、蒸汽锅炉、换热器、废油回收设备、井口装置、污油处理装置、机械采油装置、井上和井下防喷装置、防硫化氢的井口装置、检测设施及劳动防护器具、惰气系统、柴油置换系统、探火和失火报警系统、有毒和可燃性气体检测与报警系统等用于延长测试的专用设备或系统应取得检验证书、出厂及修理后的合格证和安装后的试验报告。

8.2.5 延长测试作业过程中发生以下变更前，作业者和承包者应进行专门的安全风险分析，制定针对性的安全保障措施：
——改动组成延长测试的主要结构、设备和井控结构的；
——更换或拆卸井上和井下防喷装置、探火和失火报警系统、有毒和可燃性气体检测与报警系统、消防和救生设备等主要安全设施的；
——改动生产安全事故应急预案的；
——中断作业 10 d 以上或中止作业的。

8.3 直升机作业

8.3.1 作业者和承包者要为其海上作业场所的直升机作业建立专门的安全管理制度，按照民用航空有关规定，结合海洋石油天然气开采作业活动实际，对直升机作业前的安全条件进行检查与确认。

8.3.2 直升机作业前，直升机单位应符合民用航空有关规定，直升机单位对以下安全条件进行确认：
——配备与直升机起降有关的应急设备和工具，并注明中英文直升机应急工具字样；

——设施与机场的往返距离所需油量超过直升机自身储存油量的,按有关规定配备安全有效的直升机加油用储油罐、燃油质量检验设备和加油设备;
——海上作业场所设置风向指示器,有直升机夜航作业的配备照明;
——航路与起降过程不受设施排放气流以及构筑物影响;
——直升机甲板有设施名称、吨位和尺寸标识;
——在直升机甲板通道边上应设置安全标志牌,牌上写明直升机起降期间有关注意事项。

8.3.3 海上作业场所直升机作业应符合以下要求:
——海上作业场所指定直升机起降联络负责人,负责指挥和配合直升机起降工作;
——直升机与海上作业场所建立联络后,经海上作业场所主要负责人准许,方可起飞或者降落(紧急情况除外);
——直升机机长或者机组人员提出降落要求的,起降联络负责人立即向直升机提供风速、风向、能见度、海况等数据和资料,直升机向起降联络负责人报告搭载人员与物料情况及其重量;
——直升机从海上作业场所起飞前,起降联络负责人向直升机提供风速、风向、能见度、海况等数据和资料外,还需与直升机复核搭载人员与物料清单及其重量;
——无线电报务员一直保持监听来自直升机的无线电信号,直至其降落为止;
——机组人员开启舱门后,起降联络负责人方可指挥乘机人员上下直升机、装卸物品或者进行加油作业。

8.3.4 直升机起飞或者降落前,起降联络负责人应组织好下列准备工作:
——清除直升机甲板的障碍物和易燃物;
——检查直升机甲板安全设施是否处于完好状态,包括灯光、防滑网、安全网、消防设备和应急工具等;
——停止靠近直升机甲板的吊装作业和甲板 15 m 范围内的明火作业;
——不准许无关人员靠近直升机甲板;
——守护船在设施附近起锚待命,消防人员做好准备;
——排放天然气、射孔或者试油作业时,若未采取可靠的安全措施,不准许直升机靠近设施。

8.4 海上特殊作业

8.4.1 作业者和承包者应建立高处及舷/岛外、重物(大于或等于 6 t 的重物)起重、载人吊篮、通过栈桥实施船舶与设施间人员转移、热工、搭设拆除脚手架、受限空间、电力、管线终端打开、潜水、海上油水装卸和原油外输等海上特殊作业许可制度,认真开展作业前安全风险分析,确定作业环境、安全保障措施、工具机具以及作业人员能力等方面的安全作业条件要求,并履行作业申请、审批、实施、验收的许可报告程序。作业结束后应清理现场,清点工具和人员。

8.4.2 作业开始前,作业负责人应检查作业条件是否符合规定,并将以下情况向作业班组、作业人员作详细说明:
——有关作业的安全规章制度;
——作业现场和作业过程中可能存在的安全风险及所采取的具体风险管控措施;
——作业过程中所需个体劳动防护用品的使用方法及使用注意事项;
——事故预防、避险、逃生、自救、互救等知识;
——相关事故案例和经验、教训;
——其他需要特殊说明的事项。

8.4.3 高处及舷/岛外作业应符合下列规定:
——高处及舷/岛外作业人员佩戴安全帽和安全带,舷/岛外作业人员穿救生衣,并根据实际情况采取安全措施。

——高处作业时,不准许抛掷物件,不准许上下垂直方向双层作业。
——脚手架、栏杆、网、盖板等安全设施应完好,不准许擅自拆除;如因工作原因确实需要进行临时拆除,应获得设施安全管理人员同意,并采取措施确保安全,工作完毕后应立即复原。
——舷/岛外作业时,守护船应在作业点附近下游守护。
——遇有 15 m/s 以上强风时,立即停止作业。

8.4.4 起重作业应符合下列规定:
——操作人员持有专业设备操作人员资格证书并按规程操作;
——起重设备应标识安全起重负荷;若为活动吊臂,标识吊臂在不同角度时的安全起重负荷;
——按规定对起重设备进行维护保养,保证刹车、限位、起重负荷指示、报警等装置齐全、准确、灵活、可靠;
——起重机及吊物附件按规定定期检验和试验,并记录在起重设备检验簿上;
——海上起吊并安装的作业应经设计单位进行整体设计和校核并取得发证检验机构的同意,作业前应根据气象部门发布的气象条件制定现场施工方案和应急措施;
——超过 6 t(含)的重物起重作业应经过安全负荷计算,并执行作业许可制度。

8.4.5 载人吊篮作业,应符合下列规定:
——登乘吊篮的人员数不准许超过吊篮标定的限定乘员人数;
——乘员按规定穿船用工作救生服或浸水保温救生服;
——只允许用于起吊人员及随身物品;
——遇有 15 m/s 以上强风或者出现影响吊篮安全起放的情况时,立即停止使用;
——起吊人员时,尽量将载人吊篮移至水面上方再升降,并尽可能减少回转角度;
——载人吊篮应符合相关技术要求,应指定专人维护和检查,定期组织检验机构对其进行检验。

8.4.6 通过栈桥实施船舶与设施间人员转移,应符合下列规定:
——人员栈桥通道应配备有防坠落装置,栈桥通道整体应指定专人维护和检查;
——遇有 15 m/s 以上强风,停止人员转移,采用经发证检验机构认可并具有补偿功能的新技术或装备时,可以在安全条件下放宽环境条件约束。

8.4.7 热工作业应满足以下要求:
——在设施危险区开展热工作业的,作业负责人应制定详细的作业方案,组织作业人员与现场人员开展作业风险分析,向现场安全管理人员提前办理热工作业许可申请,现场安全管理人员按照其作业级别权限进行审批,作业申请人应为热工作业的负责人。
——从事焊接与热切割作业的人员应当取得相应作业的特种作业操作证。
——热工作业施工区域应设置警戒,并告知设施上的所有人员。
——热工作业所使用的氧气、乙炔管线及附件应齐全合格,氧气瓶与乙炔瓶至少分开 5 m 放置并可靠固定,不准许接触油污、高温、明火;夏季应防止暴晒,空瓶应与实瓶分开放置,并有明显标志;专职监护人对热工现场进行可燃气体测试。
——凡需要热工作业的储罐、容器等设施应采取必要的清扫或隔离措施,热工作业前 30 min 内应进行内部和周围气体检测(气体检测应包括可燃气体浓度检测、有毒有害气体检测、氧气浓度检测),应测爆合格并保持有效的通风。
——电焊机等电气设备应有良好的接地装置并安装漏电保护装置。
——采用电焊进行热工作业施工的储罐、容器及压力管道应在焊点附近安装接地线,其接地电阻应小于 10 Ω。

8.4.8 搭设拆除脚手架作业,应满足以下要求:
——搭设拆除脚手架作业的人员应具备特种作业人员安全技术培训考核管理规定的特种作业资格证书。

——搭设拆除工作区周围应设围栏和警戒标志,不准许非操作人员入内,脚手架底部周围区域应用隔离带封闭,并悬挂警示标识。
——脚手架所依附的基础应该稳定、可靠、坚固,预计承受最大载荷时不会出现下陷或移位。
——脚手架搭设材料只能使用专用材料,不准许使用其他材料。
——用于搭设、改动或者拆除脚手架的工具应该安全有效。
——当高处作业过程中无可靠的安全带悬挂点时,应安装生命索,生命索上每个系挂点应保证能承受足够的冲击力。
——脚手架搭设/拆除的过程中,非搭设/拆除作业人员不准许在脚手架/临时工作台上。
——搭设/拆除作业人员穿戴个人保护用品,佩戴双挂钩全身式安全带,挂钩应挂在固定结构或是生命绳上,并实行高挂低用、挂点就近的原则。
——脚手架搭设完毕后,由现场安全管理人员进行验收,确定材料、构配件和设备质量及其合格证,场地与支撑固定稳定承载,整体安全可靠;所涉及的安全通道、消防设施、碰头物件、临边转角障碍位置设置有醒目的安全标志。
——在脚手架的明显处设置表现脚手架状态的指示牌,如搭建中/使用中/拆除中等,指示牌应通过颜色、文字显示关键信息。

8.4.9 受限空间作业,应满足以下要求:
——受限空间作业前,作业负责人应针对作业内容,对受限空间进行危害识别,制定相应的作业程序。
——作业前 30 min 内,应对受限空间中的氧气、可燃气体、硫化氢、其他有毒有害气体进行检测,分析检测结果是否符合安全作业许可要求。若不符合,应按置换、清洗或通风作业程序净化空气直到符合作业安全要求为止,作业期间须持续气体监测。
——进入受限空间作业,作业人员所带的工具、材料须进行逐项登记,在受限空间作业时应在受限空间外设置安全警示标志。
——进入受限空间作业应使用安全电压工具与灯具。进入金属容器和特别潮湿、工作场地狭窄的非金属容器内作业照明电压不大于 12 V;当使用电动工具或照明电压大于 12 V 时,应按规定安装漏电保护器,其接线箱(板)不准许带入容器内使用。
——在易燃易爆环境中,应使用防爆型低压电器灯具及不发生火花的工具,穿戴防静电防护服装;在酸碱等腐蚀性环境中,应穿戴好防腐蚀护具,穿防腐鞋。
——当作业环境原来是盛装爆炸性液体、气体等介质的,则应使用防爆电筒或电压不大于 12 V 的防爆安全行灯,行灯变压器不准许放在容器内或容器上;作业人员应穿戴防静电服装,使用防爆工具。
——受限空间环境中,不准许抛掷材料、工具等物品,交叉作业要有防止层间落物伤害作业人员的措施。不准许使用卷扬机、吊车等运送作业人员。
——受限空间作业期间,至少有 1 名专职监护人在出入口进行实时监护。完成作业离开受限空间时,应清点作业人员、作业工具、材料的数量并全部带出,不准许留在受限空间。

8.4.10 电力作业,应满足以下要求:
——海上作业场所应制定专项的电力作业安全管理制度,建立健全电力设备操作规程、维修保养规程,电力工作的开展严格执行安全管理制度、电力安全工作规程及操作维修保养规程。
——按照国家规定配备和使用电工安全用具,并按规定定期检查和校验。
——遇停电、送电、倒闸、带电作业和临时用电等情况,按照有关作业许可制度进行审批;设施上一般不准任意增加临时电气设备或线路,检修或施工期间必需时,要经过设施的安全负责人批准,检修或施工完毕后要全部拆除。
——按照国家标准规定的颜色和图形,对电气设备和线路做出明显、准确的标识。
——电气设备作业期间,至少有 1 名电气作业经验丰富的监护人进行实时监护。

——在触电危险性较大的场所,手提灯、便携式电气设备、电动工具等设备工具按照国家标准的规定使用安全电压。确实无法使用安全电压的,经海上作业场所主要负责人批准,并采用有效的防触电措施。
——定期对手持电气设备和线路的绝缘电阻、耐压强度、泄漏电流等绝缘性能进行测定。长期停用的电气设备,在重新使用前应进行检查、试验,确认具备安全运行条件后方可使用。
——在带电体与人体、带电体与地面、带电体与带电体、带电体与其他设备之间,按照有关规范和标准的要求保持良好的绝缘性能和足够的安全距离。
——电气设备检修或施工时,一般应停电进行作业;停电后应用电压等级合适、合格的验电器检测,确认无电并上锁挂牌隔离后方可作业。
——进行停电作业时,在相应电气设备和线路的断电开关或闸刀上,应悬挂"禁止合闸,有人工作"的告示牌并上锁。
——检修或施工完毕,应清点作业工具,由作业人员确认安全可靠后,要经设施的机电设备负责人下达指令后方可送电。

8.4.11 管线终端打开作业,应满足以下要求:
——管线终端打开作业前,作业负责人应就作业内容组织作业人员与管线运维人员进行作业风险分析,根据分析结果制定相应的控制措施;
——需要打开的管段或设备应与系统隔离,其中的介质应采用排尽、冲洗、置换、吹扫等方法清理干净;
——系统温度介于−10 ℃～60 ℃;
——已达到大气压力;
——与气体、蒸气、雾沫、粉尘的毒性、腐蚀性、易燃有关的风险已降低到可接受水平。
管线终端打开前并不能完全确认已无危险,应在管线终端打开之前做好以下准备:
——确认管线及设备清理合格。采用凝固(固化)工艺介质的方法进行隔离时应充分考虑介质可能重新流动。
——如果不能确保管线(设备)清理合格,如残存压力或介质在死角截留、未隔离所有压力或介质的来源、未在低点排凝和高点排空等,应停止工作,重新制定工作计划及控制措施,消除或控制风险。

8.4.12 潜水作业应符合 GB 26123 的要求。

8.4.13 海上油水装卸作业,应满足以下要求:
——海上设施应建立专门的油水装卸作业操作规程;
——海上风力超过 10.8 m/s,应立即停止作业;
——所使用管线、卡具、接头应进行检查;
——油水装卸过程,设施上有专人监护;
——海上油装卸时,靠近作业点附近的开阔区域不准许明火作业。

8.4.14 原油外输作业,应满足以下要求:
——每次外输作业前应确定作业期自然环境条件符合该次外输作业的安全要求;
——外输作业应制定整体方案,方案应包括风险分析的内容,作业人员应参与风险分析工作,了解风险防控措施;
——从事该项作业的作业者(承包者)应针对海上原油外输作业制定专项应急预案。

9 井控管理

9.1 钻完井作业前,作业者和承包者应落实以下措施,并审核通过井控方案和防井喷应急预案:
——钻井装置在新井位就位前,作业者和承包者应收集和分析相应的地质资料。如有浅层气存在,安装分流系统等。

——钻井作业期间,在钻台上备有与钻杆相匹配的内防喷装置。
——下套管时,防喷器尺寸与所下套管尺寸相匹配,并备有与所下套管螺纹相匹配的循环接头。
——防喷器所用的橡胶密封件应按厂商的技术要求进行维护和储存,不准许将失效和技术条件不符的密封件安装到防喷器中。
——水龙头下部安装方钻杆上旋塞,方钻杆下部安装下旋塞,并配备开关旋塞的扳手。顶部驱动装置下部安装手动和自动内防喷器(考克)并配备开关防喷器的扳手。
——防喷器组由环形防喷器和闸板防喷器组成,防喷器组应能够封闭井内的钻具、套管等管柱的外部环空。闸板防喷器的额定工作压力应高于最高地层孔隙压力,用于探井的不准许低于70 MPa。
——防喷器及相应设备的安装、维护和试验,满足井控方案的要求。
——编制防喷系统安全检查表与检查计划,定期对防喷系统进行安全检查。

9.2 钻完井作业用防喷器组控制系统的安装应符合下列规定:
——1套液压控制系统的储能器液体压力保持21 MPa,储能器压力液体积为关闭全部防喷器并打开液动闸阀所需液体体积的1.5倍以上。
——除钻台安装1台司钻控制盘(台)外,另1台辅助司钻控制盘(台)安装在远离钻台且便于操作的位置。
——防喷器组配备与其额定工作压力相一致的防喷管汇、节流管汇和压井管汇。
——压井管汇和节流管汇的防喷管线上,分别安装2个控制阀。其中一个为手动,处于常开位置;另一个应是远程控制。
——安装自动灌井液系统。

9.3 钻完井作业期间,防喷器系统的试压,应符合下列规定:
——所有的防喷器及管汇在进行高压试验之前,进行2.1 MPa的低压试验;
——防喷器安装前或者更换主要配件后,按照额定压力试验;
——按照组装、现场安装、钻开油气层前及更换井控装置部件等工况的次序进行防喷器试压。试压的间隔不超过14 d。

9.4 钻完井作业期间,防喷器系统的检查与维护,应符合下列规定:
——整套防喷器系统、隔水(导)管和配套设备,按照制造厂商推荐的程序进行检查和维护;
——在海况及气候条件允许的情况下,防喷器系统和隔水(导)管至少每日外观检查一次。

9.5 井液池液面和气体检测装置应具备声光报警功能,其报警仪安装在钻台和综合录井室内,应配备井液性能试验仪器,井液量应符合下列规定:
——开钻前,计算井液材料最小需要量,制定紧急情况补充井液的储备计划;
——记录并保存井液材料(包括加重材料)的每日储存量。若储存量达不到所规定的最小数量时,停止钻井作业;
——作业时,当返出井液密度比进口井液密度小0.02 g/cm³时,将环形空间井液循环到地面,并对井液性能进行气体或者液体侵入的检查和处理;
——起钻时,向井内灌注井液,当井内静止液面下降或者每起出3柱~5柱钻具之后应灌满井液;
——从井内起出钻杆测试工具前,井液应进行循环或者反循环。

9.6 完井、试油、修井和弃井作业应符合下列规定:
——配备与作业相适应的防喷器及其控制系统;
——按设计储备井液材料,其性能符合作业要求;
——井控要求参照钻井作业或对应的有关规定执行。

9.7 气井、自喷井、自溢井应安装井下封隔器;井下安全阀安装在海床面30 m以下,并符合下列规定:
——定期进行水上控制的井下安全阀现场试验,试验间隔不准许超过180 d。新安装或者重新安装的也应进行试验。
——配备适用的井口测压防喷盒。
——紧急关闭系统应保持良好的工作状态。
——作业者应妥善保存各种井下安全装置的安装和调试记录等资料。

9.8 进行电缆射孔、生产测井、钢丝作业时,在工具下井前,应对防喷管汇进行压力试验。

9.9 钻开油气层前100 m时,应通过钻井循环通道和节流管汇做一次低泵冲泵压试验。

9.10 在寒冷季节,应对井控装备、防喷管汇、节流管汇、压力管汇和仪表等进行防冻保温。

9.11 放喷管线应使用专用管线。

10 硫化氢防护管理

10.1 海上设施硫化氢环境标志

存在硫化氢环境的海上设施,应悬挂硫化氢环境标志,标志信号应符合下列规定:
——当空气中含硫化氢浓度小于15 mg/m³(10 ppm)时,挂标有硫化氢字样的绿牌;
——当空气中含硫化氢浓度处于15 mg/m³~30 mg/m³(10 ppm~20 ppm)时,挂标有硫化氢字样的黄牌;
——当空气中含硫化氢浓度大于30 mg/m³(20 ppm)时,挂标有硫化氢字样的红牌。

10.2 钻井过程中硫化氢防护管理

10.2.1 钻完井作业过程中,钻遇未知含硫化氢地层时,应提前采取防范措施;钻遇已知含硫化氢地层时,应实施检测和控制。设施上应配备硫化氢探测、报警系统,并应符合下列规定:
——钻井装置上安装硫化氢报警系统。当空气中硫化氢的浓度超过15 mg/m³(10 ppm)时,系统即能以声光报警方式工作;固定式探头至少应安装在喇叭口、钻台、振动筛、井液池、生活区进风口、发电及配电房进风口等位置。
——至少配备探测范围0 mg/m³~30 mg/m³(0 ppm~20 ppm)和0 mg/m³~150 mg/m³(0 ppm~100 ppm)的便携式硫化氢探测器各1套。
——探测器件的灵敏度达到7.5 mg/m³(5 ppm)。
——储备足够数量的硫化氢检测样品,以便随时检测探头。

设施上应配备人员劳动防护器具,并符合下列规定:
——通常情况下,钻井装置上配备15套~20套正压式空气呼吸器。其中,生活区6套~9套,钻台上5套~6套,井液池附近(泥浆舱)2套,录井房2套~3套。
——钻进已知含硫化氢地层前,或者临时钻遇含硫化氢地层时,钻井装置上配备供全员使用的正压式空气呼吸器,并配备足够的备用气瓶。
——钻井装置上配备1台呼吸器空气压缩机或其他充气装置,气瓶充装人员应持有气瓶充装证。
——医务室配备处理硫化氢中毒的医疗用品、心肺复苏器和氧气瓶。

10.2.2 在可能含有硫化氢地层进行钻井作业时,应采取下列硫化氢防护措施:
——在可能含有硫化氢地区的钻井设计中,标明含硫化氢地层及其深度,估算硫化氢的可能含量,以提醒有关作业人员注意,并制定相应的安全和应急措施。
——当空气中硫化氢浓度达到15 mg/m³(10 ppm)时,及时通知所有平台人员注意,加密观察和测量硫化氢浓度的次数,检查并准备好正压式空气呼吸器。
——当空气中硫化氢浓度达到30 mg/m³(20 ppm)时,在岗人员迅速取用正压式空气呼吸器,其他人员到达安全区。通知守护船在平台上风向海域起锚待命,救援车辆待命。

——当空气中含硫化氢浓度达到 150 mg/m³(100 ppm)时,组织所有人员撤离。
——使用适合于钻遇含硫化氢地层的井液,钻井液的 pH 值保持在 10 以上。净化剂、添加剂和防腐剂等有适当的储备。钻井液中脱出的硫化氢气体集中排放,有条件情况下,可以点火燃烧。
——钻遇含硫化氢地层,起钻时使用钻杆刮泥器。若将湿钻杆放在甲板上,作业人员应佩戴正压式空气呼吸器。钻进中发现空气中含硫化氢浓度达到 30 mg/m³(20 ppm)时,立即暂时停止钻进,并循环井液。
——在含硫化氢地层取芯,当取芯筒起出地面之前 10 个~20 个立柱,以及从岩芯筒取出岩芯时,操作人员戴好正压式空气呼吸器。运送含硫化氢岩芯时,采取相应包装措施密封岩芯,并标明岩芯含硫化氢字样。在井液录井中若发现有硫化氢显示时,及时向钻井监督报告。
——在预计含硫化氢地层进行中途测试时,测试时间尽量安排在白天,测试器具附近尽量减少操作人员。不准许采用常规的中途测试工具对深部含硫化氢的地层进行测试。
——钻穿含硫化氢地层后,增加工作区的监测频率,加强硫化氢监测。
——对于在含硫化氢地层进行试油,试油前召开安全会议,配备人员劳动防护器具、制定人员急救程序及应急措施。在试油设备附近,人员减少到最低限度。
——2 个硫化氢探测点达到 15 mg/m³(10 ppm)时,2 min 内控制系统自动激活硫化氢气体报警和直升机甲板状态信号灯。
——如果主控制站的硫化氢气体报警在 2 min 内没有得到应答,则有毒气体(硫化氢气体)报警和直升机甲板状态灯自动启动。

10.2.3 在可能含有硫化氢地层进行钻进作业时,其钻井设备、器具应符合下列规定:
——钻井设备具备抗硫应力开裂的性能;
——管材具有在硫化氢环境中使用的性能,并按照国家标准的要求使用;
——对所使用作业设备、管材、生产流程及附件等,定期进行安全检查和检测检验。

10.2.4 完井和修井作业的硫化氢防护,参照钻井作业的有关要求执行。

10.3 生产过程中硫化氢防护管理

10.3.1 在可能含有硫化氢地层进行生产作业时,应采取下列硫化氢防护措施:
——海洋石油生产设施上配备 6 套正压式空气呼吸器。在已知存在含硫油气的,全员配备正压式空气呼吸器,并配备一定数量的备用气瓶及 1 台呼吸器空气压缩机或其他充气装置,气瓶充装人员应持有气瓶充装证。
——海洋石油生产设施上配备 2 套~3 套便携式硫化氢探测仪、1 套便携式比色指示管探测仪和 1 套便携式二氧化硫探测仪。在已知存在硫化氢的生产装置上,安装硫化氢报警装置。
——当空气中硫化氢浓度达到 15 mg/m³(10 ppm)或者二氧化硫浓度达到 5.4 mg/m³(2 ppm)时,作业人员佩戴正压式空气呼吸器。
——装置上配有用于处理硫化氢中毒的医疗用品、心肺复苏器和氧气瓶。
——在油气井投产前,采取有效措施,加强对硫化氢、二氧化硫和二氧化碳的防护。
——用于油气生产的设备、设施和压力管道等具有抗硫化氢腐蚀的性能。

10.3.2 海洋石油生产设施与延长测试作业场所应定期选点测量硫化氢的分压情况,评估含有硫化氢的可能。

11 危险物品管理

11.1 危险物品管理应符合下列要求:
——设施上任何危险物品(包括爆炸品、压缩气体和液化气体、易燃液体、易燃固体、自燃物品和遇湿易燃物品、氧化剂和有机过氧化物、有毒品和腐蚀品等)应存放在远离危险区和生活区的指定地点和容器内,并将存放地点标注在设施操作手册的附图上;
—— 个人不准许私自存放危险物品;
—— 设有专人负责危险物品的管理,并建立和保存危险物品入库、消耗和使用的记录;
—— 在通往危险物品存放地点的通道口、舱口处,设有醒目的中英文危险物品标识;
—— 危险物品应有化学品技术说明书和安全标签。

11.2 作业者、承包者应建立放射性、爆炸性物品的领取和归还制度,领取和归还应遵守下列要求:
—— 领取人持有领取单领取相应的危险物品,领取单详细记载危险物品的种类和数量;
—— 放射源的取放应使用专用的工具,爆炸性物品存放在箱内;
—— 出入库的放射性源罐配有浮标或者其他示位器具;
—— 危险物品出入库有记录,领取人和库管员在出入库单上签字;
—— 未用完的危险物品及时归还。

11.3 危险物品的运输,应符合下列要求:
—— 符合国家有关标准的要求,并有专人或委托船员押运;
—— 有可靠的安全措施和应急措施;
—— 符合相关运输手续,有明显的危险物品运输标识。

11.4 危险物品的使用,应符合下列要求:
—— 易制毒、易制爆危险物品使用前应按规定取得使用许可证后方可使用。使用应有详细记录。使用后,及时将未使用完的危险物品回收入库。
—— 制定安全可靠的作业规程,作业时,作业人员应遵守作业规程。
—— 现场设有明显、清晰的危险标识,以防止非作业人员进入作业区。

11.5 危险物品的存放,应符合下列要求:
—— 存放场所远离生活区、人员密集区及危险区,并标有明显的中英文危险物品标识;
—— 采取有效的防火安全措施;
—— 不准许将爆炸性物品中的炸药与引爆物或者放射性物品存放在同一储存室内。

11.6 危险废物管理,应符合下列要求:
—— 不准许在危险化学品贮存区域内堆积可燃废弃物;
—— 泄漏或渗漏危险品的包装容器应移至安全区域;
—— 按化学危险品特性,用化学的或物理的方法处理废弃物品,不得任意抛弃、污染环境;
—— 应当委托有资质的单位对危险废物进行处置;
—— 对危险废物的容器和包装物以及收集、贮存、运输、利用、处置危险废物的设施、场所,应当设置危险废物识别标志;
—— 建立危险废物管理台账,如实记录相关信息。

12 安全教育与培训管理

12.1 作业者和承包者应建立作业人员安全教育培训和考核结果的记录档案,对作业人员进行安全生产教育培训和考试,保证其具备必要的安全生产知识,熟悉本作业活动的安全生产规章制度和本岗位安全操作规程,掌握本岗位的安全操作技能。未取得培训合格证书的,一律不得出海作业。

12.2 作业者和承包者应履行从业人员的告知义务,告知从业人员作业场所和工作岗位存在的危险有害因素及其防范措施、事故后果及其应急措施、海洋极端环境危害等。

12.3 海洋石油生产设施与作业设施上的所属人员,每年至少接受20课时的在职安全教育;新上岗的从业人员,应接受不少于72课时的安全教育,由有经验人员带领工作至少4个月,熟悉本工种操作技术并经考核合格,方可独立工作。

12.4 海洋石油生产设施与作业设施上调换工种的所属人员,应进行新岗位安全操作的培训;采用新工艺、新技术、新设备、新材料时,应对有关所属人员进行专门培训。

12.5 海洋石油生产设施与作业设施的参观、实习人员,出海前应由设施方进行安全教育,并由设施方专人带领。

12.6 从事《特种作业人员安全技术培训考核管理规定》中规定的特种作业的人员经专门的安全技术培训并考核合格,取得"中华人民共和国特种作业操作证"。

12.7 有自航能力的海洋石油生产设施与作业设施的船长、轮机长、驾驶员和轮机员,应按有关主管部门要求取得适任证书。

12.8 无线电技术操作人员应按有关主管部门的要求进行培训,取得相应的资格证书。

12.9 出海人员应接受"海上石油作业安全救生"的专门培训,并取得培训合格证书。安全培训的内容和时间符合下列要求:
—— 长期出海人员接受全部内容的培训,培训时间不少于40课时。每5年进行一次再培训。
—— 短期出海人员接受综合内容的培训,培训时间不少于24课时。每3年进行一次再培训。
—— 临时出海人员接受电化教学的培训,培训时间不少于4课时。每1年进行一次再培训。
—— 不在海上作业场所留宿的临时出海人员可只接受作业者和承包者现场安全教育。
—— 没有直升机平台或者不使用直升机倒班的出海人员,可以免除专门培训中"直升机遇险水下逃生"内容的培训。
—— 没有配备救生艇筏的出海人员,可以免除"救生艇筏操纵"的培训。

12.10 海洋石油生产设施及作业设施专、兼职消防队员应当接受"油气消防"培训,培训时间不少于24课时。每4年进行一次再培训。

12.11 从事钻井、完井、修井、测试、弃井作业的监督、经理、高级队长、领班,以及司钻、副司钻和井架工、安全监督等人员,以及地质、录井、定向井、固井等作业的海上人员应接受"井控技术"的培训,培训时间不少于56课时,并取得培训合格证书。每4年进行一次再培训。

12.12 稳性压载人员(含钻井平台、浮式生产储油装置的稳性压载、平台升降的技术人员)应接受"稳性与压载技术"的培训,培训时间不少于36课时,并取得培训合格证书。每4年进行一次再培训。

12.13 在作业过程中已经出现或者可能出现硫化氢的场所从事钻井、完井、修井、测试、采油及储运作业的人员,以及地质、录井、定向井、固井等作业的海上人员,应进行"防硫化氢技术"的专门培训,培训时间不少于16课时,并取得培训合格证书。每4年进行一次再培训。

12.14 外方人员在国外合法注册和政府认可的培训机构取得的证书和证件,经中方作业者或者承包者确认后,方可有效。

13 应急与守护管理

13.1 应急管理

13.1.1 作业者和承包者应建立由专职或兼职人员组成的事故应急救援组织,建立应急值班制度,配备必要的应急救援器材和设备。发生生产安全事故时,作业者和承包者的主要负责人应立即组织抢救,采取有效措施迅速处理,并及时分析原因,认真总结经验教训,落实防止同类事故发生的措施。

13.1.2 作业者和承包者应当根据相关标准,结合本组织管理体系、生产规模和可能发生的事故特点,与相关预案保持衔接,确立本单位的应急预案体系,编制相应的应急预案,并体现自救互救和先期处置等特点。根据作业情况、海洋环境条件、安全生产面临的风险以及应急资源的变化,及时对应急预案进行修订。应急预案每3年进行一次评估,对应急预案是否需要修订做出结论。

13.1.3 作业者和承包者组织编制应急预案前,根据以下不同环境条件和作业活动情况,通过风险评

估,识别各类潜在生产安全事故及其险情,根据自身特点开展重大事故情景构建工作:
— 石油天然气开采海区的自然环境;
— 勘探、开发和生产的不同作业阶段;
— 自救能力、陆岸基地的应急救援力量及其他可用的救援力量。

13.1.4 作业者和承包者应建立应急预案,覆盖包括并不限于井喷失控;火灾与爆炸;平台遇险;直升机失事;船舶遇险;放射性物品遗散;潜水作业事故;人员重伤、死亡、失踪及暴发性传染病、中毒;自然灾害以及台风和热带风暴等紧急情况。

13.1.5 每个海洋石油生产或作业设施的应急预案包括主件和附件两个部分内容。

主件部分包括下列主要内容:
— 生产或作业设施名称、作业海区、编写者和编写日期;
— 生产或作业设施的应急组织机构、指挥系统、医疗机构及各级应急岗位人员职责;
— 生产或作业设施上所具有的通信设备类型、能力以及应急通信频率;
— 与公司机构一级综合预案衔接的,处置各类突发性事故或者险情的措施和联络报告程序;
— 与公司机构一级综合预案衔接的联络应急工作联系程序图或者网络图,应急组织、上级主管部门和负责人通讯录,包括通信地址、电话及电子邮件地址等;
— 应急演练内容、频次和要求。

附件部分包括下列主要内容:
— 生产或作业设施的主要基础数据。
— 生产或作业设施所处自然环境的描述,包括:作业海区的气象资料,可能出现的灾害性天气(如台风、风暴潮等);作业海区的海洋水文资料,水深、水温、海流的速度和方向、浪高等;生产或作业设施与陆岸基地、附近港口码头及海区其他设施的位置简图。
— 各种应急搜救设备及材料,包括应急物质、设备及应急材料的名称、类型、数量、性能和存放地点等情况。
— 生产或作业设施配备的气象海况测定装置的规格和型号。
— 其他有关资料。

13.1.6 作业者和承包者现场组织海上作业人员定期开展应急预案的演练,演练期限不超过下列时间间隔的要求:
— 消防演习:每个月一次。
— 弃平台演习:每个月一次。
— 井控演习:每个月一次。
— 人员落水救助演习:每季度一次。
— 硫化氢演习:钻遇含硫化氢地层前和对含硫化氢油气井进行试油或者修井作业前,应组织一次防硫化氢演习;对含硫化氢油气井进行正常钻井、试油或者修井作业,每隔 7 d 组织一次演习;含硫化氢油气井正常生产时,每个月组织一次演习。不含硫化氢的,每半年组织一次。
— 各类应急演练的记录文件保存 1 年。

13.1.7 作业者和承包者应制定海洋石油设施防台风或风暴潮应急管理制度,明确台风极端环境的撤离要求,严格执行以下规定:
— 海洋石油设施应制定防台风或风暴潮应急预案,建立健全防台风或风暴潮应急机构与相关人员职责,全面了解周边施救应急资源。
— 多单位联合作业时,各单位都要制定各自的防台风或风暴潮计划,并纳入现场作业总体应急预案中。并听从联合作业应急总指挥的指令。
— 根据台风实际情况划分警戒区,根据不同开采作业活动安全处置与撤离要求,计算出安全处置和撤离所需的时间,制定各警戒区的作业和撤离计划。

13.1.8 作业者和承包者应制定防冰要求,主要为:
— 在冰期从事海洋石油天然气开采作业的设施、船舶应具有相适应的抗冰能力;
— 建立健全防冰应急机构与相关人员职责,全面了解周边施救应急资源;
— 应及时接收海冰预报,监测现场海冰情况,制定防冰措施,安排破冰船在设施、船舶周边破冰或值班;
— 在海冰将超过或已经超过设施、船舶的设计抗冰能力时,应立即组织人员撤离;
— 海上设施、船舶应保持与守护船、陆地应急值班室的通信畅通;
— 冰期时,应对重要工艺管线与海底长输油气管道管线进行巡查,并对设施、船舶周边的冰情做重点监测;
— 井口设备应有防冻和保温措施,未使用的管线应排空液体或进行保温伴热。

13.2 守护船

13.2.1 守护船应在距离所守护设施 5 n mile 之内或 30 min 可达的海区执行守护任务,不准许擅自离开。在守护船的守护能力范围内,多座被守护设施可以共用一条守护船。

13.2.2 守护船应服从被守护设施负责人的指挥,应急情况下能够接纳所守护设施全部人员,并配备可以供守护设施全部人员 1 d 所需的救生食品和饮用水,还应具备拖带、人员救助和消防能力,并满足以下要求:
— 船舶证书齐全、有效。
— 具备守护海区的适航能力。
— 在船舶的两舷设有营救区,并尽可能远离推进器,营救区应有醒目标志。营救区长度不小于载货甲板长度的 1/3,宽度不小于 3 m。
— 甲板上设有露天空间,便于直升机绞车提升、平台吊篮下放等营救操作。
— 营救区及甲板露天空间处于守护船船长视野之内,便于指挥操作和营救。

13.2.3 守护船应配备能够满足应急救助和撤离人员的下列设备和器具:
— 1 副吊装担架和 1 副铲式担架;
— 2 副救助用长柄钩;
— 至少 1 套抛绳器;
— 4 只带自亮浮灯、逆向反光带和绳子的救生圈,绳子长度不少于 30 m;
— 用于简易包扎和急救的医疗用品;
— 营救区舷侧的落水人员攀登用网;
— 1 艘符合《国际海上人命安全公约》要求的救助艇;
— 至少 2 只探照灯,可以提供营救作业区及周围海区照明;
— 至少配备两种通信工具,保证守护船与被守护设施和陆岸基地随时通话。

13.2.4 守护船船员应符合下列条件:
— 具有船员服务簿和适任证书等有效证件;
— 至少有 3 名船员从事落水人员营救工作;
— 至少有 2 名船员可以操纵救助艇;
— 至少有 2 名船员经过医疗急救培训,能够承担急救处置、包扎和人工呼吸等工作;
— 定期参加营救演习。

二、个体防护

ICS 13.340.10
CCS C 73

中华人民共和国国家标准

GB 24539—2021
代替 GB 24539—2009，GB 24540—2009，GB/T 29511—2013

防护服装 化学防护服

Protective clothing—Chemical protective clothing

2021-08-10 发布　　　　　　　　　　　　2022-09-01 实施

国家市场监督管理总局
国家标准化管理委员会　发布

目 次

前言 ·· 35
1 范围 ·· 36
2 规范性引用文件 ·· 36
3 术语和定义 ·· 37
4 分型及代号 ·· 38
5 技术要求 ··· 39
6 试验方法 ··· 53
7 标志 ·· 57
附录 A（规范性） 化学防护服整体气密性测试方法 ······································· 59
附录 B（规范性） 化学防护服向内泄漏率的测试方法 ···································· 61
附录 C（规范性） 化学防护服液密性能测试方法 ·· 66
附录 D（规范性） 固体颗粒物化学防护服向内泄漏率的测试方法 ···················· 72
附录 E（规范性） 实用性能测试评估的受试者动作 ······································· 77
附录 F（规范性） 液体耐压穿透性能测试方法 ··· 79
附录 G（规范性） 织物酸碱类化学防护服面料穿透时间测试方法 ···················· 90
附录 H（规范性） 织物酸碱类化学防护服面料耐液体静压力测试方法 ·············· 92
附录 I（规范性） 化学防护服面料拒液性能测试方法 ···································· 94
附录 J（规范性） 化学防护服面料耐磨损性能测试方法 ································· 98
附录 K（规范性） 化学防护服面料耐屈挠破坏性测试方法 ···························· 100
参考文献 ·· 102

GB 24539—2021

前 言

本文件按照GB/T 1.1—2020《标准化工作导则 第1部分：标准化文件的结构和起草规则》的规定起草。

本文件代替GB 24539—2009《防护服装 化学防护服通用技术要求》、GB 24540—2009《防护服装 酸碱类化学品防护服》和GB/T 29511—2013《防护服装 固体颗粒物化学防护服》，与GB 24539—2009、GB 24540—2009 和 GB/T 29511—2013 相比，除结构调整和编辑性改动外，主要技术变化如下：

a) 更改了产品分型，删除了"非气密型化学防护服-ET"，增加了"气密型化学防护服""有限泼溅化学防护服"和"织物酸碱类化学防护服"（见第4章，GB 24539—2009 的第4章）；

b) 更改了各产品类别代号，增加了"气密型化学防护服"产品类别代号为"1"，"有限泼溅化学防护服"产品类别代号为"6"，"织物酸碱类化学防护服"产品类别代号为"7"（见第4章，GB 24539—2009 的第4章）；

c) 增加了针对1c型、面罩非永久地连接到面具上的1b型(1b-ET型)化学防护服的向内泄漏率的技术要求和测试方法[见5.2.1 中 f)、5.2.2 中 c)、5.3.2.2、6.5 和附录B]；

d) 删除了化学防护服整体防护性能的液体泄漏性能的技术要求及相应测试方法"化学防护服液体穿透性能测试方法"（见GB 24539—2009 的5.3.1.3、5.3.2.2、6.2 和附录B）；

e) 删除了固体颗粒物化学防护服的耐固体颗粒物穿透性能的技术要求及相应测试方法（见GB 24539—2009 的5.3.1.3、5.3.3.5 和6.9）；

f) 增加了有限泼溅化学防护服整体防护性能的有限液密泼溅的技术要求及其相应测试方法（见5.3.2.5、6.8 和附录C中方法3）；

g) 在面料的各项性能指标中增加了有限泼溅化学防护服的技术要求（见5.3.3）；

h) 增加了化学防护服整体性能测试的温湿度预处理和穿戴试验的试验方法（见6.1 和6.2）；

i) 增加了化学防护服面料性能测试的预处理条件和测试条件（见6.3）；

j) 完善了产品永久标识的相关内容（见7.1，GB 24539—2009 的7.1）；

k) 增加了气密型防护服向内泄漏率的测试方法（见附录B）；

l) 增加了气密型化学防护服的实用性能的技术要求及测试评估方法（见附录E）；

m) 增加了面料耐磨损和面料耐屈挠破坏性的测试方法及终点判定方法（见附录J和附录F）。

请注意本文件的某些内容可能涉及专利。本文件的发布机构不承担识别专利的责任。

本文件由中华人民共和国应急管理部提出并归口。

本文件及其所替代文件的历次版本发布情况为：

——2009年首次发布为GB 24539—2009；

——本次为第一次修订，并入了GB 24540—2009《防护服装 酸碱类化学品防护服》（2009年首次发布）和GB/T 29511—2013《防护服装 固体颗粒物化学防护服》（2013年首次发布）。

防护服装　化学防护服

1　范围

本文件规定了化学防护服的分型、分级、标识、基本技术要求和试验方法。

本文件适用于从业人员在作业场所及应急救援工作中所需要的化学防护服。

本文件不适用于消防等场合使用的化学防护服。

注1：本文件不专门提出手套、防护靴/鞋、防护面具、视窗、安全眼镜以及呼吸装置等个体防护装备的性能指标要求，除非该防护装备属于防护服整体的一部分，并提供相应的化学防护性能。

注2：本文件所涉及的防护对象包括气态、液态、固态化学物质。

2　规范性引用文件

下列文件中的内容通过文中的规范性引用而构成本文件必不可少的条款。其中，注日期的引用文件，仅该日期对应的版本适用于本文件；不注日期的引用文件，其最新版本（包括所有的修改单）适用于本文件。

GB/T 2912.1　纺织品　甲醛的测定　第1部分：游离和水解的甲醛（水萃取法）

GB/T 3820　纺织品和纺织制品厚度的测定

GB/T 3917.3　纺织品　织物撕破性能　第3部分：梯形试样撕破强力的测定

GB/T 3920　纺织品　色牢度试验　耐摩擦色牢度

GB/T 3923.1　纺织品　织物拉伸性能　第1部分：断裂强力和断裂伸长率的测定（条样法）

GB/T 4669　纺织品　机织物　单位长度质量和单位面积质量的测定

GB/T 4744　纺织品　防水性能的检测和评价　静水压法

GB/T 7573　纺织品　水萃取液pH值的测定

GB/T 8629　纺织品　试验用家庭洗涤和干燥程序

GB/T 8685　纺织品　维护标签规范　符号法

GB/T 12586　橡胶或塑料涂覆织物　耐屈挠破坏性的测定

GB/T 13640　劳动防护服号型

GB/T 13773.2　纺织品　织物及其制品的接缝拉伸性能　第2部分：抓样法接缝强力的测定

GB/T 17592　纺织品　禁用偶氮染料的测定

GB 18401　国家纺织产品基本安全技术规范

GB/T 19981.2　纺织品　织物和服装的专业维护、干洗和湿洗　第2部分：使用四氯乙烯干洗和整烫时性能试验的程序

GB/T 20655　防护服装　机械性能　抗刺穿性的测定

GB/T 21196.2—2007　纺织品　马丁代尔法织物耐磨性的测定　第2部分：试样破损的测定

GB/T 21294—2014　服装理化性能的检验方法

GB/T 23344　纺织品　4-氨基偶氮苯的测定

GB/T 23462　防护服装　化学物质渗透试验方法

ISO 15797　纺织材料　工作服检测用工业洗涤和整理规程（Textiles—Industrial washing and finishing procedures for testing of workwear）

3 术语和定义

下列术语和定义适用于本文件。

3.1
化学防护服 chemical protective clothing

用于防护化学物质对人体伤害的服装。

注：该服装可覆盖整个或绝大部分人体，至少可提供对躯干、手臂和腿部的防护。化学防护服允许是多件具有防护功能服装的组合，也可和其他的防护装备匹配使用。

3.2
全包覆式化学防护服 fully encapsulated chemical protective clothing

可完全覆盖穿着者（或完全覆盖穿着者和呼吸防护装备）并且能够提供气密和/或液密防护的服装。

3.3
非全包覆式化学防护服 non-encapsulated chemical protective clothing

提供对绝大部分人体（至少包括躯干、手臂和腿部）防护的服装，但无须覆盖穿着者使用的呼吸装备。

注：分为连体式防护服和分体式防护服。

3.4
有限次使用的化学防护服 limited use chemical protective clothing

对服装面料强度和耐磨性要求较低，仅一次性使用或者在服装未受污染前有限次数使用的防护服。

3.5
可重复使用的化学防护服 reusable chemical protective clothing

对服装面料强度和耐磨性要求较高，使用后进行必要的洗消处理，经评估，依然可提供有效防护的防护服。

3.6
气密型化学防护服 gas-tight chemical protective suits

带有头罩、视窗和手足部防护的单件化学防护服，当配套适宜的呼吸防护装备时，能够防护较高水平的有毒有害化学物质（气态、液态和固态颗粒物等）。

3.7
应急救援响应队伍用的化学防护服 chemical protective clothing for emergency response team

应急救援工作中作业人员所穿着的化学防护服类型。

注：应急救援响应队伍用的化学防护服用缩略语"ET"表示，如：气密型化学防护服-ET，喷射液密型化学防护服-ET。

3.8
气密型化学防护服-ET gas-tight chemical protective suits for emergency response team

应急救援工作中作业人员穿着的，带有头罩、视窗和手足部防护的，能够防护气态、液态和固态颗粒等有毒有害化学物质的单件化学防护服类型。

3.9
液密型化学防护服 liquid tight chemical protective clothing

防护液态化学物质的防护服。

注：防护服各部件之间，以及与其配套使用的头罩、手套、鞋靴、面屏或呼吸防护等装备之间，保持液密连接的全身性防护服。可以是单件连体服、上下身分体式的套装，或者配套头罩、面屏、袜靴、套靴、手套等。

3.10
喷射液密型化学防护服 liquid jet tight chemical protective clothing

防护具有较高压力液态化学物质的全身性防护服。

注：防护服各部件之间，以及与其配套使用的头罩、手套、鞋靴、面屏或呼吸防护等装备之间，保持喷射液密连接。可以是单件连体服、上下身分体式的套装，或者配套有头罩、面屏、袜靴、套靴、手套等。

3.11
泼溅液密型化学防护服 liquid spray tight chemical protective clothing

防护具有较低压力或者无压力液态化学物质的全身性防护服。

注：防护服各部件之间，以及与其配套使用的头罩、手套、鞋靴、面屏或呼吸防护等装备之间，保持泼溅液密连接。可以是单件连体服、上下身分体式的套装，或者配套有头罩、面屏、袜靴、套靴、手套等。

3.12
固体颗粒物化学防护服 chemical protective clothing providing protection against airborne solid particulate

防护作业场所空气中固态化学颗粒物的全身性防护服。

注：可以配有或者不配有手套、靴套。

3.13
有限泼溅型化学防护服 limited liquid spray chemical protective clothing

能够对液态化学物质进行有限防护的全身性防护服。

注：防护服各部件之间，以及与其配套使用的头罩、手套、鞋靴、面屏或呼吸防护等装备之间，保持有限泼溅液密连接。可以是单件连体服、上下身两件的套装，或者配套有头罩、袜靴、套靴等。

3.14
织物酸碱类化学防护服 woven material liquid acid and alkali chemical protective clothing

由机织面料构成，能够防护液态酸性、或/和碱性化学品（不包括氢氟酸、氨水和有机酸碱）的防护服。

注：织物酸碱类化学防护服根据防护酸碱的类型，分为：无机酸类、无机碱类和无机酸碱类。

3.15
面料 clothing materials

提供防护性能的化学防护服单层材料或多层材料的组合。

3.16
渗透 permeation

化学物质分子透过防护材料的过程，即化学物质分子被材料吸附、在材料内的扩散以及从材料另一面析出的过程。

3.17
穿透 penetration

化学物质通过材料、接缝、针孔或者其他瑕疵透过防护服装材料的过程。

3.18
标准沾污面积 calibrated stain area

将一定量的特定测试溶液滴加到测试用指示服表面所形成的最小显色面积。

4 分型及代号

根据防护对象和整体防护性能，化学防护服按表1分型。

表 1 分型及代号

化学防护服分型	气密型		液密型			固体颗粒物化学防护服	有限泼溅化学防护服	织物酸碱类化学防护服
	气密型化学防护服	气密型化学防护服-ET	喷射液密型化学防护服	喷射液密型化学防护服-ET	泼溅液密型化学防护服			
类别代号	1 (1a、1b、1c)	1-ET (1a-ET、1b-ET)	3	3-ET	4	5	6	7
注：国际标准中的非气密型化学防护服类型（2型和2-ET型）几乎没有实际应用，未来发展趋势也将被逐步取消，所以本文件不再列出。								

5 技术要求

5.1 一般要求

化学防护服的设计和选材应考虑满足：

a) 化学防护服及其他组成部分的材料应无皮肤刺激性或其他有害的健康效应，不应释放任何有害物质影响或刺激呼吸系统。

b) 化学防护服应在保证防护性的前提下充分考虑其舒适性及穿脱的方便性。可通过考核材料透气性等指标来评价面料的舒适性。在保证防护性能和材料强度的前提下，应采用单位面积质量小的材料。

c) 化学防护服结构设计应充分考虑与其他必要个体防护装备的兼容性和配套性。

5.2 设计要求

5.2.1 气密型化学防护服

气密型化学防护服（1型）设计应符合：

a) 应采用全包覆式化学防护服设计，即能够提供对穿着者躯干、头部、眼面部、手臂、手部、腿部和脚的整体防护。

b) 气密型化学防护服分为1a、1b和1c型。
   1a型：内置自给式呼吸器的气密型化学防护服；
   例如，自给式压缩空气呼吸器内置型化学防护服；
   1b型：外置自给式呼吸器的气密型化学防护服；
   例如，自给式压缩空气呼吸器外置型化学防护服；
   1c型：通过外部呼吸气源向防护服内提供正压的气密型化学防护服；
   例如，长管供气型气密型防护服。

c) 所有1型化学防护服均应采用具有抗化学渗透性能的面料，并通过自给式（防护服内置或外置）呼吸器或其他外部供气装置给人员提供呼吸用清洁气源。

d) 1a和1c型化学防护服应安装2个及以上单向排气阀，1b型化学防护服应安装1个及以上单向排气阀，要求在从化学防护服内部向环境排气时，能完全阻止外部气体逆向流入。

e) 在眼面部设计具有化学防护功能的透明视窗，以满足穿着人员的观察需求，如有必要，制造商应提供面屏的除雾措施。
- f) 1型化学防护服每件产品均应通过整体气密性测试。此外，面罩未永久固定在服装上的1b型以及1c型化学防护服还应通过向内泄漏率测试。
- g) 允许在化学防护服装外面另行穿着/佩戴防护服、防护手套和/或防护靴/鞋，以满足化学防护服所有性能要求。所有组合的各部分及其各层材料应视为化学防护服整体进行测试。

5.2.2 气密型化学防护服-ET

气密型化学防护服-ET（1-ET型）设计应符合：
- a) 采用全包覆式化学防护服设计，即能够提供对穿着者躯干、头部、眼面部、手臂、手部、腿部和脚的整体防护。
- b) 气密型化学防护服1-ET型分为1a-ET和1b-ET型，通过自给式呼吸器（内置或外置）给人员提供呼吸用清洁气源。
  1a-ET型：内置自给式呼吸器的气密型化学防护服-ET；
  1b-ET型：外置自给式呼吸器的气密型化学防护服-ET。
- c) 每件产品均应通过整体气密性测试。此外，面罩未永久固定在服装上的1b-ET型化学防护服还应通过向内泄漏率测试。
- d) 1a-ET型化学防护服应安装2个及以上单向排气阀，1b-ET型化学防护服应安装1个及以上单向排气阀，要求在从化学防护服内部向环境排气时，能完全阻止外部气体逆向流入。
- e) 在眼面部设计具有化学防护功能的透明视窗，以满足穿着人员观察的需求。
- f) 允许通过在化学防护服外面另行穿着/佩戴防护服、防护手套和或防护靴/鞋以满足化学防护服所有性能要求。所有涉及组合的多层材料应作为一个整体进行测试。

5.2.3 喷射液密型化学防护服和喷射液密型化学防护服-ET

喷射液密型化学防护服（3型）和喷射液密型化学防护服-ET（3-ET型）设计应符合：
- a) 应至少提供对穿着者躯干、头部、手臂和腿部的防护；
- b) 化学防护服面料应满足化学物质穿透和渗透性能要求；
- c) 化学防护服应通过液密喷射试验。

5.2.4 泼溅液密型化学防护服

泼溅液密型化学防护服（4型）设计应符合：
- a) 应至少提供对穿着者躯干、头部、手臂和腿部的防护；
- b) 化学防护服面料应满足化学物质耐压穿透或渗透性能要求；
- c) 化学防护服应通过液密泼溅试验。

5.2.5 固体颗粒物化学防护服

固体颗粒物化学防护服（5型）设计应符合：
- a) 应至少提供对穿着者躯干、头部、手臂和腿部的防护；
- b) 化学防护服面料应满足防止化学固体颗粒物穿透的要求；
- c) 化学防护服整体应通过固体颗粒物向内泄漏率试验。

5.2.6 有限泼溅型化学防护服

有限泼溅型化学防护服（6型）设计应符合：
- a) 至少提供对穿着者躯干、手臂和腿部的防护；

b) 化学防护服面料应满足拒液性能的要求；
c) 防护服应通过有限液体泼溅试验。

5.2.7 织物酸碱类化学防护服

织物酸碱类化学防护服(7型)设计应符合：
a) 便于穿脱，有利于作业时的肢体活动和穿着者的安全与卫生，不影响人体正常生理要求；
b) 连体式或上下装分身式结构；
c) 连体式防护服应"领口紧、袖口紧、裤脚紧"；分身式防护服上衣应"领口紧、袖口紧和下摆紧"，裤子应为紧口裤；
d) 防护服各部分的结合部位、与其他防护装备搭配使用的结合部位应严密、合理、防止酸碱侵入；
e) 服装上应无可积存酸碱的明衣袋等结构，但可以有内衣袋；
f) 附件应便于连接和脱开、材质应耐腐蚀。

5.3 性能要求

5.3.1 总则

所有化学防护服的服装及其面料应对表2中所列项目进行评估。

作为气密型化学防护服(1型)和气密型化学防护服-ET(1-ET型)整体防护一部分的化学防护手套、化学防护视窗和化学防护靴/鞋，若提供化学防护的材料和防护服面料不同，应对表3中所列项目评估。

化学防护服接缝性能应对表4中所列项目评估。

除特别说明外，所有测试项目的性能指标应不低于1级。

表2 服装整体防护性能、面料化学防护性能和面料物理防护性能评估项目

性能类别	测试项目	化学防护服类别							
		气密型化学防护服		液密型化学防护服			固体颗粒物化学防护服	有限泼溅型化学防护服	织物酸碱类化学防护服
		气密型化学防护服	气密型化学防护服-ET	喷射液密型化学防护服	喷射液密型化学防护服-ET	泼溅液密型化学防护服			
类别代号		1	1-ET	3	3-ET	4	5	6	7
化学防护服整体防护性能	气密性	√	√						
	向内泄漏率	√	√						
	液密喷射			√	√				
	液密泼溅					√			
	有限液密泼溅							√	√

表 2（续）

性能类别	测试项目	化学防护服类别							
		气密型化学防护服		液密型化学防护服			固体颗粒物化学防护服	有限泼溅型化学防护服	织物酸碱类化学防护服
		气密型化学防护服	气密型化学防护服-ET	喷射液密型化学防护服	喷射液密型化学防护服-ET	泼溅液密型化学防护服			
类别代号		1	1-ET	3	3-ET	4	5	6	7
化学防护服整体防护性能	固体颗粒物向内泄漏率						√		
	实用性能	√	√						
面料化学防护性能	渗透性能	√	√	√	√	√			
	穿透时间								√
	液体耐压穿透性能	√	√	√	√				
	耐液态静压力								√
	拒液性能					√		√	√
	耐干摩擦色牢度								√
	甲醛								√
	pH值								√
	可分解致癌芳香胺染料								√
	异味								√
面料物理防护性能	耐磨损性能	√	√	√	√	√	√	√	
	耐屈挠破坏性能	√	√	√	√	√	√	√	

表 2（续）

性能类别	测试项目	化学防护服类别							
		气密型化学防护服		液密型化学防护服			固体颗粒物化学防护服	有限泼溅型化学防护服	织物酸碱类化学防护服
		气密型化学防护服	气密型化学防护服-ET	喷射液密型化学防护服	喷射液密型化学防护服-ET	泼溅液密型化学防护服			
类别代号		1	1-ET	3	3-ET	4	5	6	7
面料物理防护性能	抗刺穿性能	√	√	√	√	√	√	√	
	耐低温耐高温性能	√	√	√	√	√	√		
	撕破强力	√	√	√	√	√	√	√	√
	断裂强力	√	√	√	√	√	√	√	√
	强力下降率								√

注1：标注"√"的项目，即为该类型防护服必须符合的技术要求。
注2：标注空白的项目，即为该类型防护服无须符合的技术要求。
注3：对于向内泄漏率测试，1a(或1a-ET)不需做此项检测；1b(或1b-ET)只有当面罩未永久固定在服装上时，需做此项检测；1c需做此项检测。

表 3 化学防护视窗、手套和化学防护靴/鞋材料评估项目

部件类别	测试项目	化学防护服类别							
		气密型化学防护服		液密型化学防护服			固体颗粒物化学防护服	有限泼溅型化学防护服	织物酸碱类化学防护服
		气密型化学防护服	气密型化学防护服-ET	喷射液密型化学防护服	喷射液密型化学防护服-ET	泼溅液密型化学防护服			
类别代号		1	1-ET	3	3-ET	4	5	6	7
化学防护视窗	渗透性能	√	√						
	抗刺穿性能	√	√						

表 3（续）

部件类别	测试项目	化学防护服类别							
		气密型化学防护服		液密型化学防护服			固体颗粒物化学防护服	有限泼溅型化学防护服	织物酸碱类化学防护服
		气密型化学防护服	气密型化学防护服-ET	喷射液密型化学防护服	喷射液密型化学防护服-ET	泼溅液密型化学防护服			
类别代号		1	1-ET	3	3-ET	4	5	6	7
化学防护手套	渗透性能	√	√						
	液体耐压穿透性能	√	√						
化学防护靴/鞋	渗透性能	√	√						
	液体耐压穿透性能	√	√						

注1：标注"√"的项目，即为该类型防护服必须符合的技术要求。
注2：标注空白的项目，即为该类型防护服无须符合的技术要求。

表 4 接缝性能评估项目

部件类别	测试项目	化学防护服类别							
		气密型化学防护服		液密型化学防护服			固体颗粒物化学防护服	有限泼溅型化学防护服	织物酸碱类化学防护服
		气密型化学防护服	气密型化学防护服-ET	喷射液密型化学防护服	喷射液密型化学防护服-ET	泼溅液密型化学防护服			
类别代号		1	1-ET	3	3-ET	4	5	6	7
接缝性能	渗透性能	√	√	√	√	√			
	液体耐压穿透性能	√	√	√	√				
	接缝强力	√	√	√	√	√	√	√	√

注1：标注"√"的项目，即为该类型防护服必须符合的技术要求。
注2：标注空白的项目，即为该类型防护服无须符合的技术要求。

5.3.2 服装整体防护性能

5.3.2.1 整体气密性

按 6.4 的规定，对气密型化学防护服和气密型化学防护服-ET 进行整体气密性测试，4 min 内压力下降应不大于测试压的 20%。

5.3.2.2 向内泄漏率

按照 6.5 的规定进行测试，1c 型化学防护服向内泄漏率应不大于 0.05%。1b 型（1b-ET 型）化学防护服，当面罩未永久地连接到面具上时，应进行向内泄漏测试，并且面罩目镜凹陷处的向内泄漏率应不大于 0.05%。

5.3.2.3 液密喷射

按 6.6 的规定，对喷射液密型化学防护服和喷射液密型化学防护服-ET 进行整体液密喷射性能测试，指示服上穿透液体形成的沾污面积应小于 3 倍的标准沾污面积。

5.3.2.4 液密泼溅

按 6.7 的规定，对泼溅液密型化学防护服进行整体液密泼溅性能测试，指示服上穿透液体形成的沾污面积应小于 3 倍的标准沾污面积。

5.3.2.5 有限液密泼溅

按 6.8 的规定，对有限泼溅型化学防护服和织物酸碱类化学防护服进行整体有限液密泼溅性能测试，指示服上穿透液体形成的沾污面积应小于 3 倍的标准沾污面积。

5.3.2.6 固体颗粒物向内泄漏率

按 6.9 的规定，对固体颗粒物化学防护服进行固体颗粒物向内泄漏率的测试。固体颗粒物向内泄漏率 $L_{jmn,82/90} \leqslant 30\%$；单件防护服的总向内泄漏率 $L_{S,8/10} \leqslant 15\%$。

注 1：$L_{jmn,82/90}$：以百分比表示的向内泄漏率。82/90 指的是所有 90 个泄漏率按从小到大的顺序排列，取第 82 个向内泄漏率。90 个数据包括全部试验动作、采集点和测试样品的向内泄漏率。

注 2：$L_{S,8/10}$：单件防护服的总向内泄漏率。8/10 指 10 件防护服样品的向内泄漏率按从小到大顺序排列的第 8 个数值。

注 3：如果测试的防护服样品超过 10 件，$L_{jmn,82/90}$ 数据取在所有泄漏率按从小到大的顺序排列，91% 处选取；$L_{S,8/10}$ 数据取在所有向内泄漏率按从小到大顺序排列，80% 处选取。

5.3.2.7 实用性能

按 6.10 的规定，对气密型化学防护服和气密型化学防护服-ET 进行整体实用性能测试评估。

实用性能测试过程中，化学防护服不应限制受试者完成任何规定动作；

受试者应在距离 6 m 之外，读出由四个高 100 mm、宽 20 mm 的随机字符组成的标记。如果化学防护服头罩与受试者眼镜之间的距离不固定，测试过程中头罩或面屏应固定在某一个典型位置；

如果以下因素限制受试者完成实用性能测试的任何一项动作的完成，受试者应对相关因素进行主观评价并记录。

——背带舒适性。
——连接件和接头的安全性。
——控制部件和压力表的操作方便性（如果有）。
——面罩或面屏的视觉清晰度。

——护目面屏的环视视野。
——服装舒适性。
——话语交流的方便性。
——受试者指出的其他方面。

5.3.3 面料的化学防护性能

5.3.3.1 渗透性能

按6.11的规定,选择表5所列化学物质进行化学防护服面料的渗透性能测试。根据透过时间测试结果的最小值按表6进行分级、标识。具体要求如下:

a) 对于气密型化学防护服-ET(1-ET型),应至少选择表5中15种化学物质进行测试,所测15种化学物质的渗透性能均应不低于3级。15种化学物质的测试结果均应在生产商的产品技术说明书中列出。

b) 对于气密型化学防护服(1型),应选择表5中15种化学物质进行测试,至少12种化学物质的渗透性能不低于3级,15种化学物质的测试结果应在生产商的产品技术说明书中列出。

c) 对于喷射液密型化学防护服-ET(3-ET型),应选择表5中15种化学物质进行测试,至少12种化学物质的渗透性能不低于2级,所有15种化学物质的测试结果均应在生产商的产品技术说明书中列出。

d) 对于喷射液密型化学防护服(3型),应选择表5中至少1种化学物质进行测试,渗透性能不低于3级。

e) 对于泼溅液密型化学防护服(4型),应选择表5中至少1种化学物质进行测试,渗透性能不低于1级。

f) 如防护服标明能够防护表5所列之外的其他化学物质,生产商应对该化学物质进行渗透性能测试,并将测试结果在产品技术说明书中列出。

表5 渗透性能测试用化学物质

序号	化学物质名称(中文/英文)		CAS 编号	物理状态
1	丙酮	Acetone	67-64-1	液态
2	乙腈	Acetonitrile	75-05-8	液态
3	二硫化碳	Carbon disulfide	75-15-0	液态
4	二氯甲烷	Dichloromethane	75-09-02	液态
5	二乙胺	Diethylamine	109-89-7	液态
6	乙酸乙酯	Ethyl acetate	141-78-6	液态
7	正己烷	n-Hexane	110-54-3	液态
8	甲醇	Methanol	67-56-1	液态
9	氢氧化钠(质量分数30%)	Sodium hydroxide,30%	1310-73-2	液态
10	硫酸(质量分数96%)	Sulfuric acid,96%	7664-93-9	液态
11	四氢呋喃	Tetrahydrofuran	109-99-9	液态
12	甲苯	Toluene	108-88-3	液态
13	氨气(无水,体积分数99.99%)	Ammonia gas	7664-41-7	气态
14	氯气(体积分数99.5%)	Chlorine gas	7782-50-5	气态
15	氯化氢(体积分数99.0%)	Hydrogen chloride gas	7647-01-0	气态

表 6 渗透性能分级

级别	标准透过时间 min
1	≥10
2	≥30
3	≥60
4	≥120
5	≥240
6	≥480

5.3.3.2 液体耐压穿透性能

按 6.12 的规定，应至少选择表 5 中 3 种液态化学物质，对气密型化学防护服（1 型）、气密型化学防护服-ET（1-ET 型）、喷射液密型化学防护服（3 型）、喷射液密型化学防护服-ET（3-ET 型）的面料进行测试。根据液体耐压穿透性能测试结果最低值按表 7 分级；面料的液态耐压穿透性能应不低于 1 级。

表 7 液体耐压穿透性能分级

级别	液体穿透压力值 kPa
1	＞3.5
2	＞7
3	＞14
4	＞21
5	＞28
6	＞35

5.3.3.3 穿透时间

按 6.13 的规定对织物酸碱类化学防护服进行测试，有接缝和无接缝部位的穿透时间均应满足表 8 的要求。

表 8 织物酸碱类化学防护服面料穿透时间

级别		1	2	3
穿透时间 min	洗后	≥3	≥5	≥10
	洗前	≥30		

5.3.3.4 耐液体静压力

按 6.14 的规定对织物酸碱类化学防护服进行测试，洗后耐液体静压力应符合表 9 的要求。

表 9　耐液体静压力

级别	耐液体静压力值 p Pa
1	≥175
2	≥520
3	≥1 020

5.3.3.5　拒液性能

按 6.15 的规定,对防护服面料的拒液性能进行测试。根据拒液指数最小值和穿透指数最大值,按表 10 进行分级、标识。

泼溅液密型化学防护服(4 型)、有限泼溅型化学防护服(6 型)的面料拒液性能应不低于 1 级,穿透指数不低于 1 级,应至少选择表 11 中 1 种化学物质进行测试。

织物酸碱类化学防护服的面料拒液性能应不低于 2 级(洗前和洗后)。应选择表 12 中与产品标明的防护对象对应的酸和/或碱试剂进行测试。

表 10　拒液和液体穿透性能分级

级别	拒液指数	穿透指数
1	>80%	<10%
2	>90%	<5%
3	>95%	<1%

表 11　拒液性能测试用化学物质

化学物质	浓度
硫酸	30%(质量分数)
氢氧化钠	10%(质量分数)
正丁醇	分析纯
邻二甲苯	分析纯

表 12　织物酸碱类防护服拒液性能测试用化学物质

化学物质	浓度
硫酸	80%(质量分数)
氢氧化钠	30%(质量分数)
盐酸	30%(质量分数)
硝酸	40%(质量分数)

5.3.3.6 耐干摩擦色牢度

按 6.16 的规定对织物酸碱类化学防护服(7 型)进行测试,耐干摩擦色牢度应不小于 3 级。

5.3.3.7 甲醛含量

按 6.17 的规定对织物酸碱类化学防护服(7 型)进行测试,甲醛含量应不大于 75 mg/kg(直接接触皮肤),或应不大于 300 mg/kg(非直接接触皮肤)。

5.3.3.8 pH 值

按 6.18 的规定对织物酸碱类化学防护服(7 型)进行测试,pH 值应在 4.0 至 8.5 之间。

5.3.3.9 可分解致癌芳香胺染料

按 6.19 的规定对织物酸碱类化学防护服(7 型)进行测试,服装材料应禁用 GB 18401 中所列可分解致癌芳香胺染料。

5.3.3.10 异味

按 6.20 的规定对织物酸碱类化学防护服(7 型)进行测试,应无异味。

5.3.4 面料的物理防护性能

5.3.4.1 耐磨损性能

按 6.21 的规定,进行面料耐磨损性能测试。测试压力 9 kPa,根据面料损坏所需循环次数测试结果按照表 13 分级、标识。面料的耐磨性能要求如下:
   a) 气密型化学防护服(1 型)、气密型化学防护服-ET(1-ET 型,包括可重复使用的化学防护服和有限次使用的化学防护服)、喷射液密型化学防护服(3 型)和喷射液密型化学防护服-ET(3-ET 型),耐磨损性能应不低于 3 级;
   b) 泼溅液密型化学防护服(4 型)、固体颗粒物化学防护服(5 型)、有限泼溅型化学防护服(6 型),耐磨损性能应不低于 1 级。

表 13 耐磨损性能分级

级别	产生损坏所需循环次数
1	>10
2	>40
3	>100
4	>400
5	>1 000
6	>2 000

5.3.4.2 耐屈挠破坏性能

按 6.22 的规定,进行面料耐屈挠破坏性能测试。根据屈挠破坏循环次数测试结果平均值按表 14 分级、标识。面料的耐屈挠破坏性能要求如下:

a) 可重复使用的气密型化学防护服-ET(1-ET 型)的面料耐屈挠破坏性能均应不低于 4 级；
b) 气密型化学防护服-ET(1-ET,有限次使用的)、1 型、3-ET 型、3 型、4 型、5 型和 6 型化学防护服的面料耐屈挠破坏性能应不低于 1 级。

表 14 耐屈挠破坏性能分级

级别	循环次数
1	>500
2	>1 250
3	>3 000
4	>8 000
5	>20 000
6	>50 000

5.3.4.3 撕破强力

按 6.23 的规定，进行面料撕破强力测试。

对于非织物化学防护服，面料撕破强力测试结果平均值按表 15 分级、标识。面料的撕破强力要求如下：

a) 气密型化学防护服(1 型)、气密型化学防护服-ET(1-ET 型，包括可重复使用的化学防护服和有限次使用的化学防护服)，面料撕破强力应不低于 3 级；
b) 喷射液密型化学防护服(3 型)、喷射液密型化学防护服-ET(3-ET 型)、泼溅液密型化学防护服(4 型)、固体颗粒物化学防护服(5 型)、有限泼溅型化学防护服(6 型)，面料撕破强力应不低于 1 级。

对于织物酸碱类化学防护服，面料撕破强力应不小于 147 N(经向)和 49 N(纬向)。

表 15 撕破强力分级

级别	撕破强力 N
1	>10
2	>20
3	>40
4	>60
5	>100
6	>150

5.3.4.4 断裂强力

按 6.24 的规定，进行化学防护服面料的断裂强力测试。

对于非织物化学防护服，根据面料断裂强力测试结果的平均值按表 16 分级、标识。面料的断裂力要求如下：

a) 可重复使用的气密型化学防护服-ET(1-ET 型)，面料断裂强力应不低于 4 级；

b) 气密型化学防护服(1型)、有限次使用的气密型化学防护服-ET(1-ET型),面料断裂强力应不低于3级;

c) 喷射液密型化学防护服(3型)、喷射液密型化学防护服-ET(3-ET型)、泼溅液密型化学防护服(4型)、固体颗粒物化学防护服(5型)、有限泼溅型化学防护服(6型),面料断裂强力应不低于1级。

对于织物酸碱类化学防护服,面料的断裂强力不应小于980 N(经向)和490 N(纬向)。

表16 断裂强力分级

级别	断裂强力 N
1	30
2	60
3	100
4	250
5	500
6	1 000

5.3.4.5 织物酸碱类防护服面料断裂强力下降率

按6.25的规定测试,织物酸碱类化学防护服面料的强力下降率应不大于30%。

5.3.4.6 抗刺穿性能

按6.26的规定测试,根据面料抗刺穿力测试结果平均值按表17分级、标识。面料的抗刺穿性能要求如下:

a) 气密型化学防护服-ET(1-ET型,包括可重复使用化学防护服的和有限次使用的化学防护服)和气密型化学防护服(1型),面料抗刺穿强力应不低于2级;

b) 喷射液密型化学防护服(3型)、喷射液密型化学防护服-ET(3-ET型)、泼溅液密型化学防护服(4型)、固体颗粒物化学防护服(5型)、有限泼溅型化学防护服(6型),面料抗刺穿强力应不低于1级。

表17 抗刺穿性能分级

级别	抗刺穿强力 N
1	>5
2	>10
3	>50
4	>100
5	>150
6	>250

5.3.4.7 耐高温性能

按 6.27 规定,面料经过 70 ℃ 预处理 8 h 后,面料断裂强力下降应不大于 30%。

5.3.4.8 耐低温性能

按 6.27 规定,面料经过 -30 ℃ 预处理 8 h 后,面料断裂强力下降应不大于 30%。

5.3.5 防护视窗、化学防护手套和化学防护靴/鞋材料性能要求

5.3.5.1 防护视窗

5.3.5.1.1 渗透性能

视窗材料渗透性能的测试、分级应符合 5.3.3.1 的要求。

气密型化学防护服 1-ET 型的视窗材料应至少选择表 5 中 15 种化学物质进行测试,15 种化学品的渗透性能均应不低于 3 级。

气密型化学防护服 1 型的视窗材料应选择表 5 中 15 种化学物质进行测试,至少 12 种化学物质的渗透性能不低于 3 级。15 种化学物质的测试结果应在生产商的产品技术说明书中列出。

5.3.5.1.2 抗刺穿性能

视窗材料抗刺穿性能的测试、分级应符合 5.3.4.6 的要求。

气密型化学防护服 1-ET 型(包括可重复使用的化学防护服和有限次使用的化学防护服)和气密型化学防护服 1 型,视窗材料的抗刺穿性能应不低于 3 级。

5.3.5.2 化学防护手套、化学防护靴/鞋

5.3.5.2.1 化学防护手套、化学防护靴/鞋材料的渗透性能

防护手套、防护靴/鞋材料渗透性能的测试、分级应符合 5.3.3.1 的要求。

气密型化学防护服 1-ET 型的防护手套、防护鞋/靴材料,应选择表 5 中 15 种化学物质进行测试,15 种化学品的渗透性能均应不低于 3 级。

气密型化学防护服 1 型的防护手套、防护鞋/靴材料,应选择表 5 中 15 种化学物质进行测试,至少 12 种化学物质的渗透性能不低于 3 级。15 种化学物质的测试结果应在生产商的产品技术说明书中列出。

5.3.5.2.2 化学防护手套、化学防护靴/鞋材料的液体耐压穿透性能

防护手套、防护靴/鞋材料的液体耐压穿透性能的测试、分级应符合 5.3.3.2 的要求。

气密型化学防护服 1 型和气密型化学防护服 1-ET 型的化学防护手套材料和化学防护靴/鞋材料,应选择表 5 中 3 种液态化学物质进行测试,液体耐压穿透性能应不低于 1 级。

5.3.6 接缝性能的要求

5.3.6.1 渗透性能

化学防护服接缝渗透性能的测试、分级应符合 5.3.3.1 的要求。

气密型化学防护服 1-ET 型的接缝,应选择表 5 中 15 种化学物质进行测试,15 种化学品的渗透性能均应不低于 3 级。

气密型化学防护服 1 型的接缝,应选择表 5 中 15 种化学物质进行测试,至少 12 种化学品渗透性能

应不低于 3 级。

喷射液密型化学防护服 3-ET 型的接缝,应选择表 5 中 15 种化学物质进行测试,至少 12 种化学物质的渗透性能不低于 2 级。

喷射液密型化学防护服 3 型的接缝,应选择表 5 中至少 1 种化学物质进行测试,渗透性能应不低于 3 级。

泼溅液密型化学防护服 4 型的接缝,应选择表 5 中至少 1 种化学物质进行测试,渗透性能不低于 1 级。

5.3.6.2 液体耐压穿透性能

防护服接缝液体耐压穿透性能的测试、分级应符合 5.3.3.2 的要求。

气密型化学防护服 1-ET 型,气密型化学防护服 1 型,喷射液密型化学防护服 3-ET 型、喷射液密型化学防护服 3 型应至少选择表 5 中 3 种液态化学物质进行测试,液体耐压穿透性能应不低于 1 级。

5.3.6.3 接缝强力

按 6.28.1 的规定,进行化学防护服(7 型除外)接缝强力测试,并按表 18 进行分级。

如果一件衣服有不同类型的接缝,例如车缝、贴条接缝或热焊接接缝,每种接缝都要进行单独取样测试并取平均值,根据最低的接缝类型的强度,进行分级。

气密型化学防护服 1 型和气密型化学防护服 1-ET 型(包括可重复使用的化学防护服和有限次使用的化学防护服),接缝强力应不低于 5 级。喷射液密型化学防护服 3 型、喷射液密型化学防护服 3-ET 型、泼溅液密型化学防护服 4 型、固体颗粒物化学防护服 5 型、有限泼溅型化学防护服 6 型,接缝强力应不低于 1 级。

表 18 接缝强力分级

级别	接缝强力 N
1	>30
2	>50
3	>75
4	>125
5	>300
6	>500

按 6.28.2 的规定测试,织物酸碱类化学防护服(7 型)的接缝断裂强力应不小于 98 N。

6 试验方法

6.1 服装整体防护性能温湿度预处理

化学防护服整体性能测试之前,应按如下顺序进行温湿度预处理:
a) 在(−30±3)℃条件下预处理,不少于 4 h,之后恢复至室温;
b) 在(60±3)℃、相对湿度(95±4)%条件下预处理,不少于 4 h,之后恢复至室温。

如果产品不适用于上述温湿度条件,生产厂商应给出推荐的预处理温湿度条件,并在产品技术资料中注明该产品适用的温湿度范围。

6.2 穿戴试验

当化学防护服整体性能测试之前需要进行样品的穿戴试验时,受试者应按附录E中步骤C的活动内容进行3次。

受试者身体尺寸应适合被测服装规格。

6.3 面料性能测试预处理和测试条件

6.3.1 预处理

对于可重复使用的非织物类化学防护服或面料,如果标明了清洗方法,在进行各项面料性能的测试之前,应按照生产商推荐的清洗方式清洗5次(或者生产商推荐的清洗次数),除非测试方法另有说明。

对于织物酸碱类化学防护服或面料,应按照GB/T 8629中规定的A型自动洗衣机、使用中性洗涤剂(pH值为7.0～7.5),使用正常搅拌方式洗涤4.0 h,漂洗3 h,并悬挂干燥,漂洗过程中应换水两次,每次换水前脱水2 min;或者按照GB/T 8629中规定的A型自动洗衣机、使用中性洗涤剂、4 N程序洗涤16次,并悬挂干燥。

所有样品应在(20±2)℃,相对湿度(65±4)%的环境下调节24 h。测试前10 min取用。除非测试方法另有说明。

6.3.2 测试环境条件

面料的各项性能测试应在(20±2)℃,相对湿度(65±4)%环境下进行,除非测试方法另有说明。

6.4 整体气密性测试

按附录A的规定进行。

6.5 向内泄漏率测试

按附录B的规定进行。

6.6 液密喷射性能测试

测试前,按6.2的规定进行穿戴试验,如不能通过穿戴试验,则停止后续测试。
按附录C方法1的规定进行。

6.7 液密泼溅性能测试

测试前,按6.2的规定进行穿戴试验,如不能通过穿戴试验,则停止后续测试。
按附录C方法2的规定进行。

6.8 有限液密泼溅性能测试

测试前,按6.2的规定进行穿戴试验,如不能通过穿戴试验,则停止后续测试。
按附录C方法3的规定进行。

6.9 颗粒物向内泄漏测试

按附录D的规定进行。
测试前,按附录E的E.3(步骤C)进行穿着测试,如不能通过测试,则停止后续测试。

6.10 实用性能测试评估

按 E.1(步骤 A)和 E.2(步骤 B)的规定进行。

实用性能测试应取 2 件化学防护服进行测试,其中 1 件为经过 6.1 温湿度预处理后的样品。

如果预期将应用于某些地区,测试可在特定的其他条件下进行。

进行实用性能测试评估前,应核查受试者的病史或对其进行基本医学检查,以确保受试者的身体状况可以从事此类试验,并满足试验的作业强度和相应要求;应记录受试者的姓名、年龄、性别、身高和体重等信息。选定受试者应属于产品使用说明书中规定的适用人群类型,符合国家有关规定和测试要求。

6.11 渗透性能测试

按 GB/T 23462 的规定进行。

6.12 液体耐压穿透性能测试

按附录 F 的规定进行。

6.13 穿透时间测试

织物酸碱类化学防护服面料(7 型)穿透时间的测试按附录 G 的规定进行。

6.14 耐液体静压力测试

织物酸碱类化学防护服面料(7 型)耐液体静压力的测试按附录 H 的规定进行。

6.15 拒液性能测试

按附录 I 的规定进行。

6.16 耐干摩擦色牢度测试

织物酸碱类化学防护服(7 型)面料耐干摩擦色牢度按 GB/T 3920 进行测试。

6.17 甲醛含量测试

织物酸碱类化学防护服(7 型)面料甲醛含量按 GB/T 2912.1 进行测试。

6.18 pH 值测试

织物酸碱类化学防护服(7 型)面料 pH 值按 GB/T 7573 进行测试。

6.19 可分解致癌芳香胺染料的测试

从织物酸碱类化学防护服(7 型)面料和服装衬里的不同部位分别选取样品,按 GB/T 17592 和 GB/T 23344 规定的方法进行测试。一般先按 GB/T 17592 测试,当检出苯胺和 1,4-苯二胺时,再按 GB/T 23344 测试。可分解致癌芳香胺染料清单见 GB 18401,限量值≤20 mg/kg。

6.20 异味的测试

织物酸碱类化学防护服(7 型)面料异味按 GB 18401 规定的方法测试。

6.21 耐磨损性能测试

按附录 J 的规定进行测试和终点判定。

6.22 耐屈挠破坏性能测试

按附录K的规定进行测试和终点判定。

6.23 撕破强力测试

按GB/T 3917.3的规定进行。

6.24 断裂强力测试

按GB/T 3923.1条样法的规定进行。

6.25 织物酸碱类防护服面料断裂强力下降率的测试

6.25.1 原理

通过防护服服料未浸试剂和浸过试剂后的平均断裂强力F_a、F_b，可计算出服料经试剂浸泡后的强力下降率。

6.25.2 试剂的选择

选择与产品标明的防护对象对应的酸和/或碱作为测试试剂。无机酸类防护服应取80%硫酸、30%盐酸、40%硝酸分别进行测试；无机碱类防护服应取30%氢氧化钠进行测试；无机酸碱类防护服应取80%硫酸、30%盐酸、40%硝酸、30%氢氧化钠分别进行测试。

6.25.3 测试条件

温度：17 ℃～30 ℃；相对湿度：(65±5)%。

6.25.4 准备试样

按GB/T 3923.1的规定将防护服服料裁成规定尺寸和数量的试样。

用试剂浸泡试样5 min，清洁后按照制造商说明书要求晾干。

6.25.5 测试试样

按GB/T 3923.1的规定分别测试出每块试样未浸试剂时的断裂强力，并取算术平均值得到试样浸试剂前的平均断裂强力F_a。

按GB/T 3923.1的规定分别测试出每块试样经过试剂浸泡后的断裂强力，并取算术平均值得到试样浸试剂后的平均断裂强力F_b。

6.25.6 结果处理

断裂强力下降率根据式(1)计算：

$$D = \frac{F_a}{F_b} \times 100\% \qquad\qquad\qquad (1)$$

式中：

D ——断裂强力下降率；
F_a ——试样浸试剂前平均断裂强力，单位为牛(N)；
F_b ——试样浸试剂后平均断裂强力，单位为牛(N)。

6.26 抗刺穿性能测试

按 GB/T 20655 的规定进行。

6.27 耐高温（或耐低温）性能测试

经纬向各裁取 5 个试样，然后将试样在规定温度下处理 8 h，之后在 5 min 之内按 GB/T 3923.1 规定完成断裂强力测试，以测试结果的平均值作为试样该方向的最终测试结果。

按公式（2）计算材料经过低温或高温处理后，断裂强力的下降率，精确到小数点后一位。

$$R = \frac{F_0 - F_1}{F_0} \times 100\% \qquad \qquad (2)$$

式中：

R ——经低温或高温处理后断裂强力的下降率；

F_0 ——未经低温或高温处理的面料经向或纬向断裂强力平均值，单位为牛（N）；

F_1 ——经低温或高温处理的面料经向或纬向断裂强力平均值，单位为牛（N）。

6.28 接缝强力测试

6.28.1 非织物化学防护服（1 型、1-ET、3 型、3-ET 型、4 型、5 型、6 型）

按 GB/T 13773.2 的规定进行，取样部位符合 GB/T 21294—2014 中 9.2 的要求。

6.28.2 织物酸碱类化学防护服（7 型）

随机从防护服成品的不同部位剪取 4 个试样，接缝在试样中心，接缝方向与受力方向成 90°。如果接缝采用线缝，应将试样接缝端的线打结，以防滑脱。

取样的尺寸和数量、测试方法按 GB/T 3923.1 规定进行。

所测试样的断裂强力最低值记为接缝的断裂强力。

7 标志

7.1 永久标识

应在化学防护服上的醒目位置固定永久标识，并应至少包括以下信息（字体高度至少 1.5 mm）：

a) 名称、商标或证明制造厂的其他形式；
b) 制造厂类别代号、标识号或工作服的型号；
c) 化学防护服的类别（例如 1a-ET、1b-ET、1a 型、1b 型、1c 型、3-ET 型、3 型、4 型、5 型、6 型和 7 型（无机酸类、无机碱类或无机酸碱类））；
d) 本文件编号（GB 24539—2021）；
e) 生产年月和保质期；
f) GB/T 13640 定义的尺寸范围；
g) 表明防护服是用于化学品防护用途的图形符号（见图 1），并有"详见制造商说明书"等字样；
h) 按照 GB/T 8685 的要求保护好图形符号。应考虑采用合适的附加标识；
i) 适用的清洗方法和清洗程序（按照 GB/T 19981.2、GB/T 8629、ISO 15797 或参照其他同等标准中规定的方法）。

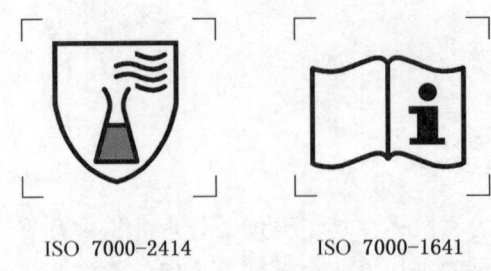

图 1 化学防护服图形符号

7.2 合格证

合格证内容应至少包括产品名称、生产日期、号型规格、厂名和厂址。

7.3 包装

外包装上应有产品名称、商标、产品类别代号、号型规格、本文件编号等信息。

7.4 说明书

独立包装中均应有产品说明书,产品说明书应至少包括以下信息:

a) 使用限制;
b) 本文件编号,产品类型和主要性能级别,应包括测试化学物质渗透性能数据;
c) 号型;
d) 有效期;
e) 使用前检查程序;
f) 保养和维护信息;
g) 失效和弃置建议。

附 录 A
（规范性）
化学防护服整体气密性测试方法

A.1 范围

本附录规定了气密型化学防护服整体气密性的测试方法。

A.2 原理

对气密性化学防护服充气后，经过一定时间后通过检查服装内压力的下降情况，判定其气密性。

A.3 测试装置

A.3.1 气密性测试装置及连接示意图见图 A.1，包括：
   a) 气泵，最大压力不小于 100 kPa；
   b) 压缩空气胶管；
   c) 压力表，精度 10 Pa，分辨率 1 Pa。
   d) 排气阀密封塞或密封胶带。

A.3.2 肥皂溶液和软刷。

A.3.3 计时器，精度 0.1 s。

A.3.4 温度计，精度 1 ℃。

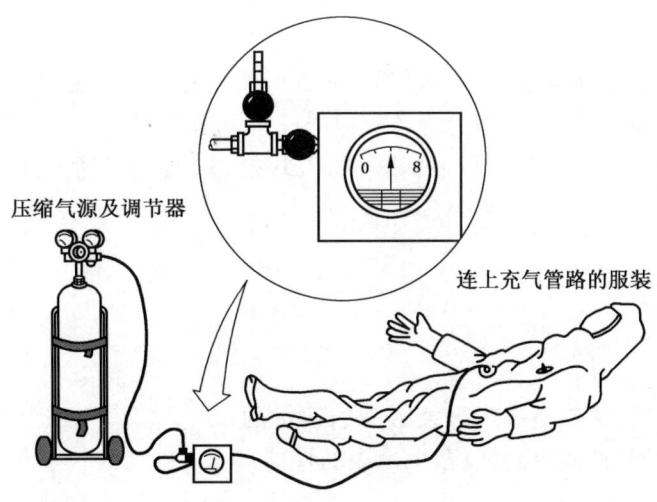

图 A.1 气密性测试设备及连接示意图

A.4 测试程序

按如下条件和步骤进行测试。

a) 测试区域应避开温度、气流影响;测试过程中的温度变化不应超过±3 ℃。
b) 测试前检查化学防护服,确认接缝、通气管道、配件、面屏、拉链和阀门完好。
c) 将排气阀、进气口和排气口密封;密封过程应保证不损坏气密型化学防护服部件。
d) 关闭拉链门襟等所有闭合件。
e) 测试前应核查测试系统的气密性。
f) 按图 A.1 连接压力测试装置和气密型化学防护服。
g) 按图 A.2 所示的方法通过气泵为化学防护服充气至充气压 A,充气压 A 不低于 1.29 kPa。关闭气泵与化学防护服相连的管道。充压状态至少保持 1 min,以使气密型化学防护服的充分展开。

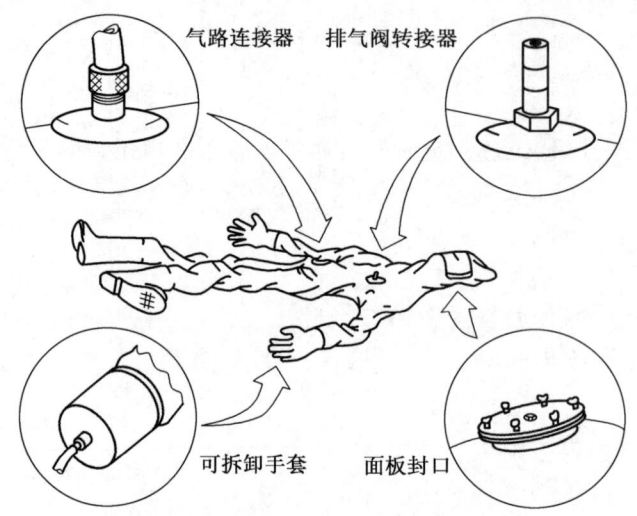

图 A.2 测试服充气示意图

h) 泄压到测试压 B 开始计时,4 min 后,记下最终压力 C,计算测试压 B 和最终压力 C 的差值,即 B-C 作为压力下降值,测试压 B 应不低于 1.02 kPa。
i) 4 min 内压力下降值大于 B 的 20%,即判定此气密型化学防护服不合格,不能正常使用。
j) 泄漏部位检查。对检验不合格的化学防护服应检查泄漏部位。充压到充气压 A,用肥皂水溶液涂刷整个气密型化学防护服,包括接缝、密封处、视窗、手套袖子连接处等。出现气泡的部位即为泄漏部位。

A.5 测试报告

测试报告应包括以下信息:
a) 声明气密型化学防护服是按照附录 A 进行测试的;
b) 所用测试设备的生产商/型号以及压力表的性能;
c) 测试环境条件;
d) 样品规格型号等;
e) 记录下 A、B 和 C 对应的压力值及观测时间,如果最终压力 C 小于 B 的 80%,则表示气密型化学防护服不合格;
f) 每一个样品给出"合格"或"不合格"的结果;
g) 与本附录不符合的说明,以及测试人员认为应说明的其他问题;
h) 测试人员及测试日期。

附 录 B
（规范性）
化学防护服向内泄漏率的测试方法

B.1 概述

本附录规定了气密型化学防护服向内泄漏的两种测试方法，方法1使用氯化钠（NaCl）作为测试试剂，方法2使用六氟化硫（SF_6）作为测试试剂。具体测试时，可选择方法1或方法2，其中方法1作为仲裁方法。

B.2 原理

穿着被测服装的测试对象行走在检测仓的跑步机上。检测仓内连续流动着有恒定浓度的测试试剂，对被测服装内的空气进行取样，以确定测试试剂的含量。通过放置在服装内的探头提取样品。另一个探测器测量服装内的压力。

调整服装内气体的流速保持在制造商要求的最低流量。如果该服装没有配备外部供气装置，则测试对象应佩戴适合于测试的自给式开路压缩空气呼吸装置（持续时间和工作量），同时向服装内输入气体，输入的流量应该等于取样的流量。典型配置见图B.1和图B.2。

B.3 测试试剂和测试对象

B.3.1 测试试剂

方法1——氯化钠测试剂

该方法使用氯化钠气溶胶作为测试试剂。穿着被测服装的测试对象站在充满NaCl气溶胶的检测仓中（见图B.1）。检测仓内NaCl的平均浓度应为$(8±4)mg/m^3$，整个有效工作体积的偏差不应超过10%。粒度分布应为$0.02\ \mu m \sim 2\ \mu m$等效空气动力学直径，质量中值直径为$0.6\ \mu m$。

方法2——六氟化硫测试剂

该方法使用六氟化硫气体作为测试试剂。穿着被测服装的测试对象站在充满SF_6气溶胶的检测仓中（见图B.2）。根据测试模拟的危害环境，泄漏率测定的精确度应在0.001%～20%的范围内。建议使用0.1% SF_6（按体积计）的测试范围，因为SF_6可能会在服装内聚集。

SF_6不能用于将滤棉作为排气组件的整套服装，除非在测试过程中服装的排气组件连接到不含测试试剂的环境中。

B.3.2 测试对象

应选择熟悉使用相同或类似设备、且健康条件满足测试要求的人员作为测试对象。进行测试前，应核查测试对象的病史或者对其进行基本医学检查，以证明其适合进行此类测试。测试对象的选择应符合国家有关规定和测试要求。

在测试之前，检查该服装是否处于良好的工作状态，并且可以安全地使用。应测试两件服装，每件服装应安排两个测试对象。

如果服装有多个规格，则要求测试对象根据制造商的说明选择合适的尺码。

注：预处理应根据预期的使用条件确定。如果不相关,则不应在高温或低温下进行预处理。

要求测试对象阅读制造商的穿戴说明,并在必要时,测试主管需要对如何穿戴进行指导。在穿着结束后,询问每个测试对象"装备是否适合？"。如果答案为"是",请继续测试。如果答案为"否",终止测试并记录。

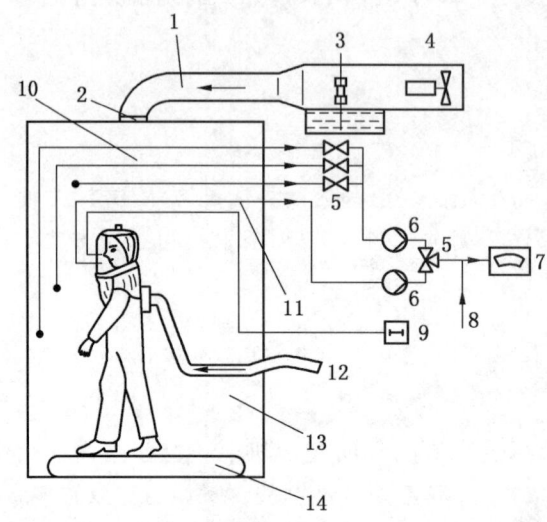

标引序号说明：

1——管路；
2——挡板；
3——雾化器；
4——风扇；
5——阀门；
6——泵；
7——光度计；
8——额外输入和空气；
9——压力计；
10——测试腔取样；
11——呼吸区域取样；
12——供气系统；
13——测试腔；
14——跑步机。

图 B.1 使用氯化钠进行向内泄漏试验的典型布置

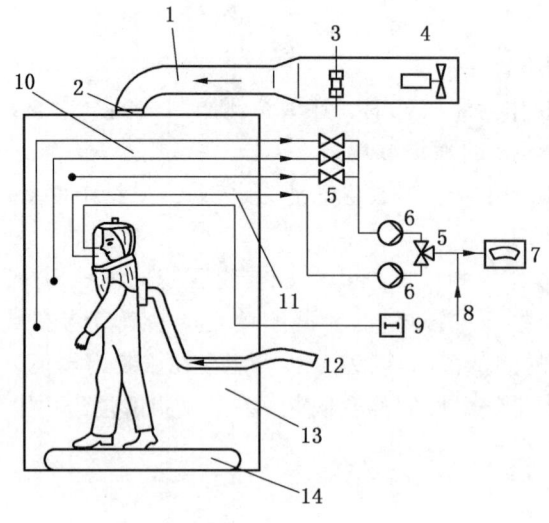

标引序号说明：

1——管路；
2——挡板；
3——空气中的六氟化硫；
4——风扇；
5——阀门；
6——泵；
7——六氟化硫检测器；
8——额外输入和空气；
9——压力计；
10——测试腔取样；
11——呼吸区域取样；
12——供气系统；
13——测试腔；
14——跑步机。

图 B.2 使用六氟化硫进行向内泄漏试验的典型布置

B.4 测试设备及测试条件

B.4.1 方法1——氯化钠方法

B.4.1.1 气溶胶发生器

NaCl气溶胶应由2%NaCl(分析纯)的蒸馏水溶液产生。雾化喷嘴不应指向瓶中的断流口,这需要在压力为0.7 MPa时空气流速为100 L/min。喷雾器及其外壳应安装在管道内,管道内保持恒定的空气流量。为了使气溶胶颗粒完全干燥,可能需要对空气进行加热或除湿。

B.4.1.2 氯化钠检测器

优选能够连续测试大气体中的NaCl浓度、灵敏度为0.1%的火焰光度计或激光光度计,取样的探头应放置在头罩附近。

用光度计测试和记录衣服内的NaCl浓度,头部区域的测试结果即为向内泄漏率,测得的NaCl浓度应增加1.25倍,以说明NaCl的滞留情况。在室温,相对湿度小于60%的测试腔内进行测试。

氯化钠检测器的具体要求如下。

a) 火焰光度计,可直接测试分析NaCl气溶胶的浓度,测量范围0.5 mg/m³~15 mg/m³;光度计所需的总气溶胶样品不得大于15 L/min;光度计的响应时间(不包括采样系统)不应大于500 ms;有必要减少对其他元素的反应,特别是碳,其浓度在呼吸周期中会有所不同。根据所用光度计的类型,必要时可用干净的空气稀释样品,采样点处的空气补充还可以帮助减少采样管线中的颗粒损失。

b) 激光光度计,动态范围为0.001 mg/m³~200 mg/m³,精度为±1%,检测器响应时间不大于500 ms。

c) 可调式取样流量泵,如果光度计中未装有任何用于采样的泵,则应使用可调式取样流量泵来进行服装内部的空气采样。调节该泵,以使泵的流量恒定在1 L/min到3 L/min。

d) 测试腔室浓度的监测装置,应为一个独立的系统,以避免与服装采样系统的相互污染。最好使用单独的光度计。如果没有第二个光度计,采样可以使用单独的采样系统对腔室浓度进行测量。但是,这将需要时间使光度计恢复到干净的背景。图B.2显示了典型的采样布置。

B.4.2 方法2——六氟化硫方法(SF_6)

B.4.2.1 SF_6的检测器

最好能够通过合适的分析仪或必要时进行点检来连续分析SF_6,以确定测试过程中的浓度。至少应每3分钟分析一次测试气氛。用于取样测试气氛的探头应放置在距顶部箱壁约200 mm,高度(1 800±200)mm。分析并记录防护服内部的SF_6浓度。在防护服头部测量的数据,是向内泄漏的率。

基于热导率,红外光谱或稀释后电子捕获的分析仪适用于SF_6的检测。可以使用电子捕获检测器或红外系统监测服装中的SF_6浓度。

B.4.2.2 采样探针

由一段合适的塑料管组成,装有直径约20 mm的塑料球,球上有8个孔,每个孔1.5 mm直径沿球的圆周等距分布。

B.4.2.3 测试腔体

由透明材料制成,最小横截面尺寸为0.7 m。

在测试对象的头部上方应留有足够的间隙,并向下延伸到跑步机的表面。测试的 SF_6 通过流量分配器进入腔室的顶部,并以至少为 0.12 m/s 的流量向下引导到测试对象的头部上方。应当在靠近受试者头部的位置测量该流速。此外,在有效的工作空间内部(距离腔室壁 0.1 m,高度为 0.75 m)的流量不应低于 0.1 m/s。必须检查有效工作空间内测试剂的浓度是否均匀。

B.4.2.4 跑步机

具有 2% 的坡度,能够保持 (5 ± 0.5) km/h 的恒定运行速度,并安装在测试腔内。

B.4.2.5 压力检测探头

安装在样品探头附近并连接到压力传感器。

如果压力从取样管线上测试,并对取样流量引起的压降进行校正,则可以使用单个探头。

B.5 测试步骤

应按照以下步骤进行测试和结果计算:

a) 根据被测服装类型的说明,测试者选择合适的内衣。内衣应包括标准内衣、裤子和长袖衬衫。应告知测试对象,如果他们希望在测试期间调整测试服装,则可以进行调整。如果这样做,将重复测试的相关部分,并留出时间让系统重新稳定。测试进行中,不应给受试者任何结果的暗示。

b) 按照表 B.1 中的测试程序进行测试。在测试过程中,应每隔 3 min 对检测仓进行采样。

c) 在每个运动周期的最后 2 min 分析结果(如表 B.1 所示),以避免上一个运动测试结果影响到下一个运动的测试结果。

d) 记录整个测试时间内服装的内部压力。

表 B.1 气体向内泄漏测试步骤

动作	持续时间[a]
a) 穿戴测试服装	—
b) 根据制造商说明,穿靴子、手套等	—
c) 受试者进入测试腔,并进行管道连接(无测试试剂)	3 min
d) 进行空白采样,受试者保持静止	3 min
e) 启动测试试剂,等待平衡	3 min
f) 受试者静止时测试泄漏和测试点压力	3 min
g) 启动跑步机	
h) 行走 3 min[b]	3 min
i) 受试者以 5 km/h 的速度行走,测试泄漏和测试点压力	—
j) 停止跑步机	
k) 记录取样点的泄漏和压力,受试者在头的上方上下移动手臂并向上看,例如,将物体(1/2 块砖)从桌面移到架子上	3 min
l) 受试者连续下蹲,记录取样点的泄漏和压力[c]	3 min
m) 使用气体采样手动泵记录对象在采样点的泄漏和压力	3 min

表 B.1（续）

动作	持续时间[a]
n） 受试者扭腰，双臂抱胸，记录取样点的泄漏和压力[c]	3 min
o） 停止测试剂，让其在室内分散，受试者依旧在腔内	3 min
p） 断开样管，将受试者从检测仓内移出，脱掉服装	3 min

[a] 总的测试时间可能变化，所有的时间都是估计的，测试在稳定状态下进行。
[b] 受试者在弯腰和下蹲时，动作要轻柔缓慢，例如每 3 s 一次。
[c] 如果使用 SCBA 或其他短时呼吸保护设备，应将运动时间分成适当的时间段，以适应空气供应的变化和完成整个运动计划。

e) 计算

对于每个单独的测试运动，请计算运动最后 2 min 的算术平均值，然后计算每个运动的总内向泄漏百分比（L_n），如式（B.1）所示：

$$L_n = \frac{c_2}{c_1} \times 100 \quad\quad\quad\quad\quad\quad (B.1)$$

式中：

c_1——腔内浓度；

c_2——每个动作呼吸位置的平均浓度。

对于方法 1，从每次测量的呼吸位置浓度和腔体浓度中减去 NaCl 的背景浓度。考虑到呼吸滞留浓度实测 NaCl 浓度应乘以系数 1.25。

B.6 测试报告

报告应包括以下信息：

a) 所使用的方法，即方法 1 或方法 2；
b) 制造商/供应商和识别标记；
c) 测试腔内的试验温度和相对湿度；
d) 试验过程中测试腔中试验剂的平均浓度，包括有关试验方法的详细信息；
e) 测每次运动在呼吸位置测试试剂的平均浓度；
f) 测定的向内泄漏百分比；
g) 试验期间测得的压力；
h) 任何其他合格的评论和意见，例如程序中的替换。

附 录 C
（规范性）
化学防护服液密性能测试方法

C.1 范围

本附录规定了化学防护服抗液态化学物质穿透性能的三种测试方法。其中，方法1适用于喷射液密型化学防护服穿透性能的检测；方法2适用于泼溅液密型化学防护服穿透性能的检测；方法3适用于有限泼溅型化学防护服穿透性能的检测。

C.2 原理

向穿着在测试模型或人体测试对象上的化学防护服喷射（方法1）、泼溅（方法2）、或较低流量泼溅（方法3）测试溶液，检查化学防护服的内表面和测试模型或人体测试对象穿着的吸水性指示服的外表面，通过与标准沾污面积的比对，判断化学防护服是否符合要求。

C.3 测试溶液

配制测试溶液所需试剂包括：
a) 水溶性的荧光或普通染料，例如甲基蓝，CAS号：28983-56-4；
b) 表面活性剂，例如Genapol LRO溶液（十二烷基醚硫酸钠，CAS号：009004-82-4）；
c) 染料稳定剂（如果需要），例如柠檬酸（CAS号：77-92-9，分析纯）。

把水溶性的荧光或普通染料和表面活性剂溶于水中[(20±2)℃]，加入稳定剂（如果需要）配制成一定表面张力的溶液：(0.030±0.005)N/m（方法1和方法2），或(0.052±0.0075)N/m（方法3）。

注：用于液密喷射和泼溅测试的典型浓缩溶液配置：将4 g甲基蓝，25 mL Genapol LRO液体和125 g柠檬酸溶解在1 L水中。磁力搅拌15 min～20 min，最后将200 mL混合物稀释在10 L水中。

可以选用适合的表面张力测试方法对所配制溶液进行测试，例如使用标准12 mm直径铂金环的Wright扭称法。

应确保测试溶液在整个液密性能试验过程中表面张力保持稳定，即喷嘴喷出的液体表面张力以及罐内液体的张力都应符合要求。在每次测试之前和之后进行验证。

应避免染料与吸水指示服面料黏附得太强，导致湿斑大于有色斑点。

C.4 标准沾污面积的测定

从吸水性指示服上选取一块面料，在它下面放一块内衣面料，确保两层都接触。在面料垂直上方(5±0.5)cm的高度滴加(25±5)μL测试溶液，在面料表面上产生清晰可见的沾污，标记沾污区域并进行面积测量（可选用合适的面积测量方法，例如面积测量仪）。最小沾污面积应不小于1 cm²。校准后的标准沾污面积应作为被测试服装的合格/不合格评估的参考。

C.5 方法1——喷射液密型化学防护服防护性能测试（液密喷射测试）

C.5.1 人体测试对象

可选人体模型或人体测试对象。

如果使用人体测试对象，必须特别注意安全防护。注意因使用高压液体喷射而对测试对象的眼睛、耳朵、鼻子、嘴巴、腹部和生殖器造成的危害。

选用人体测试对象时，受试者身体尺寸应介于被测服装高和宽尺寸上限的95%～100%之间。

注：在选择合适的测试服装尺寸时，应将测试对象本身所穿着的服装和指示服考虑在内。应尽可能接近尺寸范围的上限。如果衣服太大，因为测试衣服和指示服之间没有接触，可能检测不到穿透。

C.5.2 测试装置

C.5.2.1 指示服

用厚度小于5 mm吸水材料制成，单层，带帽兜，使用的吸水材料应保证能产生C.3中所述的标准沾污面积。

吸水指示服应是单件带帽连体服，由吸水面料制成，吸水面料应符合以下要求：
a) 厚度：(0.39±0.03)mm WSP 120.6；
b) 吸水能力：(510±10)% WSP 10.1；
c) 单位面积吸水能力：(335±10)mL/m² WSP 10.21。

C.5.2.2 喷嘴

喷嘴形状结构见图C.1，测试中产生喷射测试溶液，工作压力(150±15)kPa。为了避免喷嘴与测试目标之间的距离波动，喷嘴应固定在喷杆上。

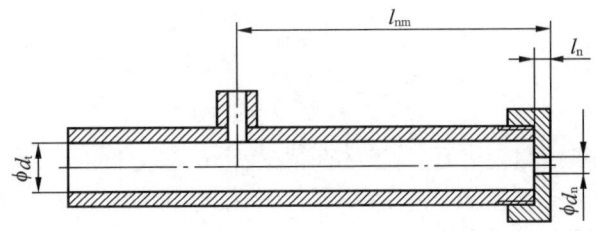

标引序号说明：
d_n ——喷嘴工作直径，(4±0.1)mm；
l_n ——喷嘴工作长度，(4±0.1)mm；
d_t ——管直径，(12.5±1)mm；
l_{nm} ——喷嘴开口和压力计之间的距离，(80±1)mm。

图C.1 喷嘴形状

C.5.2.3 液压泵

自吸循环式。泵应配备压力表和调节装置、可调节喷射流量的过滤器和软管，以便将测试液体从液体容器输送到喷嘴。泵应该能够提供400 kPa的最小压力。应采取措施避免在压力完全建立之前就开始测试。

C.5.3 试样准备

a) 测试对象应穿上C.5.2.1所述的尺寸合适的指示服,指示服内尽可能减少不必要的服装。
b) 按照生产商说明书的要求,给测试对象穿上合适型号的化学防护服及配套的其他个体防护装备。

为测试对象佩戴防测试溶液穿透的手套,化学防护服的袖子应覆盖手套外面。如果袖子有内护腕,则可把它穿在手套里面。为测试对象配置防测试溶液穿透的防护靴。化学防护服的裤口应覆盖在靴子的外面。对于不属于测试范围而未覆盖的部位,如围绕头部、面部和颈部可能被测试溶液通过的缝隙,都应予以密封,防止测试溶液流入化学防护服内部,造成其他区域发生内泄漏的假象。如果制造商没有额外说明需要在身体的一些部位(如手腕、脚踝处)进行贴条,则不应该进行贴条处理。

C.5.4 测试程序

测试程序如下:
a) 调整喷嘴与测试点间的距离为1 m。
b) 将喷嘴对准一个测试点喷射测试溶液,压力为150 kPa,时间为5 s,然后移向下一个测试点喷射5 s,直至所有测试点完成测试。
c) 放置2 min,待化学防护服表面残留测试溶液自然沥下。
d) 取下化学防护服,检查化学防护服内表面和指示服外表面是否有穿透迹象;若有,在化学防护服和指示服上标记穿透的位置(十字标记)和范围,或拍照记录。

测试过程中,测试点应该尽量选择一些关键区域,这些区域至少应该包括:
1) 防护服的连接点,例如接缝处,装配处,拉链和门襟处等,每个不同的连接方式应该测试三个点。
2) 不同防护装备部件的结合点;例如夹克和裤子重叠处,或者服装和其他防护附件的连接处,例如头罩、手套和靴子;每种不同的连接处应至少测试一个点。

C.6 方法2——泼溅液密型化学防护服防护性能测试(液密泼溅测试)

C.6.1 测试对象

人体测试对象,身高介于被测服装尺寸上限的95%~100%之间。

使用人体测试对象,必须特别注意安全防护。注意因使用高压液体喷射而对测试对象的眼睛、耳朵、鼻子、嘴巴、腹部和生殖器造成的危害。

注:在选择合适的测试服装尺寸时,应将测试对象本身所穿着的服装和指示服考虑在内。应尽可能接近尺寸范围的上限。如果衣服太大,因为测试衣服和指示服之间没有接触,可能检测不到穿透。

C.6.2 测试装置

C.6.2.1 指示服

同C.5.2.1。

C.6.2.2 转盘

防水材料制成,能支撑一个人的身体,转速为(1±0.1)r/min。

C.6.2.3 刻度容器

盛放液体。

C.6.2.4 液压泵

自吸循环式。泵应配备压力表和调节装置,可调节喷射流量的过滤器和软管,以便将测试液体从液体容器输送到喷嘴。泵的出口连接一个四通道的管路,每个管子的出口直接与喷嘴相连。

C.6.2.5 计时器

秒表或电子计时器,精度为1 s。

C.6.2.6 喷淋装置

喷淋装置结构示意图见图C.2。垂直安装,配备四个间距为45 cm的喷嘴附件。

单位为毫米

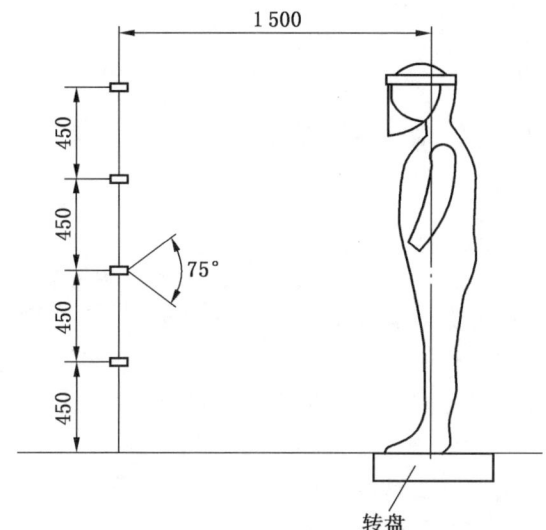

图C.2 液密泼溅性能测试装置

C.6.2.7 液压喷嘴

空心圆锥形,喷射角为75°,在300 kPa压力下的流量为(1.14±0.1)L/min。

C.6.3 测试系统的调节

C.6.3.1 喷嘴的流量

打开流向喷嘴的管道,调节液压泵的压力,使每个喷嘴的流量达到(1.14±0.1)L/min。

注1:流量校准可以在每个喷嘴上接一个橡胶管,用烧杯收集1 min内的液体量。根据管道的结构,可能需要15 s的时间喷嘴的压力才能达到300 kPa。因此需要使用一个在300 kPa(+50 kPa,−0 kPa)下打开的阀门。

注2:可以轻微的升高或降低压力(最高不要超过20 kPa)来调节喷嘴的流量到需要的值。如果这样仍不能达到目标流量,应该更换喷嘴的阀芯和阀盘,因为喷嘴的阀芯和阀盘会磨损老化,每做50组测试,应该进行更换。

C.6.3.2 喷嘴的校准

如图C.2所示,将喷嘴喷出的测试溶液对准距离约(1.5±0.1)m远处的转盘几何中心线,并沿垂直方向通过转盘中心点形成对称的喷淋图案。

注:喷嘴的距离以及是否安装正确可以通过喷淋图案来进行校验。把一个2 m×2.5 m非吸水面料垂直放置与喷嘴出口成90°的位置,并且放置在转盘中心。设备如果得到正确调整的话,喷淋的液体应在目标非吸水面料上形成图案,沿着通过转盘的中心点的垂直线对称分布(见图C.3)。垂直线两侧液体图案宽度差值最大为20 cm。如果达不到20 cm的要求,则应进行调整。

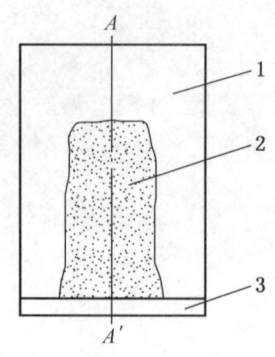

标引序号说明：
1——非吸水面料（目标面料）；
2——目标面料上形成图案；
3——转盘；
AA'——通过转盘中心点的垂直直线 n。

图 C.3 喷嘴的校准图示

C.6.4 试样准备

测试对象应穿上 C.5.2.1 所述的尺寸合适的指示服，指示服内穿着防水服装。

按照生产商说明书的要求，给测试对象穿上合适型号的化学防护服及配套的其他个体防护装备。

为测试对象佩戴防测试溶液穿透的手套，化学防护服的袖子应覆盖手套外面。如果袖子有内护腕，则可把它穿在手套里面；为测试对象配置防测试溶液穿透的防护靴，化学防护服的裤口应覆盖在靴子的外面；戴有面屏的面罩，防护整个额部，覆盖眼睛和脸部，面罩的深度为 18 cm，宽度为 32 cm；适当尺寸的过滤式呼吸防护器（保证测试的顺利进行和人员的健康安全），佩戴在面罩下面，防止测试对象吸入测试溶液。对于不属于测试范围而未覆盖的部位，如围绕头部、面部和颈部可能被测试溶液通过的缝隙，都应予以贴条密封，防止测试溶液流入化学防护服内部，造成其他区域发生内泄漏的假象。如果制造商没有额外说明需要在身体的一些部位（如手腕、脚踝处）进行贴条，则不应该进行贴条处理。

C.6.5 测试程序

测试程序如下：
a) 把穿着化学防护服的测试对象定位在转盘的几何中心，并标记脚的位置。
b) 在转盘转速为 1 r/min 时，释放测试溶液 1 min。
c) 在泼溅过程中，测试对象在转盘上交替抬起双脚，抬脚高度约为 20 cm，同时，手臂伸直并前后摆动，以与腿的动作协调来保持平衡，脚放下后仍应定位在初始标记的位置上。动作时长 1 min，动作频率为 (30 ± 5) 次/min。
d) 受试者在转盘上保持静止 2 min，待化学防护服表面残留测试溶液自然沥下。
e) 小心地脱下防护服，以避免污染指示服。检查化学防护服内表面是否有穿透迹象，尤其是在开口，接缝，门襟和拉链处；若有，在化学防护服上标记穿透的位置和范围，或拍照记录。检查指示服的外表面是否有穿透迹象，若有，标记穿透位置并拍照，测量总沾污面积。

C.7 方法 3——有限泼溅型化学防护服防护性能测试（有限液密泼溅测试）

C.7.1 测试对象

人体测试对象，身体尺寸介于被测服装高和宽尺寸上限的 95%～100% 之间。

使用人体测试对象,必须特别注意安全防护。注意因使用高压液体喷射而对测试对象的眼睛、耳朵、鼻子、嘴巴、腹部和生殖器造成的危害。

注:在选择合适的测试服装尺寸时,应将测试对象本身所穿着的服装和指示服考虑在内。应尽可能接近尺寸范围的上限。如果衣服太大,因为测试衣服和指示服之间没有接触,可能检测不到穿透。

C.7.2 测试装置

同 C.6.2。

空心圆锥形液压喷嘴,喷射角为 75°,在 300 kPa 压力下的流量为 (0.47 ± 0.047) L/min。

C.7.3 测试系统的调节

C.7.3.1 喷嘴的流量

打开流向喷嘴的管道,调节液压泵的压力,使每个喷嘴的流量达到 (0.47 ± 0.047) L/min。

流量的校准同 C.6.3.1。

C.7.3.2 喷嘴的校准

同 C.6.3.2。

C.7.4 试样准备

同 C.6.4。

C.7.5 测试程序

同 C.6.5。

C.8 测试报告

测试报告应至少包含以下内容:
a) 声明化学防护服是按照附录 C 进行测试的;
b) 标明测试方法,喷射测试、泼溅测试或者有限泼溅测试;
c) 制造商或者供应商的名字以及任何识别标记;
d) 测试服装的尺寸以及测试对象的身体尺寸(身高,胸围);
e) 吸水指示服的描述;
f) 任何其他测试时用到的装备或附件,是否进行贴条以及如何使用的;
g) 测试时的环境温度;
h) 测试所用溶液的组成以及表面张力;
i) 在人体轮廓图上标出测试防护服以及指示服的污染处,并且用阴影给出大概面积(身体前面和背面分别给出);
j) 总的穿透位置数目以及总沾污面积;
k) 如果测试服装进行了任何预处理,请在报告中说明;
l) 测试人员认为合适的任何其他意见和评论。

附 录 D
（规范性）
固体颗粒物化学防护服向内泄漏率的测试方法

D.1 范围

本附录规定了固体颗粒物化学防护服向内泄漏率的测试方法。

D.2 原理

气溶胶发生器生成标准的NaCl颗粒气溶胶,通入检测仓保持相对稳定状态。被测对象身穿被测防护服在检测仓内按预先确定的方案进行试验动作。由颗粒物检测器在固定的取样点测量被测防护服内部NaCl颗粒气溶胶质量浓度,由以下指标,评价防护服对颗粒物的整体防护性能：
——每一个取样位置的单项向内泄漏率 L_{ijmn}；
——每件被测防护服的总向内泄漏率 L_S；
——每个被测对象的总向内泄漏率 L_H；
——每个试验动作的总向内泄漏率 L_E；
——每个取样位置的总向内泄漏率 L_P；
——平均总向内泄漏率 L。

D.3 检测系统及被测对象

D.3.1 检测仓

D.3.1.1 仓体设计

拥有大观察窗的可密闭仓室,大小可容许受试者完成规定动作,应设计使模拟剂从仓内顶部均匀送入,并在仓的下部由排气口排出。

D.3.1.2 NaCl颗粒气溶胶发生器

NaCl颗粒气溶胶发生器1台,发生气量不低于100 L/min,NaCl颗粒气溶胶质量浓度(10±1)mg/m³,在检测仓有效空间内的质量浓度变化不应高于10%；颗粒物的空气动力学粒径分布应为0.02 μm～2 μm,质量中位径约为0.6 μm。

D.3.1.3 颗粒物检测器

颗粒物检测器2台,分别用于测试检测仓与被测防护服内部NaCl颗粒气溶胶质量浓度。动态范围为0.001 mg/m³～200 mg/m³,精度为±1%,检测器的响应时间不应大于500 ms。

D.3.1.4 水平脚踏传动式试验台

水平脚踏传动式试验台1台,运行速度(5±0.5)km/h,可安装在检测仓内。

D.3.1.5 采样泵与空气管路

采样泵2台,分别用于采集检测仓内与被测防护服内部NaCl颗粒气溶胶。流量范围0.05 L/min～

4 L/min,流量波动应小于 0.2 L/min。可保证取样探头可以在被测防护服内部以(2±0.5)L/min 的流量取样。

为了确保在被测防护服内取样所产生的减压不会造成额外的向内泄漏率,应在取样的同时以(2±0.5)L/min 的速率向被测防护服内输送。按照表 D.1 的取样顺序,通过处于取样间歇状态的另 2 个取样探头中的一个,输入清洁空气。

表 D.1 取样顺序

测试顺序		时间/min	取样探头位置	输送清洁空气的取样探头位置	试验动作
编号	测试内容				
1	发生气溶胶之前被测防护服内部的气溶胶基础测试环境浓度	—	膝部	胸部	静止站立
		—	后腰	膝部	
		—	胸部	后腰	
2	等待浓度稳定,并测试检测仓内的气溶胶质量浓度	—	—	—	
3	被测防护服内的气溶胶质量浓度	3	膝部	胸部	以 5 km/h 的速度步行
		3	后腰	膝部	
		3	胸部	后腰	
		3	膝部	胸部	
		3	后腰	膝部	
		3	胸部	后腰	
4	步行与蹲坐之间稳定站立时防护服内的气溶胶质量浓度	1	膝部	胸部	静止站立
		1	后腰	膝部	
		1	胸部	后腰	
5	被测防护服内部的气溶胶质量浓度	3	膝部	胸部	双手握住站立面之上(1±0.05)m 高度的把手,在笔直站立和膝部完全弯曲之间,以每分钟蹲坐五次的频率进行连续蹲坐
		3	后腰	膝部	
		3	胸部	后腰	
6	检测仓内部的气溶胶质量浓度	—	—	—	静止站立

D.3.1.6 取样探头

4 个取样探头布置位置见图 D.1。其中 1 个用于检测仓体环境中 NaCl 颗粒气溶胶的质量浓度,另外 3 个用于检测被测防护服内部的 NaCl 颗粒气溶胶质量浓度。取样探头连接在内径 4.0 mm、长度适合的透明塑料管上。

D.3.2 样品及被测对象

D.3.2.1 被测对象

选择 5 名被测对象,每个被测对象应无禁忌证,及相关法规、规章所规定的不适宜从事本试验的情况。

D.3.2.2 样品

测试10件防护服,每个被测对象应穿着两件防护服测试。应依照被测对象的身材,并根据制造商的说明书选择适宜号型的防护服。

D.3.2.3 测试环境条件

检测仓内环境温度(20±5)℃,相对湿度不大于60%。

D.4 测试程序

D.4.1 确定取样探位置

用于测量被测防护服内部NaCl颗粒气溶胶质量浓度的3个取样探头的位置应接近于被测对象的身体,具体位置如图D.1所示。

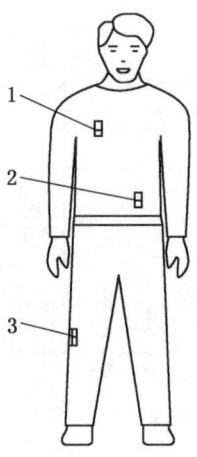

标引序号说明:
1——左胸;
2——后腰处(在图示背面);
3——膝部侧面。

图 D.1 取样探的位置

对配有弹性腰带或在服装上要穿皮带的两件套防护服,应该仔细选择取样点的位置。应将取样探头固定在内衣上,不应直接接触皮肤。在被测防护服内部连接取样探头的取样管路应固定在接近于被测对象身体的位置,并在手腕之上5 cm~15 cm之间的位置,穿过被测防护服面料并加以密封。取样管路穿过防护服面料及固定对防护服穿着性能的影响尽可能小,并不应妨碍被测对象的活动。

D.4.2 确定取样顺序

按表D.1的取样顺序。

D.4.3 操作程序

D.4.3.1 检测前的准备

检测前应做好如下准备工作。

a) 检查每一件被测防护服,确保防护完好,在使用本方法测试时,不存在任何使用危险性。
b) 被测对象应穿着紧身内衣(例如涤纶/棉制长裤和有长袖子的 T 恤衫)。每件被测防护服检测完毕之后,应更换内衣。
c) 被测对象按防护服制造商的说明书进行穿着,如果需要,检测人员应向被测对象显示如何按照说明书正确地穿着被测防护服。
d) 检测人员应告知被测对象,可以在试验过程中调整被测防护服,但应在调整后及时告知检测人员,保证有充分的时间将系统返回到稳定状态,重复进行相关的试验。
e) 检测人员应向每一位穿着好被测防护服的被测对象确定衣服是否合身,在得到肯定回答后,方可进行下一步的试验。
f) 将取样探头固定在被测防护服上,连接空气管路,并确保取样探头穿过防护服处密封。按照制造商的说明书为被测对象穿上被测防护服和配用的其他防护装备,如防护靴、防护手套、防护兜帽、防护面罩等。如果制造商的说明书没有规定配用的其他防护装备,被测对象应除佩戴合适的呼吸防护装置,如呼吸防护装备外,不需要配用额外的防护装备。如制造商说明书没有要求将被测防护服固定到被测对象身体的任何部分(例如手腕或脚踝)或被测对象穿戴的任何额外装备上(例如防护手套或防护靴),则不需要固定。

D.4.3.2 测试检测仓基础测试环境浓度

让被测对象进入到检测仓,气溶胶发生器工作前,测量并报告所有 3 个取样探头的采取的空气样本浓度,作为测试的基础测试环境浓度(对应表 D.1 编号 1)。如果基础测试环境浓度较高,则应调查原因改正,以保证基础测试环境浓度处于适宜的水平。

D.4.3.3 测试检测仓环境浓度

启动气溶胶发生器,直至检测仓环境的 NaCl 颗粒气溶胶质量浓度达到稳定。确保被测对象在这一过程中保持静止站立。测量并报告检测仓环境的 NaCl 颗粒气溶胶质量浓度(对应表 D.1 编号 2)。

如果检测仓环境的 NaCl 颗粒气溶胶质量浓度的稳定需要 1 min 以上的时间,则应对被测防护服内部进行通风,以避免颗粒渗透到被测防护服中。

D.4.4 测试

按表 D.1 的取样顺序,在被测对象的膝部(侧面)、腰部(背面)、胸部(右侧)等 3 个位置分别取样测量 NaCl 颗粒气溶胶质量浓度。计算并且报告每一项试验动作最后 100 s 的平均质量浓度和每一个取样点的平均质量浓度。应使用积分记录仪测量平均质量浓度。

完成一件防护服的测试,关闭气溶胶发生器,停止取样检测。

按以上步骤,依次完成 5 个被测对象,共 10 件防护服样品的检测。

D.4.5 注意事项

注意事项如下:
a) 试验进行过程中,不应向被测对象提供任何有关试验结果的暗示。
b) 每一件防护服测试结束时,检测仓环境中 NaCl 颗粒气溶胶质量浓度,不应超过测试前,检测仓环境中 NaCl 颗粒气溶胶质量浓度±10%的范围内。如超出范围,应舍弃试验结果,找出问题修正后,重新测试。
c) 表 D.1 编号 4 步行与蹲坐之间测量并记录质量浓度,但不进行计算与报告。

D.5 试验结果的计算

D.5.1 单项向内泄漏率

按照式(D.1),测量出的5个被测对象(i)、10件被测防护服(j)、3个取样点(n)对3个试验动作(m)的每一个试验动作最后100 s被测防护服内部NaCl颗粒气溶胶质量浓度的90个平均质量浓度测量结果,分别计算并报告全部90个百分比向内泄漏率L_{ijmn}。

$$L_{ijmn}=\frac{C_{ijmn}}{C}\times 100\% \quad\quad\quad\quad\quad\quad (\text{D.1})$$

式中:

L_{ijmn}——被测对象i,穿着被测防护服j,进行m试验动作时,在n位置取样测得的防护服内泄漏率,%;

C_{ijmn}——被测对象i,穿着被测防护服j,进行m试验动作时,在n位置取样测得的防护服内NaCl颗粒气溶胶质量浓度,单位为毫克每立方米(mg/m³);

C ——检测仓环境中NaCl颗粒气溶胶质量浓度,单位为毫克每立方米(mg/m³)。

D.5.2 总向内泄漏率的计算

按照式(D.2),计算每件被测防护服j的总向内泄漏率$L_{S,j}$。报告所有用于测试的,不少于10件防护服装的10个结果。

$$L_{S,j}=\frac{1}{mn}\sum_{m}\sum_{n}L_{ijmn} \quad\quad\quad\quad\quad\quad (\text{D.2})$$

式中:

$L_{S,j}$——对被测防护服j的总向内泄漏率,%;

m ——试验动作总数;

n ——测试位置总数。

所有90向内泄漏率L_{ijmn}按从小到大的顺序排列,取第82个数值作为向内泄漏率的最终结果;10件防护服总向内泄漏率$L_{S,j}$按从小到大的顺序排列,取第8个数值作为防护服总向内泄漏率$L_{S,8/10}$的最终结果。如果测试的防护服超过10件,$L_{jmn,82/90}$数据取在所有泄漏率按从小到大顺序排列,91%处选取;$L_{S,8/10}$数据取在所有总向内泄漏率按从小到大顺序排列,80%处选取。

附 录 E
（规范性）
实用性能测试评估的受试者动作

E.1 步骤 A

步骤 A 包括以下试验动作。
—— 左膝跪地，双膝跪地，右膝跪地，站立。重复 4 次。
—— 鸭蹲，向右回转，向左回转，站立。重复 4 次。
—— 笔直站立，双臂自然下垂，向左弯曲身体然后回复，向前弯曲身体然后回复，向右弯曲身体然后回复。重复 4 次。
—— 笔直站立，双臂从两侧水平伸直，举过头顶，屈肘。重复 4 次。笔直站立，双臂向前伸直，举过头顶，屈肘。重复 4 次。
—— 笔直站立，双臂垂直举起，向左扭动上身然后回复，向右扭动上身然后回复。重复 4 次。
—— 笔直站立，单手抱左上臂，单手抱右上臂。重复 4 次。
—— 步行 100 m，或者步行不少于 3 min；
—— 手脚着地爬行 6 m，或者爬行不少于 1 min。

E.2 步骤 B

步骤 B 包括以下试验动作：
—— 单人举起装填有 10 kg 非危险材料的 4 个运输箱（纤维板材质，容积不小于 0.03 m³）；
—— 将装有 100 kg 非危险材料的 200 L 钢桶放置到手推车上，移动推车 8 m。卸载钢桶。然后再放置钢桶到手推车上，并推回原位。卸载钢桶。（选择性做）
—— 打开和缠绕两卷软管，并连接接头、断开接头（橡胶软管外径 25 mm，其中一根软管的两端均为螺纹接口，另一根软管的两端为快接接口）。
—— 打开和关闭定置阀门（阀门直径 200 mm，安装在受试者的头顶高度的正上方位置）。
—— 用扳手安装和拆卸一个螺栓（250 mm 长的手动钩扳手，螺栓直径 12 mm）。
—— 用螺丝刀拆卸和安装一个螺丝钉（250 mm 长的一字螺丝刀，螺丝钉直径 9 mm）。
—— 爬上 5 阶的梯子（梯子应至少 3 m 长）。

E.3 步骤 C

步骤 C 包括以下试验动作：
实用性能测试应进行真人佩戴体验。如果化学防护服不止一个号型，受试者应选择最适号型。如有必要，受试者应按照制造商说明书佩戴其他相配套的个体防护装备。
试验动作应在中等速度下顺序完成以下 7 个动作，并重复 3 次。
每个动作均是从直立姿势开始。
—— 动作 1：双膝跪地，身体前倾，双手于膝前（45±15）cm 处着地，分别向前和向后爬行 3 m。
—— 动作 2：爬上直梯至少 4 个阶（现场可能遇到的典型梯子）。
—— 动作 3：于胸前，张开双手，升至头顶上方，双手十指交叉，向上推。

——动作4：右膝跪地，左脚置于地面，左膝屈膝(90±10)°，右手手指触及左脚尖；相反的动作重复一次（如，左膝跪地，右脚置于地面，右膝屈膝90°，左手手指触及右脚尖）。
——动作5：于身前将双臂伸展开，双手十指交叉，向左和向右扭动上半身(90±10)°。
——动作6：双脚保持同肩宽的距离站立，双臂从两侧伸出，并于身前保持与地面平行姿态，尽量向下蹲。
——动作7：右膝跪地，左脚置于地面，左膝屈膝(90±10)°，左臂自然下垂，保持完全伸展状态举过头顶；相反的动作重复一次（如，左膝跪地，右脚置于地面，右膝屈膝90°，右臂自然下垂，保持完全伸展状态举过头顶）。

如果受试者由于防护服的妨碍，无法完成其中一个或几个动作，或者动作导致了防护服的实质性损坏，该防护服将被取消剩余的其他测试项目。

附 录 F
（规范性）
液体耐压穿透性能测试方法

F.1 范围

本附录规定了测试化学防护服面料在持续接触有压力的液体条件下的防护性能的实验室测试方法。

本方法适用于化学防护服面料及其接缝的性能评价。

本方法不适用于化学防护服的设计、整体结构、部件、界面及其他影响化学防护服整体防护性能的因素的评价。

注：本方法无须模拟化学防护服面料的实际使用条件，而仅限于对化学防护服面料耐压穿透性能的比较评价。

F.2 原理

按照一定的压力/时间序列将有压力的测试溶液作用于化学防护服面料，通过观察是否有测试溶液穿透化学防护服面料来评价化学防护服面料的耐压穿透性能。

F.3 测试溶液

根据表5选择。

F.4 测试装置

F.4.1 测厚仪

精度为0.02 mm。

F.4.2 液体耐压穿透测试系统

液体耐压穿透测试系统三维视图见图F.1，图中所标注的各部件的名称、规格及数量见表F.1。

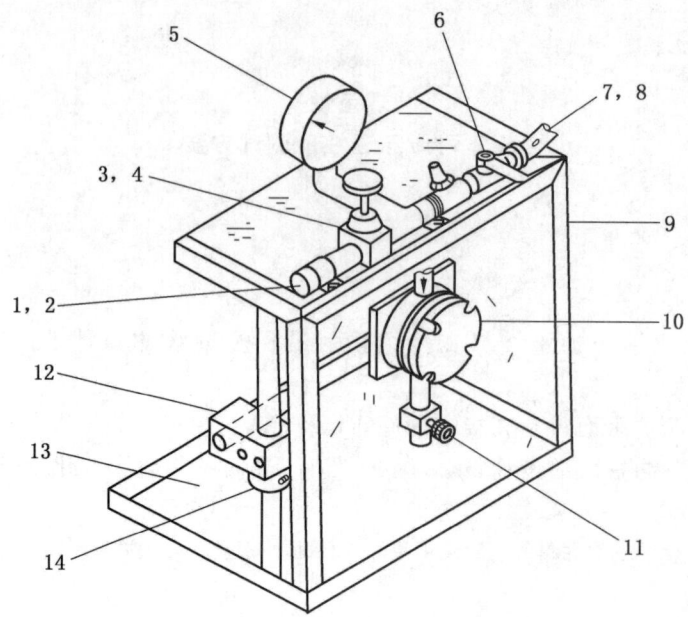

标引序号说明：
1——压缩空气或氮气；
2——空气管线接头；
3——空气压力调节器；
4——调节阀；
5——压力表；
6——排气阀；
7——内接头；
8——带外接头的空气软管；
9——安全护栏；
10——穿透测试池；
11——排水阀；
12——旋转夹具；
13——溢流盘；
14——双片轴环。

图 F.1 液体穿透测试系统三维视图

表 F.1 液体穿透检测系统部件

图 F.1 中序号	名称	规格	数量
2	空气管线快速接头、堵头、插座	6 mmNPT	1套
3	空气压力调节器	6 mmNPT,可释放型,可调,量程 0 kPa～70 kPa	1
4	调节阀	量程 0 kPa～35 kPa	1
5	压力表	0 kPa～35 kPa,直径 115 mm,精度 1%,首选磁性表	1
6	泄放阀		1
7	№316 管接头	6 mm NPT×40 mm	3

表 F.1（续）

图 F.1 中序号	名称	规格	数量
8	橡胶空气软管	6 mm，带 6 mmNPT 内接头	1 m
9	安全护栏	见图 F.10	1
10	穿透测试池	见图 F.3~图 F.7	1
11	球阀	6 mmNPT316 型,不锈钢	1
12	旋转卡具	见图 F.8	1
13	溢流盘	见图 F.9	1
14	双片轴环	13 mm	2
其他	三通道带扳手龙头	6 mmNPT	1
	镀锌管配件和管件	6 mmNPT	1
	垫圈	6 mmPTFE,材料:膨胀绳	1
	半轴环	13 m 直径 2	1

F.4.2.1 液体穿透测试仪

液体穿透测试仪的示意图如图 F.2 所示。

F.4.2.2 穿透测试池

穿透测试池在测试时用以夹持试样,试样将测试溶液与观察侧隔开,图 F.3 为一个带滞留筛的穿透测试池分解图。

穿透测试池包括一个固定在支架上的池体（图 F.4）,可容纳约 60 mL 的测试溶液。穿透测试池安装在测试池支架（见图 F.5）上,观察侧用法兰与透明盖密封（见图 F.6、图 F.7）。

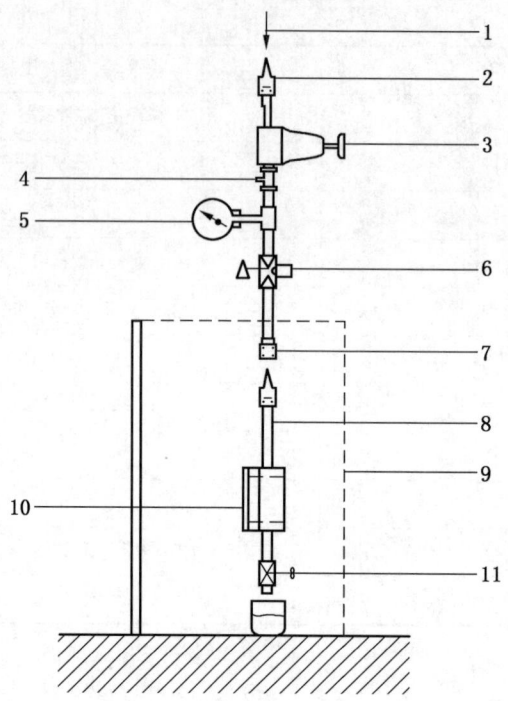

标引序号说明：
1——压缩空气或氮气；
2——空气管线接头；
3——空气压力调节器；
4——调节阀；
5——压力表；
6——排气阀；
7——内接头；
8——带外接头的空气软管；
9——安全护栏（见图F.8）；
10——穿透测试池；
11——排水阀。

图 F.2　液体穿透测试仪示意图

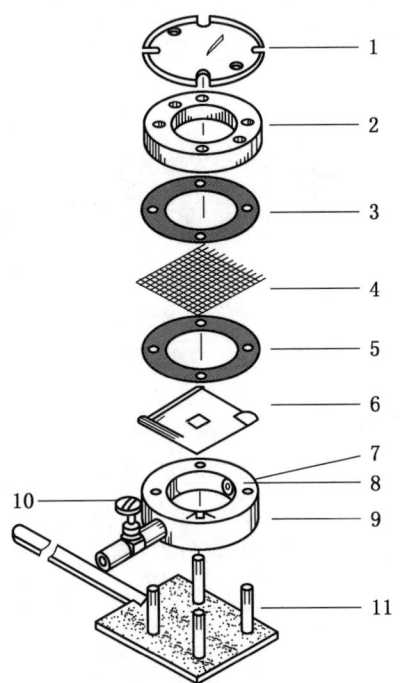

标引序号说明：
1——透明盖；
2——法兰；
3——垫圈(试样经程序B)；
4——阻滞筛(试样经程序B)；
5——垫圈；
6——测试样；
7——上部端口；
8——膨胀PTFE垫圈材料；
9——池体；
10——排水阀；
11——测试池支架。

图 F.3 穿透测试池

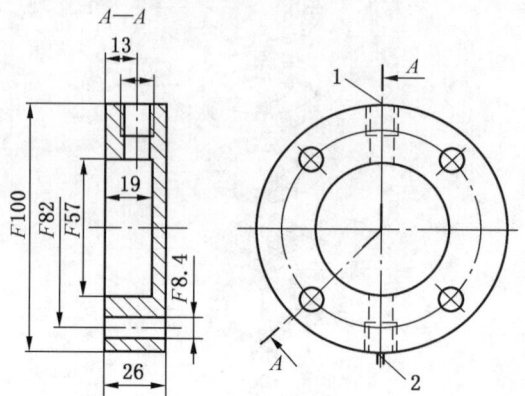

标引序号说明：
1——软管接头螺纹；
2——排水阀螺纹。
注：材料为铝制。

图 F.4 测试池池体

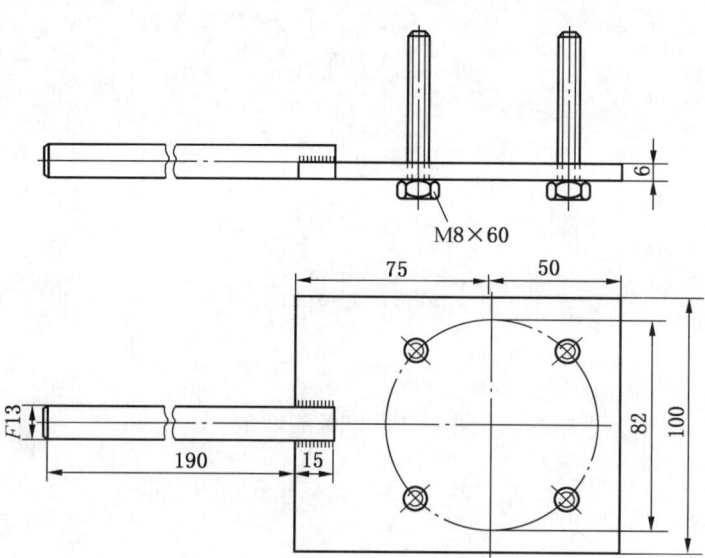

注：材料为钢。

图 F.5 测试池支架

单位为毫米

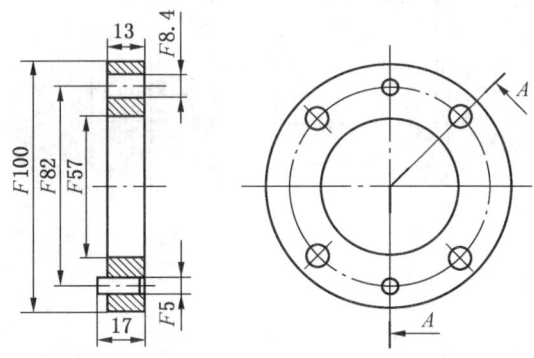

注:材料为铝。

图 F.6 法兰

单位为毫米

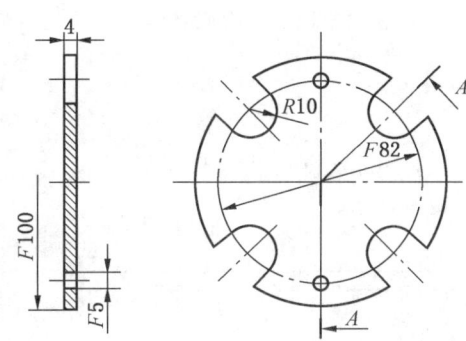

注:材料为树脂玻璃或其他透明材料。

图 F.7 透明盖

F.4.2.3 滞留筛

由一个光滑完整的塑料片或金属方孔丝网组成,要求:开孔率大于50%,与试样的偏差应不大于0.5 mm。

F.4.2.4 旋转卡具

旋转卡具的示意图见图 F.8。

单位为毫米

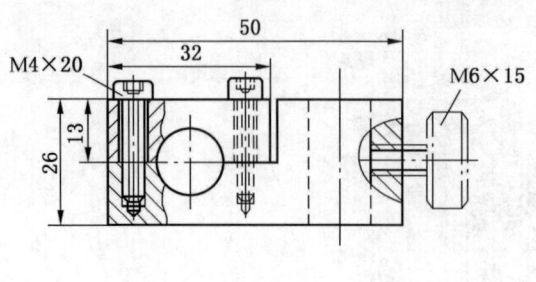

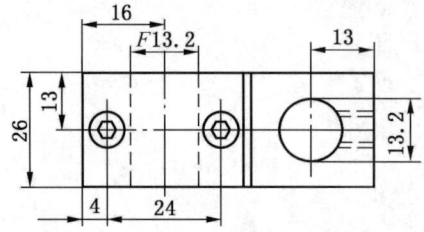

注：材料为钢。

图 F.8　旋转夹具

F.4.2.5　溢流盘

溢流盘用以承接由排水阀放出的测试溶液。其示意图见图 F.9。

单位为毫米

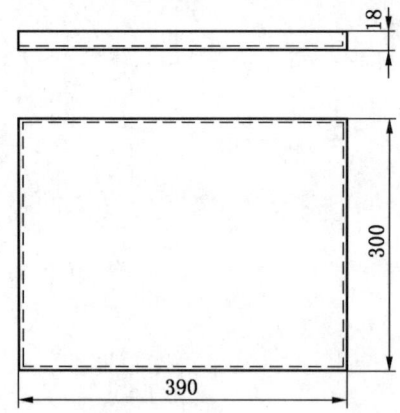

注：材料为不锈钢板，1 mm～2 mm 厚，转角处焊接。

图 F.9　溢流盘

F.4.2.6　安全护栏

安全护栏的示意图见图 F.10。

单位为毫米

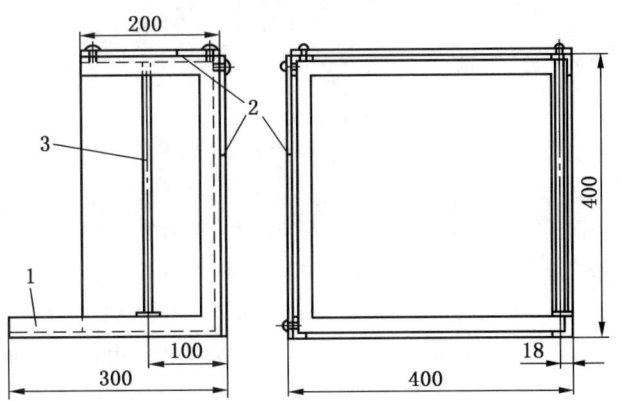

标引序号说明：
1——框架：角钢，25 mm×25 mm×3 mm，焊接；
2——防护盖：树脂玻璃，4 mm；
3——柱：圆钢，13 mm，安放处焊接。

图 F.10 安全护栏

F.4.3 气泵

能提供(13.8±1.38)kPa 的气体。

F.4.4 计时器

秒表或电子计时器，精度 1 s。

F.4.5 分析天平

精度为 0.001 g。

F.4.6 容器

用以测量液体体积，精度为 1 mL。

F.5 测试环境条件

温度(20±2)℃；相对湿度(65±4)%。

F.6 试样的准备

F.6.1 取样

取样应能代表化学防护服的结构特点。如果化学防护服不同部位的面料、厚度及结构不同，则应分别取样；如果接缝要求达到与面料相同的防护性能，亦应在接缝部位取样。每类取 3 块样，尺寸为 75 mm×75 mm。

注：对于复合材料，如果在两层织物间结合了一层阻隔层，则可能在试样边缘处因毛细作用产生失效假象，从而得出"不合格"的错误结果。应使用胶合剂、帕拉胶、石蜡或胶性泡沫等在测试前密封试样边缘，以防止因毛细作用导致的失效。密封时应注意仅密封试样的边缘，保证留出 57 mm×57 mm 的测试区域，防止密封剂阻塞测试区域的试样结构。应根据化学防护服面料选择合适的密封剂与密封方法。

F.6.2 试样预处理

将裁剪好的试样置于测试环境条件下调湿 24 h。

F.7 测试程序

按照如下步骤进行测试。
- a) 按 GB/T 3820 的规定,测量每一个试样的厚度,精确至 0.02 mm。
- b) 按 GB/T 4669 的规定,测量每一个试样的单位面积质量,精确至 1 g/m²。
- c) 从待测面料上另取一块样,在其内表面滴一小滴测试溶液,作为确定试样穿透终点的参照。参照液滴应易于观察,如果观察效果不好,可通过以下着色方式增强其可视性:
  1) 在试样内表面撒滑石粉以增强液滴的可视性;
  2) 改变测试溶液颜色以增强液滴的可视性;对化学物质溶液,可使用食用色素和酸基指示剂;对大部分有机化学物质,可使用红油;
  3) 在试样内表面涂抹食用色素或红油以增强液滴的可视性;
  4) 如果上述方法效果都不明显,可在测试溶液中加入荧光染料来增强液滴的可视性。
- d) 根据待测化学防护服的类别,按表 F.2 选择测试程序。
- e) 将测试池水平置于实验台上,放入试样,试样外表面朝向测试池将加入测试溶液的一端。
- f) 按图 F.3 装配好测试池各部件,然后将螺栓拧紧,扭矩为 13.6 N·m。建议在池体与试样间增加一个聚四氟乙烯(PTFE)垫圈,以防泄漏。

  注1:透明盖为可选部件。
- g) 按图 F.2 将穿透测试池垂直安放到液体穿透测试仪上(排水阀向下),暂不连接空气管线。
- h) 关闭排水阀。
- i) 通过顶部端口向穿透测试池内注满测试溶液,确保测试溶液与试样间不留任何气泡。如果试样在压力下延伸,那么应在内腔充满测试溶液的条件下重新开始测试。一旦液体穿透试样,终止测试。
- j) 将空气管线连接到穿透测试池。
- k) 关闭排气阀,将压力调至 0 kPa。
- l) 按表 F.2 的程序进行测试,压力调节速度应不超过 3.5 kPa/s。
- m) 观察试样。如果在试样的观察侧有液滴出现或有变色现象,则判定试样不合格,终止测试。如果测试期间无上述现象发生,则判定试样合格。

  注2:在某些情况下,试样的观察侧出现液滴或发生变色是由于渗透造成的,但任何液滴出现的现象应作为材料失效记录下来,并终止试验。
- n) 测试结束,卸压并打开排气阀,打开排水阀排尽穿透测试池内的测试溶液,用适当的洗液冲洗穿透测试池中的残留测试溶液,将试样和垫圈从测试池上卸下,清洁测试池的所有外表面。
- o) 按上述程序测试剩余试样。

表 F.2 不同类别化学防护服的测试程序

程序	压力/时间序列	化学防护服类别
A	0 kPa 作用 5 min, 随后 13.8 kPa 作用 10 min	用于选用的化学防护服面料、接缝、锁合处, 以限制其暴露在飞溅的液体中,3 型
B	0 kPa 作用 5 min, 随后 6.9 kPa 作用 10 min	用于选用的化学防护服面料(如手套)以限制其 暴露在飞溅的液体中,3 型,手套、鞋靴

表 F.2（续）

程序	压力/时间序列	化学防护服类别
C1	0 kPa 作用 5 min， 随后 13.8 kPa 作用 1 min， 0 kPa 作用 54 min， 不使用滞留筛支撑试样	用于选用的化学防护服服料、接缝、锁合处，在突发事件的应急响应中用以限制其消防人员暴露在飞溅的液体中，1-ET 型、1 型、3-ET 型、3 型
C2	0 kPa 作用 5 min， 随后 13.8 kPa 作用 1 min， 0 kPa 作用 54 min， 使用滞留筛支撑试样	用于选用的化学防护服服料、接缝、锁合处，在突发事件的应急响应中用以限制其消防人员暴露在飞溅的液体中，在试样要加以支撑时，替代 C1 程序 1-ET 型、1 型、3-ET 型、3 型
D	0 kPa 作用 5 min， 随后以 3.5 kPa/s 的速率升压， 直至观察到失败或升到 最高压力 35 kPa	欲了解面料在该化学品下的穿透压力时，采样此程序
E	如果使用的压力/时间序列与 A、B、C 不同，在报告中注明	用于其他特定需求或环境

注 1：在特别应用中，可能要附加测试如渗透阻力试验充分表征服料的特性。
注 2：若怀疑选择的测试程序引起试样变形而导致不合格，则可在法兰和试样间加一个滞留筛，滞留筛与法兰和试样间垫上合适的垫圈，滞留筛适用于延展性或弹性材料。

F.8 结果判定

每类面料 3 个平行样中任何一个试样测试结果为不合格，则该化学防护服面料的测试结果为不合格。

F.9 测试报告

测试报告应至少包含以下内容：
a) 声明测试是按照附录 F 进行测试的；
b) 测试环境条件；
c) 如果测试时采用的是与表 F.2 不同的压力/时间序列，应加以说明；
d) 每个试样的厚度和化学防护服面料的平均厚度(mm)；
e) 每个试样的单位面积质量和化学防护服面料的平均单位面积质量(g/m^2)；
f) 使用的测试溶液，包括成分、商品名称、浓度、温度等；
g) 测试环境条件，如果测试池与测试溶液的起始温度不同，分别记录；
h) 描述用以提高测试溶液渗透可视性的方法；
i) 如果使用阻滞筛，报告类型和规格；
j) 对每个试样给出"合格"或"不合格"的结果，结果为"不合格"的，记录不合格现象；
k) 与本附录不符合的说明，以及测试人员认为应说明的其他问题；
l) 测试人员及测试日期。

附 录 G
（规范性）
织物酸碱类化学防护服面料穿透时间测试方法

G.1 原理

利用电导法和自动计时装置测试织物酸碱类化学品防护服的穿透时间，试样放置在上下极板之间，导电丝和上极板连通，同时与试样上表面接触，当发生穿透现象时，电路导通，停止计时。

G.2 测试装置

测试装置的基本组成部分包括自动计时装置、电极板等，测试装置示意图见图G.1。

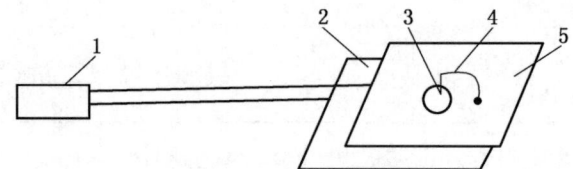

标引序号说明：
1——电子计时器；
2——下电极；
3——试剂液滴；
4——导电丝；
5——上电极。

图 G.1 导电法测试装置示意图

G.3 测试环境

温度：17 ℃～30 ℃；相对湿度：(65±5)％。

G.4 试剂

从表11中选择与产品标明的防护对象对应的酸和/或碱作为测试试剂。无机酸类防护服应取80％硫酸、30％盐酸、40％硝酸分别进行测试；无机碱类防护服应取30％氢氧化钠进行测试；无机酸碱类防护服应取80％硫酸、30％盐酸、40％硝酸、30％氢氧化钠分别进行测试。

G.5 准备试样

按如下方法准备试样：
a) 从防护服上取6个试样，规格为100 mm×100 mm。其中3个为无接缝试样，3个为有接缝试样。有接缝试样上的接缝应位于试样的中心位置。
b) 按照6.3.1规定的织物酸碱类化学防护服的洗涤方法和程序进行洗涤处理。

G.6 测试步骤

测试步骤如下:

a) 将试样平铺于上下电极之间,从圆孔处顺导电丝向试样表面滴 0.1 mL 试剂,同时开始计时。对有接缝的试样,应该将试剂滴在接缝处,导电丝放置在接缝处。

b) 发生穿透后,停止计时,分别记录计时停止时的读数。

G.7 结果计算

按如下方式计算:

a) 对无接缝试样:读数分别记为 t_1、t_2、t_3;穿透时间 $t=(t_1+t_2+t_3)/3$;

b) 对有接缝试样:读数分别记为 t_4、t_5、t_6;穿透时间 $t=(t_4+t_5+t_6)/3$。

附 录 H
（规范性）
织物酸碱类化学防护服面料耐液体静压力测试方法

H.1 原理

本方法用于测试织物酸碱类化学品防护服耐液态静压的能力，以织物承受的液态静压值来表示试剂透过织物的阻力。

H.2 测试装置

测试装置示意图见图 H.1。

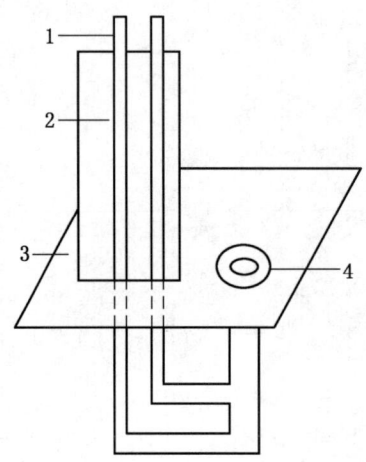

标引序号说明：
1——玻璃管；
2——压力显示装置；
3——玻璃板；
4——夹具。

图 H.1 耐液态静压测试设备示意图

H.3 试剂

防酸产品取 80% 硫酸作为试剂，防碱产品取 30% 氢氧化钠作为试剂；防酸碱产品取 80% 硫酸和 30% 氢氧化钠作为试剂。

H.4 测试条件

温度：17 ℃～30 ℃；相对湿度：(65±5)%。

H.5 测试准备

从成品防护服上取 3 个试样,试样尺寸为 ϕ32 mm。

H.6 测试步骤

测试步骤如下:
a) 将试样在夹具上夹紧,确保试样水平夹持、不鼓起、不滑动、夹具边缘无产生渗透的可能;试剂从垂直下方接触试样。
b) 对试剂进行持续、稳定的加压。
c) 观察试样,记录试样上第 3 处液珠出现时的液态静压。
d) 每种试样应进行 3 次测试,取算术平均值,得到试样耐液态静压值。

附 录 I
（规范性）
化学防护服面料拒液性能测试方法

I.1 范围

本附录规定了化学防护服面料抗低挥发性液态化学物质穿透性能的测试方法。

I.2 原理

将一定量的测试溶液按照规定的流速连续喷射至固定在倾斜槽上的化学防护服面料表面，通过确定试样的穿透指数、吸收指数和拒液指数来评价化学防护服面料抗液态化学物质穿透性能。

I.3 测试溶液

根据5.3.3.5要求，选择表11中化学物质进行测试。测试溶液温度应为(20 ± 2)℃。

I.4 测试装置

测试装置由下面各部分组成，见图I.1。
a) 硬质透明槽，半圆柱形，内径(125 ± 5) mm，长度(300 ± 2) mm，倾斜度45°。
b) 硬质盖，质量均匀的半圆柱形，长度270 mm，外径(105 ± 5) mm，重(140 ± 7) g。
c) 注射器，规格为(10 ± 0.5) mL，针孔直径为(0.8 ± 0.02) mm；长度没有严格要求，但是针尖要是平的。
d) 自动注射系统，可保证注射器在(10 ± 1) s内连续喷射(10 ± 0.5) mL测试溶液，并带有固定注射器的支架。不应使用人工或依靠重力注射。
e) 烧杯，容量约50 mL。
f) 天平，精度为0.01 g。
g) 透明薄膜，不被测试溶液腐蚀，放置在硬质透明槽与滤纸之间，保护硬质透明槽。
h) 滤纸，厚度为0.15 mm～0.2 mm，放置在试样与透明薄膜之间。
i) 计时器，秒表或电子计时器，精度为0.1 s。

I.5 测试环境条件

温度：(20 ± 2)℃；相对湿度：(65 ± 4)%。

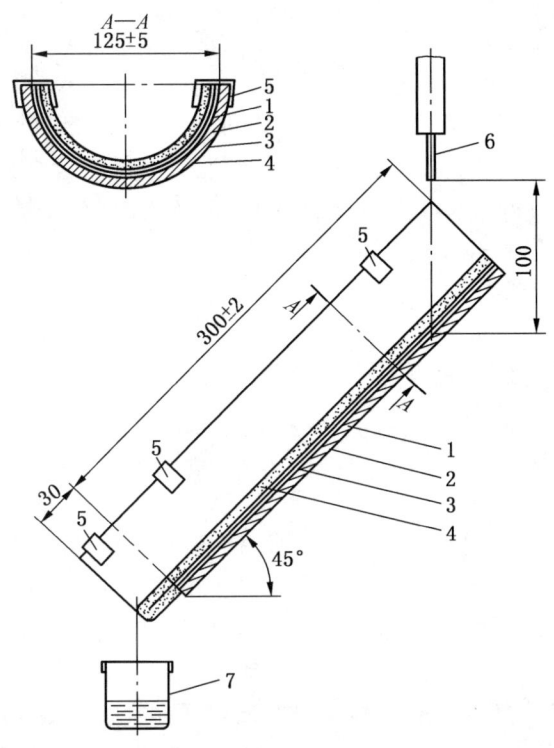

标引序号说明:
1——硬质透明槽;
2——透明薄膜;
3——滤纸;
4——试样;
5——夹子;
6——注射器;
7——烧杯。

图 I.1 测试装置图

I.6 试样的准备

I.6.1 取样

对于每种测试溶液,从服装或面料样品上裁剪6个(360±2)mm×(235±5)mm的试样,取样要细心,不得有皱褶。

当服装面料是机织物时,沿经向、纬向方向各取3个试样;当服装面料是无纺布时,如果制造方向可辨认,则沿制造方向及与之垂直的方向各取3个试样。

I.6.2 试样预处理

将裁剪好的试样置于测试环境条件下调湿8 h。

I.7 测试程序

测试程序如下:

a) 用天平称量试样的质量 M_1，精确到 0.01 g，记录数据。
b) 裁剪大小为(360±2)mm×(235±50)mm 的矩形滤纸和透明薄膜各 1 块，称量滤纸和透明薄膜组合的质量 M_2，精确到 0.01 g，记录数据。
c) 将称量过的透明薄膜放入硬质透明槽内，上面覆盖滤纸，相互间紧密贴合，注意不要留有空隙，也不要出现皱褶，并保证硬质透明槽、透明薄膜、滤纸三者下端面平齐。
d) 将试样放在滤纸上，使试样的长边与槽边平行，外表面向上，试样被折叠的边超出槽的下端 30 mm。仔细检查试样，确保其表面与滤纸紧密贴合后，用夹子将试样固定在硬质透明槽上。
e) 用天平称量小烧杯的质量 M_3，精确到 0.01 g，记录数据。
f) 将小烧杯安放在试样折叠边缘的下面，保证所有从试样表面流下的测试溶液都能被收集到。
g) 注射器针头向下，垂直安装在支架上，针头应通过硬质透明小槽的轴心线，与试样表面的垂直距离为(100±2)mm，试样外表面喷射点与试样下端面间的长度为(330±2)mm，见图 I.1。
h) 启动自动注射系统，同时启动计时器，使 10 mL 测试溶液在(10±1)s 内由针头喷射至试样的外表面。
i) 计时器计时到 60 s，轻敲硬质透明槽的边缘，使悬浮于试样折叠边缘的测试溶液滑落。
j) 小心地取下试样，仔细将接触测试溶液的一面向内折叠好，注意不要让试样上沾附的测试溶液流失或滑落。用天平称量沾有测试溶液的试样质量 M_1'，精确到 0.01 g，记录数据。
k) 小心地取出滤纸与透明薄膜组合，注意不要让沾附的测试溶液流失或滑落。将接触测试溶液的一面向上，用天平称量带有测试溶液的滤纸与透明薄膜质量 M_2'，精确到 0.01 g，记录数据。
l) 称量小烧杯和收集的测试溶液的质量 M_3'，精确到 0.01 g，记录数据。
m) 按 a)~l)，依次测得 6 块试样的数据。

I.8 结果计算

I.8.1 穿透指数

按式(I.1)计算每个试样对测试溶液的穿透指数。

$$I_P = \frac{M_2' - M_2}{M_t} \times 100\% \quad\quad\quad\quad\quad (I.1)$$

式中：

I_P ——穿透指数，精确到小数点后一位；
M_2 ——测试前滤纸和透明薄膜组合的质量，单位为克(g)；
M_2' ——测试后沾附了测试溶液的滤纸和透明薄膜组合的质量，单位为克(g)；
M_t ——测试中喷射向试样的 10 mL 测试溶液的质量，单位为克(g)；

取 6 个试样的最小值作为最终测试结果。

I.8.2 拒液指数

按式(I.2)计算每个试样对测试溶液的拒液指数。

$$I_R = \frac{M_3' - M_3}{M_t} \times 100\% \quad\quad\quad\quad\quad (I.2)$$

式中：

I_R ——拒液指数，精确到小数点后一位；
M_3 ——测试前小烧杯的质量，单位为克(g)；
M_3' ——测试后收集了液体的小烧杯质量，单位为克(g)；
M_t ——测试中喷射向试样的 10 mL 测试溶液的质量，单位为克(g)；

取 6 个试样的最小值作为最终测试结果。

能应用可靠的蒸发损耗修正因素的地方,在计算指数 I_P、I_R 和 I_A 前,应分别将技术条件下的质量损耗加到 M_A、M_P 或 M_R 上。

I.8.3 结果判定

取 6 个试样中拒液指数、穿透指数结果的最小值,作为最终测试结果。

I.9 测试报告

测试报告应至少包括以下内容:
a) 声明测试是按照附录 I 进行测试的;
b) 被测试面料的单位面积质量,g/m^2;
c) 测试环境条件;
d) 被测试面料的预处理情况;
e) 使用的化学物质;
f) 每一个样品的测试结果,穿透指数、拒液指数的最小值以及分级结果;
g) 与本附录不符合的说明,以及测试人员认为应说明的其他问题;
h) 测试人员及测试日期。

附 录 J
（规范性）
化学防护服面料耐磨损性能测试方法

J.1 测试原理

按照 GB/T 21196.2—2007 耐磨测试方法的倒置模式进行测试，即直径不小于 140 mm 的试样装在磨台上，直径不小于 30 mm 的砂纸安装在样品支架上，测试时施加 9 kPa 的向下压力，根据 J.4 规定的耐磨损性终点判定方法来确定不会对面料造成显著损坏的最大摩擦循环次数。

J.2 磨料

砂纸种类可以选择 A65(APEX or Structured Abrasive)或者 240(ANSI)进行。背衬材料应选择拉伸强度不低于 390 N(经向)和 215 N(纬向)的 B 纸。

J.3 试样

每组试样选择 4 个面料试样，每个试样应包含所有层。每个耐磨损级别准备一组试样。另取 1 个未经测试的试样来判断该试样是否适用压力罐法。

J.4 耐磨损性终点判定以及分级

进行一定次数的耐磨损测试后，需要对 4 个试样的测试终点进行分级判定。有三种终点判定方法：压力罐法、静水压法和目测法。首选压力罐法，如果压力罐法不适用，则使用静水压法。如果这两种方法都不适用，采用目测法进行判定，如通过目测法进行终点评估，可报告的最高测试等级为 3 级。

J.4.1 压力罐法

首先需要测试该面料是否可以使用压力罐法判定终点。将未磨损的参考试样夹持在圆形压力罐装置中，将压力罐中的压力从大气压降低至 −(1 000±10)Pa，测量并记录 1 min 后的压力变化。如果压力增加小于 100 Pa，则该面料可以使用压力罐法进行终点判定。具体判定方法如下。

将试样的测试区域夹持在圆形压力罐装置上（见图 J.1），确保试样的外表面朝外，不能暴露于负压一侧。抽气使压力罐中的压力降低至 −(1 000±10)Pa，测量并记录 1 min 后的压力变化最大值。计算同一试样磨损前与磨损后内两次压力罐测试的压力变化最大值的差值。

对于同一组的 4 个试样，如果磨损测试前和磨损测试后 4 个差值均不大于 100 Pa，则新选取一组 4 个试样进行耐磨损测试；将摩擦测试的次数提高至表 13 中更高的一个级别，直到最大差值超过 100 Pa 时，终止摩擦测试。选取样品能通过压力罐测试的最高摩擦次数用于样品耐磨损性能的分级。

J.4.2 静水压法

首先需要测试该面料是否可以使用静水压法判定终点。选取一组 4 个未经测试的样品根据 GB/T 4744 进行测试，其升压速率为 (0.98±0.05)kPa/min（或 10 cm/min），如果 4 个试样的静水压平均值超过 200 mm，则该面料可以使用静水压法进行终点判定。具体判定方法如下。

经过磨损测试的样品,将其磨损区域夹入静水压试验装置中测量静水压。如果一组 4 个样品的静水压平均值超过 200 mm,则新选取一组 4 个样品进行耐摩擦测试;将摩擦测试的次数提高至表 13 中更高的一个级别,直到在该测试次数下,其平均静水压值小于 200 mm。平均静水压值高于 200 mm 的最高摩擦次数用于样品耐磨损性能的分级。

J.4.3 目测法

不能使用压力罐或静水压评估的面料应通过目测法进行终点判定。如果 4 个试样中,有 1 个在经过一定级别次数(表 13)的磨损处理后显示试样破坏,则该面料被认为已经不能满足这一级别的耐磨损性能要求。所有 4 个试样全部通过测试的最高摩擦次数用于耐磨损性能分级判定。在测试报告中需写明是按照目测法定性判定的,可报告的最高测试等级为 3 级。

经过一定次数的摩擦测试后,目测观察到试样的破坏情况列举如下:
a) 在机织面料中,当两根单独的纱线完全断裂时;
b) 在针织面料中,当一根纱线断裂时;
c) 在起绒和割绒面料中,当表面绒毛被磨损至露底时;
d) 在非织造面料中,当磨损产生的第一个孔的直径达到 0.5 mm 时;
e) 在涂层面料中,当涂层表面由于磨损产生的第一个孔的直径达到 0.5 mm 时。

注:只要有孔形成即为试样破坏,不一定要贯穿全部的材料。

单位为毫米

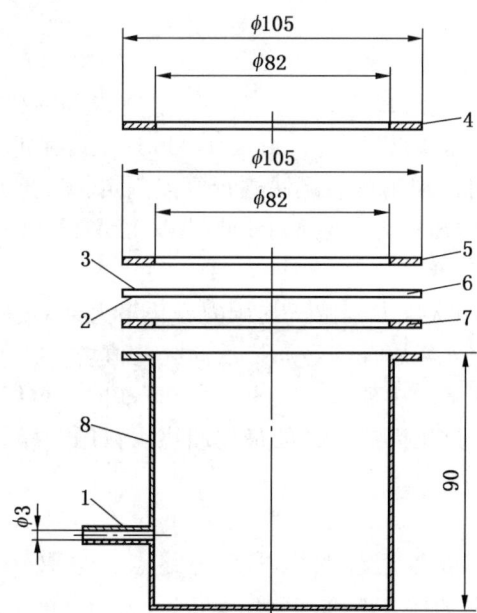

标引序号说明:
1——用于产生负压和测量压力变化的连接;
2——下表面;
3——上表面;
4——夹紧环(例如不锈钢);
5——垫片;
6——圆形样品;
7——垫片;
8——圆形压力罐(例如不锈钢)。

图 J.1 圆形压力罐

附 录 K
（规范性）
化学防护服面料耐屈挠破坏性测试方法

K.1 耐屈挠破坏性测试

选择6个面料试样（经向3个，纬向3个），每个试样应包含所有层，按照GB/T 12586—2003（方法B）进行测试。根据K.2的终点判定方法确定不会对面料造成损坏的最大耐屈挠次数。

K.2 耐屈挠破坏性终点判定以及分级

进行一定次数的耐屈挠测试后，需要对6个试样的测试终点进行分级判定。另取1个未经测试的试样来判断该试样是否适用压力罐法。

有三种终点判定方法：压力罐法、静水压法和目测法。首选压力罐法，如果压力罐法不适用，则使用静水压法。如果这两种方法都不适用，采用目测法进行判定，1型、1-ET型、3型和3-ET型防护服面料耐屈挠破坏性测试的终点判定不宜用目测法。

K.2.1 压力罐法

首先需要测试该面料是否可以使用压力罐法判定终点。将未经屈挠的参考试样夹持在圆形压力罐装置中，将压力罐中的压力从大气压降低至$-(1\,000\pm10)$Pa，测量并记录1 min后的压力变化。如果压力增加小于100 Pa，则该面料可以使用压力罐法进行终点判定。具体判定方法如下。

将试样的测试区域夹持在长方形压力罐装置上（见图K.1），确保试样的外表面朝外，不能暴露于负压一侧。抽气使压力罐中的压力降低至$-(1\,000\pm10)$Pa，测量并记录1 min后的压力变化最大值。计算同一试样未经屈挠与经屈挠后两次压力罐测试的压力变化最大值的差值。

对于同一组的6个试样，如果未经屈挠与经屈挠后6个差值均不大于100 Pa，则新选取一组6个试样进行耐屈挠破坏测试；将屈挠测试的次数提高至表14中更高的一个级别，直到最大差值超过100 Pa时，终止屈挠测试。选取样品能通过压力罐测试的最高屈挠次数用于样品耐屈挠破坏性能的分级。

K.2.2 静水压法

首先需要测试该面料是否可以使用静水压法判定终点。选取一组6个未经测试的样品根据GB/T 4744进行测试，其升压速率为(0.98 ± 0.05)kPa/min（或10 cm/min），如果6个试样的静水压平均值超过200 mm，则该面料可以使用静水压法进行终点判定。具体判定方法如下。

经过屈挠测试的试样，将其屈挠测试区域夹入静水压试验装置中测量静水压。如果一组6个样品的静水压平均值超过200 mm，则新选取一组6个试样，将屈挠测试的次数提高至表14中更高的一个级别，直到在该测试次数下，其平均静水压值小于200 mm。平均静水压值高于200 mm的最高屈挠次数用于性能分级。

耐静水压测试装置需要一个直径在45 mm～60 mm的适配头。选取耐屈挠测试试样的中心区域进行静水压测试。

K.2.3 目测法

不能使用压力罐或静水压评估的面料应通过目测法进行终点判定。如果6个试样中，有1个在经过一定级别次数(表14)的屈挠测试后显示试样破坏,则该面料被认为已经不能满足这一级别的耐屈挠破坏性能要求。所有6个试样全部通过测试的最高屈挠次数用于耐屈挠破坏性能分级判定。

经过一定次数的屈挠测试后,目测观察到试样的破坏情况列举如下。

a) 在机织面料中,当两根单独的纱线完全断裂时;
b) 在针织面料中,当一根纱线断裂时;
c) 在起绒和割绒面料中,当表面绒毛被屈挠破坏至露底时;
d) 在非织造面料中,当屈挠破坏产生的第一个孔的直径达到 0.5 mm 时;
e) 在涂层面料中,当涂层表面由于屈挠破坏产生的第一个孔的直径达到 0.5 mm 时。

注:只要有孔形成即为试样破坏,不一定要贯穿全部的材料。

单位为毫米

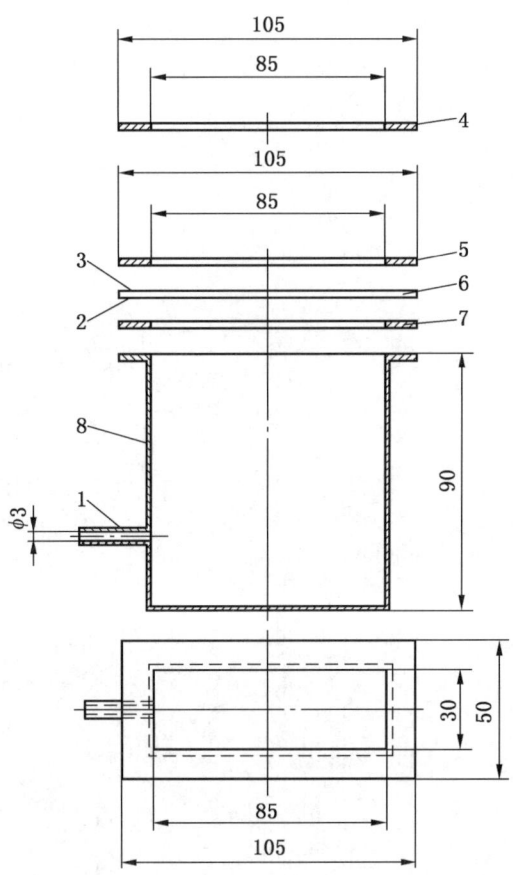

标引序号说明:
1——用于产生负压和测量压力变化的连接;
2——下表面;
3——上表面;
4——长方形夹紧装置(例如不锈钢);
5——长方形垫片;
6——长方形样品;
7——长方形垫片;
8——长方形压力罐(例如不锈钢)。

图 K.1 长方形压力罐

参 考 文 献

[1] ISO 16602:2007+A1:2012 Protective clothing for protection against chemicals—Classification, labelling and performance requirements

[2] EN 14325:2018 Protective clothing against chemicals—Test methods and performance classification of chemical protective clothing materials, seams, joins and assemblages

ICS 13.340.99
CCS C 73

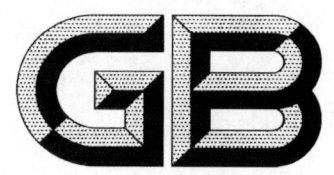

中华人民共和国国家标准

GB 6095—2021
代替 GB 6095—2009

坠落防护 安全带

Fall protection—Personal fall protection systems

2021-08-10 发布　　　　　　　　　　　　　　2022-09-01 实施

国家市场监督管理总局
国家标准化管理委员会　发布

目次

前言 ··· 105
1 范围 ·· 106
2 规范性引用文件 ·· 106
3 术语和定义 ··· 106
4 分类与标记 ··· 108
5 技术要求 ··· 109
6 测试方法 ··· 112
7 安全带标识 ··· 113
8 制造商提供的信息 ··· 113
附录A（规范性） 系带技术要求及测试方法 ·· 114
附录B（资料性） 检验规则 ·· 120
附录C（资料性） 周期性检查 ··· 122
参考文献 ··· 124

前 言

本文件按照GB/T 1.1—2020《标准化工作导则　第1部分：标准化文件的结构和起草规则》的规定起草。

本文件代替GB 6095—2009《安全带》。本文件与GB 6095—2009相比，主要技术变化如下：
——增加了坠落防护用安全带、区域限制用安全带、围杆作业用安全带等的定义（见第3章）；
——增加了安全带的组成与设计（见5.3）；
——增加了安全带系统性能（见5.4）；
——增加了安全带附加性能（见5.5）；
——增加了安全带金属零部件耐腐蚀性能（见5.6）；
——增加了测试方法（见第6章）；
——增加了制造商提供的信息（见第8章）；
——增加了附录A（规范性）系带技术要求及测试方法（见附录A）；
——增加了附录C（资料性）周期性检查（见附录C）；
——修改了分类与标记（见第4章，2009年版的第4章）；
——修改了检验规则（见附录B，2009年版的第6章）；
——修改了标识（见第7章，2009年版的第7章）；
——删除了基本技术性能（见2009年版的5.2）；
——删除了特殊技术性能（见2009年版的5.3）。

本文件由中华人民共和国应急管理部提出并归口。

本文件所代替文件的历次版本发布情况为：
——1965年首次发布为GB 720～723—1965；
——1985年第一次修订为GB 6095—1985，代替GB 720～723—1965；
——2009年第二次修订；
——本次为第三次修订。

坠落防护 安全带

1 范围

本文件规定了高处作业用安全带的分类与标记、技术要求、测试方法、检验规则及标识、制造商提供的信息。

本文件适用于高处作业过程中使用者体重及负重之和不大于 100 kg 时所使用的安全带。

本文件不适用于体育运动、消防等行业所使用的安全带。

2 规范性引用文件

下列文件中的内容通过文中的规范性引用而构成本文件必不可少的条款。其中,注日期的引用文件,仅该日期对应的版本适用于本文件;不注日期的引用文件,其最新版本(包括所有的修改单)适用于本文件。

GB/T 6096—2020 坠落防护 安全带系统性能测试方法
GB/T 8427 纺织品 色牢度试验 耐人造光色牢度:氙弧
GB/T 23268.1 运动保护装备要求 第1部分:登山动力绳
GB/T 23469 坠落防护 连接器
GB 23525 座板式单人吊具悬吊作业安全技术规范
GB/T 24537 坠落防护 带柔性导轨的自锁器
GB/T 24538 坠落防护 缓冲器
GB 24539—2021 防护服装 化学防护服
GB 24542 坠落防护 带刚性导轨的自锁器
GB 24543 坠落防护 安全绳
GB 24544 坠落防护 速差自控器
GB 30862 坠落防护 挂点装置
GB/T 38230 坠落防护 缓降装置
GB 38454 坠落防护 水平生命线装置

3 术语和定义

下列术语和定义适用于本文件。

3.1
安全带 personal fall protection systems

在高处作业、攀登及悬吊作业中固定作业人员位置、防止作业人员发生坠落或发生坠落后将作业人员安全悬挂的个体坠落防护装备的系统。

3.2
围杆作业用安全带 work positioning systems

通过围绕在固定构造物上的绳或带将人体绑定在固定构造服附近,防止人员滑落,使作业人员的双手可以进行其他操作的个体坠落防护系统。

3.3
区域限制用安全带 restraint systems

通过限制作业人员的活动范围，避免其到达可能发生坠落区域的个体坠落防护系统。

3.4
坠落悬挂用安全带 fall arrest systems

当作业人员发生坠落时，通过制动作用将作业人员安全悬挂的个体坠落防护系统。

3.5
安全绳 lanyard

在安全带中连接系带与挂点的绳或带。

注：安全绳一般起扩大或限制佩戴者活动范围、吸收冲击能量的作用。

3.6
缓冲器 energy absorber

串联在系带和挂点之间，发生坠落时吸收部分冲击能量、降低冲击力的部件。

3.7
速差自控器 retractable type fall arrester

串联在系带和挂点之间、具备可随人员移动而伸缩长度的绳或带，在坠落发生时可由速度变化引发锁止制动作用的部件。

3.8
自锁器 guided type fall arrester

附着在导轨上、由坠落动作引发制动作用的部件。

3.9
系带 harnesses

将安全带穿戴在人体上，并在坠落时支撑和控制人体、分散冲击力的部件。

注：系带由织带、带扣及其他金属部件组成，一般有全身式系带、单腰式系带、半身式系带。

3.10
主带 primary strap

系带中直接承受冲击力的织带。

3.11
辅带 secondary strap

系带中不直接承受冲击力的织带。

3.12
伸展长度 deploy distance

在测试过程中当坠落停止后，模拟人悬吊状态下从测试挂点到模拟人最低点的垂直距离。

3.13
坠落距离 fall distance

从坠落起始点或作业面到安全带佩戴者的身体最低点的最大垂直距离。

3.14
安全空间 safety space

位于作业面下方，不存在对坠落者造成碰撞伤害物体的立体空间。

3.15
锁止距离 locking distance

自锁器或速差自控器在测试中，从启动到运动停止，自锁器在导轨上的运动距离或安全绳从速差自控器腔体伸出的距离。

3.16

调节扣　adjusting buckle

用于调节主带或辅带长度的零件。

3.17

扎紧扣　fastening buckles

用于将主带系紧或脱开的零件。

3.18

连接点　attachment point

用于连接系带及其他零部件的金属环类零件。

注：连接点按照用途可分为区域限制、围杆作业、坠落悬挂、救援用连接点。

3.19

护腰带　comfort pad

同腰带一起使用的宽带。

注：该部件起分散压力、提高舒适程度的作用。

3.20

连接器　connector

具有常闭活门的，用于系统中各组成部分之间进行相互连接与分离的部件。

3.21

挂点装置　anchor device

用于连接安全带与附着物（墙、脚手架、地面等固定设施）的部件。

注：挂点装置不是安全带的组成部分，但同安全带的使用密切相关。

3.22

导轨　anchor line

与自锁器相互连接的柔性绳索或刚性滑道。

注：导轨不是安全带的组成部分，但同安全带的使用密切相关。

3.23

模拟人　torso test mass

在进行测试时使用的模拟人的躯干外形、重心的重物。

3.24

调节器　adjustment device

用于调整安全绳长短的零件。

4　分类与标记

4.1　安全带的分类

安全带按作业类别分为区域限制用安全带、围杆作业用安全带、坠落悬挂用安全带。

4.2　安全带的标记

4.2.1　安全带的标记由安全带作业类别及附加功能两部分组成：

——安全带作业类别：区域限制用字母 Q 表示、围杆作业用字母 W 表示、坠落悬挂用字母 Z 表示。

——安全带附加功能：防静电功能用字母 E 表示、阻燃功能用字母 F 代表、救援功能用字母 R 代表、耐化学品功能用字母 C 表示。

4.2.2　安全带的标记应以汉字或字母的形式明示于产品标识。

示例1：区域限制用安全带表示为"Q"；可用于围杆作业、坠落悬挂，并具备阻燃功能、救援功能及耐化学品功能的安全带表示为"W/Z-FRC"。

示例2：区域限制用安全带表示为"区域限制"；可用于围杆作业、坠落悬挂，并具备阻燃功能、救援功能及耐化学品功能的安全带表示为"围杆作业/坠落悬挂-阻燃 救援 耐化学品"。

5 技术要求

5.1 安全带总体结构

5.1.1 安全带中使用的零部件应圆滑，不应有锋利边缘，与织带接触的部分应采用圆角过渡。

5.1.2 安全带中使用的动物皮革不应有接缝。

5.1.3 安全带中的织带应为整根，同一织带两连接点之间不应接缝。

5.1.4 安全带同工作服设计为一体时不应封闭在衬里内。

5.1.5 安全带中的主带扎紧扣应可靠，不应意外开启，不应对织带造成损伤。

5.1.6 安全带中的腰带应与护腰带同时使用。

5.1.7 安全带中所使用的缝纫线不应同被缝纫材料起化学反应，颜色应与被缝纫材料有明显区别。

5.1.8 安全带中使用的金属环类零件不应使用焊接件，不应留有开口。

5.1.9 安全带中与系带连接的安全绳在设计结构中不应出现打结。

5.1.10 安全带中的安全绳在与连接器连接时应增加支架或垫层。

5.2 安全带中零部件的要求

5.2.1 安全带中所使用的系带应符合附录A的要求。

5.2.2 安全带中所使用的安全绳应符合GB 24543的要求。

5.2.3 安全带中所使用的连接器应符合GB/T 23469的要求。

5.2.4 安全带中所使用的速差自控器应符合GB 24544的要求。

5.2.5 安全带中所使用的自锁器应符合GB 24542、GB/T 24537的要求。

5.2.6 安全带中所使用的座板式单人吊具应符合GB 23525的要求。

5.2.7 安全带中所使用的缓降装置应符合GB/T 38230的要求。

5.2.8 在仅含安全绳与缓冲器的坠落悬挂用安全带中所使用的缓冲器应符合GB/T 24538的要求。

5.2.9 与安全带所连接的挂点装置应符合GB 30862的要求。

5.2.10 与安全带连接的水平生命线装置应符合GB 38454的要求。

5.3 安全带组成与设计

5.3.1 区域限制用安全带的组成与设计

5.3.1.1 区域限制用安全带应至少包含下列组成部分：
——可连接区域限制用部件的系带；
——可连接系带与挂点装置的区域限制安全绳或速差自控器等起限制及定位作用的零部件；
——可连接安全带内各组成部分的环类零部件及连接器。

5.3.1.2 区域限制用安全带的设计应至少符合下列要求：
——区域限制用系带应为半身式、单腰带式或全身式系带；
——系带应包含一个或多个区域限制用连接点；
——系带连接点应位于使用者前胸、后背或腰部；
——当区域限制安全绳长度大于2 m时应加装长度调节装置或安全绳回收装置；
——当安全带可用于多个作业类别时，应符合相应作业类别的要求。

5.3.2 围杆作业用安全带的组成与设计

5.3.2.1 围杆作业用安全带应至少包含下列组成部分：
—— 可连接围杆作业用部件的系带；
—— 可围绕杆、柱等构筑物并可与系带连接的围杆作业安全绳等部件；
—— 可连接安全带内各组成部分的环类零部件及连接器。

5.3.2.2 围杆作业用安全带的设计应至少符合下列要求：
—— 围杆作业用系带应为半身式、单腰带式或全身式系带；
—— 系带应包含一对围杆作业用连接点；
—— 系带连接点应位于使用者腰部两侧；
—— 当围杆作业安全绳长度大于 2 m 时应加装长度调节装置或安全绳回收装置；
—— 当安全带可用于多个作业类别时，应符合相应类别的要求。

5.3.3 坠落悬挂用安全带的组成与设计

5.3.3.1 坠落悬挂用安全带应至少包含下列组成部分：
—— 可连接坠落悬挂用部件的系带；
—— 可连接系带与挂点装置或构筑物的安全绳及缓冲器、速差自控器、自锁器等中的一种；
—— 可连接安全带内各组成部分的环类零部件及连接器。

5.3.3.2 坠落悬挂用安全带的设计应至少符合下列要求：
—— 坠落悬挂用系带应为全身式系带；
—— 系带应包含一个或多个坠落悬挂用连接点；
—— 系带连接点应位于使用者前胸或后背；
—— 当安全带中的坠落悬挂用零部件仅含坠落悬挂安全绳时，安全绳应具备能量吸收功能或与缓冲器一起使用；
—— 包含未展开缓冲器的坠落悬挂安全绳长度应小于或等于 2 m；
—— 当安全带可用于多个作业类别时，应符合相应类别的要求。

5.4 安全带系统性能

5.4.1 区域限制用安全带性能要求

区域限制用安全带应符合下列要求：
a) 区域限制安全带各零部件应能承受相应的测试载荷；
b) 带扣不应松脱，模拟人不应与系带滑脱；
c) 系带不应出现明显的不对称滑移；
d) 连接器不应打开，零部件不应断裂；
e) 织带或绳在各调节扣内的最大滑移应小于或等于 25 mm。

5.4.2 围杆作业用安全带性能要求

围杆作业用安全带应符合下列要求：
a) 带扣不应松脱，模拟人不应与系带滑脱或坠落至地面；
b) 连接器不应打开，零部件不应断裂；
c) 系带不应出现明显的不对称滑移；
d) 模拟人悬吊在空中时模拟人的腋下、大腿内侧不应有金属件；

e) 模拟人悬吊在空中时不应有任何部件压迫模拟人的喉部、外生殖器；

f) 织带或绳在各调节扣内的最大滑移应小于或等于25 mm。

5.4.3 坠落悬挂用安全带性能要求

坠落悬挂用安全带应符合下列要求：

a) 带扣不应松脱，模拟人不应与系带滑脱或坠落至地面；
b) 连接器不应打开，零部件不应断裂；
c) 安全带冲击作用力峰值应小于或等于6 kN；
d) 安全带应标明伸展长度，且伸展长度应小于或等于永久标识中明示的数值；
e) 模拟人悬吊在空中时不应出现头朝下的现象；
f) 系带不应出现明显不对称滑移或不对称变形；
g) 模拟人悬吊在空中时其腋下、大腿内侧不应有金属件；
h) 模拟人悬吊在空中时不应有任何部件压迫其喉部、外生殖器；
i) 织带或绳在各调节扣内的最大滑移应小于或等于25 mm；
j) 如果系带具备坠落指示功能，坠落指示功能应正常显示坠落发生。

5.5 安全带附加性能

5.5.1 救援性能

5.5.1.1 救援挂点的位置应位于使用者双肩或前胸。

5.5.1.2 系带应符合下列要求：

a) 带扣不应松脱，模拟人不应与系带滑脱或坠落至地面；
b) 连接器不应打开，零部件不应断裂；
c) 模拟人悬吊在空中时不应出现头朝下的现象；
d) 系带不应出现明显不对称滑移或不对称变形；
e) 模拟人悬吊在空中时其腋下、大腿内侧不应有金属件；
f) 模拟人悬吊在空中时不应有任何部件压迫其喉部、外生殖器；
g) 织带或绳在各调节扣内的最大滑移应小于或等于25 mm。

5.5.2 阻燃性能

5.5.2.1 安全带中所使用的织带、绳套的材料续燃时间、阻燃时间应小于或等于2 s，应无熔融、滴落现象。

5.5.2.2 安全带中所使用的缝纫线应无熔融和烧焦现象。

5.5.3 防静电性能

5.5.3.1 具备防静电性能的安全带中使用的金属零部件应采用静电耗散材料包裹，金属材料及附件不应外露。

5.5.3.2 安全带中使用的织带、绳套的材料点对点电阻应在1×10^5 Ω～1×10^{11} Ω之间。

5.5.4 耐化学品性能

安全带中使用的织带、绳及金属零部件的断裂强力下降率应小于或等于30%。

5.6 安全带金属零部件耐腐蚀性能

安全带中所使用的金属零部件应按照GB/T 6096—2020的5.8进行测试，不应出现可见红锈。

6 测试方法

6.1 总则

6.1.1 安全带性能测试时每次测试应使用全新的能量缓冲部件。

6.1.2 系带含有多个连接点时,每个连接点都应进行测试。

6.1.3 5.2 的测试应按照相应的标准或条款进行型式检验或由委托方提供型式检验报告。

6.1.4 安全带的检验规则参考附录 B。

6.2 安全带组成与设计测试

6.2.1 模拟人穿戴测试

将模拟人悬吊至半空,并将安全带穿戴至模拟人身上,检查是否符合 5.1 及相关条款要求。

6.2.2 安全绳长度测试

6.2.2.1 将包含连接器的安全绳一端连接至测试台架上并保持垂直状态,另一端悬挂(10 ± 0.1) kg 的测试重物,保持载荷施加(60 ± 10) s 后测量安全绳长度,测试结果保留至 0.01 m。

6.2.2.2 如果安全绳有多个端点或带有长度调节装置,应选取最长的绳体部分,并将长度通过长度调节装置调节至最长后进行测试。

6.3 区域限制用安全带性能测试

5.4.1 的测试应按照 GB/T 6096—2020 的 5.1 进行。

6.4 围杆作业用安全带性能测试

5.4.2 的测试应按照 GB/T 6096—2020 中 5.2 的要求进行。

6.5 坠落悬挂用安全带性能测试

5.4.3 的测试应按照 GB/T 6096—2020 中 5.3 的要求进行。

6.6 救援性能测试

5.5.1 的测试应按照 GB/T 6096—2020 中 5.4 的有关要求进行。

6.7 阻燃性能测试

6.7.1 材料阻燃性

5.5.2.1 的测试应按照 GB/T 6096—2020 中 5.5 的有关要求进行。

6.7.2 缝纫线阻燃性

5.5.2.2 的测试应按照 GB/T 6096—2020 中 5.5 的有关要求进行。

6.8 防静电性能测试

5.5.3.2 的测试应按照 GB/T 6096—2020 中 5.6 的要求进行。

6.9 耐化学品性能测试

5.5.4 的测试应按照 GB 24539—2021 中 6.25 的要求进行。

7 安全带标识

7.1 安全带标识应固定于系带。
7.2 安全带标识应加护套或以其他方式进行必要保护。
7.3 安全带标识应至少包括以下内容：
   a) 产品名称；
   b) 执行标准(本文件编号)；
   c) 分类标记(应符合第 4 章要求)；
   d) 制造商名称或标记及产地；
   e) 合格品标记；
   f) 生产日期(年、月)；
   g) 不同类型零部件组合使用时的伸展长度(适用于坠落悬挂)；
   h) 醒目的标记或文字提醒用户使用前应仔细阅读制造商提供的信息；
   i) 国家法律法规要求的其他标识。

8 制造商提供的信息

安全带的制造商应以产品说明书或其他形式为每套安全带提供必要的信息用于产品的连接组装、使用维护等，应至少包括以下内容：
   a) 制造商标识；
   b) 适用和不适用对象、场合的描述；
   c) 本安全带所连接的各部件种类及执行标准清单；
   d) 安全带中所使用的字母、符号意义说明；
   e) 安全带各部件间正确的组合及连接方法；
   f) 安全带同挂点装置的连接方法；
   g) 扎紧扣的使用方法及扎紧程度；
   h) 对可能对安全带产生损害的危险因素描述；
   i) 提示使用方应根据自身使用情况制定相应的救援方案；
   j) 安全空间的确定方法；
   k) 根据现场环境及安全带特性判定该安全带是否适用的方法，现场环境及安全带特性可包括安全带的伸展长度、坠落距离、工作现场的安全空间及挂点位置等因素；
   l) 周期性检查的规程和对检查周期的建议；
   m) 整体报废或更换零部件的条件及要求；
   n) 清洁、维护、储存的方法及最长的储存时间；
   o) 警示语：使用者必须经过培训确认有能力正确使用安全带；
   p) 警示语：当标识在产品报废期限内无法辨认时，产品应当报废；
   q) 警示语：未经安全带制造商同意不允许对安全带进行任何改装或更换非制造商认可的零部件。

附 录 A
(规范性)
系带技术要求及测试方法

A.1 技术要求

A.1.1 设计与结构

A.1.1.1 用于生产系带的纤维单丝断裂强度应大于或等于 0.6 N/tex。

A.1.1.2 系带样式应为单腰带式、半身式及全身式系带。半身式系带在单腰带基础上至少增加 2 条肩带。全身式系带在半身式系带的基础上至少包含 2 条绕过大腿的腿带和位于臀部的骨盆带。

A.1.1.3 系带腋下、大腿内侧不应有金属零部件,不应有任何零部件压迫喉部、外生殖器。

A.1.1.4 系带中的主带扎紧扣应可靠,不应意外开启,不应对织带造成损伤。

A.1.1.5 系带中的金属零部件表面应圆滑,不应对织带造成损伤。

A.1.1.6 缝纫线应采用不会同织带材料起化学反应的材料,颜色同织带应有明显区别。

A.1.1.7 织带应为整根,同一织带两连接点之间不应接缝。

A.1.1.8 主带宽度应大于或等于 40 mm,辅带宽度应大于或等于 20 mm。

A.1.1.9 腰带应和护腰带同时使用。护腰带整体硬挺度应大于或等于腰带的硬挺度,宽度应大于或等于 80 mm,长度应大于或等于 600 mm,接触腰的一面应有柔软、吸汗、透气的材料。

A.1.1.10 织带折头及织带间的连接应使用线缝,缝纫后不应进行燎烫。

A.1.1.11 织带端头不能留有散丝,每个端头有相应的带箍。

A.1.1.12 系带中的每个连接点均应位于连接点附近的织带上用相应的字母或文字明示用途。

注:可参照第 4 章进行标记。

A.1.2 织带静态强度

A.1.2.1 按照 A.2.2 进行测试,用于主带的织带断裂强力应大于或等于 22 kN,用于辅带的织带应大于或等于 12 kN。

A.1.2.2 按照 A.2.3 进行预处理后按照 A.2.2 测试,强度下降率应小于或等于 30%。

A.1.3 系带静态强度

按照 A.2.3 进行测试,系带应可承受测试载荷,直接承受载荷的织带及金属零部件应无断裂,系带在各调节扣内的最大滑移应小于或等于 25 mm。

A.1.4 系带动态强度

按照 A.2.4 进行测试,带有坠落悬挂用连接点的应符合下列要求:
 a) 带扣不应松脱,模拟人不应与系带滑脱或坠落至地面;
 b) 模拟人悬吊在空中时,模拟人中心纵轴与垂直面的夹角应小于或等于 50°;
 c) 系带不应出现明显不对称滑移或不对称变形;
 d) 模拟人悬吊在空中时模拟人的腋下、大腿内侧不应有金属件;
 e) 模拟人悬吊在空中时不应有任何部件压迫模拟人的喉部、外生殖器;
 f) 织带或绳在各调节扣内的最大滑移应小于或等于 25 mm;

g) 如果系带具有坠落指示功能,坠落指示功能应正常显示坠落发生。

A.1.5 系带金属零部件耐腐蚀性能

系带中所使用的金属零部件应按照 GB/T 6096—2020 中 5.8 的要求进行测试,不应出现可见红锈。

A.2 测试方法

A.2.1 测试设备

A.2.1.1 断裂强力测试设备量程应大于或等于 50 kN,精度应大于或等于 1 级,分辨率应至少为 1 N。
A.2.1.2 静态强度测试台架应有足够大的台面使模拟人固定在测试台架上,使模拟人承受测试负荷时不致歪斜。加载装置应匀速加载并实时显示加载测试负荷力值,分辨率应至少为 1 N,加载速度小于或等于 100 mm/min,到达规定测试负荷后应能对测试负荷进行保持,加载点应有缓冲装置不致形成对样品的冲击。
A.2.1.3 动态强度测试装置应符合 GB/T 6096—2020 中第 4 章的有关要求。
A.2.1.4 角度测量装置分辨率应至少为 1°。
A.2.1.5 测试绳应符合 GB/T 23268.1 的要求,包含两端连接装置的长度为(2.0±0.1)m。
A.2.1.6 老化预处理设备应符合 GB/T 8427 的要求。

A.2.2 断裂强力及强度下降率测试

A.2.2.1 测试样品

A.2.2.1.1 应确保被测织带样品与系带所有织带保持一致。
A.2.2.1.2 被测样品长度应确保与合适的卡具进行连接后两卡具之间的垂直距离大于或等于 200 mm。
A.2.2.1.3 被测样品数量为 6 根,其中 3 根进行耐光老化处理、另外 3 根作为原样。

A.2.2.2 断裂强力测试

将测试样品安装在测试设备上,样品夹持应避免在测试过程中对样品产生损伤,测试样品拉伸速度为(100±5)mm/min,匀速加载直至样品断裂,计算 3 根样品的断裂强力算术平均值,单位为 kN,结果保留至小数点后 2 位。断裂强力算术平均值计算公式如式(A.1):

$$F=(F_1+F_2+F_3)/3 \quad\quad\quad\quad\quad\quad (A.1)$$

式中:
F ——断裂强力平均值,单位为千牛(kN);
F_1、F_2、F_3——3 段试样的断裂强力,单位为千牛(kN),保留至小数点后 2 位。

A.2.2.3 预处理

将 3 根被测样品按照 GB/T 8427 的规定进行光照预处理,确保样品中间部位 50 mm～70 mm 位置暴露在光照范围内。同时放入标准羊毛标样,辐照至标准羊毛标样从 7 级变至 4 级,取出后在实验室环境中放置至少 24 h。

A.2.2.4 强力下降率测试

将经过 A.2.2.3 预处理后的样品按照 A.2.2.2 的规定进行断裂强力测试,并与未经预处理的织带

断裂强力测试计算强力下降率,结果保留至小数点后2位。强力下降率计算公式如式(A.2):

$$\alpha=(F-F')/F\times100\% \quad\quad\quad\quad\quad (A.2)$$

式中:

α ——强力下降率,%,保留至小数点后2位;

F ——未经预处理的试样断裂强力算术平均值,单位为千牛(kN),保留至小数点后2位;

F′——经预处理的试样断裂强力算术平均值,单位为千牛(kN),保留至小数点后2位。

A.2.3 系带静态强度测试

A.2.3.1 带有区域限制用连接点的系带

A.2.3.1.1 测试示例

带有区域限制用连接点的系带测试示例如图A.1。

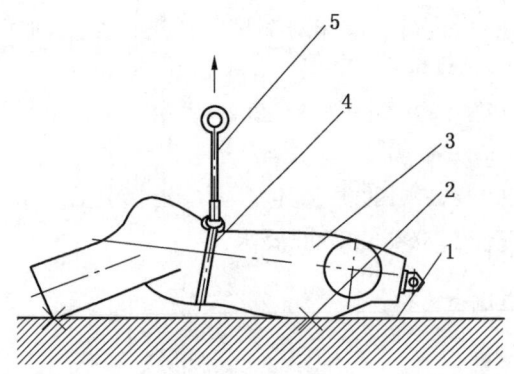

标引序号说明:

1——测试台架;

2——连接固定点;

3——模拟人;

4——被测样品;

5——加载装置。

图A.1 带有区域限制用连接点的系带静态强度测试示意图

A.2.3.1.2 测试步骤

带有区域限制用连接点的系带静态强度测试步骤如下:

a) 按照制造商的说明将样品穿戴在模拟人身上,固定在测试台架上;
b) 将加载点调整到安全绳与系带连接点的正上方;
c) 在穿过调节扣的带扣和带扣框架处做出标记;
d) 将连接装置同加载装置连接;
e) 5 min内匀速加载至(15±0.3)kN,保持3 min;
f) 卸载后,测量并记录偏离标记的滑移,观察并记录系带情况。

A.2.3.2 带有围杆作业用连接点的系带

A.2.3.2.1 测试示例

带有围杆作业用连接点的系带测试示例如图A.2。

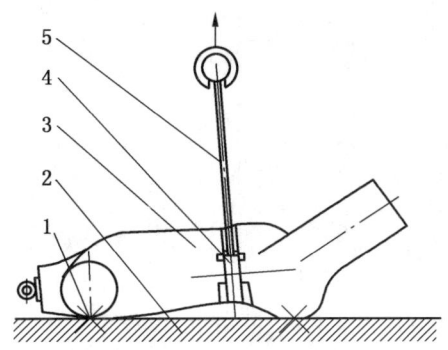

标引序号说明:
1——连接固定点;
2——测试台架;
3——模拟人;
4——测试样品;
5——加载装置。

图 A.2 带有围杆作业用连接点的系带静态强度测试示意图

A.2.3.2.2 测试步骤

带有围杆作业用连接点的系带静态强度测试步骤如下:
a) 按照制造商的说明将样品穿戴在模拟人身上,固定在测试台架上;
b) 将加载点调整到安全绳与系带连接点的正上方;
c) 在穿过调节扣的带扣和带扣框架处做出标记;
d) 将连接装置同加载装置连接;
e) 5 min 内匀速加载至(15±0.3)kN,保持 3 min;
f) 卸载后,测量并记录偏离标记的滑移,观察并记录系带情况。

A.2.3.3 带有坠落悬挂及救援用连接点的系带

A.2.3.3.1 测试示例

带有坠落悬挂及救援用连接点的系带测试示例如图 A.3。

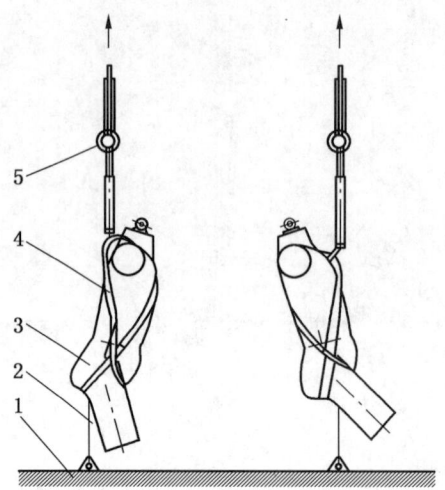

标引序号说明：
1——连接固定点；
2——测试台架；
3——模拟人；
4——测试样品；
5——加载装置。

图 A.3 带有坠落悬挂及救援用连接点的系带静态强度测试示意图

A.2.3.3.2 测试步骤

带有坠落悬挂及救援用连接点的系带静态强度测试步骤如下：
a) 按照产品说明将样品穿戴在模拟人身上，将臀部吊环同测试台架连接；
b) 在穿过调节扣的带扣和带扣框架处做出标记；
c) 将样品连接点同加载装置连接；
d) 5 min 内均速加载至(15±0.3)kN；
e) 确保模拟人的中心纵轴与垂直面的夹角不大于50°，保持 3 min；
f) 观察样品情况，测量并记录偏离标记的滑移，卸载；
g) 换一套系带，将头部吊环同测试台架固定点连接；
h) 5 min 内匀速加载至(10±0.3)kN，保持 3 min；
i) 确保模拟人的中心纵轴与垂直面的夹角不大于50°，保持 3 min；
j) 观察样品情况，测量并记录偏离标记的滑移，卸载。

A.2.4 系带动态强度测试

带有坠落悬挂及救援用连接点的系带动态强度测试步骤如下：
a) 按照制造商提供的说明将样品穿戴在模拟人身上，模拟人头部吊环与释放器连接；
b) 用测试绳分别连接系带连接点及测试架悬挂点；
c) 提升模拟人到系带连接点高于悬挂点(2.0±0.01)m 处，保证悬挂点到释放点水平距离小于或等于 300 mm；
d) 在穿过调节扣的带扣和带扣框架处做出标记；
e) 释放模拟人，待模拟人静止后检查样品情况，并测量角度；

f) 重新调整系带与模拟人相对位置后将模拟人臀部吊环与释放器连接；

g) 重复步骤 c)～e)。

A.3 系带标识

A.3.1 系带标识应固定于主带。

A.3.2 产品标识应加护套或以其他方式进行必要保护。

A.3.3 系带标识应至少包括以下内容：

a) 产品名称；

b) 执行标准（本文件编号）；

c) 规格型号；

d) 制造商名称或标记及生产地址；

e) 合格品标记；

f) 生产日期（年、月）；

g) 醒目的标记或文字提醒用户使用前应仔细阅读制造商提供的信息；

h) 国家法律法规要求的其他标识。

A.4 制造商提供的信息

系带的制造商应以产品说明书或其他形式为每套系带提供必要的信息用于产品的连接组装、使用维护等，应至少包括以下内容：

a) 制造商标识；

b) 适用和不适用对象、场合的描述；

c) 本安全带所连接的各部件种类及执行标准清单；

d) 系带中所使用的字母、符号意义说明；

e) 系带各部件间正确的组合及连接方法；

f) 扎紧扣的使用方法及扎紧程度；

g) 对可能对系带产生损害的危险因素描述；

h) 系带判废的条件及要求；

i) 清洁、维护、贮存的方法；

j) 警示语：当标识在产品报废期限内无法辨认时，产品应当报废；

k) 警示语：未经制造商同意不允许对系带进行任何改装或更换非制造商认可的零部件。

附 录 B
（资料性）
检 验 规 则

B.1 检验类别

检验类别分为出厂检验、型式检验、判废检验、周期性检查。

B.2 出厂检验

安全带的制造商应按照生产批次对安全带逐批进行出厂检验。各测试项目、测试样本数量、不合格分类、判定数组见表 B.1。

表 B.1 出厂检验

测试项目	批量范围/套	单项测试样本数量/套	不合格分类	单项判定数组 合格判定数	单项判定数组 不合格判定数
安全带系统性能 安全带附加性能	＜500	2	A	0	1
安全带系统性能 安全带附加性能	500～5 000	4	A	0	1
安全带系统性能 安全带附加性能	＞5 000	6	A	0	1
安全带总体结构 安全带设计与组成 标识	＜500	3	A	0	1
安全带总体结构 安全带设计与组成 标识	500～5 000	5	A	0	1
安全带总体结构 安全带设计与组成 标识	＞5 000	8	A	0	1

B.3 型式检验

B.3.1 有下列情况时应进行型式检验：
——新产品鉴定或老产品转厂生产的试制定型鉴定；
——当安全带中零部件材料、工艺、结构设计发生变化时；
——当安全带设计、配置发生变化时；
——停产超过一年后恢复生产时；
——出厂检验结果与上次型式检验结果有较大差异时；
——国家有关主管部门提出型式检验要求时。

B.3.2 型式检验应包含产品所适用的第 5 章全部项目。

B.3.3 检验样品由提出检验的单位或委托第三方从企业出厂检验合格的产品中随机抽取，样品数量应满足第 5 章所有要求的测试。

B.4 判废检验

B.4.1 使用单位应根据使用环境、使用频次等因素对在用的安全带是否需要整体报废或零部件是否需要更换进行判废检验。

B.4.2 产品整体报废或更换零部件的条件应按照制造商提供的信息进行。

B.4.3 整体报废的检验项目应至少包含5.4及第7章中相应技术条款所规定的内容。

B.4.4 更换零部件的检验项目应参考相关零部件标准进行规定。

B.5 周期性检查

B.5.1 使用单位应根据使用环境、使用频次等因素对在用的安全带进行周期性检查。

注：建议检验周期最长不超过1年。

B.5.2 安全带的制造商有义务提供周期性检查所需的方案、信息或必要的技术支持。检查要求可参考附录C中的规定。

B.5.3 安全带的使用方应确保实施周期性检查的人员具备相应的能力，并有责任对周期性检查进行记录，记录内容参考附录C中的规定。

附 录 C
（资料性）
周 期 性 检 查

C.1 安全带周期性检查要求

安全带的使用方可参考表 C.1 或根据自身使用情况制定周期性检查的要求。

表 C.1 安全带周期性检查要求

部件组成	检查内容及可能存在的损伤
织带	是否存在断裂或撕裂； 可能与尖锐物体或坚硬物体接触部位的磨损情况； 是否存在过度的拉伸或变形； 因接触高温、腐蚀性物质、有机溶剂后的损坏； 因潮湿、汗液、紫外线等因素引起的霉变或老化； 坠落指示装置状态
连接器	是否存在裂纹； 活门功能是否正常； 旋转机构是否正常； 可能与尖锐物体或坚硬物体接触部位的磨损情况； 是否存在过度的拉伸或变形； 因潮湿、腐蚀性物质、有机溶剂所引起的腐蚀
金属环类零件	是否存在裂纹； 可能与尖锐物体或坚硬物体接触部位的磨损情况； 是否存在过度的拉伸或变形； 因潮湿、腐蚀性物质、有机溶剂所引起的腐蚀
锁止机构	锁止机构运动的状态是否正常
缝线	是否存在断裂或撕裂； 可能与尖锐物体或坚硬物体接触部位的磨损情况
标识	是否清晰可辨认

C.2 安全带周期性检查记录

周期性检查记录应根据制造商所提供的方案进行记录，可参考表 C.2 进行制定。

表 C.2 安全带周期性检查记录示例

安全带周期性检查记录表								
制造商(名称/联系方式):								
产品名称		型号/类型/级别			产品批号/唯一性编号			
制造日期/有效期		购买日期			首次投入使用日期			
其他相关信息(内部编号、保管人等)								
周期性检查记录								
检查日期	检查项目							
	织带	连接器	金属环类零件	锁止机构	缝线	标识	检查人员签字	下次检查期限
检查日期	检查项目							
	织带	连接器	金属环类零件	锁止机构	缝线	标识	检查人员签字	下次检查期限
检查日期	检查项目							
	织带	连接器	金属环类零件	锁止机构	缝线	标识	检查人员签字	下次检查期限
检查日期	检查项目							
	织带	连接器	金属环类零件	锁止机构	缝线	标识	检查人员签字	下次检查期限

参 考 文 献

[1] ISO 10333-1:2000　Personal fall-arrest systems—Part 1: Full-body harnesses
[2] ISO 10333-2:2000　Personal fall-arrest systems—Part 2: Lanyards and energy absorbers
[3] ISO 10333-3:2000　Personal fall-arrest systems—Part 3: Self-retracting lifelines
[4] ISO 10333-4:2002　Personal fall-arrest systems—Part 4: Vertical rails and vertical lifelines incorporating a sliding-type fall arrester
[5] ISO 10333-5:2001　Personal fall-arrest systems—Part 5: Connectors with self-closing and self-locking gates
[6] ISO 10333-6:2004　Personal fall-arrest systems—Part 6: System performance tests
[7] ANSI/ASSE Z359.1-2016　The Fall Protection Code
[8] AS/NZS 1891.1:2020　Personal equipment for work at height—Part 1: Manufacturing requirements for full body combination and lower body harnesses
[9] BS EN 361:2002　Personal protective equipment against falls from a height-Full body harnesses

三、消防救援

ICS 13.220.40
CCS C 80

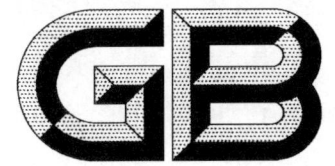

中华人民共和国国家标准

GB/T 40237—2021

泡沫塑料着火性试验方法 电焊火花法

Test method for ignitability of foamed plastic—Welding spark method

2021-05-21 发布　　　　　　　　　　　　　　　　　　　　2021-12-01 实施

国家市场监督管理总局
国家标准化管理委员会　发布

目 次

前言	129
1 范围	130
2 规范性引用文件	130
3 术语和定义	130
4 试验原理	130
5 仪器和设备	131
6 试验样品	133
7 状态调节	134
8 试验程序	134
9 可选择程序	135
10 试验结果判定	135
11 安全防护	136
12 试验报告	136

前言

本文件按照 GB/T 1.1—2020《标准化工作导则　第 1 部分：标准化文件的结构和起草规则》的规定起草。

请注意本标准的某些内容可能涉及专利。本标准的发布机构不承担识别专利的责任。

本文件由中华人民共和国应急管理部提出。

本文件由全国消防标准化技术委员会(SAC/TC 113)归口。

本文件起草单位：应急管理部四川消防研究所、江苏晶雪节能科技股份有限公司、上海华峰普恩聚氨酯有限公司。

本文件主要起草人：刘松林、赵成刚、曾绪斌、邓小兵、朱剑、贾富忠、唐志勇。

泡沫塑料着火性试验方法　电焊火花法

1　范围

本文件规定了在实验室条件下采用电焊火花冲击水平放置的泡沫塑料试样以测定其着火性能的试验方法。

本文件适用于各种硬质泡沫塑料和软质泡沫塑料,如聚苯乙烯、聚乙烯、聚氨酯、酚醛等材料。

2　规范性引用文件

下列文件中的内容通过文中的规范性引用而构成本文件必不可少的条款。其中,注日期的引用文件,仅该日期对应的版本适用于本文件;不注日期的引用文件,其最新版本(包括所有的修改单)适用于本文件。

GB/T 2918—2018　塑料　试样状态调节和试验的标准环境
GB/T 5117　非合金钢及细晶粒钢焊条
GB/T 5907.1　消防词汇　第1部分:通用术语
GB/T 8110　气体保护电弧焊用碳钢、低合金钢焊丝

3　术语和定义

GB/T 5907.1界定的以及下列术语和定义适用于本文件。

3.1
电焊火花　welding spark

利用焊条或者焊丝通过电能加热加压使两个焊件融为一体的过程中所产生的高温炽热金属熔化物和焊条/焊丝熔滴物。

3.2
着火性　ignitability

在特定试验条件下试样被点燃的难易性。

3.3
引燃　ignition

试样出现持续火焰或阴燃的现象。

4　试验原理

根据金属在焊接过程中容易产生飞溅的特性,通过电焊机产生连续的电焊火花,控制电焊火花的发生强度并保持连续稳定,将其作为点火源持续冲击暴露在可控区域的试样,观察试样的对火反应,从而判断材料在电焊火花作用下的着火性能。

5 仪器和设备

5.1 概述

5.1.1 试验装置为电焊火花试验装置,装置示意图见图1。该装置包括燃烧箱、电焊点火系统、基座、样品支架和托盘。

5.1.2 燃烧箱和电焊点火系统两者通过侧边壁固定连接,电焊点火系统和燃烧箱的上部侧边壁设有互通开孔,电焊点火系统的焊枪穿过该开孔设于燃烧箱内,焊枪上部水平放置一块低碳钢板,焊枪与低碳钢板呈45°角,低碳钢板固定于安装在燃烧箱顶部的微电机金属夹上。

5.1.3 试验装置左边的电焊点火系统用于产生电焊火花,右边的燃烧箱用于测试试样的着火性能。

5.1.4 燃烧箱的顶部设有排烟孔,底部有通风口,前部安装耐热玻璃窗。

5.1.5 燃烧箱中部设有样品支架,支架下部放置托盘,燃烧箱固定在基座上。

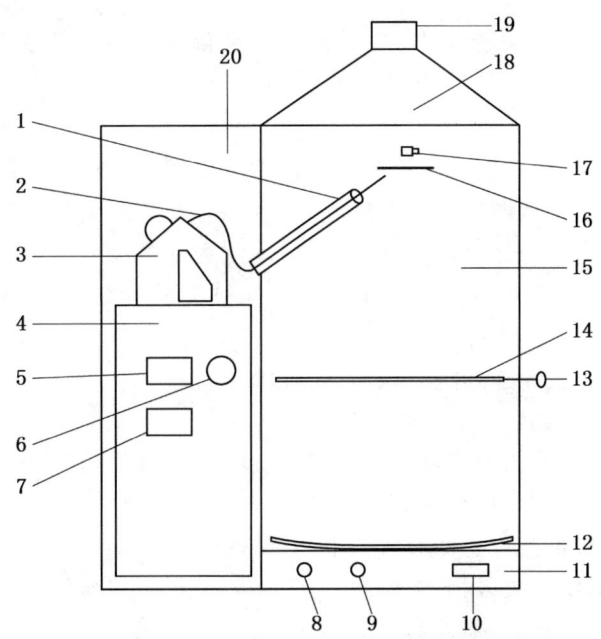

标引序号说明:
1——焊枪;
2——焊丝;
3——送丝机构;
4——二氧化碳保护焊机;
5——电弧电压调节旋钮;
6——出丝速度调节旋钮;
7——焊接电流调节旋钮;
8——电源开关;
9——试验开关;
10——计时装置;
11——基座;
12——托盘;
13——高度调节旋钮;
14——样品支架;
15——耐热玻璃窗;
16——低碳钢板;
17——微电机;
18——燃烧箱;
19——排烟孔;
20——电焊点火系统。

图 1 电焊火花试验装置示意图

5.2 燃烧箱

5.2.1 燃烧箱应符合下列要求。

a) 采用不锈钢板材料制作,前部安装有 570 mm×970 mm 大小的耐热玻璃窗,以便于从箱体的正面进行试验操作和观察。

b) 燃烧箱内部空间大小为 800 mm×800 mm×1 000 mm。

c) 燃烧箱固定在尺寸为 880 mm×880 mm×50 mm 的基座上,基座上设有控制器。

5.2.2 燃烧箱通过箱体底部的开口进行自然通风,通风口共3个,开口尺寸均为 25 mm×430 mm。

5.2.3 燃烧箱顶部通过直径为 250 mm 的排烟孔来排除燃烧产生的烟气。

5.2.4 燃烧箱应放置在通风橱下,试验时通风橱应是关闭的,在试验完后应立即打开,以排除可能有毒的燃烧产物。

5.3 电焊点火系统

5.3.1 电焊点火系统包括二氧化碳保护焊机、焊丝、焊枪、低碳钢板以及微电机,其中二氧化碳保护焊机位于燃烧箱一侧,放置于小型不锈钢箱体内,不锈钢箱体与燃烧箱焊接为一体。

5.3.2 二氧化碳保护焊机包括焊接电源和送丝机构。焊接电源设有电弧电压调节旋钮和焊接电流调节旋钮。通过调节电弧电压和焊接电流使焊机处于正常工作状态,通常电弧电压和焊接电流有一个最佳配合值,根据实际使用情况进行调节。

5.3.3 送丝机构位于焊接电源上部,可将焊丝盘中的焊丝送到焊枪出口处,并调节焊丝的送丝速度。

5.3.4 本试验方法采用直径为 1.0 mm 的 ER50 型轧制类碳钢焊丝,焊丝材质及性能应符合标准 GB/T 8110 的要求。

5.3.5 焊枪与焊接电源的正极相连,并应符合下列要求。

a) 焊枪穿过箱体侧壁开孔置于燃烧箱上部。

b) 焊枪能够调节焊丝的伸出长度,焊丝的伸出长度通常为焊丝直径的10倍左右。

c) 焊枪利用二氧化碳保护焊机高电流、高电压产生的热量聚集在焊枪终端来熔化焊丝。

5.3.6 低碳钢板作为基材模拟被焊工件应符合下列要求。

a) 低碳钢板与焊接电源的负极相连。

b) 低碳钢板位于焊枪正上方,尺寸为 250 mm×150 mm×10 mm。

c) 低碳钢板通过四角的螺丝孔固定在微电机金属夹上,微电机带动低碳钢板运动。

d) 试验过程中,低碳钢板相对焊枪匀速移动。

5.3.7 控制低碳钢板运行的微电机有两个,一个控制其左右运动,另一个控制其前后运动。运行时应符合下要求。

a) 首先一个微电机带动低碳钢板从左端运行到右端,然后另一个微电机带动其换行,使低碳钢板从右端运行回到左端,再换行并逐行运行。

b) 焊丝在低碳钢板上形成的运行轨迹见图2。

c) 运行过程中,焊丝与低碳钢板始终保持 10 mm~15 mm 的距离,确保产生的电焊火花颗粒均匀且没有大颗粒焊丝熔融滴落。

5.3.8 焊丝和低碳钢板属于消耗性材料,必要时可予以更换。

5.3.9 试验装置运行过程中注意观察电焊火花的连续性和稳定性。

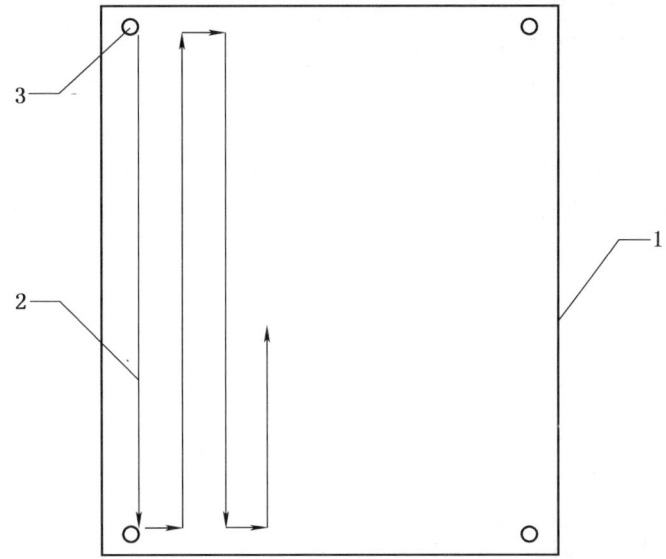

标引序号说明：
1——低碳钢板；
2——焊丝运行轨迹；
3——螺丝孔。

图 2 焊丝在低碳钢板上的运行轨迹

5.4 基座

5.4.1 基座包括电源开关、试验开关、微电机速度调节旋钮和计时装置。

5.4.2 电源开关为试验装置的总电源，试验开关控制试验的开始和结束。

5.4.3 微电机速度调节旋钮用来设置微电机的转速，控制低碳钢板的运行。

5.4.4 计时装置能持续记录试验时间，并显示到秒，精度为 1 s。

5.5 样品支架

5.5.1 样品支架为正方形不锈钢框槽，尺寸为 610 mm×610 mm，钢丝格网位于不锈钢框槽内，并由 6 mm×6 mm×0.9 mm 的不锈钢网格构成。

5.5.2 样品支架位于基座上方并与燃烧箱各边等距离。样品支架通过固定于燃烧箱右边的一根钢杆手柄支撑，通过手柄上的旋钮可调节上下距离，确保低碳钢板下表面与试样上表面保持（600±50）mm 间距。

5.6 托盘

5.6.1 托盘为不锈钢收集盘，托盘呈锥形，位于样品支架的正下方，用于收集试验期间产生的滴落物。

5.6.2 托盘内放置有脱脂棉，脱脂棉面积为 550 mm×550 mm，用于观察在试验期间是否被滴落物引燃。

6 试验样品

6.1 要求

试验样品按下列要求准备。

a) 试样应从代表制品的足够大的样品上制取。
b) 试样为长方体,标准的试样尺寸为(600±5)mm×(600±5)mm×(50±2)mm,如单个试样厚度低于50 mm,可采取叠加的方式使厚度达到50 mm,也可以采用其他厚度,但其厚度应该在试验报告中说明。
c) 根据试样实际使用情况确定受火面,并在切割时保留受火面。
d) 试样的加工可采用机械切磨的方式,要求试样表面光滑、平整,无飞边、毛刺。

6.2 数量

每组试验样品数量为3块。任一试样密度与该组3块试样平均密度的偏差不应大于5%,否则应重新更换一个试样,直至符合要求。

7 状态调节

7.1 试验前,试样应按GB/T 2918—2018的规定,在温度为(23±2)℃,相对湿度为(50±10)%的环境中状态调节88 h以上。

7.2 试验应在温度为15 ℃~35 ℃和相对湿度为45%~75%的标准实验室条件下进行,除非有特别指定的其他条件。

8 试验程序

8.1 试验准备

8.1.1 打开基座电源开关,调节二氧化碳保护焊机的焊接电流和电弧电压。

8.1.2 将焊丝盘放置于送丝机构中,焊丝一端穿过焊枪,通过送丝机构的调节旋钮和焊枪的控制开关将焊丝送出枪嘴,并调节焊丝的送丝速度和伸出长度。送丝速度应与电弧电压相适,确保不会出现顶丝或断弧。

8.1.3 将低碳钢板置于微电机的金属夹下,用4颗螺丝将其固定。

8.1.4 设置焊枪与低碳钢板的角度。调节焊枪使焊枪斜向上与低碳钢板呈(45±5)°角,确保产生的电焊火花垂直向下。焊丝与低碳钢板的相对位置见图3。

8.1.5 设定微电机的转速,使低碳钢板相对焊枪的运行速度保持在5 mm/s~10 mm/s之间。

8.1.6 设置点火时间为60 s,若采用其他点火时间需在报告中注明。

单位为毫米

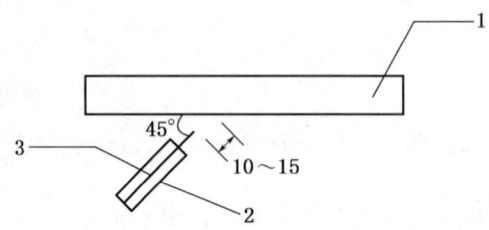

标引序号说明:
1——低碳钢板;
2——焊枪;
3——焊丝。

图 3 焊丝与低碳钢板相对位置

8.2 试验步骤

8.2.1 打开燃烧箱耐热玻璃窗,将试验样品水平放置于在样品支架上,并位于正中位置,调节样品支架,使试样上表面与低碳钢板下表面的间距为(600±50)mm。

8.2.2 将托盘放在样品支架的正下方并置于基座上,并按5.6.2的要求在托盘内放置一定数量的脱脂棉。

8.2.3 关闭燃烧箱耐热玻璃窗,打开试验开关,计时装置开始计时,试验开始。

8.2.4 焊丝在送丝机构作用下不间断连续出丝,低碳钢板按设定的速度匀速运动,在焊丝与低碳钢板之间产生连续的电焊火花,电焊火花持续轰击下方水平放置的试样。

8.2.5 观察试样是否被引燃,记录试样的点燃时间、有焰燃烧时间,同时观察试样是否被烧穿及熔融滴落物是否引燃脱脂棉。

8.2.6 记录试验期间的其他现象,如熔融、收缩、起泡、成炭。

8.2.7 试验过程有强光辐射,不应直接用肉眼观察,可设置录像机或照相机记录试验过程,放置录像机或照相机应使拍摄范围包含火花点燃试样时火焰撞击区域的全景,在记录图像的区域里应显示时间,计时应精确到秒。

8.2.8 点火60 s后,关闭试验开关,电焊火花停止,若仍存在有焰燃烧,则应继续记录有焰燃烧时间;若发生阴燃,则开始记录阴燃时间。

8.2.9 直至有焰燃烧或者阴燃完全熄灭,试验结束,有焰燃烧时间或阴燃时间终止。记录阴燃时间不超过24 h。打开耐热玻璃窗并开启外部排烟风机排出燃烧箱内的烟气。

8.2.10 取出试验样品,清洁样品支架和托盘内的试样滴落物。

8.2.11 按上述步骤进行3次试验。

8.2.12 如果试验过程中威胁到试验人员、设备仪器安全,应立即终止试验。

9 可选择程序

9.1 试验装置可选择用碳钢焊条代替焊丝,碳钢焊条应选择E43系列焊条。

9.2 碳钢焊条直径为2.5 mm,焊芯长度300 mm。焊条的化学成分和力学性能应符合GB/T 5117的要求。

9.3 试验装置中焊接电源的焊接电流、电弧电压根据焊条正常运行工况进行设定。

9.4 运行前,将焊条置于专用焊枪的夹持机构中并固定。调节焊枪角度,使焊条与低碳钢板呈(45±5)°角。在试验装置中可额外增加一个微电机来控制焊枪的运动。

9.5 低碳钢板运行方式保持不变,焊条在焊枪的带动下匀速运动,两者共同作用产生电焊火花。焊条在低碳钢板上的运行轨迹与图2一致。

9.6 调节微电机的转速,确保焊条前端与低碳钢板保持一定的起弧间距。

9.7 点火时间为一根焊条完全消耗的时间。

9.8 其他试验程序与焊丝试验程序一致。

10 试验结果判定

10.1 当出现下列任一现象时,试样的着火性能试验结果判定为不合格,否则判定为合格:
  a) 试验期间试样被点燃,出现持续5 s以上的有焰燃烧;
  b) 试样虽未出现有焰燃烧但有持续30 s以上的阴燃;
  c) 在试验过程中试样存在熔融滴落现象,且滴落物点燃托盘内的脱脂棉。

10.2 试验结果判定应按下列要求进行。
 a) 当一组 3 个试样中有 2 个及以上不合格时，直接判定为不合格。
 b) 当一组 3 个试样中仅有一个不合格时，以同样的试验条件重新对另一组 3 个试样进行试验。只有第二组所有试样都符合要求时，才能一致判定为合格，否则判定为不合格。

11 安全防护

11.1 试验操作人员应佩戴电焊面罩或采取其他安全防护措施以避免电焊弧光的侵害。

11.2 试验过程可能会产生电磁辐射，试验操作人员应穿戴防护衣或采取适当防护措施。

11.3 试验过程中还应防止操作人员直接接触电源线或低碳钢板，避免触电的危险。

11.4 试验过程会产生有毒或有害的烟和气体，应佩戴防护口罩或呼吸设备来避免其对试验操作人员的损害。

11.5 试验结束后，应警惕试验样品可能发生复燃，为确保试验安全结束，实验室应配备相应灭火器具。

11.6 试验过程中对人员或设备安全有严重威胁时应立即停止试验。

12 试验报告

试验报告应包括但不限于下列信息：
——试验室名称和地址；
——试验依据标准；
——试验委托方名称和地址；
——试验区域的温度和湿度；
——试验开始前状态调节的时间；
——试验报告日期和编号；
——点燃时间；
——有焰燃烧时间；
——阴燃时间；
——是否有滴落物引燃脱脂棉；
——试验观察现象，如熔融、收缩、起泡、成炭；
——试验人员的签名；
——试验日期。

ICS 130.220.40
CCS C 80

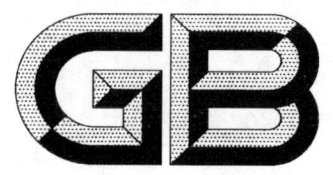

中华人民共和国国家标准

GB/T 40238—2021

建筑材料及制品燃烧试验
基材选取、试样状态调节和安装要求

Reaction to fire tests for building materials and products—
General rules for selection of substrates, conditioning and mounting of specimen

2021-05-21 发布

2021-12-01 实施

国家市场监督管理总局
国家标准化管理委员会 发布

目　次

前言 …… 139
1　范围 ……… 140
2　规范性引用文件 ……………………………………………………………………………………………… 140
3　术语和定义 …………………………………………………………………………………………………… 140
4　试样状态调节 ………………………………………………………………………………………………… 141
　　4.1　通用要求 ……………………………………………………………………………………………… 141
　　4.2　质量恒定 ……………………………………………………………………………………………… 141
　　4.3　养护期 ………………………………………………………………………………………………… 141
5　基材选取 ……………………………………………………………………………………………………… 142
　　5.1　铺地材料的标准基材 ………………………………………………………………………………… 142
　　5.2　墙面和吊顶表面装饰制品的标准基材 ……………………………………………………………… 142
6　试样安装要求 ………………………………………………………………………………………………… 143
　　6.1　通用要求 ……………………………………………………………………………………………… 143
　　6.2　GB/T 20284 试验 ……………………………………………………………………………………… 143
　　6.3　GB/T 8626 试验 ……………………………………………………………………………………… 147
　　6.4　GB/T 11785 试验 ……………………………………………………………………………………… 147

前 言

本文件按照GB/T 1.1—2020《标准化工作导则　第1部分:标准化文件的结构和起草规则》的规定起草。

请注意本标准的某些内容可能涉及专利。本标准的发布机构不承担识别专利的责任。

本文件由中华人民共和国应急管理部提出。

本文件由全国消防标准化技术委员会(SAC/TC 113)归口。

本文件负责起草单位:应急管理部四川消防研究所、北京市消防救援总队、浙江省消防救援总队、中国建材检验认证集团股份有限公司、赢胜节能集团有限公司、亚士创能科技(上海)股份有限公司。

本文件主要起草人:赵成刚、曾绪斌、邓小兵、苗向阳、王莉萍、王祝坤、杨张捷、张君、查纯喜。

建筑材料及制品燃烧试验 基材选取、试样状态调节和安装要求

1 范围

本文件规定了建筑材料及制品燃烧试验的基材选取、试样状态调节和安装要求。

本文件规定的状态调节适用于建筑材料及制品的燃烧试验；基材选取及试样安装方法适用于按 GB/T 20284、GB/T 11785 和 GB/T 8626 测试并依据 GB 8624—2012 进行分级的建筑材料及制品。

2 规范性引用文件

下列文件中的内容通过文中的规范性引用而构成本文件必不可少的条款。其中，注日期的引用文件，仅该日期对应的版本适用于本文件；不注日期的引用文件，其最新版本（包括所有的修改单）适用于本文件。

GB 8624—2012　建筑材料及制品燃烧性能分级
GB/T 8626　建筑材料可燃性试验方法
GB/T 11785　铺地材料的燃烧性能测定　辐射热源法
GB/T 20284　建筑材料或制品的单体燃烧试验

3 术语和定义

GB 8624—2012 界定的以及下列术语和定义适用于本文件。

3.1
制品　building product
要求给出相关信息的建筑材料、复合材料或组件。
[来源：GB 8624—2012，定义 3.1]

3.2
材料　building material
单一物质或均匀分布的混合物，如金属、石材、木材、混凝土、矿纤、聚合物。
[来源：GB 8624—2012，定义 3.2]

3.3
组件　assembly
材料及其复合材料的制成品，如夹芯板。
注：组件可包含空气间隙。

3.4
匀质制品　homogenous product
由单一材料组成的，或其内部具有均匀密度和组分的制品。
[来源：GB 8624—2012，定义 3.4]

3.5
铺地材料 flooring

可铺设在地面上的材料或制品。

[来源:GB 8624—2012,定义 3.10]

3.6
基材 substrate

与建筑制品背面(或底面)直接接触的某种制品,如混凝土墙面等。

[GB 8624—2012,定义 3.11]

3.7
标准基材 standard substrate

代表实际应用基材的制品。

[来源:GB 8624—2012,定义 3.12]

3.8
状态调节 conditioning

将样品置于受控环境下进行调节的过程。

3.9
实际应用 end-use application

制品实际使用时可能会影响火灾条件下制品燃烧性能的情况或条件,包括制品的数量、方位、与其邻近制品的相对位置和固定方法等。

4 试样状态调节

4.1 通用要求

试样应在温度(23±2)℃、相对湿度(50±5)%的环境下进行状态调节。在状态调节环境中应确保空气能在每个试样周围流通,直到质量恒定(见4.2),或满足养护要求(见4.3)。

4.2 质量恒定

4.2.1 试验前,试样应在符合4.1规定的环境下放置至少48 h,直至试样质量恒定。

4.2.2 当时间间隔为24 h的连续2次称量,试样的质量偏差不超过试样质量的0.1%或0.1 g(两者取最大值)时,认为试样达到质量恒定。

4.3 养护期

4.3.1 对于有养护要求的制品,进行状态调节前应根据生产商要求进行合理养护。应测试试样的含水率,放入状态调节室前试样含水率应低于40%。

4.3.2 试验前,将试样放置于4.1规定的环境下进行状态调节,最短养护期应满足下列要求。

    a) 最短8周的状态调节期:
        1) 阻燃木材或木质阻燃制品;
        2) 水泥基制品。

    b) 最短4周的状态调节期:
        1) 未经过阻燃处理的木材或木质制品;

2) 硅酸钙制品；

3) 石膏或石膏基制品；

4) 包含吸湿材料的其他制品。

c) 最短2周的状态调节期：其他所有制品。

5 基材选取

5.1 铺地材料的标准基材

5.1.1 选取试验基材时，宜考虑试验结果的应用范围，当采用符合5.1.2或5.1.3规定的标准基材时，试验结果适用于标称密度不小于标准基材密度75%的实际应用基材。

5.1.2 以燃烧性能为A级（按铺地制品分级）、厚度(8 ± 2) mm、密度$(1\,800\pm200)$ kg/m³的水泥纤维板，或厚度(11 ± 2) mm、密度$(1\,000\pm100)$ kg/m³的硅钙板作为标准基材，试验结果应用于不燃A级的基材。

5.1.3 以非阻燃处理、燃烧性能达到B_2级（按铺地制品分级）、厚度(20 ± 2) mm、密度(680 ± 50) kg/m³的刨花板作为标准基材，试验结果可应用于木质基材，也可应用于任何不燃A级的基材。

5.1.4 若实际应用时采用的不是5.1.2或5.1.3规定的基材，应根据制品实际应用选择相应类别基材进行试验。

5.1.5 铺地制品的安装方法应具有实际应用的代表性。试样的制备应体现铺地制品实际应用的安装方式，如黏结剂的种类和使用量等。

5.2 墙面和吊顶表面装饰制品的标准基材

5.2.1 墙面和吊顶表面装饰制品的标准基材见表1。

5.2.2 选取试验基材时，宜考虑试验结果的应用范围，根据实际应用和下列规则确定基材。

a) 试验结果适用于标称密度不小于标准基材密度75%的实际应用基材。

b) 采用燃烧性能为A级的标准基材，试验结果仅应用于不燃A级的基材。

c) 采用标准刨花板基材和胶合板基材，试验结果可应用于木质基材，也可应用于任何不燃A级的基材。

d) 非阻燃处理的刨花板和胶合板应按照GB/T 20284方法进行试验，燃烧增长速率指数$FIGRA_{0.4\,MJ}$为(500 ± 100) W/s，总产烟量$TSP_{600\,s}$为(50 ± 20) m²。

e) 采用标准纸面石膏板基材，试验结果可应用于纸面石膏板基材，也可应用于任何不燃A级的基材。

f) 采用标准硅酸钙板基材，试验结果不能应用于纸面石膏板基材。

g) 采用标准钢板基材，试验结果仅应用于熔点不低于1 000 ℃的金属基材。

h) 采用标准铝板基材，试验结果仅应用于熔点不低于500 ℃的金属基材。

i) 实际应用中若制品含有空气间隙，试样应包括空气间隙，空气间隙的最大宽度为25 mm。

j) 对于表面制品，若在紧贴的基材背面有影响制品性能的附加层材料，如彩钢板背面的隔热材料，试样应按实际应用方式进行制作，即试样应包含表面制品、基材及其附加层。

k) 标准基材不能代表实际应用基材时，应根据制品实际应用选择相应类别基材进行试验。

l) 表面制品的安装方式（如胶水粘贴）应具有实际应用的代表性。

m) 试样制备应体现实际应用的安装方式，养护时间应不短于实际应用时的养护时间。

n) 非阻燃处理的刨花板和胶合板应按照 GB/T 20284 方法进行试验,燃烧增长速率指数 (FIGRA$_{0.4\ MJ}$)为(500±100)W/s,总产烟量(TSP$_{600\ s}$)为(50±20)m^2。

表 1 墙面和吊顶表面装饰制品的标准基材

类别	标称密度 kg/m³	厚度 mm	燃烧性能等级	使用规定(对应5.2.2)
纤维水泥板	1 400±140	6±1	A	a),b),g),j)
硅钙板	1 000±100	11±2	A	a),b),g),j)
矿物棉纤维板	50±20	20±1	A	a),b),g),j)
钢板	7 850±50	0.8±0.1	A	a),b),e),g),j)
铝板	2 700±50	1.0±0.2	A	a),b),f),g),j)
纸面石膏板	800±100	12±1	A	a),b),d),g),j)
非阻燃处理的刨花板	680±50	12±2	B$_2$	a),c),g),j),k)
非阻燃处理的胶合板	450±50	9±1	B$_2$	a),c),g),j),k)

6 试样安装要求

6.1 通用要求

试验时采用的安装和固定方法应代表制品的实际应用方式,并宜考虑制品厚度、密度、表面涂层、制品组成、结构(如形状、结构层、构造方式等)、基材、固定方法、空气间隙、边缘、制品方向、受火面等参数。

6.2 GB/T 20284 试验

6.2.1 试样安装

6.2.1.1 若产品尺寸比试样尺寸小,则试样可按下列实际应用方式进行拼接制作。
a) 在设置拼接缝时,水平或垂直拼接缝的位置应符合 GB/T 20284 对拼接缝设置的规定。
b) 试样两翼的组装应从接近燃烧器的角落处开始,并宜采用整块制品。
c) 为了在特定位置设置水平和垂直拼接缝,必要时需切割样品。
d) 与拼接缝相邻的部分宜使用整块制品。虚线表示切割边缘位置,如图1所示。

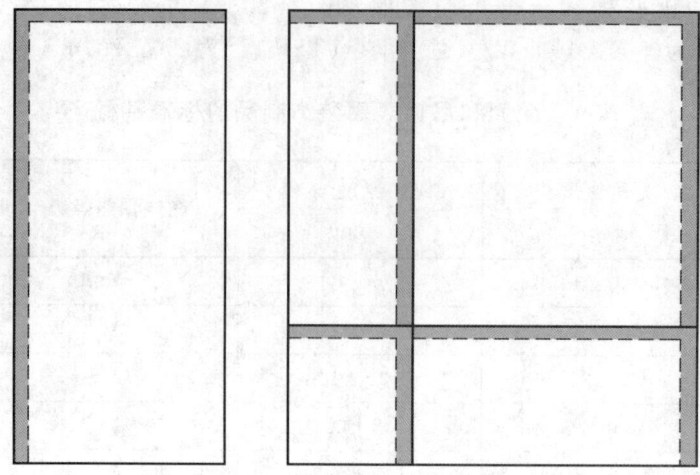

图 1 带拼接的试样

6.2.1.2 试验前应明确安装方法，确定所采用的固定件的类型、数量和安装位置，并按下列方式进行：
　　a) 当使用黏结剂时，应根据实际应用情况确定黏结剂的类型、数量、使用方法和养护条件；
　　b) 若通过固定件的固定，能确保试验中试样不会垮塌和变形，则可用背板直接贴压在试样背面，使试样紧靠U型卡槽。

6.2.1.3 对于硬质自支撑制品，应在试样和背板之间使用定位框架，定位框架设置在试样的边缘处。

6.2.1.4 对于非自支撑制品、预计会垮塌或熔化的制品、制作试样需要拼接的制品，应按下列要求进行：
　　a) 采用支撑框架和定位件进行安装；
　　b) 通过螺钉将试样固定在框架上；
　　c) 当使用垫圈时，垫圈直径不应超过 30 mm；
　　d) 固定件的数量和间距应代表实际应用情况；
　　e) 应采用金属或燃烧性能达到不燃A级的定位件，安装位置应在框架背面、试样的上边缘和下边缘处；
　　f) 对于无须支撑的试样，定位件安装在背板的前面，且不能影响试样背面的通风情况。

6.2.1.5 对于实际应用时直接固定在基材上的制品，按下列方式进行：
　　a) 采用螺钉、钢钉将试样固定于基材上；
　　b) 使用垫圈时，其直径不应超过 30 mm；
　　c) 可按图2a)和图2b)进行固定，图2a)为无拼接的试样，图2b)为设置水平和垂直拼接缝的试样；
　　d) 当制品尺寸小于试样尺寸时，应对制品进行拼接，并应按实际应用时的拼接方式进行固定。

单位为毫米

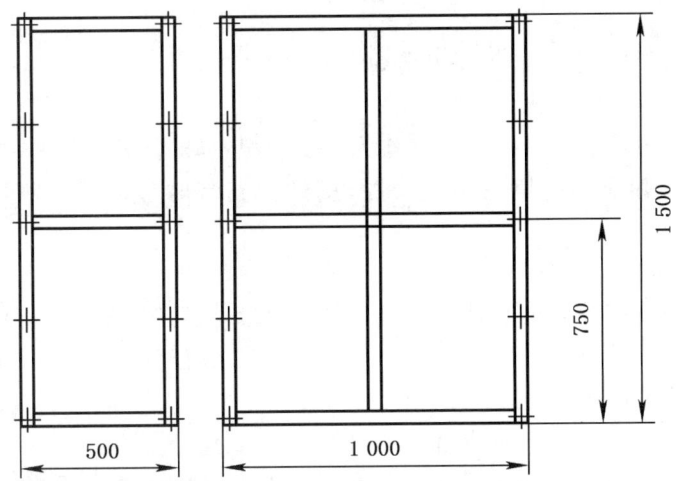

a) 无拼接试样固定框架形状

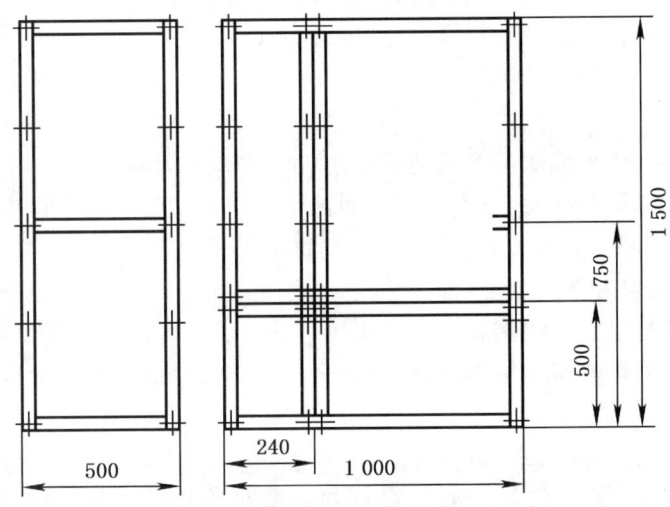

b) 有拼接试样固定框架形状

图 2 试样固定框架

6.2.2 基材的应用

6.2.2.1 若试验后基材保持完好，且没有较大变形，应按下列方式进行：
a) 在经过清洁处理和状态调节后，基材可重复使用；
b) 若基材保持完整、密度没有发生改变，则可认为基材保持完好；
c) 细微的损坏，如因钉子或螺钉造成的小孔可以忽略。

6.2.2.2 若制品在实际应用时设置有垂直或水平拼接缝，按下列方式进行：
a) 试样拼接缝的设置应符合 GB/T 20284 对拼接缝设置的规定；
b) 试样和基材的拼接缝在设置时应相互错开；
c) 若制品是通过与基材复合构成的复合制品（如粘贴在基材上的层板），复合制品同样应按 GB/T 20284 的规定设置拼接缝；
d) 除特殊要求外，基材拼接缝宜紧密拼接。

6.2.2.3 对于钢面复合夹芯板绝热制品，应在试样长翼上距离角落 200 mm 处设置垂直拼接缝。

6.2.3 空气间隙的设置

6.2.3.1 空气间隙作为试样安装系统的一部分,应按下列要求进行。
   a) 根据制品的实际应用情况来设置。
   b) 建筑制品的结构孔洞或特征孔洞不能作为空气间隙,如蜂窝孔、砖块中的结构型孔洞等。
   c) 若建筑制品在实际应用时留有空气间隙,则试样安装时应设置空气间隙,空气间隙有下列类型:
      1) 通风型空气间隙安装时试样的侧边及顶部均应敞开;
      2) 非通风型空气间隙安装时将空气间隙各个边缘用板条牢牢封闭,形成紧密封闭的空腔。

6.2.3.2 对于有空气间隙的非自支撑制品,安装时空气间隙宽度至少为 40 mm(首选宽度 40 mm),该尺寸可通过采用规定尺寸的框架、支撑件或定位件来设置。

6.2.3.3 对于含有非通风型空气间隙的制品应按下列要求设置:
   a) 安装时试样的上端和边缘应采用燃烧性能达到GB 8624—2012 不燃 A 级的制品(常用硅钙板、矿棉)进行封闭;
   b) 对于含有通风型空气间隙的制品,安装时试样边缘应敞开。

6.2.3.4 悬挂吊顶制品应采用通风型空气间隙的安装方式。

6.2.4 拼接缝的设置

6.2.4.1 建筑制品的边缘、拼接缝的对接面或制品组件应符合下列要求:
   a) 结构边缘会影响制品的燃烧特性,边缘的封闭情况应与实际应用条件保持一致;
   b) 在实际应用中,若制品边缘被另一构件覆盖(如固定框),试验时其试样边缘也应做相应保护。

6.2.4.2 制品的拼接缝应符合下列要求:
   a) 拼接缝制品两部分(边缘)拼接在一起的位置;
   b) 拼接缝的设置可能影响试验结果,火焰可通过拼接缝接触试样的背面或芯材;
   c) 在试验时,制品可在拼接缝处发生变形,在制品后面形成空气间隙。

6.2.4.3 试样的拼接缝应按下列要求制作:
   a) 包括墙面拼接缝、角落拼接缝、线性制品的拼接缝可采用黏结剂粘接,或填充弹性密封胶、填料或水泥砂浆;
   b) 弹性密封胶、填料或水泥砂浆在试验前应有足够的养护时间,养护的最短时间应符合生产商要求或相关标准的规定;
   c) 应根据制品实际应用的拼接类型进行试样制作。

6.2.4.4 各类带拼接缝的试样制作应按下列要求进行。
   a) 粘接拼接缝:应根据实际应用情况确定胶水涂覆的面层(制品表面或基材表面),并符合下列要求:
      1) 对厚度较大的试样,黏结剂直接涂覆于拼接缝边缘;
      2) 对厚度较小的试样,黏结剂应先涂覆于制品上,再粘贴于基材;
      3) 试样制作时应特别注意黏结剂的均匀涂覆,尤其在拼接缝的边缘处。
   b) 对接拼接缝:对于两边缘通过对接形成拼接缝(如墙面拼接缝)的制品,或制品两部分通过靠接的方式形成拼接缝(如角落拼接缝)的制品,试样制作时宜尽可能使这种拼接反映它的实际应用情况,采用的附加物应记录在报告中。
   c) 异型或联锁拼接缝:某些产品(如夹芯板材)连接部位采用联锁件加密封带或膨胀剂等辅助物拼接而成,制作试样时应反映实际应用时的拼接方式。
   d) 角落有盖缝板的拼接缝:盖缝板的尺寸和厚度要能代表实际应用时的最小尺寸和厚度,固定件的设置依据 GB/T 20284 的规定。
   e) 对于厚度较大的复合制品,如钢面复合夹芯板绝热制品应符合下列要求:
      1) 拼装时试样长翼和短翼应相互垂直构造成直角结构,短翼端面应紧靠长翼,并确保长翼上的垂直拼接缝距离角落连接处 200 mm;
      2) 角落处内角和外角均应加设角钢盖缝板,内角盖缝板尺寸:50 mm×50 mm,厚度为 0.5 mm;
      3) 外角盖缝板尺寸:50 mm×(50+试样厚度)mm,厚度 0.5 mm;
      4) 盖缝板长度应与试样高度一致,覆盖整个拼接缝,并从试样底端 50 mm 处每隔 400 mm 以螺钉或铆钉加以固定。
   f) 基材上的拼接缝:基材上有拼接缝时,试样的拼接缝应与其错开,即基材上的拼接缝和试样的拼接缝位置不重合。

6.2.5 受火面

6.2.5.1 非对称制品由于面层不同,其特性可能不同。由于受火面方向的影响,面层可具有不同的燃烧特性。

6.2.5.2 对称制品只测试一面。对于已明确受火面的非对称制品,只测试受火面。对于非对称制品,若任意一个表面均可能受火,则两个表面均应试验,并采用最差一面的试验结果作为该制品的分级结果。

6.3 GB/T 8626 试验

6.3.1 试样尺寸为 90 mm×250 mm,必要时可进行拼接。

6.3.2 试验前应明确安装方法。若采用机械固定,宜避免固定件影响火源和火焰传播。

6.3.3 试验时,试样通常不设置空气间隙。

6.3.4 当采用边缘点火方式时,试样边缘的保护状态应同制品实际使用状态一致。若制品实际应用时其边缘可能暴露于火源,则试样应按边缘受火方式进行试验。

6.3.5 对于厚度较大的复合制品,如钢面复合夹芯板绝热制品,应将试样旋转 90°,将火焰直接对准复合夹芯板绝热芯材的中部,受火部位不应有钢板面层或其他覆盖层。胶水层或其他次要组分层可不单独进行试验。

6.3.6 对称制品只测试一面,对于已明确受火面的非对称制品,只测试受火面。对于非对称制品,若任意一个表面均可能受火,则两个表面均应试验,并采用最差一面的试验结果作为该制品的分级结果。

6.4 GB/T 11785 试验

6.4.1 试样安装

6.4.1.1 GB/T 11785 中没有规定试样的最大厚度,试样的最大厚度只受限于试验装置的要求,通常其最大厚度为 38 mm。

6.4.1.2 实际应用时为机械固定的铺地制品应符合下列要求:
   a) 试验前应明确安装方法,确定所采用的固定件的类型、数量和安装位置;
   b) 当使用黏结剂时,应根据实际应用情况确定黏结剂的类型、数量、使用方法和养护条件。

6.4.1.3 在本试验中应遵循下列规则:
   a) 不允许制品边缘暴露于点火器或辐射板下,因此试样夹具应盖住试样和基材的边缘;
   b) 对于地砖,应对制品拼接缝边缘进行保护,试样边缘应采用试样夹进行保护。

6.4.2 基材的应用

6.4.2.1 实际应用中应遵循下列规则。

a) 基材为混凝土地面或其他任何燃烧性能达到 GB 8624—2012 的不燃 A 级的地面材料时,试验应采用纤维水泥板或硅钙板作为标准基材。
b) 铺地基材为木质材料时,试验应采用非阻燃的刨花板作为标准基材。

6.4.2.2 基材不应设置拼接缝。无基材的铺地制品其试验结果同样适用于有基材的制品。

6.4.3 空气间隙的设置

6.4.3.1 实际应用中若铺地材料和基材间有空气间隙,应连同空气间隙一起进行试验,空气间隙宽度应为 10 mm。

6.4.3.2 由于本试验的试样夹具有尺寸限制,对于实际应用中制品与基材间的空气间隙较大的制品(如活动地板中的间隙),试验时可不使用基材。

6.4.4 拼接缝的设置

6.4.4.1 根据制品及拼接方向,铺地制品可按不同的拼接方法拼接,应符合下列要求:
a) 木质铺地制品的拼接缝应设置在试样的纵向和横向上;
b) 对于拼接材料(特别是地砖、木板和层压板),应在试样上距离零点 250 mm 处设置横向拼接缝,同时在试样上从零点到试样冷端,沿着纵向中心线设置纵向拼接缝。

6.4.4.2 设置拼接缝时应按下列要求进行:
a) 根据实际应用情况选用黏结剂、设置拼接缝间距、选用填充物;
b) 试验前应有足够的时间对拼接缝填充物进行养护,使其达到实际使用时的性能;
c) 养护的最短时间应符合生产商或相关标准的规定。

6.4.4.3 各类带拼接缝的试样制作应按下列要求进行。
a) 整体拼接缝应按下列要求进行:
 1) 根据实际应用情况确定胶水涂覆的面层(制品表面或基材表面);
 2) 对厚度较大的试样,黏结剂直接应用于拼接缝边缘;
 3) 对厚度较小的试样,黏结剂应先涂覆于制品上,再粘贴于基材;
 4) 试样制作时应特别注意黏结剂的均匀涂覆,尤其在拼接缝的边缘。
b) 对接拼接缝应按下列要求进行:
 1) 对于两边缘通过对接形成拼接缝的制品,切割制品时应保持尺寸平整,当切割不平整导致均匀拼接有困难时,可对空隙进行填充;
 2) 制作试样时,宜尽可能使拼接能反映实际应用的情况,采用的附加物应记录在报告中。

6.4.5 受火面

6.4.5.1 铺地制品的试验方向应由生产商确定。对于纺织地毯等制品必须在经向和纬向上分别制作试样。

6.4.5.2 应根据实际应用情况确定受火面。以组件中直接铺设在面层的一种或多种制品的燃烧性能来代表该组件在实际应用中的燃烧性能。

ICS 13.220.01
CCS C 80

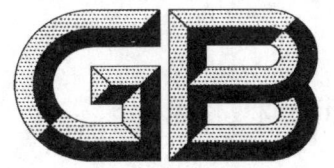

中华人民共和国国家标准

GB/T 40248—2021

人员密集场所消防安全管理

Fire safety management of assembly occupancies

2021-05-21 发布　　　　　　　　　　　　　　　　2021-12-01 实施

国家市场监督管理总局
国家标准化管理委员会　发布

目　次

前言 ... 152
引言 ... 153
1 范围 ... 154
2 规范性引用文件 ... 154
3 术语和定义 ... 154
4 总则 ... 155
5 消防安全责任 ... 156
　5.1 通用要求 ... 156
　5.2 产权方、使用方、统一管理单位的职责 ... 156
　5.3 消防安全责任人的职责 ... 156
　5.4 消防安全管理人的职责 ... 157
　5.5 部门消防安全负责人的职责 ... 157
　5.6 消防控制室值班员的职责 ... 157
　5.7 消防设施操作员的职责 ... 157
　5.8 保安人员的职责 ... 158
　5.9 电气焊工、易燃易爆危险品管理及操作人员的职责 ... 158
　5.10 专职消防队、志愿消防队队员的职责 ... 158
　5.11 员工的职责 ... 158
6 消防组织 ... 158
7 消防安全制度和管理 ... 158
　7.1 通用要求 ... 158
　7.2 消防安全例会 ... 159
　7.3 防火巡查、检查 ... 159
　7.4 消防宣传与培训 ... 160
　7.5 安全疏散设施管理 ... 160
　7.6 消防设施管理 ... 161
　7.7 火灾隐患整改 ... 162
　7.8 用电防火安全管理 ... 162
　7.9 用火、动火安全管理 ... 163
　7.10 易燃、易爆化学物品管理 ... 163
　7.11 消防安全重点部位管理 ... 163
　7.12 消防档案 ... 164
8 消防安全措施 ... 165
　8.1 通用要求 ... 165
　8.2 宾馆 ... 165
　8.3 商场 ... 166

8.4 公共娱乐场所 …………………………………………………………………………………… 166
8.5 学校 ……………………………………………………………………………………………… 167
8.6 医院的门诊楼、病房楼,老年人照料设施、托儿所、幼儿园及儿童活动场所 ……………… 167
8.7 体育场馆、展览馆、博物馆的展览厅等场所 ………………………………………………… 167
8.8 人员密集的生产加工车间、员工集体宿舍 …………………………………………………… 168
9 灭火和应急疏散预案编制和演练 …………………………………………………………………… 168
  9.1 预案 ……………………………………………………………………………………………… 168
  9.2 组织机构 ………………………………………………………………………………………… 168
  9.3 预案实施程序 …………………………………………………………………………………… 169
  9.4 预案的宣贯和完善 ……………………………………………………………………………… 169
  9.5 消防演练 ………………………………………………………………………………………… 169
10 火灾事故处置与善后 ………………………………………………………………………………… 170
附录 A（资料性） 防火巡查记录表格 ………………………………………………………………… 171
附录 B（资料性） 防火检查记录表格 ………………………………………………………………… 172
参考文献 …………………………………………………………………………………………………… 173

前　言

本文件按照GB/T 1.1—2020《标准化工作导则　第1部分：标准化文件的结构和起草规则》的规定起草。

本文件由中华人民共和国应急管理部提出。

本文件由全国消防标准化技术委员会(SAC/TC 113)归口。

请注意本标准的某些内容可能涉及专利。本标准的发布机构不承担识别专利的责任。

本文件起草单位：应急管理部天津消防研究所、应急管理部消防救援局、海南省消防救援总队、北京市消防救援总队、广东省消防救援总队、湖北省消防救援总队、山西省消防救援总队。

本文件主要起草人：倪照鹏、刘激扬、王宗存、鲁云龙、胡锐、阚强、韩子忠、李云浩、吴和俊、朱惠军、朱江。

引 言

为切实吸取火灾事故教训,规范人员密集场所的消防安全管理,遏制群死群伤火灾事故的发生,依据《中华人民共和国消防法》《机关、团体、企业、事业单位消防安全管理规定》等相关法律法规,制定本标准。人员密集场所可以通过采用本标准,规范自身消防安全管理行为,建立消防安全自查、火灾隐患自除、消防责任自负的自我管理与约束机制,实现防止火灾发生、减少火灾危害,保障人身和财产安全的目标。

人员密集场所消防安全管理

1 范围

本文件提出了人员密集场所的消防安全管理要求和措施,包括总则、消防安全责任、消防组织、消防安全制度和管理、消防安全措施、灭火和应急疏散预案编制和演练、火灾事故处置与善后。

本文件适用于具有一定规模的人员密集场所及其所在建筑的消防安全管理。

2 规范性引用文件

下列文件中的内容通过文中的规范性引用而构成本文件必不可少的条款。其中,注日期的引用文件,仅该日期对应的版本适用于本文件;不注日期的引用文件,其最新版本(包括所有的修改单)适用于本文件。

GB/T 5907(所有部分) 消防词汇

GB 25201 建筑消防设施的维护管理

GB 25506 消防控制室通用技术要求

GB 35181 重大火灾隐患判定方法

GB/T 38315 社会单位灭火和应急疏散预案编制及实施导则

GB 50016 建筑设计防火规范

GB 50084 自动喷水灭火系统设计规范

GB 50116 火灾自动报警系统设计规范

GB 50140 建筑灭火器配置设计规范

GB 50222 建筑内部装修设计防火规范

GB 51251 建筑防烟排烟系统技术标准

GB 51309 消防应急照明和疏散指示系统技术标准

XF 703 住宿与生产储存经营合用场所消防安全技术要求

XF/T 1245 多产权建筑消防安全管理

JGJ 48 商店建筑设计规范

3 术语和定义

GB/T 5907、GB 25201、GB 25506、GB 35181、GB/T 38315、GB 50016、GB 50084、GB 50116、GB 50140、GB 50222、GB 51251、GB 51309、XF 703、XF/T 1245、JGJ 48 界定的以及下列术语和定义适用于本文件。

3.1

公共娱乐场所 public entertainment occupancy

具有文化娱乐、健身休闲功能并向公众开放的室内场所,包括影剧院、录像厅、礼堂等演出、放映场所,舞厅、卡拉 OK 厅等歌舞娱乐场所,具有娱乐功能的夜总会、音乐茶座、酒吧和餐饮场所,游艺、游乐场所和保龄球馆、旱冰场、桑拿等娱乐、健身、休闲场所和互联网上网服务营业场所。

3.2
公众聚集场所 public assembly occupancy

面对公众开放,具有商业经营性质的室内场所,包括宾馆、饭店、商场、集贸市场、客运车站候车室、客运码头候船厅、民用机场航站楼、体育场馆、会堂以及公共娱乐场所等。

3.3
人员密集场所 assembly occupancy

人员聚集的室内场所,包括公众聚集场所,医院的门诊楼、病房楼,学校的教学楼、图书馆、食堂和集体宿舍,养老院,福利院,托儿所,幼儿园,公共图书馆的阅览室,公共展览馆、博物馆的展示厅,劳动密集型企业的生产加工车间和员工集体宿舍,旅游、宗教活动场所等。

3.4
消防车登高操作场地 operating area for fire fighting

靠近建筑,供消防车停泊、实施灭火救援操作的场地。

3.5
专职消防队 full-time fire brigade

由专职人员组成,有固定的消防站用房,配备消防车辆、装备、通信器材,定期组织消防训练,24小时备勤的消防组织。

3.6
志愿消防队 volunteer fire brigade

由志愿人员组成,平时有自己的主要职业、不在消防站备勤,但配备消防装备、通信器材,定期组织消防训练,能够在接到火警出动信息后迅速集结、参加灭火救援的消防组织。

3.7
火灾隐患 fire potential

可能导致火灾发生或火灾危害增大的各类潜在不安全因素。

3.8
重大火灾隐患 major fire potential

违反消防法律法规、不符合消防技术标准,可能导致火灾发生或火灾危害增大,并由此可能造成重大、特别重大火灾事故或严重社会影响的各类潜在不安全因素。

4 总则

4.1 人员密集场所的消防安全管理应以防止火灾发生,减少火灾危害,保障人身和财产安全为目标,通过采取有效的管理措施和先进的技术手段,提高预防和控制火灾的能力。

4.2 人员密集场所的消防安全管理应遵守消防法律、法规、规章(以下统称"消防法律法规"),贯彻"预防为主、防消结合"的消防工作方针,履行消防安全职责,保障消防安全。

4.3 人员密集场所应结合本场所的特点建立完善的消防安全管理体系和机制,自行开展或委托消防技术服务机构定期开展消防设施维护保养检测、消防安全评估,并宜采用先进的消防技术、产品和方法,保证建筑具备消防安全条件。

4.4 人员密集场所应逐级落实消防安全责任制,明确各级、各岗位消防安全职责,确定相应的消防安全责任人员。

4.5 实行承包、租赁或者委托经营、管理时,人员密集场所的产权方应提供符合消防安全要求的建筑物、场所;当事人在订立相关租赁或承包合同时,应依照有关规定明确各方的消防安全责任。

4.6 消防车通道(市政道路除外)、消防车登高操作场地、涉及公共消防安全的疏散设施和其他建筑消防设施,应由人员密集场所产权方或者委托统一管理单位管理。承包、承租或者受委托经营、管理者,应在其使用、管理范围内履行消防安全职责。

4.7 对于有两个或两个以上产权者和使用者的人员密集场所,除依法履行自身消防管理职责外,对消防车通道、涉及公共消防安全的疏散设施和其他建筑消防设施应明确统一管理的责任者,并应符合XF/T 1245的规定。

5 消防安全责任

5.1 通用要求

5.1.1 人员密集场所应加强消防安全主体责任的落实,全面实行消防安全责任制。

5.1.2 人员密集场所的消防安全责任人,应由该场所法人单位的法定代表人、主要负责人或者实际控制人担任。消防安全重点单位应确定消防安全管理人,其他单位消防安全责任人可以根据需要确定本场所的消防安全管理人,消防安全管理人宜具备注册消防工程师执业资格。承包、租赁场所的承租人是其承包、租赁范围的消防安全责任人。人员密集场所单位内部各部门的负责人是该部门的消防安全负责人。

5.1.3 消防安全责任人、消防安全管理人应经过消防安全培训。进行电焊、气焊等具有火灾危险作业的人员和自动消防设施的值班操作人员,应经过消防职业培训,掌握消防基本知识、防火、灭火基本技能、自动消防设施的基本维护与操作知识,遵守操作规程,持证上岗。

5.1.4 保安人员、专职消防队队员、志愿消防队(微型消防站)队员应掌握消防安全知识和灭火的基本技能,定期开展消防训练,火灾时应履行扑救初起火灾和引导人员疏散的义务。

5.2 产权方、使用方、统一管理单位的职责

5.2.1 制定消防安全管理制度和保障消防安全的操作规程。

5.2.2 开展消防法律法规和防火安全知识的宣传教育,对从业人员进行消防安全教育和培训。

5.2.3 定期开展防火巡查、检查,及时消除火灾隐患。

5.2.4 保障疏散走道、通道、安全出口、疏散门和消防车通道的畅通,不被占用、堵塞、封闭。

5.2.5 确定各类消防设施的操作维护人员,保证消防设施、器材以及消防安全标志完好有效,并处于正常运行状态。

5.2.6 组织扑救初起火灾,疏散人员,维持火场秩序,保护火灾现场,协助火灾调查。

5.2.7 制定灭火和应急疏散预案,定期组织消防演练。

5.2.8 建立并妥善保管消防档案。

5.3 消防安全责任人的职责

5.3.1 贯彻执行消防法律法规,保证人员密集场所符合国家消防技术标准,掌握本场所的消防安全情况,全面负责本场所的消防安全工作。

5.3.2 统筹安排本场所的消防安全管理工作,批准实施年度消防工作计划。

5.3.3 为本场所消防安全管理工作提供必要的经费和组织保障。

5.3.4 确定逐级消防安全责任,批准实施消防安全管理制度和保障消防安全的操作规程。

5.3.5 组织召开消防安全例会,组织开展防火检查,督促整改火灾隐患,及时处理涉及消防安全的重大问题。

5.3.6 根据有关消防法律法规的规定建立的专职消防队、志愿消防队(微型消防站),并配备相应的消防器材和装备。

5.3.7 针对本场所的实际情况,组织制定灭火和应急疏散预案,并实施演练。

5.4 消防安全管理人的职责

5.4.1 拟订年度消防安全工作计划,组织实施日常消防安全管理工作。

5.4.2 组织制订消防安全管理制度和保障消防安全的操作规程,并检查督促落实。

5.4.3 拟订消防安全工作的经费预算和组织保障方案。

5.4.4 组织实施防火检查和火灾隐患整改。

5.4.5 组织实施对本场所消防设施、灭火器材和消防安全标志的维护保养,确保其完好有效和处于正常运行状态,确保疏散通道、走道和安全出口、消防车通道畅通。

5.4.6 组织管理专职消防队或志愿消防队(微型消防站),开展日常业务训练,组织初起火灾扑救和人员疏散。

5.4.7 组织从业人员开展岗前和日常消防知识、技能的教育和培训,组织灭火和应急疏散预案的实施和演练。

5.4.8 定期向消防安全责任人报告消防安全情况,及时报告涉及消防安全的重大问题。

5.4.9 管理人员密集场所委托的物业服务企业和消防技术服务机构。

5.4.10 消防安全责任人委托的其他消防安全管理工作。

5.5 部门消防安全负责人的职责

5.5.1 组织实施本部门的消防安全管理工作计划。

5.5.2 根据本部门的实际情况开展岗位消防安全教育与培训,制定消防安全管理制度,落实消防安全措施。

5.5.3 按照规定实施消防安全巡查和定期检查,确保管辖范围的消防设施完好有效。

5.5.4 及时发现和消除火灾隐患,不能消除的,应采取相应措施并向消防安全管理人报告。

5.5.5 发现火灾,及时报警,并组织人员疏散和初起火灾扑救。

5.6 消防控制室值班员的职责

5.6.1 应持证上岗,熟悉和掌握消防控制室设备的功能及操作规程,按照规定和规程测试自动消防设施的功能,保证消防控制室的设备正常运行。

5.6.2 对火警信号,应按照7.6.16规定的消防控制室接警处警程序处置。

5.6.3 对故障报警信号应及时确认,并及时查明原因,排除故障;不能排除的,应立即向部门主管人员或消防安全管理人报告。

5.6.4 应严格执行每日24小时专人值班制度,每班不应少于2人,做好消防控制室的火警、故障记录和值班记录。

5.7 消防设施操作员的职责

5.7.1 熟悉和掌握消防设施的功能和操作规程。

5.7.2 按照制度和规程对消防设施进行检查、维护和保养,保证消防设施和消防电源处于正常运行状态,确保有关阀门处于正确状态。

5.7.3 发现故障,应及时排除;不能排除的,应及时向上级主管人员报告。

5.7.4 做好消防设施运行、操作、故障和维护保养记录。

5.8 保安人员的职责

5.8.1 按照消防安全管理制度进行防火巡查,并做好记录;发现问题,应及时向主管人员报告。

5.8.2 发现火情,应及时报火警并报告主管人员,实施灭火和应急疏散预案,协助灭火救援。

5.8.3 劝阻和制止违反消防法律法规和消防安全管理制度的行为。

5.9 电气焊工、易燃易爆危险品管理及操作人员的职责

5.9.1 执行有关消防安全制度和操作规程,履行作业前审批手续。

5.9.2 落实相应作业现场的消防安全防护措施。

5.9.3 发生火灾后,应立即报火警,实施扑救。

5.10 专职消防队、志愿消防队队员的职责

5.10.1 熟悉单位基本情况、灭火和应急疏散预案、消防安全重点部位及消防设施、器材设置情况。

5.10.2 参加消防业务培训及消防演练,掌握消防设施及器材的操作使用方法。

5.10.3 专职消防队定期开展灭火救援技能训练,能够24小时备勤。

5.10.4 志愿消防队能在接到火警出动信息后迅速集结、参加灭火救援。

5.11 员工的职责

5.11.1 主动接受消防安全宣传教育培训,遵守消防安全管理制度和操作规程。

5.11.2 熟悉本工作场所消防设施、器材及安全出口的位置,参加单位灭火和应急疏散预案演练。

5.11.3 清楚本单位火灾危险性,会报火警、会扑救初起火灾、会组织疏散逃生和自救。

5.11.4 每日到岗后及下班前应检查本岗位工作设施、设备、场地、电源插座、电气设备的使用状态等,发现隐患及时处置并向消防安全工作归口管理部门报告。

5.11.5 监督其他人员遵守消防安全管理制度,制止吸烟、使用大功率电器等不利于消防安全的行为。

6 消防组织

6.1 人员密集场所可根据需要设置消防安全主管部门负责管理本场所的日常消防安全工作。

6.2 人员密集场所应根据有关法律法规和实际需要建立专职消防队。

6.3 人员密集场所应根据需要建立志愿消防队,志愿消防队员的数量不应少于本场所从业人员数量的30%。志愿消防队白天和夜间的值班人数应能保证扑救初起火灾的需要。

6.4 属于消防安全重点单位的人员密集场所,应依托志愿消防队建立微型消防站。

7 消防安全制度和管理

7.1 通用要求

7.1.1 公众聚集场所投入使用、营业前,应依法向消防救援机构申请消防安全检查,并经消防救援机构许可同意。人员密集场所改建、扩建、装修或改变用途的,应依法报经相关部门审核批准。

7.1.2 建筑四周不应搭建违章建筑,不应占用防火间距、消防车道、消防车登高操作场地,不应遮挡室外消火栓或消防水泵接合器,不应设置影响逃生、灭火救援或遮挡排烟窗、消防救援口的架空管线、广告

牌等障碍物。

7.1.3 人员密集场所不应擅自改变防火分区，不应擅自停用、改变防火分隔设施和消防设施，不应降低建筑装修材料的燃烧性能等级。建筑的内部装修不应改变疏散门的开启方向，减少安全出口、疏散出口的数量和宽度，增加疏散距离，影响安全疏散。建筑内部装修不应影响消防设施的正常使用。

7.1.4 人员密集场所应在公共部位的明显位置设置疏散示意图、警示标识等，提示公众对该场所存在的下列违法行为有投诉、举报的义务：

  a) 使用、营业期间锁闭疏散门；
  b) 封堵、占用疏散通道或消防车道；
  c) 使用、营业期间违规进行电焊、气焊等动火作业；
  d) 疏散指示标志损坏、不准确或不清楚；
  e) 停用消防设施、消防设施未保持完好有效；
  f) 违规储存使用易燃易爆危险品。

7.2 消防安全例会

7.2.1 人员密集场所应建立消防安全例会制度，处理涉及消防安全的重大问题，研究、部署、落实本场所的消防安全工作计划和措施。

7.2.2 消防安全例会应由消防安全责任人主持，消防安全管理人提出议程，有关人员参加，并应形成会议纪要或决议，每月不宜少于一次。

7.3 防火巡查、检查

7.3.1 人员密集场所应建立防火巡查、防火检查制度，确定巡查、检查的人员、内容、部位和频次。

7.3.2 防火巡查、检查中，应及时纠正违法、违章行为，消除火灾隐患；无法消除的，应立即报告，并记录存档。防火巡查、检查时，应填写巡查、检查记录，巡查和检查人员及其主管人员应在记录上签名。巡查记录表应包括部位、时间、人员和存在的问题，参见附录A。检查记录表应包括部位、时间、人员、巡查情况、火灾隐患整改情况和存在的问题，参见附录B。

7.3.3 防火巡查时发现火灾，应立即报火警并启动单位灭火和应急疏散预案。

7.3.4 人员密集场所应每日进行防火巡查，并结合实际组织开展夜间防火巡查。防火巡查宜采用电子巡更设备。

7.3.5 公众聚集场所在营业时间，应至少每2h巡查一次。宾馆、医院、养老院及寄宿制的学校、托儿所和幼儿园，应组织每日夜间防火巡查，且应至少每2h巡查一次。商场、公共娱乐场所营业结束后，应切断非必要用电设备电源，检查并消除遗留火种。

7.3.6 防火巡查应包括下列内容：

  a) 用火、用电有无违章情况；
  b) 安全出口、疏散通道是否畅通，有无锁闭；安全疏散指示标志、应急照明是否完好；
  c) 常闭式防火门是否保持常闭状态，防火卷帘下是否有影响防火卷帘正常使用的物品；
  d) 消防设施、器材是否在位、完好有效。消防安全标志是否标识正确、清楚；
  e) 消防安全重点部位的人员在岗情况；
  f) 消防车道是否畅通；
  g) 其他消防安全情况。

7.3.7 人员密集场所应至少每月开展一次防火检查，检查的内容应包括：

  a) 消防车道、消防车登高操作场地、室外消火栓、消防水源情况；

b) 安全疏散通道、楼梯,安全出口及其疏散指示标志、应急照明情况;
c) 消防安全标志的设置情况;
d) 灭火器材配置及完好情况;
e) 楼板、防火墙、防火隔墙和竖井孔洞的封堵情况;
f) 建筑消防设施运行情况;
g) 消防控制室值班情况、消防控制设备运行情况和记录情况;
h) 微型消防站人员值班值守情况,器材、装备设备完备情况;
i) 用火、用电、用油、用气有无违规、违章情况;
j) 消防安全重点部位的管理情况;
k) 防火巡查落实情况和记录情况;
l) 火灾隐患的整改以及防范措施的落实情况;
m) 消防安全重点部位人员以及其他员工消防知识的掌握情况。

7.4 消防宣传与培训

7.4.1 人员密集场所应通过多种形式开展经常性的消防安全宣传与培训。

7.4.2 对公众开放的人员密集场所,应通过张贴图画、发放消防刊物、播放视频、举办消防文化活动等多种形式对公众宣传防火、灭火、应急逃生等常识。

7.4.3 学校、幼儿园等教育机构应将消防知识纳入教育、教学、培训的内容,落实教材、课时、师资、场地等,组织开展多种形式的消防教育活动。

7.4.4 人员密集场所应至少每半年组织一次对每名员工的消防培训,对新上岗人员应进行上岗前的消防培训。

7.4.5 消防培训应包括下列内容:
a) 有关消防法律法规、消防安全管理制度、保障消防安全的操作规程等;
b) 本单位、本岗位的火灾危险性和防火措施;
c) 建筑消防设施、灭火器材的性能、使用方法和操作规程;
d) 报火警、扑救初起火灾、应急疏散和自救逃生的知识、技能;
e) 本场所的安全疏散路线,引导人员疏散的程序和方法等;
f) 灭火和应急疏散预案的内容、操作程序;
g) 其他消防安全宣传教育内容。

7.5 安全疏散设施管理

7.5.1 人员密集场所应建立安全疏散设施管理制度,明确安全疏散设施管理的责任部门、责任人和安全疏散设施的检查内容、要求。

注:安全疏散设施包括疏散门、疏散走道、疏散楼梯、消防应急照明、疏散指示标志等设施,以及消防过滤式自救呼吸器、逃生缓降器等安全疏散辅助器材。

7.5.2 安全疏散设施管理应符合下列要求:
a) 确保疏散通道、安全出口和疏散门的畅通,禁止占用、堵塞、封闭疏散通道和楼梯间;
b) 人员密集场所在使用和营业期间,不应锁闭疏散出口、安全出口的门,或采取火灾时不需使用钥匙等任何工具即能从内部易于打开的措施,并应在明显位置设置含有使用提示的标识;
c) 避难层(间)、避难走道不应挪作他用,封闭楼梯间、防烟楼梯间及其前室的门应保持完好,门上明显位置应设置提示正确启闭状态的标识;
d) 应保持常闭式防火门处于关闭状态,常开防火门应能在火灾时自行关闭,并应具有信号反馈的功能；

e) 安全出口、疏散门不得设置门槛或其他影响疏散的障碍物，且在其 1.4 m 范围内不应设置台阶；

f) 疏散应急照明、疏散指示标志应完好、有效；发生损坏时，应及时维修、更换；

g) 消防安全标志应完好、清晰，不应被遮挡；

h) 安全出口、公共疏散走道上不应安装栅栏；

i) 建筑每层外墙的窗口、阳台等部位不应设置影响逃生和灭火救援的栅栏，确需设置时，应能从内部易于开启；

j) 在宾馆、商场、医院、公共娱乐场所等场所各楼层的明显位置应设置安全疏散指示图，疏散指示图上应标明疏散路线、安全出口和疏散门、人员所在位置和必要的文字说明；

k) 在宾馆、商场、医院、公共娱乐场所等场所各楼层的明显位置应设置疏散引导箱，配备过滤式消防自救呼吸器、瓶装水、毛巾、救援哨、发光指挥棒、疏散用手电筒等安全疏散辅助器材。

7.5.3 举办展览、展销、演出等大型群众性活动前，应事先根据场所的疏散能力核定容纳人数。活动期间，应采取防止超员的措施控制人数。

7.6 消防设施管理

7.6.1 人员密集场所应建立消防设施管理制度，其内容应明确消防设施管理的责任部门和责任人，消防设施的检查内容和要求、消防设施定期维护保养的要求。

注：消防设施包括室内外消火栓、自动灭火系统、火灾自动报警系统和防排烟系统等设施。

7.6.2 人员密集场所应使用合格的消防产品，建立消防设施、器材的档案资料，记明配置类型、数量、设置部位、检查及维修单位（人员）、更换药剂时间等有关情况。

7.6.3 建筑消防设施投入使用后，应保证其处于正常运行或准工作状态，不得擅自断电停运或长期带故障运行。需要维修时，应采取相应的防范措施；维修完成后，应立即恢复到正常运行状态。

7.6.4 人员密集场所应定期对建筑消防设施、器材进行巡查、单项检查、联动检查，做好维护保养。

7.6.5 属于消防安全重点单位的人员密集场所，每日应进行一次建筑消防设施、器材巡查；其他单位，每周应至少进行一次。建筑消防设施巡查，应明确各类建筑消防设施、器材的巡查部位和内容。

7.6.6 建筑消防设施的电源开关、管道阀门，均应指示正常运行位置，并正确标识开/关的状态；对需要保持常开或常闭状态的阀门，应采取铅封、标识等限位措施。

7.6.7 设置建筑消防设施的人员密集场所，每年应至少进行一次建筑消防设施联动检查，每月应至少进行一次建筑消防设施单项检查。

7.6.8 人员密集场所应建立建筑消防设施、器材故障报告和故障消除的登记制度。发生故障后，应及时组织修复。因故障、维修等原因，需要暂时停用系统的，应当严格履行内部审批程序，采取确保安全的有效措施，并在建筑入口等明显位置公告。

7.6.9 消防设施的维护、管理还应符合下列要求。

a) 消火栓应有明显标识。

b) 室内消火栓箱不应上锁，箱内设备应齐全、完好，其正面至疏散通道处，不得设置影响消火栓正常使用的障碍物。

c) 室外消火栓不应埋压、圈占；距室外消火栓、水泵接合器 2.0 m 范围内不得设置影响其正常使用的障碍物。

d) 展品、商品、货柜，广告箱牌，生产设备等的设置不得影响防火门、防火卷帘、室内消火栓、灭火剂喷头、机械排烟口和送风口、自然排烟窗、火灾探测器、手动火灾报警按钮、声光报警装置等

　　　　消防设施的正常使用。
　　e) 确保消防设施和消防电源始终处于正常运行状态；确保消防水池、气压水罐或高位消防水箱等消防储水设施水量符合规定要求；确保消防水泵出水管阀门、自动喷水灭火系统管道上的阀门常开；确保消防水泵、防排烟风机、防火卷帘等消防用电设备的配电柜、控制柜开关处于接通和自动位置。需要维修时，应采取相应的措施，维修完成后，应立即恢复到正常运行状态。
　　f) 对自动消防设施应每年进行全面检查测试，并出具检测报告。当事人在订立相关委托合同时，应依照有关规定明确各方关于消防设施维护和检查的责任。

7.6.10 消防控制室管理应明确值班人员的职责，制订并落实24小时值班制度（每班不应少于2人）和交接班的程序、要求以及设备自检、巡检的程序、要求。值班人员应持证上岗。

7.6.11 消防控制室内不得堆放杂物，应保证其环境满足设备正常运行的要求，应具备各楼层消防设施平面布置图，完整的消防设施设计、施工和验收资料，灭火和应急疏散预案等。

7.6.12 严禁对消防控制室报警控制设备的喇叭、蜂鸣器等声光报警器件进行遮蔽、堵塞、断线、旁路等操作，保证警示器件处于正常工作状态。

7.6.13 严禁将消防控制室的消防电话、消防应急广播、消防记录打印机等设备挪作他用。消防图形显示装置中专用于报警显示的计算机，严禁安装游戏、办公等其他无关软件。

7.6.14 在消防控制室内，应置备一定数量的灭火器、消防过滤式自救呼吸器、空气呼吸器、手持扩音器、手电筒、对讲机、消防梯、消防斧、辅助逃生装置等消防紧急备用物品、工具仪表。

7.6.15 在消防控制室内，应置备有关消防设备用房、通往屋顶和地下室等消防设施的通道门锁钥匙、防火卷帘按钮钥匙、手动报警按钮恢复钥匙等，并分类标志悬挂；置备有关消防电源、控制箱（柜）、开关专用钥匙及手提插孔消防电话、安全工作帽等消防专用工具、器材。

7.6.16 消防控制室接到火灾警报后，消防控制室值班人员应立即以最快方式进行确认。确认发生火灾后，应立即确认火灾报警联动控制开关处于自动状态，拨打"119"电话报警，同时向消防安全责任人或消防安全管理人报告，启动单位内部灭火和应急疏散预案。

7.6.17 消防控制室的值班人员应每两小时记录一次值班情况，值班记录应完整、字迹清晰、保存完好。

7.6.18 设置火灾自动报警系统、消防给水及消火栓系统或自动喷水灭火系统等建筑消防设施的人员密集场所，宜与城市消防远程监控系统联网，传输火灾报警和建筑消防设施运行状态信息。

7.7 火灾隐患整改

7.7.1 人员密集场所应建立火灾隐患整改制度，明确火灾隐患整改责任部门和责任人、整改的程序、时限和所需经费来源、保障措施。

7.7.2 发现火灾隐患，应立即改正；不能立即改正的，应报告上级主管人员。

7.7.3 消防安全管理人或部门消防安全责任人应组织对报告的火灾隐患进行认定，并对整改情况的进行确认。

7.7.4 在火灾隐患整改期间，应采取相应的安全保障措施。

7.7.5 对消防救援机构责令限期改正的火灾隐患和重大火灾隐患，应在规定的期限内改正，并将火灾隐患整改情况报送至消防救援机构。

7.7.6 重大火灾隐患不能按期完成整改的，应自行将危险部位停产、停业整改。

7.7.7 对于涉及城市规划布局而不能及时解决的重大火灾隐患，应提出解决方案并及时向其上级主管部门或当地人民政府报告。

7.8 用电防火安全管理

7.8.1 人员密集场所应建立用电防火安全管理制度，明确用电防火安全管理的责任部门和责任人，并应包括下列内容：
   a) 电气设备的采购要求；
   b) 电气设备的安全使用要求；
   c) 电气设备的检查内容和要求；
   d) 电气设备操作人员的资格要求。

7.8.2 用电防火安全管理应符合下列要求：
   a) 采购电气、电热设备，应选用合格产品，并应符合有关安全标准的要求；
   b) 更换或新增电气设备时，应根据实际负荷重新效核、布置电气线路并设置保护措施；
   c) 电气线路敷设、电气设备安装和维修应由具备职业资格的电工进行，留存施工图纸或线路改造记录；
   d) 不得随意乱接电线，擅自增加用电设备；
   e) 靠近可燃物的电器，应采取隔热、散热等防火保护措施；
   f) 人员密集场所内严禁电动自行车停放、充电；
   g) 应定期进行防雷检测；应定期检查、检测电气线路、设备，严禁长时间超负荷运行；
   h) 电气线路发生故障时，应及时检查维修，排除故障后方可继续使用；
   i) 商场、餐饮场所、公共娱乐场所营业结束时，应切断营业场所内的非必要电源；
   j) 涉及重大活动临时增加用电负荷时，应委托专业机构进行用电安全检测，检测报告应存档备查。

7.9 用火、动火安全管理

7.9.1 人员密集场所应建立用火、动火安全管理制度，并应明确用火、动火管理的责任部门和责任人，用火、动火的审批范围、程序和要求等内容。动火审批应经消防安全责任人签字同意方可进行。

7.9.2 用火、动火安全管理应符合下列要求：
   a) 人员密集场所禁止在营业时间进行动火作业；
   b) 需要动火作业的区域，应与使用、营业区域进行防火分隔，严格将动火作业限制在防火分隔区域内，并加强消防安全现场监管；
   c) 电气焊等明火作业前，实施动火的部门和人员应按照制度规定办理动火审批手续，清除可燃、易燃物品，配置灭火器材，落实现场监护人和安全措施，在确认无火灾、爆炸危险后方可动火作业；
   d) 人员密集场所不应使用明火照明或取暖，如特殊情况需要时，应有专人看护；
   e) 炉火、烟道等取暖设施与可燃物之间应采取防火隔热措施；
   f) 宾馆、餐饮场所、医院、学校的厨房烟道应至少每季度清洗一次；
   g) 进入建筑内以及厨房、锅炉房等部位内的燃油、燃气管道，应经常检查、检测和保养。

7.10 易燃、易爆化学物品管理

7.10.1 人员密集场所严禁生产或储存易燃、易爆化学物品。

7.10.2 人员密集场所应明确易燃、易爆化学物品使用管理的责任部门和责任人。

7.10.3 人员密集场所需要使用易燃、易爆化学物品时，应根据需求限量使用，存储量不应超过一天的使用量，并应在不使用时予以及时清除，且应由专人管理、登记。

7.11 消防安全重点部位管理

7.11.1 消防安全重点部位应建立岗位消防安全责任制，并明确消防安全管理的责任部门和责任人。

7.11.2 人员集中的厅(室)以及建筑内的消防控制室、消防水泵房、储油间、变配电室、锅炉房、厨房、空调机房、资料库、可燃物品仓库和化学实验室等,应确定为消防安全重点部位,在明显位置张贴标识,严格管理。

7.11.3 应根据实际需要配备相应的灭火器材、装备和个人防护器材。

7.11.4 应制定和完善事故应急处置操作程序。

7.11.5 应列入防火巡查范围,作为定期检查的重点。

7.12 消防档案

7.12.1 应建立消防档案管理制度,其内容应明确消防档案管理的责任部门和责任人,消防档案的制作、使用、更新及销毁的要求。消防档案应存放在消防控制室或值班室等,留档备查。

7.12.2 消防档案管理应符合下列要求:
   a) 按照有关规定建立纸质消防档案,并宜同时建立电子档案;
   b) 消防档案应包括消防安全基本情况、消防安全管理情况、灭火和应急疏散预案演练情况;
   c) 消防档案的内容应全面反映消防工作的基本情况,并附有必要的图纸、图表;
   d) 消防档案应由专人统一管理,按档案管理要求装订成册。

7.12.3 消防安全基本情况应包括下列内容:
   a) 建筑的基本概况和消防安全重点部位;
   b) 所在建筑消防设计审查、消防验收或消防设计、消防验收备案以及场所投入使用、营业前消防安全检查的相关资料;
   c) 消防组织和各级消防安全责任人;
   d) 微型消防站设置及人员、消防装备配备情况;
   e) 相关租赁合同;
   f) 消防安全管理制度和保证消防安全的操作规程,灭火和应急疏散预案;
   g) 消防设施、灭火器材配置情况;
   h) 专职消防队、志愿消防队人员及其消防装备配备情况;
   i) 消防安全管理人、自动消防设施操作人员、电气焊工、电工、易燃易爆危险品操作人员的基本情况;
   j) 新增消防产品质量合格证,新增建筑材料和室内装修、装饰材料的防火性能证明文件。

7.12.4 消防安全管理情况应包括下列内容:
   a) 消防安全例会记录或会议纪要、决定;
   b) 消防救援机构填发的各种法律文书;
   c) 消防设施定期检查记录、自动消防设施全面检查测试的报告、维修保养的记录以及委托检测和维修保养的合同;
   d) 火灾隐患、重大火灾隐患及其整改情况记录;
   e) 消防控制室值班记录;
   f) 防火检查、巡查记录;
   g) 有关燃气、电气设备检测、动火审批等记录资料;
   h) 消防安全培训记录;
   i) 灭火和应急疏散预案的演练记录;
   j) 各级和各部门消防安全责任人的消防安全承诺书;
   k) 火灾情况记录;

1) 消防奖惩情况记录。

8 消防安全措施

8.1 通用要求

8.1.1 人员密集场所不应与甲、乙类厂房、仓库组合布置或贴邻布置；除人员密集的生产加工车间外，人员密集场所不应与丙、丁、戊类厂房、仓库组合布置；人员密集的生产加工车间不宜布置在丙、丁、戊类厂房、仓库的上部。

8.1.2 人员密集场所设置在具有多种用途的建筑内时，应至少采用耐火极限不低于 1.00 h 的楼板和 2.00 h 的隔墙与其他部位隔开，并应满足各自不同营业时间对安全疏散的要求。人员密集场所采用金属夹芯板材搭建临时构筑物时，其芯材应为 A 级不燃材料。

8.1.3 生产、储存、经营场所与员工集体宿舍设置在同一建筑物中的，应符合国家工程建设消防技术标准和 XF 703 的要求，实行防火分隔，设置独立的疏散通道、安全出口。

8.1.4 设置人员密集场所的建筑，其疏散楼梯宜通至屋面，并宜在屋面设置辅助疏散设施。

8.1.5 建筑面积大于 400 m² 的营业厅、展览厅等场所内的疏散指示标志，应保证其指向最近的疏散出口，并使人员在走道上任何位置保持视觉连续。

8.1.6 除国家标准规定应安装自动喷水灭火系统的人员密集场所之外，其他人员密集场所需要设置自动喷水灭火系统时，可按 GB 50084 的规定设置自动喷水灭火局部应用系统。

8.1.7 除国家标准规定应安装火灾自动报警系统的人员密集场所之外，其他人员密集场所需要设置火灾自动报警系统时，可设置独立式火灾探测报警器，独立式火灾探测报警器宜具备无线联网和远程监控功能。

8.1.8 需要经常保持开启状态的防火门，应采用常开式防火门，设置自动和手动关闭装置，并保证其火灾时能自动关闭。

8.1.9 人员密集场所平时需要控制人员随意出入的安全出口、疏散门或设置门禁系统的疏散门，应保证火灾时能从内部直接向外推开，并应在门上设置"紧急出口"标识和使用提示。可以根据实际需要选用以下方法或其他等效的方法：
   a) 设置安全控制与报警逃生门锁系统，其报警延迟时间不应超过 15 s；
   b) 设置能远程控制和现场手动开启的电磁门锁装置；当设置火灾自动报警系统时，应与系统联动；
   c) 设置推闩式外开门。

8.1.10 人员密集场所内的装饰材料，如窗帘、地毯、家具等的燃烧性能应符合 GB 50222 的规定。

8.1.11 人员密集场所可能泄漏散发可燃气体或蒸气的场所，应设置可燃气体检测报警装置。

8.1.12 人员密集场所内燃油、燃气设备的供油、供气管理应采用金属管道，在进入建筑物前和设备间内的管理上均应设置手动和自动切断装置。

8.2 宾馆

8.2.1 宾馆前台和大厅配置对讲机、喊话器、扩音器、应急手电筒、消防过滤式自救呼吸器等器材。

8.2.2 高层宾馆的客房内应配备应急手电筒、消防过滤式自救呼吸器等逃生器材及使用说明，其他宾馆的客房内宜配备应急手电筒、消防过滤式自救呼吸器等逃生器材及使用说明，并应放置在醒目位置或设置明显的标志。应急手电筒和消防过滤式自救呼吸器的有效使用时间不应小于 30 min。

8.2.3 客房内应设置醒目、耐久的"请勿卧床吸烟"提示牌和楼层安全疏散及客房所在位置示意图。

8.2.4 客房层应按照有关建筑消防逃生器材及配备标准设置辅助逃生器材,并应有明显的标志。

8.3 商场

8.3.1 商场、市场建筑之间不应设置连接顶棚;当必须设置时,应符合下列要求:
  a) 消防车通道上部严禁设置连接顶棚;
  b) 顶棚所连接的建筑总占地面积不应超过 2 500 m²;
  c) 顶棚下面不应设置摊位,放置可燃物;
  d) 顶棚材料的燃烧性能不应低于 GB 50222 规定的 B_1 级;
  e) 顶棚四周应敞开,其高度应高出建筑檐口或女儿墙顶 1.0 m 以上,其自然排烟口面积不应低于顶棚地面正投影面积的 25%。

8.3.2 设置于商场内的库房应采用耐火极限不低于 3.00 h 的隔墙与营业、办公部分完全分隔,通向营业厅的开口应设置甲级防火门。

8.3.3 商场内的柜台和货架应合理布置,营业厅内的疏散通道设置应符合 JGJ 48 的规定,并应符合下列要求:
  a) 营业厅内主要疏散通道应直通安全出口;
  b) 营业厅内通道的最小净宽度应符合 JGJ 48 的相关规定;
  c) 疏散通道及疏散走道的地面上应设置保持视觉连续的疏散指示标志;
  d) 营业厅内任一点至最近安全出口或疏散门的直线距离不宜大于 30 m,且行走距离不应大于 45 m。

8.3.4 营业厅内的疏散指示标志设置应符合下列要求:
  a) 应在疏散通道转弯和交叉部位两侧的墙面、柱面距地面高度 1.0 m 以下设置灯光疏散指示标志;有困难时,可设置在疏散通道上方 2.2 m~3.0 m 处;疏散指示标志的间距不应大于 20 m;
  b) 灯光疏散指示标志的规格不应小于 0.5 m×0.25 m;
  c) 总建筑面积大于 5 000 m² 的商场或建筑面积大于 500 m² 的地下或半地下商店,疏散通道的地面上应设置视觉连续的灯光或蓄光疏散指示标志;其他商场,宜设置灯光或蓄光疏散指示标志。

8.3.5 营业厅的安全疏散路线不应穿越仓库、办公室等功能性用房。

8.3.6 营业厅内食品加工区的明火部位应靠外墙布置,并应采用耐火极限不低于 2.00 h 的隔墙、乙级防火门与其他部位分隔。敞开式的食品加工区,应采用电加热器具,严禁使用可燃气体、液体燃料。

8.3.7 防火卷帘门两侧各 0.3 m 范围内不得放置物品,并应用黄色标识线划定范围。

8.3.8 设置在商场、市场内的中庭不应设置固定摊位,放置可燃物等。

8.4 公共娱乐场所

8.4.1 公共娱乐场所的每层外墙上应设置外窗(含阳台),间隔不应大于 20.0 m。每个外窗的面积不应小于 1.0 m²,且其短边不应小于 1.0 m,窗口下沿距室内地坪不应大于 1.2 m。

8.4.2 使用人数超过 20 人的厅、室内应设置净宽度不小于 1.1 m 的疏散通道,活动座椅应采用固定措施。

8.4.3 疏散门或疏散通道上、疏散走道及其尽端墙面上、疏散楼梯,不应镶嵌玻璃镜面等影响人员安全疏散行动的装饰物。疏散走道上空不应悬挂装饰物、促销广告等可燃物或遮挡物。

8.4.4 休息厅、录像放映、卡拉OK及其包房内应设置声音或视频警报,保证在发生火灾时能立即将其画面、音响切换到应急广播和应急疏散指示状态。

8.4.5 各种灯具距离窗帘、幕布、布景等可燃物不应小于0.50 m。

8.4.6 场所内严禁使用明火进行表演或燃放各类烟花。

8.4.7 营业时间内和营业结束后,应指定专人进行消防安全检查,清除烟蒂等遗留火种,关闭电源。

8.5 学校

8.5.1 图书馆、教学楼、实验楼和集体宿舍的疏散走道不应设置弹簧门、旋转门、推拉门等影响安全疏散的门。疏散走道、疏散楼梯间不应设置卷帘门、栅栏等影响安全疏散的设施。

8.5.2 集体宿舍值班室应配置灭火器、喊话器、消防过滤式自救呼吸器、对讲机等消防器材。

8.5.3 集体宿舍严禁使用蜡烛、酒精炉、煤油炉等明火器具;使用蚊香等物品时,应采取保护措施或与可燃物保持一定的距离。

8.5.4 宿舍内不应卧床吸烟和乱扔烟蒂。

8.5.5 建筑内设置的垃圾筒(箱)应采用不燃材料制作,并设置在周围无可燃物的位置。

8.5.6 宿舍内严禁私自接拉电线,严禁使用电炉、电取暖、热得快等大功率电器设备,每间集体宿舍均应设置用电过载保护装置。

8.5.7 集体宿舍应设置醒目的消防安全标志。

8.6 医院的门诊楼、病房楼,老年人照料设施、托儿所、幼儿园及儿童活动场所

8.6.1 严禁违规储存、使用易燃易爆危险品,严禁吸烟和违规使用明火。

8.6.2 严禁私拉乱接电气线路、超负荷用电,严禁使用非医疗、护理、保教保育用途大功率电器。

8.6.3 门诊楼、病房楼的公共区域以及病房内的明显位置应设置安全疏散指示图,指示图上应标明疏散路线、疏散方向、安全出口位置及人员所在位置和必要的文字说明。

8.6.4 病房楼内的公共部位不应放置床位和留置过夜,不得放置可燃物和设置影响人员安全疏散的障碍物。

8.6.5 病房内氧气瓶应及时更换,不应积存。采用管道供氧时,应经常检查氧气管道的接口、面罩等,发现漏气应及时修复或更换。

8.6.6 病房楼内的氧气干管上应设置手动紧急切断气源的装置。供氧、用氧设备及其检修工具不应沾染油污。

8.6.7 重症监护室应自成一个相对独立的防火分区,通向该区的门应采用甲级防火门。

8.6.8 病房、重症监护室宜设置开敞式的阳台或凹廊。

8.6.9 护士站内存放的酒精、乙酸等易燃、易爆危险物品应由专人负责,专柜存放,并应存放在阴凉通风处、远离热源、避免阳光直射。

8.6.10 老年人照料设施、托儿所、幼儿园及儿童活动场所的厨房、烧水间应单独设置或采用耐火极限不低于2.00 h的防火隔墙与其他部位分隔,墙上的门、窗应采用乙级防火门、窗。

8.7 体育场馆、展览馆、博物馆的展览厅等场所

8.7.1 举办活动时,应制定相应的消防应急预案,明确消防安全责任人;大型演出或比赛等活动期间,配电房、控制室等部位应安排专人值守。活动现场应配备齐全消防设施,并有专人操作。

8.7.2 场馆内的灯光疏散指示标志的规格不应小于0.85 m×0.30 m。

8.7.3 需要搭建临时建筑时,应采用燃烧性能不低于B_1级的材料。临时建筑与周围建筑的间距不应小于6.0 m。临时建筑应根据活动人数满足安全出口数量、宽度及疏散距离等安全疏散要求,配备相应消防器材,有条件的可设置临时消防设施。

8.7.4 展厅等场所内的主要疏散通道应直通安全出口,其宽度不应小于5.0 m,其他疏散通道的宽度不应小于3.0 m。疏散通道的地面应设置明显标识。

8.7.5 布展时,不应进行电气焊等动火作业;必须进行动火作业时,动火现场应安排专人监护并采取相应的防护措施。

8.7.6 展览馆内设置的餐饮区域,应相对独立,不应使用明火。

8.8 人员密集的生产加工车间、员工集体宿舍

8.8.1 生产车间内应保持疏散通道畅通,通向疏散出口的主要疏散通道的宽度不应小于2.0 m,其他疏散通道的宽度不应小于1.5 m,且地面上应设置明显的标示线。

8.8.2 车间内中间仓库的储量不应超过一昼夜的使用量。生产过程中的原料、半成品、成品,应按火灾危险性分类集中存放,机电设备周围0.5 m范围内不得放置可燃物。消防设施周围,不得设置影响其正常使用的障碍物。

8.8.3 生产加工中使用电熨斗等电加热器具时,应固定使用地点,并采取可靠的防火措施。

8.8.4 应按操作规程定时清除电气设备及通风管道上的可燃粉尘、飞絮。

8.8.5 不应在生产加工车间、员工集体宿舍内擅自拉接电气线路、设置炉灶。员工集体宿舍应符合下列要求:
   a) 人均使用面积不应小于$4.0\ m^2$;
   b) 宿舍内的床铺不应超过2层;
   c) 每间宿舍的使用人数不应超过12人;
   d) 房间隔墙的耐火极限不应低于1.00 h,且应砌至梁、板底;
   e) 内部装修应采用燃烧性能不低于B_1级的材料。

9 灭火和应急疏散预案编制和演练

9.1 预案

9.1.1 人员密集场所应根据人员集中、火灾危险性较大和重点部位的实际情况,按照GB/T 38315制订有针对性的灭火和应急疏散预案。

9.1.2 预案内容应包括下列内容:
   a) 单位的基本情况,火灾危险分析;
   b) 火灾现场通信联络、灭火、疏散、救护、保卫等应由专门机构或专人负责,并明确各职能小组的负责人、组成人员及各自职责;
   c) 火警处置程序;
   d) 应急疏散的组织程序和措施;
   e) 扑救初起火灾的程序和措施;
   f) 通信联络、安全防护和人员救护的组织与调度程序、保障措施。

9.2 组织机构

9.2.1 人员密集场所应成立由消防安全责任人或消防安全管理人负责的火灾事故应急指挥机构,担负消防救援队到达之前的灭火和应急疏散指挥职责。

9.2.2 人员密集场所应成立由当班的消防安全管理人、部门主管人员、消防控制室值班人员、保安人员、志愿消防队员及其他在岗的从业人员组成的职能小组,接受火灾事故应急指挥机构的指挥,承担灭

火和应急疏散各项职责。职能小组设置和职责分工如下：
   a) 通信联络组：负责与消防安全责任人和当地消防救援机构之间的通信和联络；
   b) 灭火行动组：发生火灾，立即利用消防器材、设施就地扑救火灾；
   c) 疏散引导组：负责引导人员正确疏散、逃生；
   d) 防护救护组：协助抢救、护送伤员；阻止与场所无关人员进入现场，保护火灾现场，协助消防救援机构开展火灾调查；
   e) 后勤保障组：负责抢险物资、器材器具的供应及后勤保障。

9.3 预案实施程序

确认发生火灾后，应立即启动灭火和应急疏散预案，并同时开展下列工作：
—— 向消防救援机构报火警；
—— 各职能小组执行预案中的相应职责；
—— 组织和引导人员疏散，营救被困人员；
—— 使用消火栓等消防器材、设施扑救初起火灾；
—— 派专人接应消防车辆到达火灾现场；
—— 保护火灾现场，维护现场秩序。

9.4 预案的宣贯和完善

9.4.1 人员密集场所应定期组织员工和承担有灭火、疏散等职责分工的相关人员熟悉灭火和应急疏散预案，并通过预案演练，逐步修改完善。遇人员变动或其他情况，应及时修订单位灭火和应急疏散预案。

9.4.2 大型多功能公共建筑、地铁和建筑高度大于 100 m 的公共建筑等，应根据需要邀请有关专家对灭火和应急疏散预案进行评估、论证。

9.5 消防演练

9.5.1 目的

9.5.1.1 检验各级消防安全责任人、各职能组和有关工作人员对灭火和应急疏散预案内容、职责的熟悉程度。

9.5.1.2 检验人员安全疏散、初起火灾扑救、消防设施使用等情况。

9.5.1.3 检验在紧急情况下的组织、指挥、通信、救护等方面的能力。

9.5.1.4 检验灭火应急疏散预案的实用性和可操作性。

9.5.2 组织

9.5.2.1 宾馆、商店、公共娱乐场所，应至少每半年组织一次消防演练；其他场所，应至少每年组织一次。

9.5.2.2 选择人员集中、火灾危险性较大和重点部位作为消防演练的目标，每次演练应选择不同的重点部位作为消防演练目标，并根据实际情况，确定火灾模拟形式。

9.5.2.3 消防演练方案可报告当地消防救援机构，邀请其进行业务指导。

9.5.2.4 在消防演练前，应通知场所内的使用人员积极参与；消防演练时，应在建筑入口等明显位置设置"正在消防演练"的标志牌，避免引起公众慌乱。

9.5.2.5 消防演练开始后，各职能小组应按照计划实施灭火和应急疏散预案。

9.5.2.6 在模拟火灾演练中，应落实火源及烟气的控制措施，防止造成人员伤害。

9.5.2.7 大型多功能公共建筑、地铁和建筑高度大于 100 m 的公共建筑等，应适时与当地消防救援队伍组织联合消防演练。

9.5.2.8 演练结束后,应及时进行总结,并做好记录。

10 火灾事故处置与善后

10.1 建筑发生火灾后,应立即启动灭火和应急疏散预案,组织建筑内人员立即疏散,并实施火灾扑救。

10.2 建筑发生火灾后,应保护火灾现场。消防救援机构划定的警戒线范围是火灾现场保护范围;尚未划定时,应将火灾过火范围以及与发生火灾有关的部位划定为火灾现场保护范围。

10.3 不应擅自进入火灾现场或移动火场中的任何物品。

10.4 未经消防救援机构同意,不应擅自清理火灾现场。

10.5 火灾事故相关人员应主动配合接受事故调查,如实提供火灾事故情况,如实申报火灾直接财产损失。

10.6 火灾调查结束后,应总结火灾事故教训,及时改进消防安全管理。

附 录 A
（资料性）
防火巡查记录表格

防火巡查记录表示例见表 A.1。

表 A.1 防火巡查记录表示例

巡查人员：

序号	部位[a]	时间	存在问题	备注
1				
2				
3				
4				
5				
6				
7				
8				
9				
10				

[a] 防火巡查至少包括下列内容：
a) 用火、用电有无违章情况；
b) 安全出口、疏散通道是否畅通，有无锁闭；安全疏散指示标志、应急照明是否完好；
c) 常闭式防火门是否保持常闭状态，防火卷帘下是否堆放物品；
d) 消防设施、器材是否在位、完整有效，消防安全标志是否完好清晰；
e) 消防安全重点部位的人员在岗情况；
f) 消防车通道是否畅通；
g) 其他消防安全情况。

附 录 B
（资料性）
防火检查记录表格

防火检查记录表示例见表 B.1。

表 B.1 防火检查记录表示例

检查人员：　　　　　　　　　　　　　　　　　　　　　　　　　　　检查时间：

序号	部位 a	存在问题	备注
1			
2			
3			
4			
检查情况			

a 防火检查至少包括下列内容：
　a） 消防车通道、消防车登高操作场地、消防水源；
　b） 安全疏散通道、疏散走道、楼梯，安全出口及其疏散指示标志、应急照明；
　c） 消防安全标志的设置情况；
　d） 灭火器材配置及完好情况；
　e） 楼板、防火墙和竖井孔洞的封堵情况；
　f） 建筑消防设施运行情况；
　g） 消防控制室值班情况、消防控制设备运行情况和记录；
　h） 用火、用电有无违规违章情况；
　i） 消防安全重点部位的管理；
　j） 微型消防站设置、值班值守情况，以及人员、装备配置情况；
　k） 防火巡查落实情况和记录；
　l） 火灾隐患的整改以及防范措施的落实情况；
　m） 消防安全重点部位人员以及其他员工消防知识的掌握情况。

参 考 文 献

[1] GB 50028—2006(2020年版) 城镇燃气设计规范
[2] GB 50058—2014 爆炸危险环境电力装置设计规范
[3] GB 50098—2009 人民防空工程设计防火规范
[4] GB 50156—2012(2014年版) 汽车加油加气站设计与施工规范
[5] GB 50160—2008(2018年版) 石油化工企业设计防火标准
[6] GB 50166—2019 火灾自动报警系统施工及验收规范
[7] 中华人民共和国消防法(2019年4月23日第十三届全国人民代表大会常务委员会第十次会议修正)
[8] 公共娱乐场所消防安全管理规定(公安部令第39号,1999年)
[9] 机关、团体、企业、事业单位消防安全管理规定(公安部令第61号,2001年)
[10] 消防监督检查规定(公安部令第120号,2012年)

ICS 13.220.01
CCS C 81

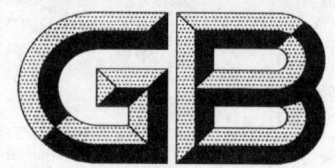

中华人民共和国国家标准

GB/T 16838—2021
代替 GB/T 16838—2005

消防电子产品环境试验方法及严酷等级

Environmental test and severities for fire electronic products

2021-08-20 发布

2022-03-01 实施

国家市场监督管理总局
国家标准化管理委员会 发布

GB/T 16838—2021

目　次

前言	177
1 范围	178
2 规范性引用文件	178
3 术语和定义	179
4 总则	179
4.1 一般要求	179
4.2 消防电子产品的安全完整性等级(FSIL)	179
4.3 严酷等级分类	179
4.4 试验的分类	179
4.5 试验项目	180
5 试验及严酷等级	180
5.1 高温(运行)试验	180
5.2 高温(耐久)试验	181
5.3 低温(运行)试验	182
5.4 低温(耐久)试验	183
5.5 恒定湿热(运行)试验	183
5.6 恒定湿热(耐久)试验	184
5.7 交变湿热(运行)试验	185
5.8 交变湿热(耐久)试验	186
5.9 二氧化硫(SO_2)腐蚀(耐久)试验	187
5.10 冲击(运行)试验	188
5.11 碰撞试验	188
5.12 振动(正弦)(运行)试验	190
5.13 振动(正弦)(耐久)试验	191
5.14 自由跌落试验	192
5.15 长霉试验	193
5.16 盐雾试验	195
5.17 沙尘试验	197
5.18 水试验	197
5.19 电压波动抗扰度试验	198
5.20 电压暂降、短时中断和电压变化的抗扰度试验	199
5.21 静电放电抗扰度试验	199
5.22 射频电磁场辐射抗扰度试验	201
5.23 电快速瞬变脉冲群抗扰度试验	201
5.24 浪涌(冲击)抗扰度试验	202
5.25 射频场感应的传导骚扰抗扰度试验	203
5.26 工频磁场抗扰度试验	204

5.27 交流电源端口谐波、谐间波及电网信号的低频抗扰度试验 ………………………………… 205

附录A（规范性） 消防电子产品安全完整性等级的评估 …………………………………………… 206

　A.1 消防电子产品的整体安全生命周期 …………………………………………………………… 206

　A.2 硬件安全完整性等级评估 ……………………………………………………………………… 207

　A.3 软件安全完整性等级评估 ……………………………………………………………………… 208

附录B（规范性） 试验要求附图 ……………………………………………………………………… 210

前 言

本文件按照 GB/T 1.1—2020《标准化工作导则 第 1 部分：标准化文件的结构和起草规则》的规定起草。

本文件代替 GB/T 16838—2005《消防电子产品环境试验方法及严酷等级》，与 GB/T 16838—2005相比，除结构调整和编辑性改动外，主要技术变化如下：
- ——将严酷等级的分类由原来的 4 个级别改为 5 个级别（见 4.3.1，2005 年版的 3.3）；
- ——修改了高温（运行）试验、高温（耐久）试验、低温（运行）试验、低温（耐久）试验、恒定湿热（运行）试验、恒定湿热（耐久）试验、交变湿热（运行）试验、交变湿热（耐久）试验、水试验、电压波动抗扰度试验、电压暂降、短时中断和电压变化的抗扰度试验、静电放电抗扰度试验、射频电磁场辐射抗扰度试验、电快速瞬变脉冲群抗扰度试验、浪涌（冲击）抗扰度试验和射频场感应的传导骚扰抗扰度试验（见 5.1～5.8、5.18～5.25，2005 年版的 4.1～4.8、4.14～4.19 和 4.21）；
- ——新增了对消防电子产品安全完整性等级的要求（见 4.2）；
- ——新增了自由跌落试验、长霉试验、盐雾试验、沙尘试验、工频磁场抗扰度试验、交流电源端口谐波、谐间波及电网信号的低频抗扰度试验项目（见 5.14、5.15、5.16、5.17、5.26、5.27）。

本文件由中华人民共和国应急管理部提出。

本文件由全国消防标准化技术委员会（SAC/TC 113）归口。

本文件起草单位：应急管理部沈阳消防研究所、吉林省消防救援总队、北京利达华信电子有限公司、首安工业消防有限公司、英宏消防技术（福建）有限公司。

本文件主要起草人：仝瑞涛、郭锐、李海涛、王宇行、郭金龙、赵宇、王艳娥、刘美华、朱峰、陈洪颖、李伟刚、李鑫。

本文件及其所代替文件的历次版本发布情况为：
- ——1997 年首次发布为 GB 16838—1997，2005 年第一次修订；
- ——本次为第二次修订。

消防电子产品环境试验方法及严酷等级

1 范围

本文件规定了消防电子产品的环境试验方法、严酷等级及功能安全要求。

本文件适用于各类消防电子产品。对于特殊场所使用的消防电子产品,如采用比本文件更为严酷的环境试验条件,除试验参数另行规定外,试验方法亦可参照本文件。

2 规范性引用文件

下列文件中的内容通过文中的规范性引用而构成本文件必不可少的条款。其中,注日期的引用文件,仅该日期对应的版本适用于本文件;不注日期的引用文件,其最新版本(包括所有的修改单)适用于本文件。

GB/T 2423.1—2008 电工电子产品环境试验 第2部分:试验方法 试验A:低温
GB/T 2423.2—2008 电工电子产品环境试验 第2部分:试验方法 试验B:高温
GB/T 2423.3—2016 环境试验 第2部分:试验方法 试验Cab:恒定湿热试验
GB/T 2423.4—2008 电工电子产品环境试验 第2部分:试验方法 试验Db:交变湿热(12 h+12 h循环)
GB/T 2423.7—2018 环境试验 第2部分:试验方法 试验Ec:粗率操作造成的冲击(主要用于设备型样品)
GB/T 2423.16—2008 电工电子产品环境试验 第2部分:试验方法 试验J及导则:长霉
GB/T 2423.18—2012 环境试验 第2部分:试验方法 试验Kb:盐雾,交变(氯化钠溶液)
GB/T 2423.19—2013 环境试验 第2部分:试验方法 试验Kc:接触点和连接件的二氧化硫试验
GB/T 2423.37—2006 电工电子产品环境试验 第2部分:试验方法 试验L:沙尘试验
GB/T 2423.38—2008 电工电子产品环境试验 第2部分:试验方法 试验R:水试验方法和导则
GB/T 4208—2017 外壳防护等级(IP代码)
GB/T 17626.2—2018 电磁兼容 试验和测量技术 静电放电抗扰度试验
GB/T 17626.3—2016 电磁兼容 试验和测量技术 射频电磁场辐射抗扰度试验
GB/T 17626.4—2018 电磁兼容 试验和测量技术 电快速瞬变脉冲群抗扰度试验
GB/T 17626.5—2019 电磁兼容 试验和测量技术 浪涌(冲击)抗扰度试验
GB/T 17626.6—2017 电磁兼容 试验和测量技术 射频场感应的传导骚扰抗扰度
GB/T 17626.8—2006 电磁兼容 试验和测量技术 工频磁场抗扰度试验
GB/T 17626.11—2008 电磁兼容 试验和测量技术 电压暂降、短时中断和电压变化的抗扰度试验
GB/T 17626.13—2006 电磁兼容 试验和测量技术 交流电源端口谐波、谐间波及电网信号的低频抗扰度试验
GB/T 17626.14—2005 电磁兼容 试验和测量技术 电压波动扰抗扰度试验
GB/T 20438.1—2017 电气/电子/可编程电子安全相关系统的功能安全 第1部分:一般要求
GB/T 20438.3—2017 电气/电子/可编程电子安全相关系统的功能安全 第3部分:软件要求

3 术语和定义

本文件没有需要界定的术语和定义。

4 总则

4.1 一般要求

消防电子产品应根据使用环境和应用场所进行分类,确定其在耐受各类环境试验影响的严酷等级,及其在特定场合应用时所需达到的安全完整性等级(FSIL)。

4.2 消防电子产品的安全完整性等级(FSIL)

4.2.1 消防电子产品根据其使用要求可分为四个安全完整性等级,其等级划分等同于 GB/T 20438.1—2017 中的规定。其中,安全完整性等级最高为 4(FSIL4),安全完整性等级最低为 1(FSIL1)。

4.2.2 消防电子产品的安全完整性分为硬件安全完整性和软件安全完整性两部分,仅当硬件安全完整性和软件安全完整性均满足安全完整性等级要求时,方能声称该消防电子产品的安全完整性等级满足本文件要求。

4.2.3 为满足消防电子产品所在的安全相关系统的功能安全要求,生产者应根据应用场所确定其所需达到的安全完整性等级,并进行相应的安全完整性评估。

4.2.4 对消防电子产品安全完整性等级的评估应满足附录 A 的要求。

4.3 严酷等级分类

4.3.1 根据产品类型及安装使用地区和场所将消防电子产品按照下列要求划分为 0、Ⅰ、Ⅱ、Ⅲ 和 Ⅳ 五个等级:
  a) 安装、使用在建筑内和类似场合的报警控制、联动、指示设备和供电设备等产品划为 0 级或 Ⅰ 级;
  b) 安装、使用在建筑内和类似场合的各类火灾参数探测器、警报器、触发器件、模块等产品划为 Ⅱ 级;
  c) 安装、使用在半封闭式场馆、隧道等类似场合以及环境影响比较严重的场合的产品划为 Ⅲ 级;
  d) 安装、使用在户外以及环境影响严重场合的产品和车用、船用及便携式产品划为 Ⅳ 级。

4.3.2 对于每一项环境试验,消防电子产品可根据产品类型及安装、使用场所选择合适的试验方法和严酷等级。

4.4 试验的分类

4.4.1 环境试验分为运行试验和耐久试验。

4.4.2 运行试验用来确定消防电子产品在环境试验条件下是否满足功能要求,目的是检验产品在使用环境中正常工作的能力和验证产品在这种环境下的适应能力。产品在其试验过程中,均处于正常工作状态。

4.4.3 耐久试验是为了加速正常使用环境条件对消防电子产品的影响,考核试验环境对产品在非工作状态下产生的残留影响(非瞬时影响),目的是验证产品长时间承受使用环境的能力。

注:虽然在耐久试验过程中试验样品处于不通电状态,但可为样品提供短暂记忆存储器备用电池,以保障在试验过程中存储器的内容不丢失。

4.5 试验项目

4.5.1 试验项目见表1,试验要求附图按照附录B进行。

4.5.2 消防电子类产品应根据产品的特点和应用场合,从中选择合适的试验项目和严酷等级。其中,应用在石油化工领域等工业环境的消防电子产品应至少进行表1中的5.1、5.3、5.5、5.7、5.9~5.12、5.15~5.17、5.19~5.25等试验;车用、船用、便携式消防电子产品应至少进行表1中的5.1~5.13、5.14(便携式产品)、5.15~5.18等试验;应用在户外的消防电子产品应至少进行5.1~5.9、5.16~5.18等试验。

表 1 试验项目

运行试验		耐久试验	
章条号	试验项目	章条号	试验项目
5.1	高温(运行)试验	5.2	高温(耐久)试验
5.3	低温(运行)试验	5.4	低温(耐久)试验
5.5	恒定湿热(运行)试验	5.6	恒定湿热(耐久)试验
5.7	交变湿热(运行)试验	5.8	交变湿热(耐久)试验
5.10	冲击(运行)试验	5.9	二氧化硫(SO_2)腐蚀(耐久)试验
5.11	碰撞试验	5.13	振动(正弦)(耐久)试验
5.12	振动(正弦)(运行)试验	5.14	自由跌落试验
5.18	水试验	5.15	长霉试验
5.19	电压波动抗扰度试验	5.16	盐雾试验
5.20	电压暂降、短时中断和电压变化的抗扰度试验	5.17	沙尘试验
5.21	静电放电抗扰度试验		
5.22	射频电磁场辐射抗扰度试验		
5.23	电快速瞬变脉冲群抗扰度试验		
5.24	浪涌(冲击)抗扰度试验		
5.25	射频场感应的传导骚扰抗扰度试验		
5.26	工频磁场抗扰度试验		
5.27	交流电源端口谐波、谐间波及电网信号的低频抗扰度试验		

5 试验及严酷等级

5.1 高温(运行)试验

5.1.1 目的

确定消防电子产品在高温环境下使用的适应性。

5.1.2 要求

5.1.2.1 试验程序按 GB/T 2423.2—2008 的规定进行。

5.1.2.2 散热试验样品应按照 GB/T 2423.2—2008 的试验 Be 要求，采用温度渐变方式进行试验，将试验样品放入温度为试验室温度的试验箱中，给试验样品通电使其处于正常工作状态，调节试验箱内温度至规定的严酷等级温度，达到稳定后，保持至规定的持续时间；非散热试验样品应按照 GB/T 2423.2—2008 的试验 Bb 要求，采用温度渐变方式进行试验，将试验样品放入温度为试验室温度的试验箱中，调节试验箱内温度至规定的严酷等级温度，达到稳定后给试验样品通电使其处于正常工作状态，在该高温条件下保持至规定的持续时间。当规定的试验持续时间结束时，试验样品应保持在试验箱内，然后将温度下降至试验标准条件的温度偏差范围内。试验箱内的温度变化应不超过 1 ℃/min（不超过 5 min 时间的平均值）。恢复时间应足以使温度达到稳定，至少应达到 1 h。

5.1.2.3 中间检测通常在条件试验结束时进行。最后检测宜在恢复期结束后进行。对某些类型的产品（例如感温、感烟火灾探测器等）允许其性能检测在特定的标准检验设备中进行。

5.1.3 严酷等级

高温（运行）试验的严酷等级应满足表 2 的要求。

表 2 高温（运行）试验严酷等级

分级	0 和 Ⅰ		Ⅱ		Ⅲ 和 Ⅳ	
温度 ℃	40±2		55±2		70±2	
持续时间 h	2[a]	16[b]	2[a]	16[b]	2[a]	16[b]
[a] 持续时间 2 h 适用于小件试验样品，小件试验样品通常为体积小的产品，如探测器类产品。						
[b] 持续时间 16 h 适用于大件试验样品，大件试验样品通常为体积大的产品，如控制器类产品。						

5.1.4 设备

试验设备应符合 GB/T 2423.2—2008 的相关规定。

5.2 高温（耐久）试验

5.2.1 目的

确定消防电子产品长时间在高温环境下运输、放置或贮存的适应性。

5.2.2 要求

5.2.2.1 试验程序按 GB/T 2423.2—2008 的规定进行。

5.2.2.2 按照 GB/T 2423.2—2008 的试验 Bb 要求，采用温度渐变方式进行试验。在试验过程中，试验样品处于非通电状态。将试验样品放入温度为试验室温度的试验箱中，调节试验箱内温度至规定的严酷等级温度，达到稳定后，在该高温条件下保持至规定的持续时间。当规定的试验持续时间结束时，试验样品应保持在试验箱内，然后将温度下降至试验标准条件的温度偏差范围内。试验箱内温度变化应不超过 1 ℃/min（不超过 5 min 时间的平均值）。恢复时间应足以使温度达到稳定，至少应持续 1 h。

5.2.2.3 中间检测通常在条件试验结束时进行。最后检测宜在恢复期结束后进行。对某些类型的产品(例如感温、感烟火灾探测器等)允许其性能检测在特定的标准检验设备中进行。

5.2.3 严酷等级

高温(耐久)试验的严酷等级应满足表3的要求。

表 3 高温(耐久)试验严酷等级

分级	0 和 I	II	III 和 IV
温度 ℃	不试验	55±2	70±2
持续时间 d		14	14

5.2.4 设备

试验设备应符合 GB/T 2423.2—2008 的相关规定。

5.3 低温(运行)试验

5.3.1 目的

确定消防电子产品在低温环境下使用的适应性。

5.3.2 要求

5.3.2.1 试验程序按 GB/T 2423.1—2008 中规定进行。

5.3.2.2 散热试验样品应按照 GB/T 2423.1—2008 的试验 Ae 要求,采用温度渐变方式进行试验,将试验样品放入温度为试验室温度的试验箱中,给试验样品通电使其处于正常工作状态,调节试验箱内温度至规定的严酷等级温度,达到稳定后,保持至规定的持续时间;非散热试验样品应按照 GB/T 2423.1—2008 的试验 Ab 要求,采用温度渐变方式进行试验,将试验样品放入温度为试验室温度的试验箱中,调节试验箱内温度至规定的严酷等级温度,达到稳定后,给试验样品通电使其处于正常工作状态,在该低温条件下保持至规定的持续时间。当规定的试验持续时间结束时,试验样品应保留在试验箱内,然后将温度慢慢升至试验标准条件的温度偏差范围内。试验箱内的温度变化应不超过 1 ℃/min(不超过 5 min 时间的平均值)。恢复时间应足以使温度达到稳定,至少应持续 1 h。

5.3.2.3 中间检测通常在条件试验结束时进行。最后检测宜在恢复期结束后进行。对某些类型的产品(例如感温、感烟火灾探测器等)允许其性能检测在特定的标准检验设备中进行。

5.3.3 严酷等级

低温(运行)试验的严酷等级应满足表4的要求。

表 4 低温(运行)试验严酷等级

分级	0	I 和 II	III	IV
温度 ℃	−5±2	−10±2	−25±2	−40±2

表 4（续）

持续时间 h	2^a	16^b	2^a	16^b	2^a	16^b	2^a	16^b
^a 持续时间 2 h 适用于小件试验样品。 ^b 持续时间 16 h 适用于大件试验样品。								

5.3.4 设备

试验设备应符合 GB/T 2423.1—2008 的相关规定。

5.4 低温(耐久)试验

5.4.1 目的

确定消防电子产品长时间在低温环境下运输、放置或贮存的适应性。

5.4.2 要求

5.4.2.1 试验程序按 GB/T 2423.1—2008 中规定进行。

5.4.2.2 按照 GB/T 2423.1—2008 的试验 Ab 要求，采用温度渐变方式进行试验。在试验过程中，试验样品处于非通电状态。将试验样品放入温度为试验室温度的试验箱中，调节试验箱内温度至规定的严酷等级温度，达到稳定后在该低温条件下保持至规定的持续时间。当规定的试验持续时间结束时，试验样品应保留在试验箱内，然后将温度慢慢升至试验标准条件的温度偏差范围内。试验箱内温度变化应不超过 1 ℃/min(不超过 5 min 时间的平均值)。恢复时间应足以使温度达到稳定，至少应持续 1 h。

5.4.2.3 中间检测通常在条件试验结束时进行。最后检测宜在恢复期结束后进行。对某些类型的产品（例如感温、感烟火灾探测器等）允许其性能检测在特定的标准检验设备中进行。

5.4.3 严酷等级

低温(耐久)试验的严酷等级应满足表 5 的要求。

表 5 低温(耐久)试验严酷等级

分级	0、Ⅰ和Ⅱ	Ⅲ和Ⅳ
温度 ℃	−25±2	−40±2
持续时间 h	72	72

5.4.4 设备

试验设备应符合 GB/T 2423.1—2008 的相关规定。

5.5 恒定湿热(运行)试验

5.5.1 目的

确定消防电子产品在高温度、高湿度环境下使用的适应性。

5.5.2 要求

5.5.2.1 试验方法按 GB/T 2423.3—2016 中规定进行。

5.5.2.2 将试验样品放入试验箱内，试验箱和试验样品均处于标准大气环境条件下。给试验样品通电使其处于正常工作状态，调节试验箱内温度，使其达到所要求的严酷等级规定的温度值。调节温度时，温度变化速率不应超过 1 ℃/min，温度稳定的平均时间不超过 5 min，且在这一过程中不应产生试验样品凝露现象（可以通过不提高试验箱内的绝对湿度来避免试验样品产生凝露）。温度稳定后的 2 h 内，通过调整试验箱内的湿度达到规定的试验严酷等级。待试验箱内温度和相对湿度达到规定值并稳定后，开始计算试验持续时间。

5.5.2.3 试验后应进行恢复，恢复条件为在试验结束后 0.5 h 内将相对湿度降到 (75±2)%，在之后的 0.5 h 内将温度调节到试验室温度，且温度容差为 ±1 ℃。恢复时间应足以使温度达到稳定，至少应持续 1 h。

5.5.2.4 在条件试验过程中试验样品应接通电源并处于正常工作状态。中间检测通常在条件试验结束时进行。最后检测宜在恢复期结束后进行。

5.5.3 严酷等级

恒定湿热（运行）试验的严酷等级应满足表 6 的要求。

表 6 恒定湿热（运行）试验严酷等级

分级	0 和 Ⅰ	Ⅱ 和 Ⅲ	Ⅳ
温度 ℃	40±2	不试验[a]	不试验[b]
相对湿度 %	93±3		
持续时间 d	4		
[a] 对于等级 Ⅱ 和 Ⅲ 的产品一般不采用恒定湿热（运行）试验，通常采用交变湿热（运行）试验，若不合适，可采用等级 Ⅰ 的试验条件。			
[b] 对于等级 Ⅳ 的产品一般不采用恒定湿热（运行）试验，可采用交变湿热（运行）试验。			

5.5.4 设备

试验设备应符合 GB/T 2423.3—2016 的相关规定。

5.6 恒定湿热（耐久）试验

5.6.1 目的

确定消防电子产品长时间在高温度、高湿度环境下运输、放置或贮存的适应性。

5.6.2 要求

5.6.2.1 试验方法按 GB/T 2423.3—2016 中规定进行。

5.6.2.2 将试验样品放入试验箱内，试验箱和试验样品均处于标准大气环境条件下，试验样品处于非通电状态。调节试验箱内温度，使其达到所要求的严酷等级规定的温度值。调节温度期间，温度变化的速率不超过 1 ℃/min,温度稳定的平均时间不超过 5 min,且在这一过程中不应产生试验样品凝露现象。温度稳定后的 2 h 内,调整试验箱内相对湿度达到规定的试验严酷等级。待试验箱内温度和相对湿度达到规定值并稳定后,开始计算试验持续时间。

5.6.2.3 试验后应按照 5.5.2.3 的规定进行恢复。

5.6.2.4 在条件试验过程中试验样品应处于非通电状态。中间检测通常在条件试验结束时进行。最后检测宜在恢复期结束后进行。

5.6.3 严酷等级

恒定湿热(耐久)试验的严酷等级应满足表 7 的要求。

表 7 恒定湿热(耐久)试验严酷等级

分级	0、Ⅰ、Ⅱ、Ⅲ和Ⅳ
温度 ℃	40±2
相对湿度 %	93±3
持续时间 d	21

5.6.4 设备

试验设备应符合 GB/T 2423.3—2016 的相关规定。

5.7 交变湿热(运行)试验

5.7.1 目的

确定消防电子产品在高湿度与温度循环变化组合且通常会在试验样品表面产生凝露的环境下使用的适应性。

5.7.2 要求

5.7.2.1 试验方法按 GB/T 2423.4—2008 中规定进行。

5.7.2.2 将试验样品放入试验箱,将试验箱温度调至(25±3)℃,并保持到试验样品达到温度稳定为止。达到温度稳定期间,其相对湿度应在规定的试验用标准大气条件的限值内。试验样品在试验箱内稳定之后,箱内相对湿度应升到不小于 95%,环境温度为(25±3)℃。如图 B.1 所示,本阶段温度和湿度在图中阴影区域的界限内。

5.7.2.3 连续进行 2 次如下 24 h 的循环。

　　a) 箱内温度 3 h±30 min 之内升到规定的高温值,其升温速率应保持在图 B.2a)和图 B.2b)中阴影区域的界限内。该阶段的相对湿度应不小于 95%,最后 15 min 内的相对湿度应不小于 90%。

　　b) 温度应保持在规定的高温限值±2 ℃,直至从循环开始的 12 h±30 min 为止,本阶段最初和最后 15 min 内相对湿度应在 90%～100%,其余时间的相对湿度应在(93±3)%。

　　c) 温度可按照以下给定的两种方法的一种降低。

1) 方法1[见图B.2a)]：

   温度应在3 h～6 h内降到(25±3)℃。在最初的1.5 h的降温速率按图B.2a)所示，在3 h±15 min内温度达到(25±3)℃。在最初的15 min相对湿度应不小于90%外，其余时间的相对湿度应不小于95%。

2) 方法2[见图B.2b)]：

   温度应在3 h～6 h内降到(25±3)℃，但没有方法1中最初1.5 h的附加要求。相对湿度应不小于80%。

d) 温度应保持在(25±3)℃，同时相对湿度不小于95%，直至24 h一个循环结束。

5.7.2.4 试验后的恢复应在受控恢复条件进行(见图B.3)。在试验结束1 h内将试验箱内相对湿度降低到(75±2)%，在随后的1 h内将试验箱内温度调整到试验室温度±1 ℃；试验样品也可以在试验结束后转移到另一个试验箱按照受控的恢复条件进行恢复，转移时间不应超过10 min；恢复时间从符合恢复条件时开始计算，持续1 h～2 h。

5.7.2.5 在条件试验过程中试验样品应接通电源并处于正常工作状态。中间检测通常在条件试验结束后立即进行。最后检测宜在恢复期结束后马上进行。

5.7.3 严酷等级

交变湿热(运行)试验的严酷等级应满足表8的要求。

表8 交变湿热(运行)试验严酷等级

分级	0和Ⅰ	Ⅱ和Ⅲ	Ⅳ
温度 ℃	不试验[a]	40[b]±2	55±2
循环周期		2	2

[a] 对于等级0和Ⅰ的产品一般不采用交变湿热(运行)试验，可采用恒定湿热(运行)试验。
[b] 对于等级Ⅱ和Ⅲ的产品不适合采用交变湿热(运行)试验时，可采用恒定湿热(运行)试验。

5.7.4 设备

试验设备应符合GB/T 2423.4—2008的相关规定。

5.8 交变湿热(耐久)试验

5.8.1 目的

确定消防电子产品在高湿度与温度循环变化组合且通常会在试验样品表面产生凝露的条件下运输、放置或贮存的适应性。

5.8.2 要求

5.8.2.1 试验方法按GB/T 2423.4—2008的规定进行。

5.8.2.2 把试验样品放置在试验箱，将试验箱温度调至(25±3)℃，并保持至试验样品达到温度稳定为止。达到温度稳定期间，其相对湿度应在规定的试验用标准大气条件的限值内。试验样品在试验箱内稳定之后，箱内的相对湿度应升到不小于95%，环境温度为(25±3)℃。

5.8.2.3 连续进行6次符合5.7.2.3规定的24 h循环。

5.8.2.4 试验后应按照5.7.2.4的规定进行恢复。

5.8.2.5 在条件试验过程中试验样品处于非通电状态。性能检测宜在恢复期结束后立即进行。

5.8.3 严酷等级

交变湿热(耐久)试验的严酷等级应满足表9的要求。

表9 交变湿热(耐久)试验严酷等级

分级	0、Ⅰ和Ⅱ	Ⅲ和Ⅳ
温度 ℃	不试验[a]	55±2
循环周期		6

[a] 对于等级0、Ⅰ和Ⅱ的产品一般不采用交变湿热(耐久)试验,可采用恒定湿热(耐久)试验。

5.8.4 设备

试验设备应符合GB/T 2423.4—2008的相关规定。

5.9 二氧化硫(SO_2)腐蚀(耐久)试验

5.9.1 目的

确定消防电子产品承受大气污染之一二氧化硫气体腐蚀作用的能力。

5.9.2 要求

5.9.2.1 试验方法按GB/T 2423.19—2013的规定进行。

5.9.2.2 试验条件要保持试验样品表面温度在露点以上。在条件试验过程中样品处于非通电状态。

5.9.2.3 试验后,试验样品立即置于温度为(40±2)℃、相对湿度小于50%的条件下干燥16 h,然后在正常大气条件下恢复1 h~2 h,恢复期结束后进行性能检测。

5.9.3 严酷等级

二氧化硫(SO_2)腐蚀(耐久)试验的严酷等级应满足表10的要求。试验样品可根据产品特性选取相对湿度为(75±5)%或(93±3)%的试验条件。

表10 二氧化硫(SO_2)腐蚀(耐久)试验严酷等级

分级	0	Ⅰ、Ⅱ、Ⅲ和Ⅳ	
二氧化硫含量 10^{-6}(体积比)		25±5	
温度 ℃	不试验	25±2	
相对湿度 %		75±5	93±3
持续时间 d		21	

5.9.4 设备

试验设备应符合 GB/T 2423.19—2013 及表10的规定。

5.10 冲击(运行)试验

5.10.1 目的

确定消防电子产品承受实际使用环境中可能发生的机械冲击的能力。

5.10.2 要求

将试验样品直接紧固或通过夹具紧固刚性安装在冲击试验台上,使试验样品处于正常工作状态。启动冲击试验台,对质量为 m(单位为 kg)的试验样品,以峰值加速度为 $(100-20 \times m) \times 10 \text{ m/s}^2$,脉冲持续时间为 6 ms 的半正弦波脉冲,对试验样品3个相互垂直的轴线中每个方向连续冲击3次,总计18次。在条件试验过程中观察试验样品的状态。性能检测在条件试验后进行。

5.10.3 严酷等级

冲击试验的严酷等级应满足表11的要求。在表11中,m 为试验样品的质量,单位为 kg。本试验适用于质量 $m \leqslant 4.75$ kg 的试验样品,当试验样品质量 $m > 4.75$ kg 时,不进行该项试验。

表 11 冲击试验严酷等级

分级	0	Ⅰ、Ⅱ、Ⅲ和Ⅳ
脉冲波形的类型	不试验	半正弦波
脉冲持续时间 ms		6
峰值加速度 m/s²		$(100-20 \times m) \times 10$
冲击方向数		6
每个方向冲击数		3

5.10.4 设备

试验设备应符合表11中的规定。

5.11 碰撞试验

5.11.1 目的

确定消防电子产品承受正常使用环境中可能发生的对其表面产生机械碰撞的能力。

5.11.2 要求

5.11.2.1 试验采用两种不同的试验方法。

5.11.2.2 方法A是利用一只摆动锤头对试验样品进行碰撞试验,对试验样品边缘产生瞬间的冲击作用,适用于安装在天棚或墙面小件试验样品(例如探测器、报警按钮等)。将试验样品按其正常的工作位置安装在试验设备的刚性水平安装板上(见图B.4),并使样品处于正常工作状态,试验样品在试验前应至少通电 15 min。

5.11.2.3 调整碰撞试验设备,使锤头碰撞面的中心能够从水平方向碰撞试验样品,并对准试验样品最易遭受破坏的部位进行碰撞。性能检测宜在条件试验后进行。

5.11.2.4 方法 B 是利用一只半球形的锤子对试验样品各裸露面进行碰撞试验,适用于控制与显示类产品(例如火灾报警控制器、消防电气控制装置、火灾显示盘等)。

5.11.2.5 按正常工作的要求,使试验样品处于正常工作状态。对试验样品表面上每个易损部件(如指示灯、显示器等)施加三次碰撞。在进行试验时要小心进行,以确保上一组(三次)碰撞结果不对后续各组碰撞结果产生影响,在认为可能产生影响时,不考虑发现的缺陷,取一新的试验样品,在同一位置重新进行试验。性能检测宜在条件试验后进行。

5.11.3 严酷等级

碰撞试验(试验方法 A)的严酷等级应满足表 12 的要求。碰撞试验(试验方法 B)的严酷等级应满足表 13 的要求。

表 12 碰撞试验(试验方法 A)严酷等级

分级	0、Ⅰ、Ⅱ、Ⅲ和Ⅳ
碰撞能量 J	1.9±0.1
锤速 m/s	1.5±0.125
每个方向碰撞次数	1

表 13 碰撞试验(试验方法 B)严酷等级

分级	0、Ⅰ、Ⅱ、Ⅲ和Ⅳ
碰撞能量 J	0.5±0.04
每点碰撞次数	3

5.11.4 设备

5.11.4.1 试验方法 A

5.11.4.1.1 试验设备(见图 B.4)主体是一个摆锤机构。摆锤的锤头由硬质铝合金 $AlCu_4SiMg$(经固溶、时效处理)制成,外形为具有一个斜碰撞面的六面体。锤头的摆杆固定在带球轴承的钢轮毂上,球轴承装在硬钢架的固定钢轴上。硬钢架的结构应保证在未安装试验样品时能够使摆锤自由旋转。

5.11.4.1.2 锤头的外形尺寸为长 94 mm、宽 76 mm、高 50 mm。锤头斜切面与锤头纵轴之间的夹角为 60°±1°,锤头的摆杆外径为(25±0.1)mm,壁厚为(1.6±0.1)mm。

5.11.4.1.3 锤头的纵轴距旋转轴线的径向距离为 305 mm,锤头的摆杆轴线要保证与旋转轴线垂直。外径为 102 mm、长为 200 mm 的钢轮毂同心组装在直径为 25 mm 的钢轴上。钢轴直径的精度取决于所用的轴承尺寸公差。

5.11.4.1.4 在钢轮毂与摆杆相对的方向上装有两个外径为 20 mm、长为 185 mm 的钢质配重臂,其伸出长度为 150 mm。在两个配重臂上装一个位置可调的配重块,以便使锤头与配重臂平衡。在钢轮毂的一端上装一个厚为12 mm、直径为150 mm的铝合金滑轮,在滑轮上缠绕一条缆绳,缆绳的一端固定在滑轮上,另一端系上工作重锤。

5.11.4.1.5 安装试验样品的水平安装板由钢架支撑着。安装板可以上下调整,以便使锤头的碰撞面中心从水平方向碰撞试验样品,如图B.4所示。在使用试验设备时,首先要按图B.4调整试验样品和安装板的位置,调好后,把安装板卡紧在钢架上,然后摘下工作重锤通过调整配重块平衡摆锤机构。调整平衡后,把摆杆拉到水平位置上,系上工作重锤,当摆锤机构释放时,工作重锤将使锤头旋转$(3\pi/2)$rad碰撞试验样品。工作重锤的质量m为$(0.388/3\pi r)$kg,其中:r为滑轮的有效半径,当r为75 mm时,工作重锤质量约为0.55 kg,锤头质量约为0.79 kg。

5.11.4.2 试验方法B

5.11.4.2.1 由弹簧操纵的碰撞试验仪器如图B.5所示。该仪器由三个主要部分组成:主体、碰撞件及装卸和释放弹簧的圆锥体。主体包括机壳、碰撞件导引器、释放机构和所有刚性固定部分。碰撞件包括锤头、锤轴和球形旋塞捏手。

5.11.4.2.2 锤头形状为半球形,半径为10 mm,采用聚酰胺材料制成。锤头被固定在锤轴上,当碰撞件在释放点时,从锤头顶到圆锥体碰撞面的距离的近似值为表14中弹簧的压缩值。

表14 弹簧压缩值

碰撞前的动能 J	弹簧压缩的大约值 mm
0.20±0.02	13
0.35±0.03	17
0.50±0.04	20
0.70±0.05	24
1.20±0.05	28
注:碰撞前的动能E(单位为J)的近似值由下面的公式计算: $E = 0.5 F \cdot C \times 10^{-3}$ 式中: F——弹簧被压缩时所受的力,单位为牛顿(N); C——锤弹簧被压缩的值,单位为毫米(mm)。	

5.11.4.2.3 当释放夹片在释放碰撞件的点上时,圆锥体弹簧受力约为5 N。调节释放机构弹簧以便它们具有刚好足够的压力来保持释放夹片在预定的位置上。释放碰撞件所需的压力不能超过10 N。

5.11.4.2.4 锤轴、锤头的结构及锤弹簧的调节应达到如下效果,在锤头顶经过碰撞面前约1 mm时,锤弹簧已经释放了它的所有势能。

5.11.4.2.5 在其碰撞前的最后1 mm的运行中,碰撞件只有动能,没有势能。此外,锤头顶经过碰撞面之后,若没有其他干扰,碰撞件至少再自由运行8 mm。

5.12 振动(正弦)(运行)试验

5.12.1 目的

确定消防电子产品在使用环境中对振动的适应性。

5.12.2 要求

5.12.2.1 将试验样品按正常安装方式刚性安装在振动试验台上,使同方向的重力作用和其使用时一样

(重力影响可忽略时除外),其中的一个轴线应垂直于试验样品的正常安装平面。试验样品在上述安装方式下可放于任何高度。

5.12.2.2 振动应在试验样品的三个互相垂直的轴线上依次进行。在条件试验过程中试验样品应接通电源并处于正常工作状态。对每个规定的功能方式(例如正常工作状态、火灾报警状态或故障状态)施加给定频率范围(最小—最大—最小)的扫描循环,性能检测在条件试验结束之后进行。

5.12.2.3 对于需要在使用场所现场组装的试验样品,可根据实际情况考虑是否进行试验。

5.12.2.4 振动(正弦)(运行)试验可与振动(正弦)(耐久)试验结合进行,以使试验样品在每一轴线进行运行试验后进行耐久试验,然后进行性能检测。

5.12.3 严酷等级

振动(正弦)(运行)试验的严酷等级应满足表15的要求。试验样品可根据产品特性选取定位移或定加速度(或两者都要求)的幅值。

表 15 振动(正弦)(运行)试验严酷等级

分级	0 和 Ⅰ	Ⅱ 和 Ⅲ	Ⅳ
频率范围 Hz	10～150	10～150	10～150
加速度幅值 m/s²	1 或 5	5 或 10	20
位移幅值 mm	0.15	0.15	0.15
轴线数	3	3	3
扫频速率 oct/min	1	1	1
每个功能状态、每个轴线上扫频循环数	1	1	1

5.12.4 设备

试验设备应符合5.12.2和表15的规定。

5.13 振动(正弦)(耐久)试验

5.13.1 目的

确定消防电子产品长时间承受振动影响的能力。

5.13.2 要求

5.13.2.1 将试验样品刚性安装在振动试验台上,使同方向的重力作用和其使用时一样(重力影响可忽略时除外),其中的一个轴线应垂直于试验样品的正常安装平面。试验样品在上述安装方式下可放于任何高度。

5.13.2.2 振动将在试验样品三个相互垂直的轴线上依次进行。

5.13.2.3 在条件试验过程中试验样品处于非通电状态。性能检测在条件试验结束后进行。

5.13.2.4 振动(正弦)(耐久)试验可与振动(正弦)(运行)试验结合进行,以使试验样品在每一轴线进行运行试验后进入耐久试验,然后进行性能检测。

5.13.3.5 对于需要在使用场所现场组装的试验样品,可根据实际情况考虑是否进行试验。

5.13.3 严酷等级

振动(正弦)(耐久)试验的严酷等级应满足表16的要求。试验样品可根据产品特性选取定位移或定加速度(或两者都要求)的幅值。

表16 振动(正弦)(耐久)试验严酷等级

分级	0和Ⅰ	Ⅱ和Ⅲ	Ⅳ
频率范围 Hz	10～150	10～150	10～150
加速度幅值 m/s²	5	10	20
位移幅值 mm	0.15	0.15	0.15
轴线数	3	3	3
扫频速率 oct/min	1	1	1
每个功能状态、每个轴线上扫频循环数	20	20	20

5.13.4 设备

试验设备应符合5.13.2和表16的规定。

5.14 自由跌落试验

5.14.1 目的

确定消防电子产品承受自由跌落的能力。

5.14.2 要求

5.14.2.1 试验方法按照GB/T 2423.7—2018中自由跌落(方法1)的规定进行。

5.14.2.2 在试验过程中试验样品应处于非通电工作状态,试验表面应是混凝土或钢制成的平滑、坚硬且保持水平的刚性表面。

5.14.2.3 跌落高度是指试验样品在跌落前悬挂着的时候,试验表面与离它最近的样品部位之间的高度。

5.14.2.4 释放试验样品的方法是使试验样品从悬挂着的位置自由跌落。

5.14.2.5 试验后进行试验样品的外观、机械性能和功能检测。

5.14.3 严酷等级(见表17)

自由跌落试验的严酷等级应满足表17的要求。质量为50 kg及以上的试验样品不进行该项试验。

表17 自由跌落试验严酷等级

分级	0	Ⅰ、Ⅱ、Ⅲ和Ⅳ		
跌落高度 mm	不试验	1 000	500	200
跌落次数		2	2	2
试验样品质量 kg		<1	<10	<50

5.14.4 设备

试验设备应符合GB/T 2423.7—2018的相关规定。

5.15 长霉试验

5.15.1 目的

确定消防电子产品在潮湿的长霉条件下贮存及使用的适应性。

5.15.2 要求

5.15.2.1 试验方法按照GB/T 2423.16—2008中规定的试验方法1进行。试验方法1不适用的情况下,可以考虑采用GB/T 2423.16—2008中规定的试验方法2。

5.15.2.2 采用的试验菌种见表18,表中列出每种菌种预期的侵染性能以供参考。不管试验样品的性质如何,混合悬浮液应该使用所有这些菌种孢子。菌种和冷冻干孢子应从已认可的真菌菌种保藏中心获取。将它们放在标有接种日期的容器里。菌种培养物充分形成孢子后,制备孢子悬浮液。大多数情况下,在(29±1)℃条件下经过7 d～14 d培养就可以形成孢子。

5.15.2.3 孢子悬浮液的制备:首先用无菌蒸馏水制备悬浮液,其中添加浓度为0.005%～0.01%的湿润剂,基于N-甲级牛磺酸或二辛基硫代丁二酸钠的溶剂比较合适。湿润剂中不应含有促进或抑制霉菌生长的物质。向各菌管缓慢加入含有湿润剂的无菌水10 mL。将铂丝或者镍铬丝在火焰上烧至赤红以消毒并冷却,用其轻轻刮菌种表面以释放出孢子。轻轻震荡液体以使孢子分散而不分离出菌丝碎片。将悬浮液通过无菌玻璃纤维薄层或者孔径为40 μm～100 μm的微过滤器过滤到一个无菌离心管。过滤后的孢子悬浮液离心分离后,去掉上层清液。用不少于10 mL的无菌蒸馏水将沉淀物再悬浮、离心。如此清洗孢子3次。

表18 试验菌种

序号	名称	菌种编号[a]	侵染性能
1	黑曲霉	ATCC 6275	许多材料
2	土曲霉	ATCC 10690	塑料
3	球毛壳霉	ATCC 6205	纤维素
4	树脂子囊霉	DSM 1203	碳氢化合物为主的润滑剂
5	宛氏拟青霉	ATCC 18502	塑料和皮革

表 18（续）

序号	名称	菌种编号[a]	侵染性能
6	绳状青霉	ATCC 36839	许多材料特别是织物
7	短帚霉	ATCC 36840	橡胶
8	绿色木霉	ATCC 9645	纤维素、织物以及塑料
[a] 有关菌种相应的中国微生物研究所菌种保藏号：黑曲霉 AS 3.3928、土曲霉 AS 3.3935、球毛壳霉 AS 3.963、宛氏拟青霉 AS 3.4253、绳状青霉 AS 3.3875、短帚霉 AS 3.3985、绿色木霉 AS 3.2942。			

5.15.2.4 试验方法1的准备：选用下列溶液稀释孢子沉淀物：如果试验样品要求外观检查，用表19中的无机盐溶液，但不含蔗糖；如果试验样品要求检查性能或测量电性能，则选用无菌蒸馏水。

5.15.2.5 用显微计数法或浊度法将孢子浓度稀释到 $1\times10^6/\text{mL} \sim 2\times10^6/\text{mL}$ 之间。按照相关接种规程，将相同体积的单一孢子溶液混合制备成最终孢子接种悬浊液。采用无机盐溶液配制的要在 45 h 内使用，无菌蒸馏水配制的要求在 6 h 内使用。喷洒接种要制备 100 mL；浸渍或涂刷接种要制备 500 mL。

5.15.2.6 试验方法2的准备：根据对照条（见5.15.2.7）用营养溶液稀释孢子沉淀物，调整孢子浓度到 $1\times10^6/\text{mL} \sim 2\times10^6/\text{mL}$。按照相关接种规程，将相同体积的单一孢子溶液混合制备成最终孢子接种悬浮液。孢子接种悬浮液要求在 6 h 内使用。

5.15.2.7 对照条：对照条由白色滤纸或未经处理棉织品制成。制备对照条的营养液成分见表19。在 20 ℃下营养液 pH 值应为 6.0～6.5，如果有需要可以用 0.01 mol 的 NaOH 溶液调节，然后放在高压蒸汽锅中 (120 ± 1) ℃下灭菌 20 min。对照条用营养液浸泡，接种前，从营养液中取出、滴干。

表 19 制备对照条的营养液成分

试剂	浓度/(g/L)	试剂	浓度/(g/L)
磷酸二氢钾（KH_2PO_4）	0.7	氯化钾（KCl）	0.5
磷酸氢二钾（K_2HPO_4）	0.3	硫酸亚铁（$FeSO_4 \cdot 7H_2O$）	0.01
硫酸镁（$MgSO_4 \cdot 7H_2O$）	0.5	蔗糖	30.0
硝酸钠（$NaNO_3$）	2.0		

5.15.2.8 喷洒接种应使用医疗护理用超声雾化器，并与接种箱安全柜连接。

5.15.2.9 给小件试验样品接种时，应采用带盖子的、能够放置或悬挂样品及对照装置的玻璃或者塑料容器。容器的大小和形状应保证底部有足够敞露的水表面积，以保持容器内的相对湿度大于90%。悬挂放置应保证放置的试验样品不浸在水中或溅到水滴。将容器放入试验箱中以培养样品和对照条，试验箱内整个工作空间温度应均匀保持在 28 ℃～30 ℃ 范围内。控温器运作引起的温度周期循环变化不应超过 1 ℃/h。

5.15.2.10 给大件试验样品接种时，应采用具有良好密封门的湿度试验箱，以防止箱内和试验室之间的空气交换。整个工作空间的相对湿度应保持在大于90%，不应有冷凝水从试验箱顶部或壁上滴到样品和对照条上。整个工作空间温度应均匀保持在 28 ℃～30 ℃ 范围内。控温器运行引起的温度周期循环变化不应超过 1 ℃/h。为了使整个工作空间达到规定的均匀的温度和湿度，可以使箱内空气强迫循环，样品表面的空气流速不应超过 1 m/s。

5.15.2.11 在接种前,样品应当在温度(29±1)℃、相对湿度90%～100%的条件下至少贮存4 h。

5.15.2.12 培养条件为温度(29±1)℃、相对湿度90%～100%。对于小件试验样品,接种后将试验样品和3个对照条分开间距放置在容器内,并把容器放在培养箱中;阴性对照样品应放置在与存放试验样品的容器相同但无菌的容器中,不放置对照条,并将容器放在培养箱中。对于容器不能容纳的大件试验样品,接种以后将对照条和试验样品一起放在培养箱中,阴性对照样品应放置在单独专用、经过消毒的试验箱中。

容器或湿度箱在下列情况下打开:
—— 7 d后检查对照条,确定孢子的活性及培养条件;
—— 每7 d为容器提供一次氧气,直至规定的培养周期结束;
—— 目测,进行中间检查。

开放时间不宜超过5 min。培养7 d后,在每个对照条上用肉眼应观察到不同霉菌的生长。否则该试验无效,需要重新开始。

5.15.2.13 试验期间,试验样品处于非通电状态。条件试验后进行试验样品的外观和性能检测。

5.15.3 严酷等级

长霉试验方法1的严酷等级应满足表20的要求。

表20 长霉试验严酷等级(试验方法1)

分级	0和Ⅰ	Ⅱ[a]	(Ⅲ和Ⅳ)[b]
培养周期 d	不试验	28	28或56

[a] 可根据产品的使用环境确定是否进行试验。
[b] 可根据产品的特点和相关规范的要求选择不同的培养周期。

长霉试验方法2的严酷等级应满足表21的要求。

表21 长霉试验严酷等级(试验方法2)

分级	0和Ⅰ	Ⅱ[a]、Ⅲ和Ⅳ
培养周期 d	不试验	28

[a] 可根据产品的使用环境确定是否进行试验。

5.15.4 设备

试验设备应符合GB/T 2423.16—2008的规定。

5.16 盐雾试验

5.16.1 目的

确定消防电子产品在含盐大气条件下使用的适应性。

5.16.2 要求

5.16.2.1 试验方法按照GB/T 2423.18—2012中规定进行。

5.16.2.2 盐溶液：试验所用的盐应是高品质的氯化钠(NaCl)，干燥时，碘化钠的含量不超过0.1%，杂质的总含量不超过0.3%。盐溶液的质量分数应为(5±1)%。溶液应通过以下的方法制备，将质量为(5±1)份的盐溶解在质量为95份的蒸馏水或者去离子水中。盐溶液的pH值在温度为(20±2)℃时应在6.5~7.2之间。条件试验时，pH值应维持在该范围内。在保证氯化钠浓度的前提下，可以使用稀盐酸或者氢氧化钠溶液调节pH值。每一批新配置的溶液都应测量pH值。喷雾用过的盐溶液不应重复使用。

5.16.2.3 气源：进入喷雾装置的压缩空气应不含任何杂质，如油、灰尘等。要采取措施使压缩空气的湿度满足试验条件的要求。空气的压力应适用于产生细小、潮湿、密集的雾。为了防止盐沉积堵塞喷雾装置，推荐喷嘴处的空气相对湿度应不低于85%。一种可行的方法是让气流以非常小的气泡形式通过一个自动保持水位的水塔，水温不应低于试验箱的温度。空气压力应能调节，以保证试验对溶液收集率的要求。

5.16.2.4 预处理：要规定试验前对试验样品所采用的清洁程序，清洁方法不应影响盐雾对试验样品的作用，且不能引入任何的二次腐蚀。同时规定是否需要移除临时性表面保护层。试验前尽量避免用手接触试验样品表面。

5.16.2.5 条件试验：将试验样品放入盐雾箱，按照正常使用状态进行试验。试验样品之间不应有接触，也不能与其他金属部件接触。在试验箱温度为15 ℃~35 ℃下喷盐雾2 h。所有的暴露区域都应维持盐雾条件，用水平收集面积为80 cm² 的洁净器皿放置在暴露区域的任意一点，在收集周期内平均每小时收集量应在1.0 mL~2.0 mL溶液。至少应采用两个收集器，收集器应放置不受试验样品遮挡的位置，并避免搜集到各类冷凝水。为了得到精确的测量结果，在校准试验箱的喷雾速率时，喷雾周期不应少于8 h。每次喷雾周期结束后，将试验样品转移到湿热箱中贮存，贮存条件是：温度为(40±2)℃，相对湿度为(93±3)%，贮存时间按照表22中严酷等级的规定执行。

5.16.2.6 恢复：试验结束后，试验样品应在自来水下冲洗5 min，然后用蒸馏水或去离子水冲洗，然后晃动或者用气流干燥去掉水滴。清洗用水的温度不应超过35 ℃。试验样品应在标准恢复条件下放置不少于1 h，且不超过2 h。

5.16.2.7 条件试验期间，试验样品处于非通电状态，条件试验后进行试验样品的外观和性能检测。

5.16.3 严酷等级

盐雾试验的严酷等级应满足表22的要求。对于在海洋环境或在近海地区使用的产品宜选择168 h的湿热贮存周期时间进行试验，对于在含盐大气与干燥大气之间频繁交替使用的产品宜选择22 h的湿热贮存周期时间进行试验。选择22 h的湿热贮存周期时间进行试验时，试验循环周期结束后，有一个在试验用标准大气[温度(23±2)℃，相对湿度为45%~55%]下为期3 d的贮存周期，可以根据产品的特点选择该循环周期的重复次数为1、2、4或8。

表22 盐雾试验严酷等级

分级	0、Ⅰ和Ⅱ	Ⅲ和Ⅳ
喷雾周期	不试验	4
每个喷雾周期时间 h		2
湿热贮存周期		4
每个湿热贮存周期时间 h		168 或 22

5.16.4 设备

试验设备应符合 GB/T 2423.18—2012 中的规定。

5.17 沙尘试验

5.17.1 目的

确定消防电子产品的抵御灰尘的密封性能。

5.17.2 要求

5.17.2.1 试验方法按照 GB/T 2423.37—2006 中规定的方法 La2 进行。

5.17.2.2 试验用尘是干燥的非磨蚀性的细粉尘,能够通过筛孔为 75 μm,金属丝直径为 50 μm 的平面网状筛。本试验中可以使用滑石粉。试验用尘使用次数不应超过 20 次,应注意维持干燥以保持尘粉细度。使用前应在 80 ℃下烘干 2 h。试验用尘的数量至少为 2 kg/m³×V(试验箱体积)。

5.17.2.3 试验箱内的气流主要是自上而下的垂直气流,而非层流。气流速度应使尘在箱内均匀分布。

5.17.2.4 试验箱内的相对湿度应小于 25%,可以通过提高试验箱温度获得。

5.17.2.5 将试验样品放入试验箱,并按正常使用位置安装。所有开放的孔保持开放。如果包含多个样品,要注意样品间不接触,不互相遮挡尘。条件试验结束后,试验样品仍然保留在试验箱内直至尘全部沉降。

5.17.2.6 条件试验期间,试验样品处于非通电状态,条件试验后进行试验样品的目视检查和性能检测。

5.17.3 严酷等级

沙尘试验的严酷等级应满足表 23 的要求。

表 23 沙尘试验严酷等级

分级	0、Ⅰ和Ⅱ	Ⅲ和Ⅳ
气压	不试验	标准大气压
持续时间 h		8

5.17.4 设备

试验设备应符合 GB/T 2423.37—2006 中的相关规定。

5.18 水试验

5.18.1 目的

确定消防电子产品在使用环境中抵御水的性能。

5.18.2 要求

5.18.2.1 按照 GB/T 2423.38—2008 中规定进行。

5.18.2.2 在条件试验过程中试验样品处于不通电状态。条件试验后立即进行性能检测,并对试验样品的任何注水口进行检查。

5.18.2.3 对于冲水试验,试验期间,将试验样品安放在正常工作位置,完全裸露。水雾从垂直方向及与垂直方向成60°夹角方向向试验样品喷注。图B.6和图B.7为两种试验设备的试验简图,可任选其中一种进行试验。图B.6为固定式雨淋试验设备。进行试验时,试验样品与喷孔之间的最小距离不大于200 mm,水流量为1.8 L/min,可用流量计测量,试验时间为5 min,将试验样品水平转动90°,再继续进行5 min。图B.7为手持式雨淋试验设备,且带有可移动的防护罩。进行试验时,试验样品与喷孔之间的最小距离为300 mm～500 mm,水流量为10 L/min,试验时间至少为5 min。

5.18.2.4 对于浸水试验,将试验样品完全浸入到水箱中为了便于发现泄漏,在水中可加入水溶性染料,如荧光素。浸水深度为0.15 m,持续时间为0.5 h。

5.18.3 严酷等级

本试验用于安装在户外、地面的产品或对防水有要求的其他产品。严酷等级及对应的防护要求按照GB/T 4208—2017的规定。

5.18.4 设备

试验设备应符合GB/T 2423.38—2008的相关规定。

5.19 电压波动抗扰度试验

5.19.1 目的

确定消防电子产品在公用和工业供电网络中使用遭受正和负的低幅值电压波动的适应性。

5.19.2 要求

5.19.2.1 按照GB/T 17626.14—2005中规定进行。

5.19.2.2 在条件试验过程中试验样品处于正常工作状态。对选定的严酷等级,顺序进行三次电压波动试验,每次电压波动序列的时间间隔最小为60 s的两倍。在起始电压为U_n(标称电压)、$U_n-10\%U_n$、$U_n+10\%U_n$这三种典型运行模式下均需进行试验。条件试验后进行性能检测。

5.19.2.3 对于三相供电的试验样品,同时对三相进行试验。

5.19.3 严酷等级

电压波动抗扰度试验的严酷等级应满足表24的要求。公用网络或其他轻骚扰网络的产品优先选择$\Delta U=8\%U_n$级别,工业网络优先选择$\Delta U=12\%U_n$级别。采用直流电压工作的产品不进行试验。

表24 电压波动抗扰度试验严酷等级

分级		0、Ⅰ、Ⅱ、Ⅲ和Ⅳ	
电压阶跃幅值	起始电压为U_n时		$\Delta U=\pm 8\%U_n$ $\Delta U=\pm 12\%U_n$
	起始电压为$U_n-10\%U_n$时		$\Delta U=+8\%U_n$ $\Delta U=+12\%U_n$
	起始电压为$U_n+10\%U_n$时		$\Delta U=-8\%U_n$ $\Delta U=-12\%U_n$

表 24（续）

分级	0、Ⅰ、Ⅱ、Ⅲ和Ⅳ
电压波动的重复周期 s	5
每周期的电压波动持续时间 s	2
每种起始电压的试验持续时间 min	2

5.19.4 设备

试验设备应符合 GB/T 17626.14—2005 的相关规定。

5.20 电压暂降、短时中断和电压变化的抗扰度试验

5.20.1 目的

确定与低压供电网络连接的消防电子产品对电压暂降、短时中断和电压变化的适应性。

5.20.2 要求

试验布置按照 GB/T 17626.11—2008 的规定进行。在条件试验过程中试验样品要接通电源并处于正常工作状态。条件试验后进行性能检测。按每一种选定的试验等级和持续时间组合，顺序进行三次跌落或中断试验，两次试验之间最小间隔 10 s，电源电压的突变发生在电压过零处（或优先选择 45°、90°、135°、180°、225°、270°和 315°），对于三相供电的试验样品，三相应同时进行试验。

5.20.3 严酷等级

电压暂降、短时中断和电压变化的抗扰度试验的严酷等级应满足表 25 的要求。

表 25 电压暂降、短时中断和电压变化的抗扰度试验严酷等级

分级	0、Ⅰ、Ⅱ、Ⅲ和Ⅳ		
电压等级（为参考电压的百分比） %	70	40	0
持续时间 周期	25	10	1

5.20.4 设备

试验设备应符合 GB/T 17626.11—2008 的规定。

5.21 静电放电抗扰度试验

5.21.1 目的

确定消防电子产品对带静电人员、物体接触引起的静电放电现象的适应性。

5.21.2 要求

5.21.2.1 试验配置遵循 GB/T 17626.2—2018 的规定。台式设备试验布置实例见图 B.8，落地式设备试验的布置见图 B.9，静电放电发生器输出电流波形见图 B.10，静电放电发生器电原理图见图 B.11，静电放电发生器的放电电极见图 B.12。

5.21.2.2 在条件试验过程中试验样品要接通电源并处于工作状态，条件试验后进行性能检测。

5.21.2.3 对试验样品直接施加的放电试验按以下要求进行。

——静电放电仅施加于操作人员正常使用试验样品时可能接触的点和面上。

——静电放电发生器应保持与实施放电的表面垂直。对试验样品的导电表面实施接触放电；对试验样品的绝缘表面实施空气放电。对于表面涂漆的情况，应采用以下的操作程序：如设备生产者未说明漆膜为绝缘层，则发生器的电极应穿入漆膜，以便与导电层接触。如生产者指明漆膜是绝缘层，则应只进行空气放电。

——试验应以单次放电的方式进行。在预选点上实施放电的时候，发生器的放电回路电缆应与受试设备的距离至少应保持 0.2 m，至少施加 10 次单次放电（最敏感的极性）。连续单次放电之间的时间间隔建议至少 1 s。

——在接触放电的情况下，放电电极的顶端应在操作放电开关之前接触受试设备。

——在空气放电的情况下，放电电极的圆形放电头应尽可能快地接近并触及受试设备（不要造成机械损伤）。每次放电之后，应将静电放电发生器的放电电极从受试设备移开，然后重新触发发生器，进行新的单次放电，这个程序应当重复直至放电完成为止。

5.21.2.4 对试验样品间接施加的放电试验按以下要求进行。

——对于放置于或安装在受试设备附近的物体放电，应采用静电放电发生器对耦合板接触放电的方式进行模拟。

——对于放置在受试设备下方的水平耦合板，放电时，放电电极的长轴与水平耦合板应处于同一平面，并与水平耦合板的边缘垂直。在距受试设备中心点对面的 0.1 m 处水平耦合板边缘，以最敏感的极性至少对水平耦合板施加 10 次单次放电（见图 B.8）。

——对于垂直耦合板，应将尺寸为 0.5 m×0.5 m 的耦合板平行于受试设备放置且保持 0.1 m 的距离，应对耦合板的一个垂直边的中心，以最敏感的极性至少施加 10 次单次放电。放电应施加在耦合板上，通过调整耦合板位置，使受试设备四面不同的位置都受到放电试验（见图 B.8、图 B.9）。

——安装后试验的配置遵循 GB/T 17626.2—2018 的规定。

5.21.3 严酷等级

静电放电抗扰度试验的严酷等级应满足表 26 的要求。

表 26 静电放电抗扰度试验严酷等级

分级	0、Ⅰ、Ⅱ、Ⅲ和Ⅳ
试验电压：接触放电 kV	6
空气放电 kV	8
每个试验点放电次数	10

5.21.4 设备

试验设备应符合 GB/T 17626.2—2018 的规定。

5.22 射频电磁场辐射抗扰度试验

5.22.1 目的

确定消防电子产品在辐射电磁场环境下工作的适应性。

5.22.2 要求

5.22.2.1 试验布置按 GB/T 17626.3—2016 的规定进行,图 B.13 为典型的试验设施举例。图 B.14 为落地式试验设备的试验布置图,图 B.15 为台式试验样品的试验布置图。

5.22.2.2 在条件试验过程中试验样品要接通电源并处于工作状态。条件试验后进行性能检测。

5.22.2.3 首先使试验样品的一面与均匀域平面重合,用 1 kHz 的正弦波对信号进行 80% 的幅度调制后,在 80 MHz~1 000 MHz 的频率范围内进行扫描。当需要时,可以暂停扫描以调整射频信号电平和振荡器波段开关和天线。扫频过程频率逐步增加,步长不超过前一频率的 1%。每一频率点上扫描驻留时间不应短于试验样品操作和反应所需时间,且不得短于 0.5 s。敏感点(如时钟频率)应个别考虑。

5.22.2.4 应对试验样品的四个面分别进行试验。试验样品能以不同方向(如垂直或水平)放置使用时,各个侧面均应试验。对试验样品的每一侧面要在发射天线的两种极化状态下进行试验,一次在天线垂直极化位置,一次在天线水平极化位置。

5.22.3 严酷等级

射频电磁场辐射抗扰度试验的严酷等级应满足表 27 的要求。采用无线通信及其他射频发射装置的产品或其他特殊场合使用的产品可根据其工作频段及特点扩大试验的频率范围为 0.8 GHz~6 GHz,并不要求试验在整个频率范围内连续进行。

表 27 射频电磁场辐射抗扰度试验严酷等级

分级	0、Ⅰ、Ⅱ、Ⅲ和Ⅳ
频率范围 MHz	80~1 000
场强 V/m	10

5.22.4 设备

试验设备应符合 GB/T 17626.3—2016 的规定。

5.23 电快速瞬变脉冲群抗扰度试验

5.23.1 目的

确定消防电子产品对感性负载瞬变产生的各种快速低能量脉冲干扰的适应性。

5.23.2 要求

5.23.2.1 在试验室进行的试验,试验配置遵循 GB/T 17626.4—2018 的规定。

5.23.2.2 图B.16为AC电源线试验用耦合/去耦网络,图B.17为其他外连接线试验用电容耦合夹,图B.18为50 Ω负载时单脉冲波形图,图B.19为一组脉冲波形图,图B.20为电瞬变脉冲发生器电原理图。

5.23.2.3 在条件试验过程中试验样品要接通电源并处于工作状态。条件试验后进行性能检测。

5.23.2.4 用图B.16所示耦合/去耦网络对试验样品的电源线施加规定的电压及频率的正负极性瞬变脉冲电压;用图B.17所示电容耦合夹对试验样品的其他外接线施加规定的电压及频率的正负极性瞬变脉冲电压,每300 ms施加瞬变脉冲电压15 ms,施加两次瞬变脉冲群电压的时间间隔为10 s。

5.23.3 严酷等级

电快速瞬变脉冲群抗扰度试验的严酷等级应满足表28的要求。工业用产品应选用表中的最大值进行试验。

表28 电快速瞬变脉冲群抗扰度试验严酷等级

分级	0、Ⅰ、Ⅱ、Ⅲ和Ⅳ	
重复频率 kHz	5 或 100	
试验电压峰值 kV	供电电源端口,保护接地(PE)	I/O(输入/输出)信号、数据和控制端口
	0.5	0.25
	1	0.5
	2	1
	4	2
极性	正、负	
施加电压次数	3	
每次脉冲群施加电压的时间 min	1	

5.23.4 设备

试验设备应符合GB/T 17626.4—2018的规定。

5.24 浪涌(冲击)抗扰度试验

5.24.1 目的

确定消防电子产品对开关和雷电瞬变过电压引起的单极性浪涌(冲击)的适应性。

5.24.2 要求

5.24.2.1 试验配置按GB/T 17626.5—2019的规定进行。

5.24.2.2 图B.21为交/直流线上电容耦合试验配置示例(线-线耦合),图B.22为交/直流线上电容耦合试验配置示例(线-地耦合),图B.23为交流线(三相)上电容耦合的试验配置示例(线L_3-线L_1耦合),图B.24为交流线(三相)上电容耦合的试验配置示例(线L_3-地耦合,信号发生器输出接地),图B.25为非屏蔽不对称互连线试验配置示例,图B.26、图B.27为非屏蔽对称工作线路试验配置示例。

5.24.2.3 在条件试验过程中试验样品应接通电源并处于工作状态。条件试验后进行性能检测。

5.24.2.4 按图 B.21～图 B.24 所示对试验样品的交/直流线分别施加浪涌脉冲,按图 B.25 对非屏蔽不对称互连线施加浪涌脉冲,按图 B.26、图 B.27 对非屏蔽对称工作线路施加浪涌脉冲。

5.24.2.5 在选定的点上施加浪涌脉冲至少五次正极性、五次负级性,浪涌脉冲重复率至少为每分钟一次。

5.24.2.6 按线-线和线-地的方式施加浪涌脉冲。进行线-地试验时,如果没有其他规定,试验电压需依次地加到每根线和地之间。

5.24.2.7 图 B.28 为试验过程中开路电压波形,图 B.29 为试验过程中短路电流波形。图 B.30 为组合波发生器电路原理图。

5.24.3 严酷等级

浪涌(冲击)抗扰度试验的严酷等级应满足表 29 的要求。试验样品可根据产品特性选取表中对应的开路电压进行试验,工业用产品宜选用表中开路电压的最大值进行试验。

表 29 浪涌(冲击)抗扰度试验严酷等级

分级	0、Ⅰ、Ⅱ、Ⅲ和Ⅳ	
	线-线	线-地
开路试验电压 kV	0.5	1.0
	1.0	2.0
	2.0	4.0

5.24.4 设备

试验设备应符合 GB/T 17626.5—2019 的规定。

5.25 射频场感应的传导骚扰抗扰度试验

5.25.1 目的

确定消防电子产品对来自 150 kHz～80 MHz 频率范围内射频发射机电磁骚扰的适应性。

5.25.2 要求

5.25.2.1 试验配置按 GB/T 17626.6—2017 的规定进行。

5.25.2.2 图 B.31 为单一试验样品试验布置图;图 B.32 为多单元系统的试验布置图。

5.25.2.3 条件试验过程中试验样品要接通电源并处于正常工作状态,在条件试验后进行性能检测。

5.25.2.4 按试验程序设定的信号电平在 150 kHz～80 MHz 频率范围内扫频,骚扰信号为 1 kHz 正弦波调幅,调制幅度为 80%。如果需要,暂停试验并调整射频信号电平或切换耦合装置。频率递增扫频时,步长不应超过开始频率的 1%。此后,步进的大小不应超过前一频率值的 1%。在每一频率上的驻留时间,不应少于受试设备所需的运行和响应时间,但不应低于 0.5 s。对于敏感频率(例如时钟频率)应单独进行分析。

5.25.3 严酷等级

射频场感应的传导骚扰抗扰度试验的严酷等级应满足表 30 的要求。试验样品可根据产品特性选取表中合适的电压进行试验,工业用产品宜选用表中的最大值进行试验。

表 30 射频场感应的传导骚扰抗扰度试验严酷等级

分级	0、Ⅰ、Ⅱ、Ⅲ和Ⅳ		
频率范围	150 kHz～80 MHz		
电压 dBμV (V)	120 (1)	129.5 (3)	140 (10)

5.25.4 设备

试验设备应符合 GB/T 17626.6—2017 的规定。

5.26 工频磁场抗扰度试验

5.26.1 目的

确定消防电子产品在使用环境中对工频磁场干扰的适应性。

5.26.2 要求

5.26.2.1 试验方法按照 GB/T 17626.8—2006 的规定进行。

5.26.2.2 试验室的电磁条件应能保证正确操作试验样品,而不致影响试验结果。否则,试验应在法拉第笼中进行。试验室的背景电磁场应至少比所选定的试验等级低 20 dB。

5.26.2.3 对于台式试验样品,试验应处于标准尺寸(1 m×1 m)的感应线圈产生的试验磁场中。随后感应线圈应旋转 90°,以使试验样品暴露在不同方向的试验磁场中。

5.26.2.4 对于立式试验样品,试验样品应处于适当大小的感应线圈所产生的试验磁场中,试验应通过移动感应线圈来重复进行,在每个正交方向对试验样品整体进行试验。试验以线圈最短的一边的 50% 为步长,沿试验样品的侧面将线圈移动到不同的位置重复进行。为使试验样品暴露在不同方向的试验磁场中,感应线圈应旋转 90°,按相同的程序进行试验。

5.26.2.5 条件试验过程中试验样品要接通电源并处于正常工作状态,在条件试验后进行性能检测。

5.26.3 严酷等级

工频磁场抗扰度试验的严酷等级应满足表 31 的要求。

表 31 工频磁场抗扰度试验严酷等级

分级	0和Ⅰ	Ⅱ	Ⅲ和Ⅳ
磁场强度 A/m	1	3	10 30[a]
[a] 剩余电流式电气火灾监控探测器或类似场合使用的产品应选用的等级。			

5.26.4 设备

试验设备应符合 GB/T 17626.8—2006 的规定。

5.27 交流电源端口谐波、谐间波及电网信号的低频抗扰度试验

5.27.1 目的

确定消防电子产品在使用环境中对低压电网（50 Hz）中的谐波干扰的适应性。

5.27.2 要求

5.27.2.1 试验方法按照 GB/T 17626.13—2006 的规定进行。

5.27.2.2 试验期间，扫频的幅值依赖于频率范围。频率扫描（模拟）或阶跃（数字）的速率不小于每10 倍频程 5 min，扫描中遇到的试验样品的性能异常的频率点以及所有的谐振点，应驻留，每个频率点的驻留时间至少为 120 s。谐振点的确定应在完成扫频试验时进行。

5.27.2.3 对于三相试验样品，谐波或谐间波畸变电压应同时施加在三相的线-中性点之间，并且每个线-中性点电压中的谐波应与相应的基波电压波形有相同的相位关系，即相互有120°相位移。本方法要求试验发生器的输出应有中性点，并且不应有不传输同极性的 3 的倍数次谐波的三相输出变压器。该方法不适用于无中性点连接的三相试验样品。

5.27.2.4 条件试验过程中试验样品要接通电源并处于正常工作状态，在条件试验后进行性能检测。

5.27.3 严酷等级

0 级、Ⅰ 级、Ⅱ 级产品采用 GB/T 17626.13—2006 规定的等级 2，Ⅲ 级和 Ⅳ 级产品采用 GB/T 17626.13—2006 规定的等级 3。

5.27.4 设备

试验设备应符合 GB/T 17626.13—2006 的规定。

附 录 A
（规范性）
消防电子产品安全完整性等级的评估

A.1 消防电子产品的整体安全生命周期

A.1.1 消防电子产品的整体安全生命周期见图 A.1。对消防电子产品安全完整性等级的评估应覆盖其整体生命安全周期的各个阶段。

A.1.2 生产者应规定能够有效执行消防电子产品整体安全生命周期各阶段所需的信息，这些信息应文档化。对文档的编制、执行、管理和控制等活动应满足 GB/T 20438.1—2017 第 5 章的要求。

A.1.3 消防电子产品在整体安全生命周期各个阶段的活动，如风险分析，确定安全完整性等级和执行标准，产品实现，安装和试运行，安全确认和测试，操作、维护和修理，修改和改型，以及退役或处置等均应满足 GB/T 20438.1—2017 第 7 章的要求。

A.1.4 消防电子产品应在功能安全评估前按实际使用状态组成完整系统或等效系统。

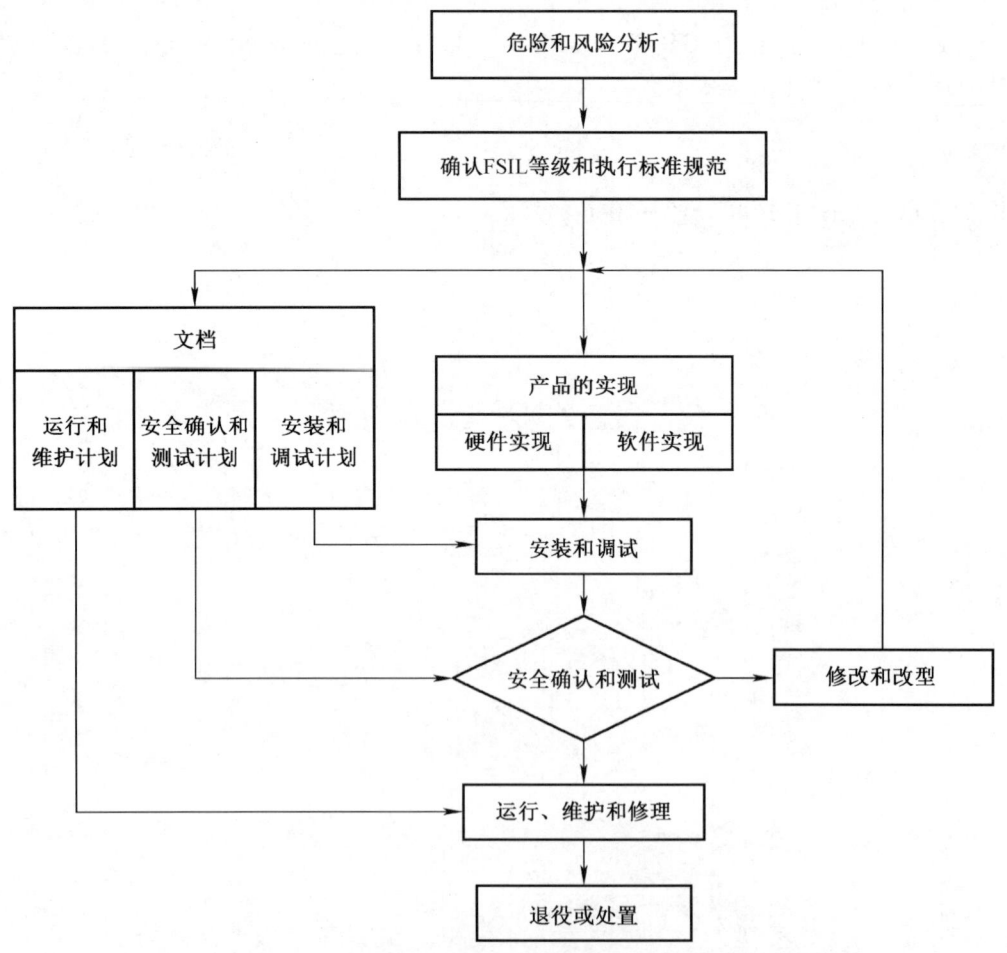

图 A.1 消防电子产品的整体安全生命周期

A.2 硬件安全完整性等级评估

A.2.1 流程

消防电子产品硬件安全完整性等级评估流程见图 A.2。

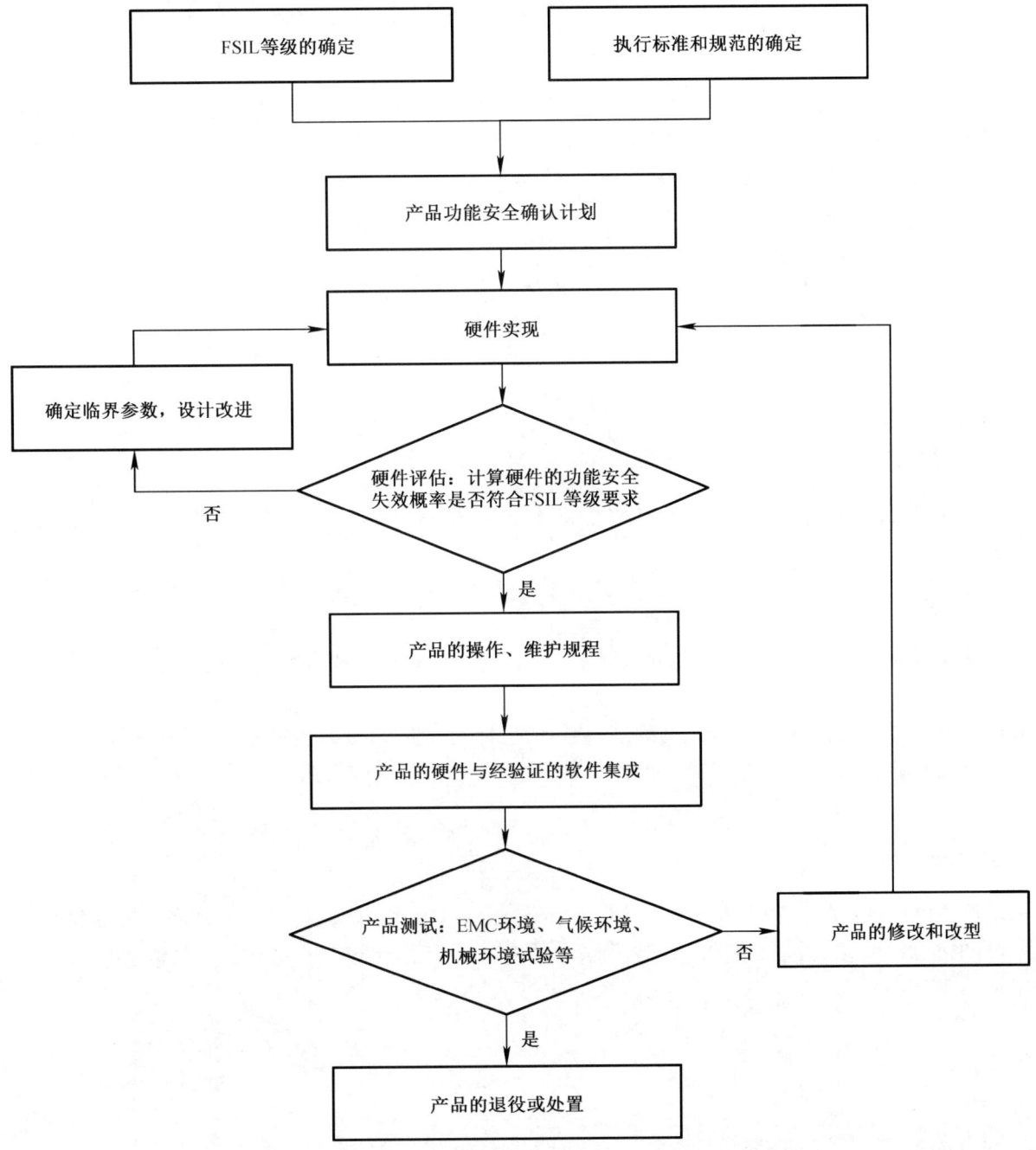

图 A.2 消防电子产品硬件安全完整性等级评估流程图

A.2.2 文件审核

应将所有能够保证消防电子产品的硬件实现并满足其功能安全要求的信息文档化。对文件的审核应覆盖消防电子产品硬件实现的各个阶段，如 FSIL 等级的确定，执行标准和规范的确定，功能安全确认计划的编制，产品硬件的实现，产品的操作、维护和修理，产品的修改和改型，以及产品的退役或处置等。文档的编制、执行、管理和控制等活动应满足 A.1.3 的要求。

A.2.3 硬件评估

按照 GB/T 20438.1—2017 的规定计算消防电子产品在低要求操作模式下的平均失效概率（PFDAVG），或在高要求或连续操作模式下的每小时危险失效概率（PFH），评估消防电子产品的硬件设计是否满足其声称的安全完整性等级（FSIL）的要求。

A.2.4 产品测试

消防电子产品应根据其产品标准进行性能测试。对于应用在特定场合的消防电子产品，还应根据其声称的安全完整性等级，确定其在耐受各类环境试验影响的严酷等级。

A.3 软件安全完整性等级评估

A.3.1 评估流程

如图 A.3 所示为消防电子产品软件安全完整性等级评估的流程图。软件安全完整性等级的评估分为文件审核和软件评估两部分。

A.3.2 文件审核

应将所有能够保证消防电子产品的软件实现并满足其功能安全要求的信息文档化。对文件的审核应覆盖消防电子产品软件实现的各个阶段，如软件功能安全要求的确定，软件结构的确定，软件与硬件的兼容性分析，软件验证和确认计划的编制，软件的设计和开发，验证或测试用软件的选择，软硬件的集成，软件的测试，功能安全的确认，软件的操作和维护等。文档的编制、执行、管理和控制等活动应满足 A.1.3 的要求。

A.3.3 软件评估

对消防电子产品的软件评估应符合 GB/T 20438.3—2017 的规定。软件设计和开发所采用的技术，软件的集成、测试、验证、维护和修改所采取的措施均应符合 GB/T 20438.3—2017 中附录 A 的规定。

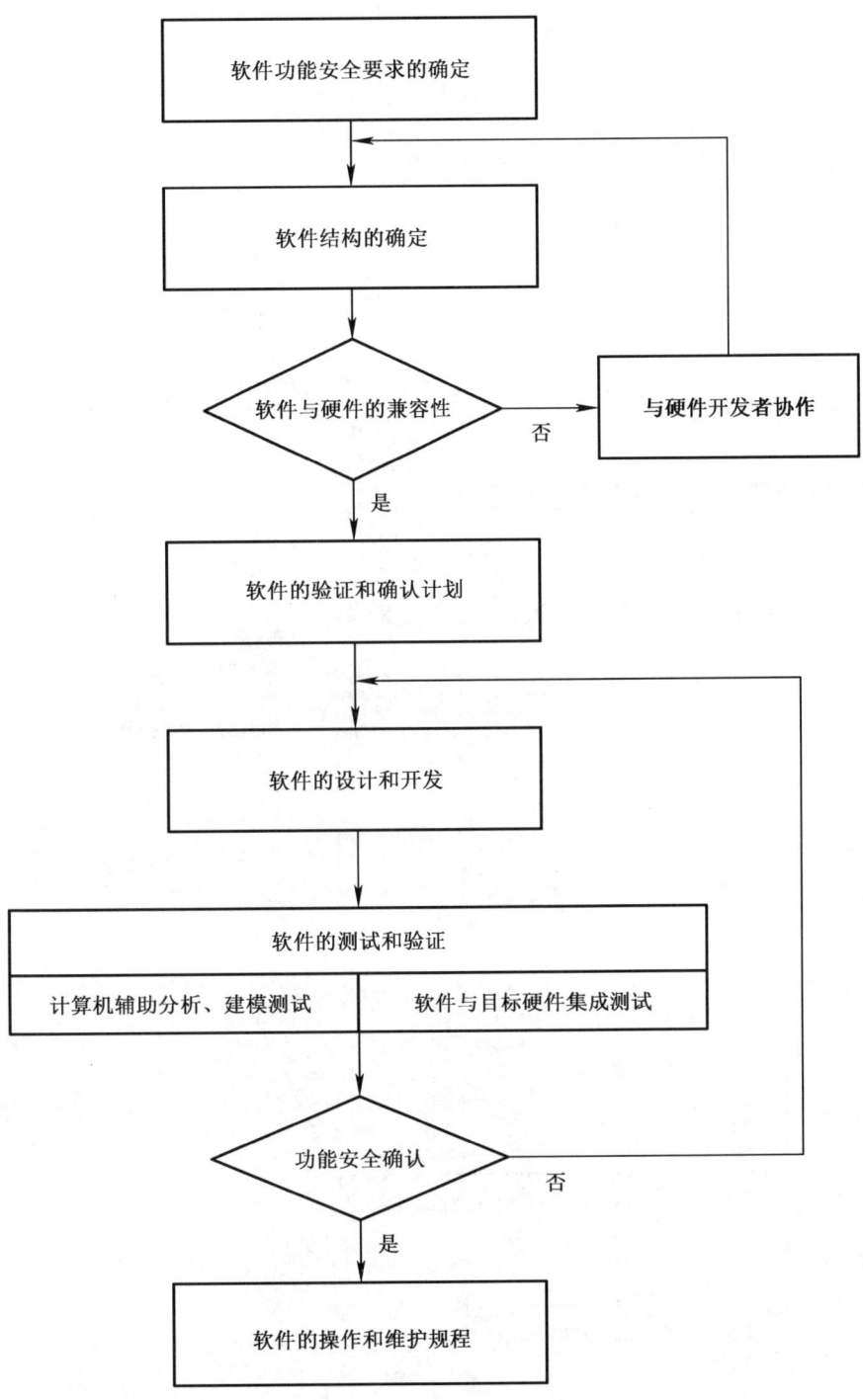

图 A.3 消防电子产品软件安全完整性等级的评估流程图

附 录 B
（规范性）
试验要求附图

试验稳定阶段如图 B.1 所示。

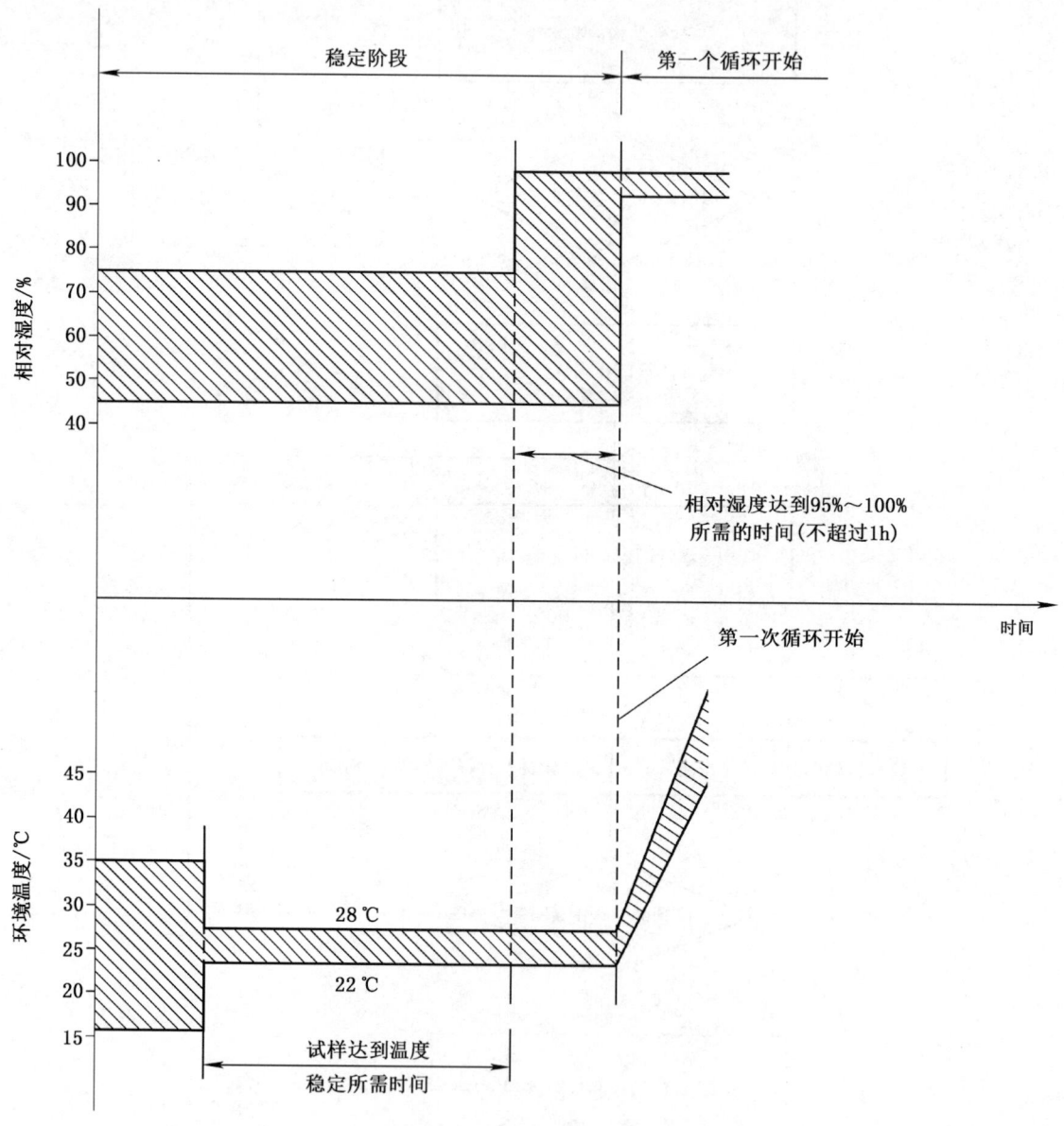

图 B.1 试验稳定阶段

试验循环方法如图 B.2 所示。

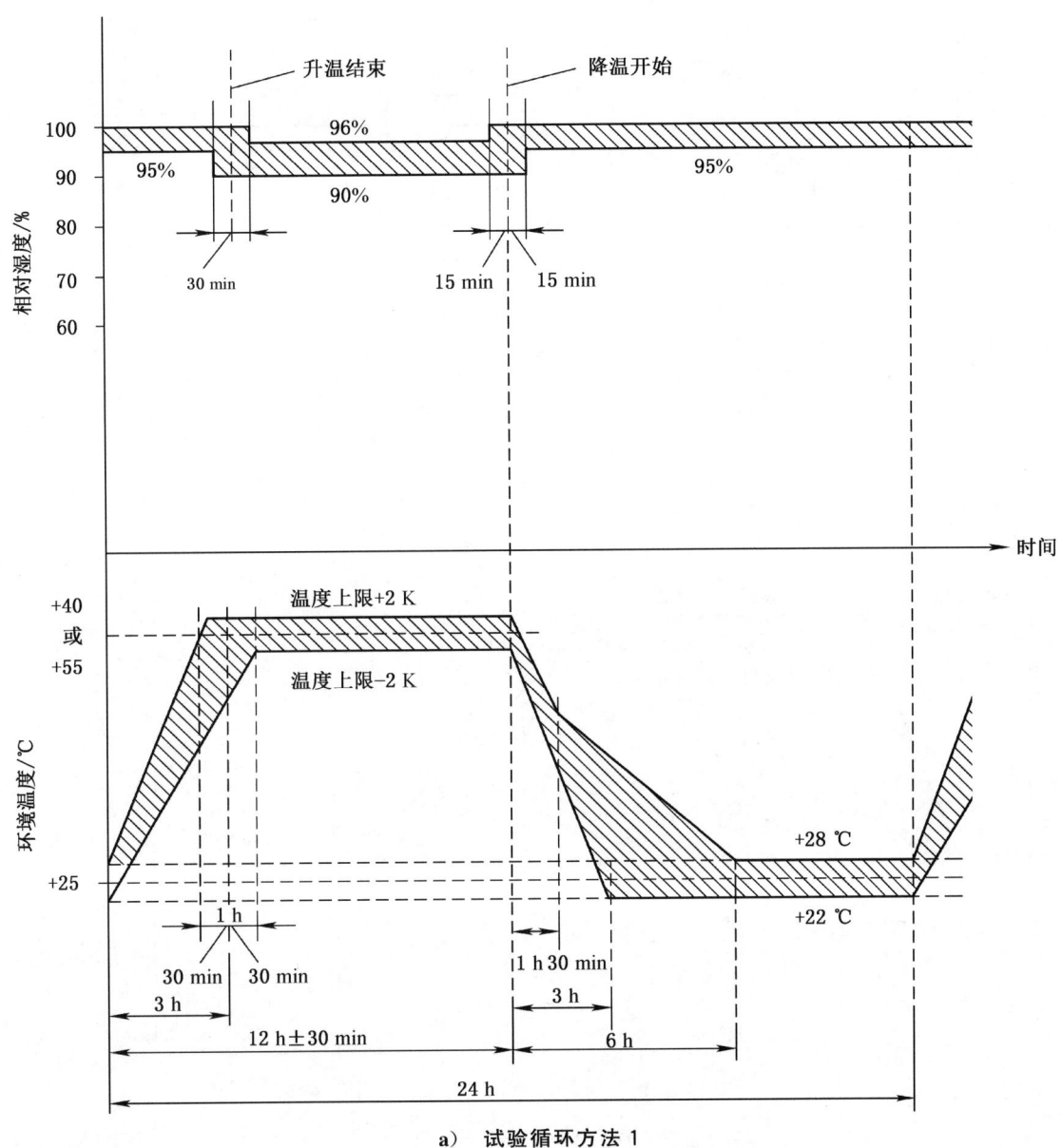

a) 试验循环方法 1

图 B.2 试验循环方法

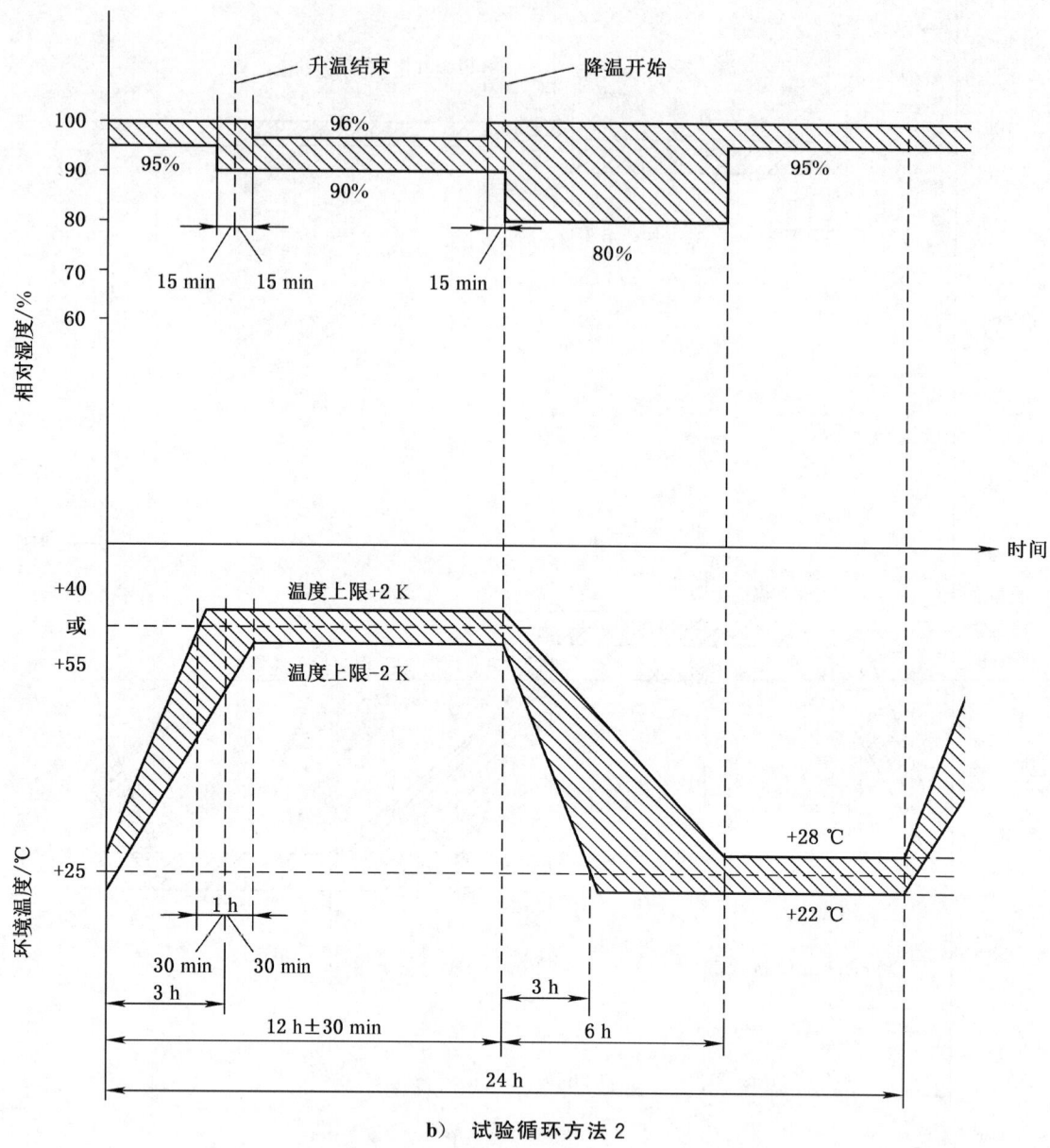

b) 试验循环方法2

图 B.2（续）

受控条件下恢复如图 B.3 所示。

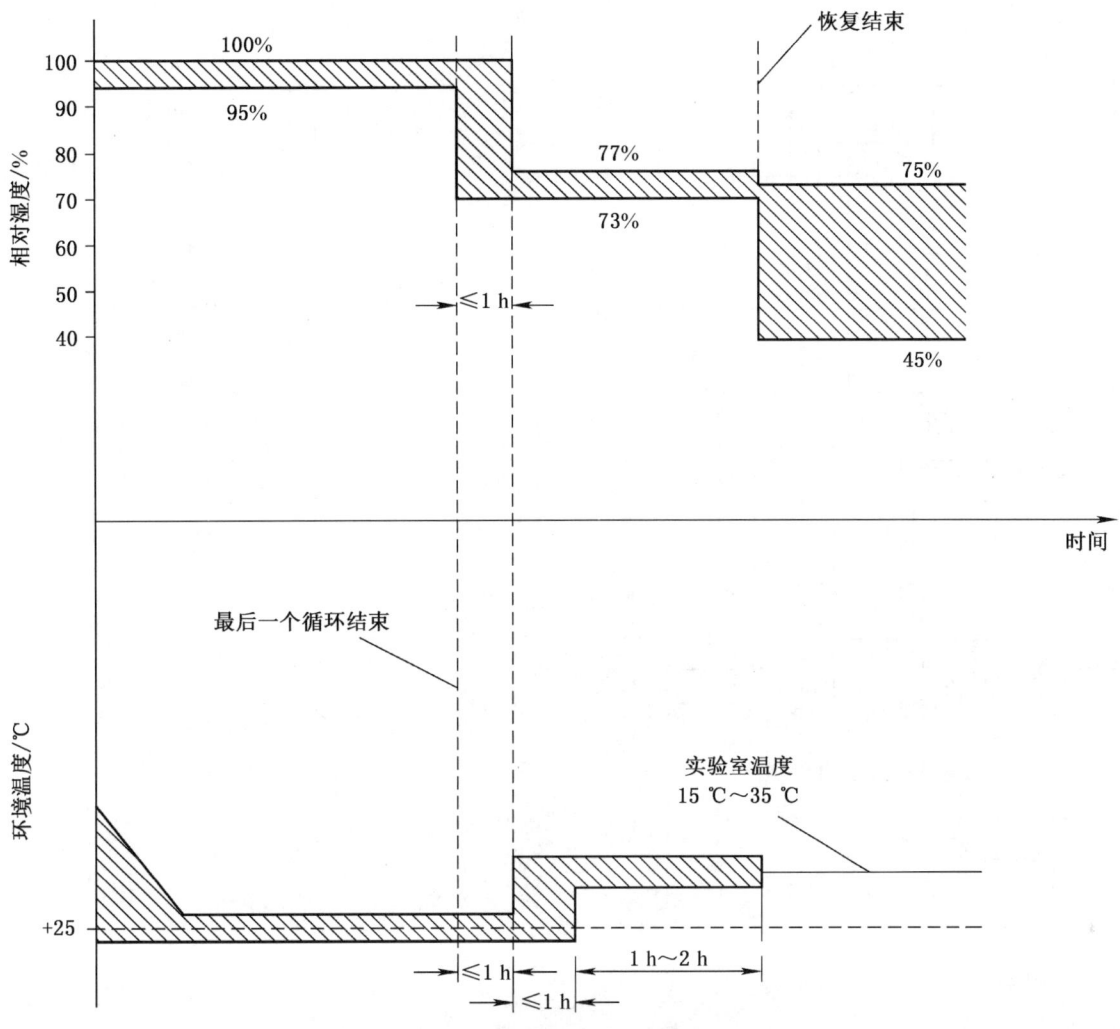

图 B.3 受控条件下的恢复

碰撞试验设备如图 B.4 所示。

单位为毫米

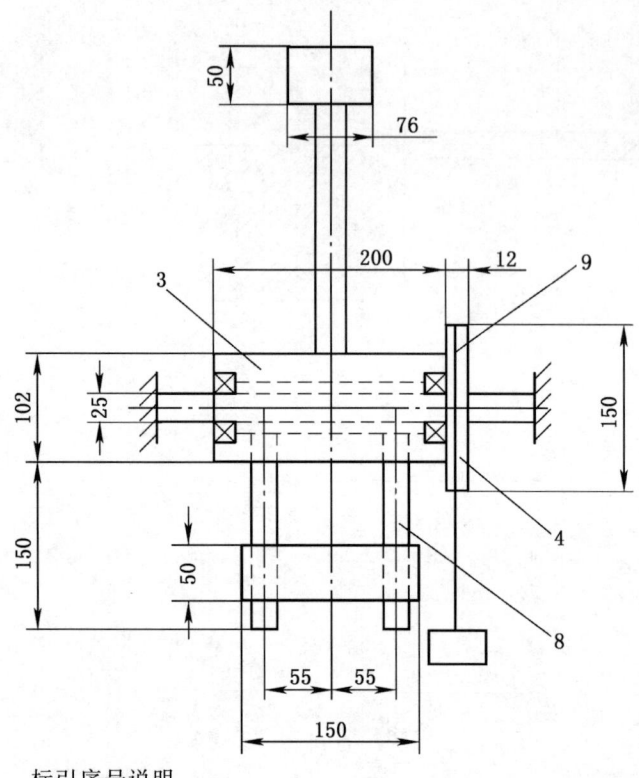
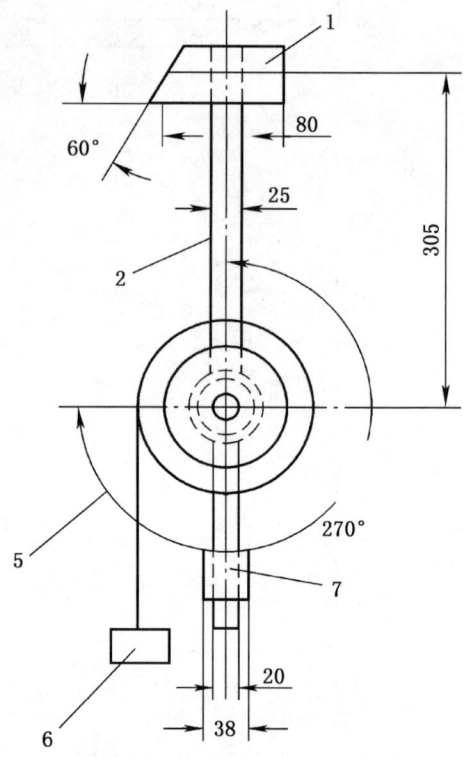

标引序号说明：
1——锤头；
2——摆杆；
3——钢轮毂；
4——球轴承；
5——转动270°；
6——工作重锤；
7——配重块；
8——配重臂；
9——滑轮。

图 B.4 碰撞试验设备图

弹簧操纵的碰撞试验仪器如图B.5所示。

单位为毫米

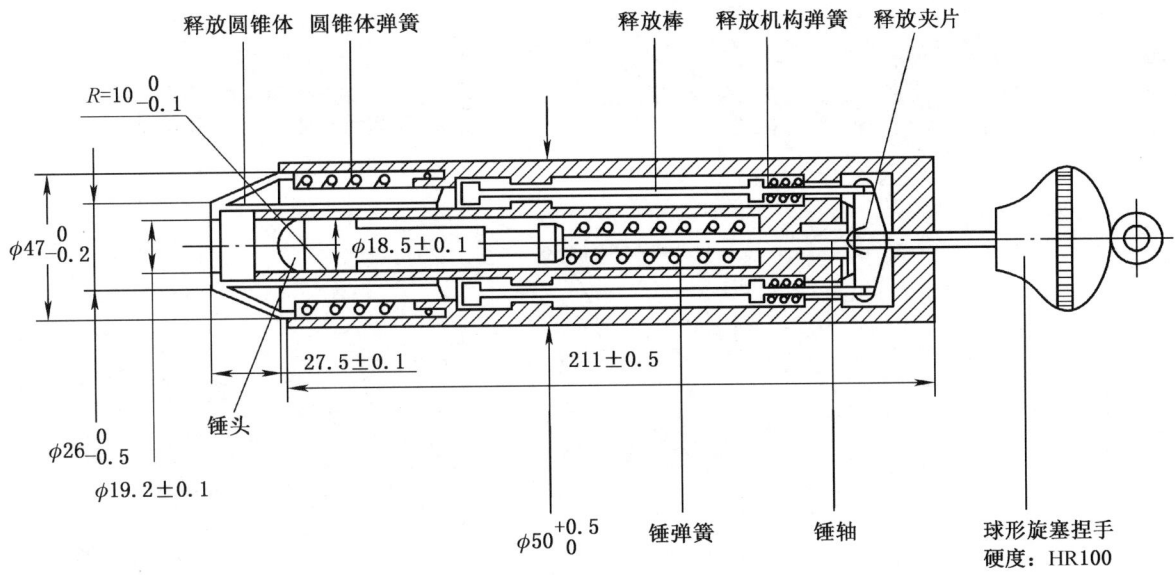

图 B.5 弹簧操纵的碰撞试验仪器

固定式雨淋试验装置简图如图B.6所示。

单位为毫米

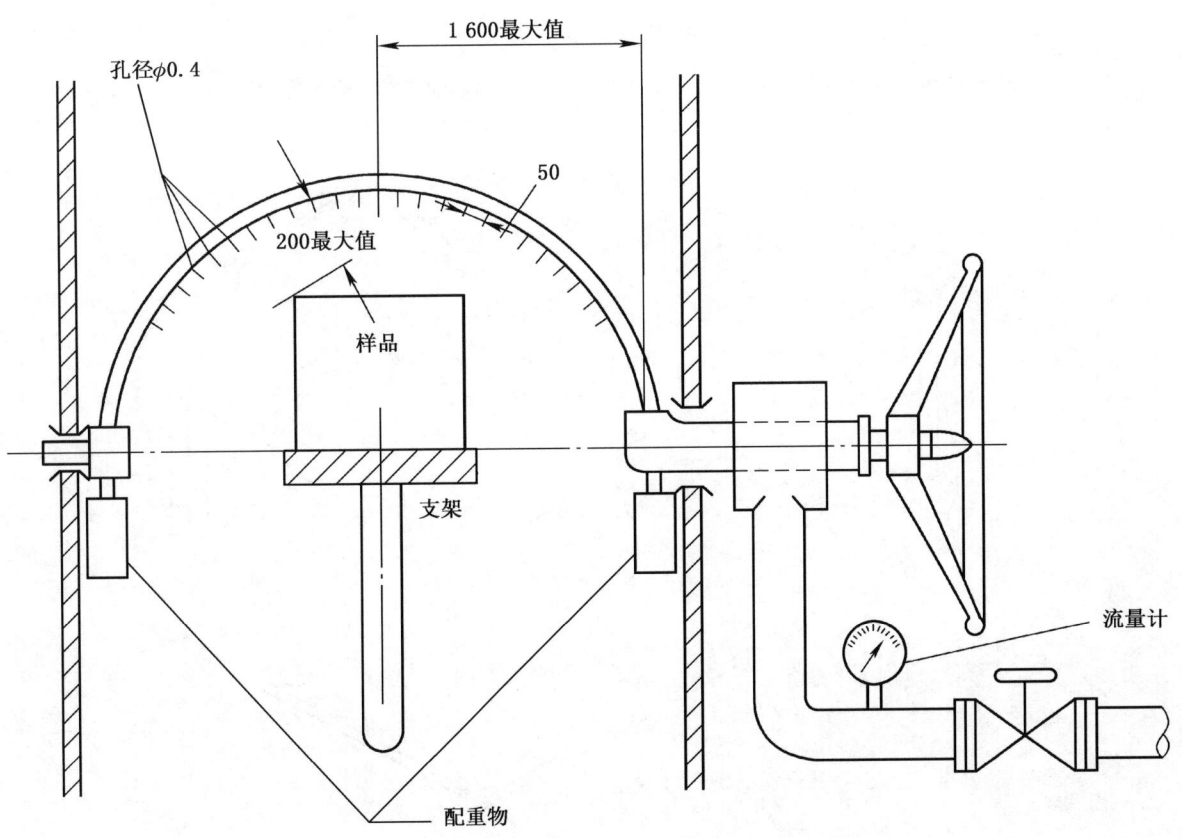

图 B.6 固定式雨淋试验装置简图

手持式雨淋试验装置简图如图B.7所示。

单位为毫米

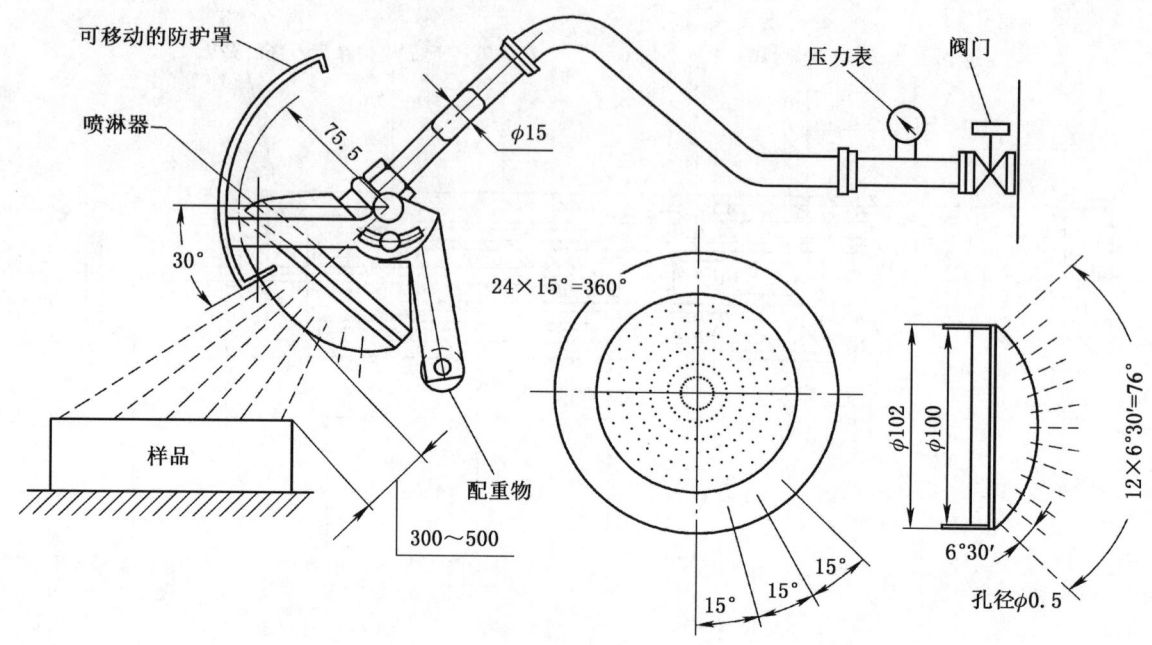

图 B.7　手持式雨淋试验装置简图

台式试验样品的试验简图如图B.8所示。

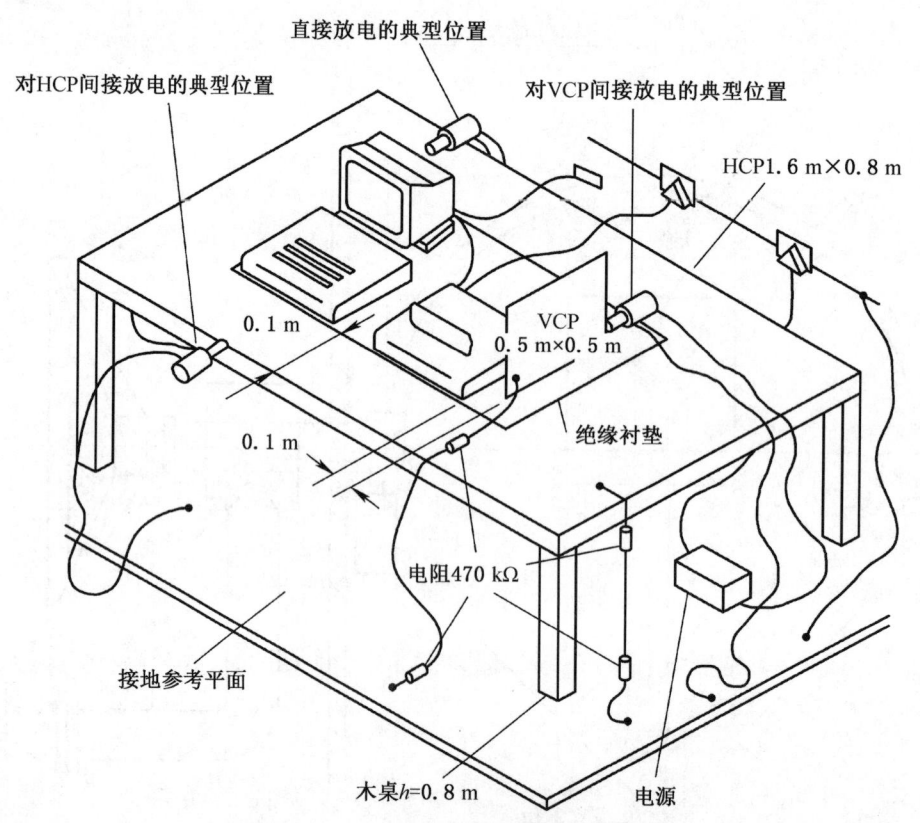

图 B.8　台式试验样品的试验简图

柜式样品的试验简图如图 B.9 所示。

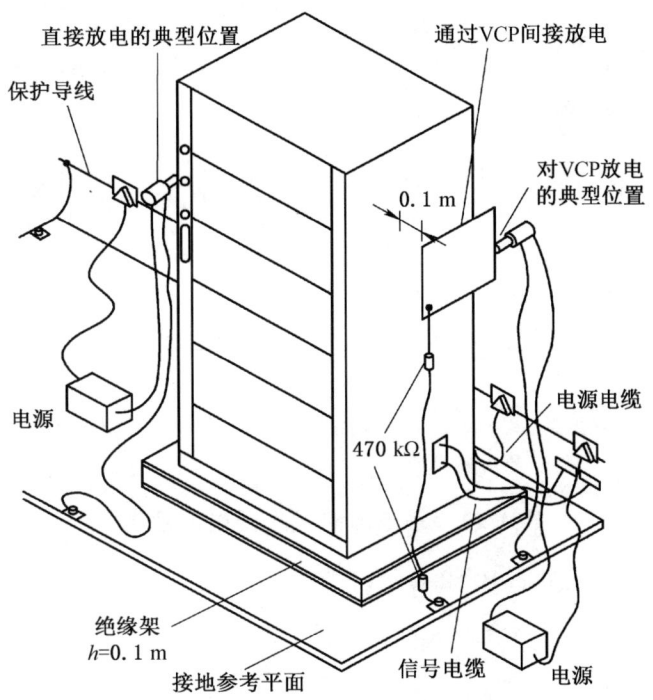

图 B.9 柜式样品的试验简图

静电放电发生器输出电流波形如图 B.10 所示。

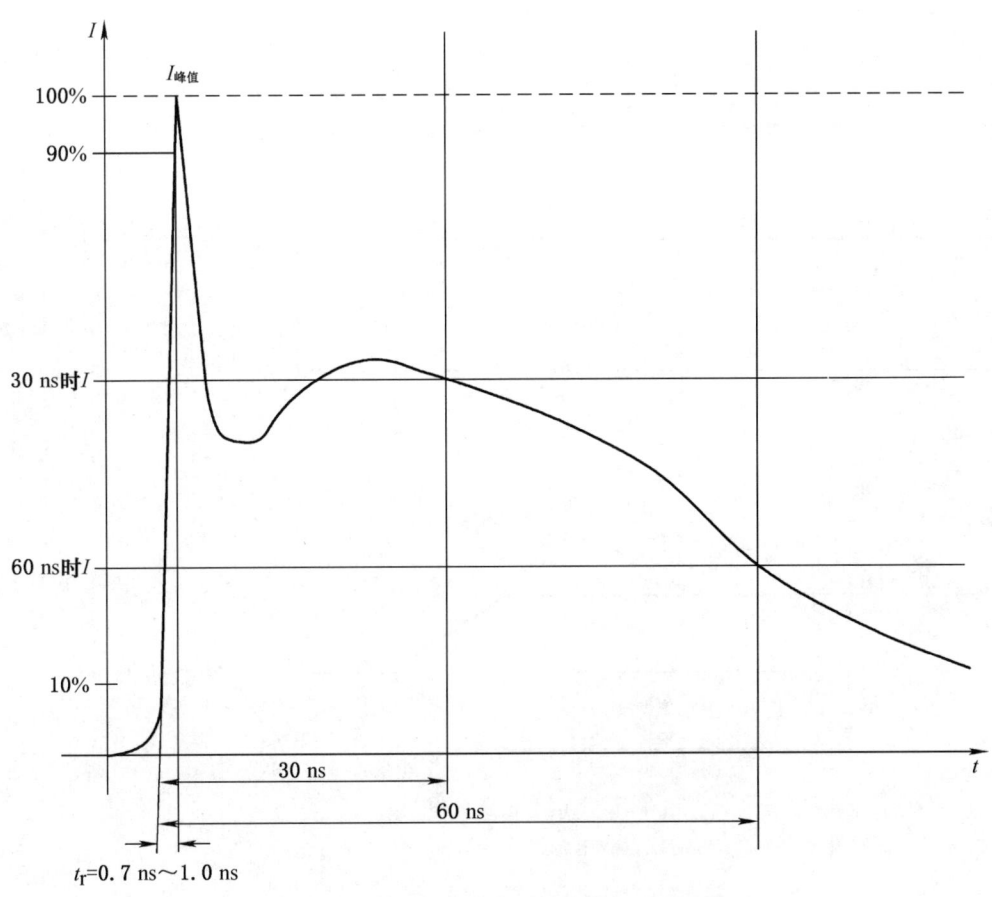

图 B.10 静电放电发生器输出电流波形

静电放电发生器电原理如图 B.11 所示。

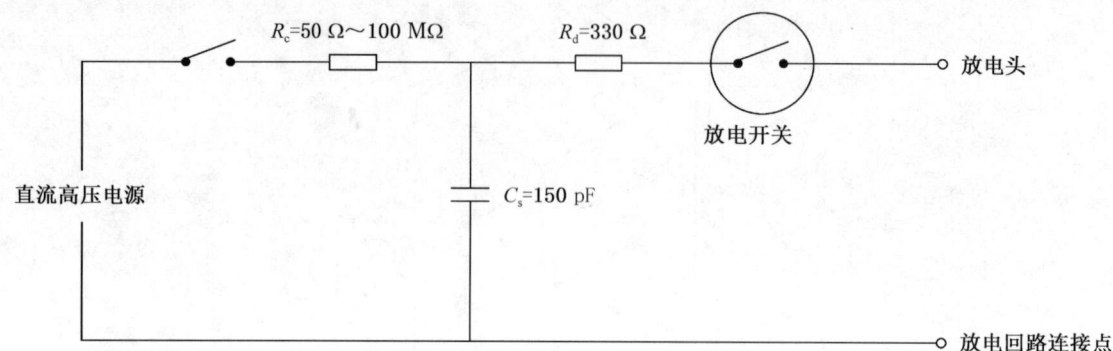

注：图中省略的 C_d 是存在于发生器与受试设备，接地参考平面以及耦合板之间的分布电容。由于此电容分布在整个发生器上，因此，在该回路中不可能标明。

图 B.11 静电放电发生器电原理图

静电放电发生器的放电电极如图 B.12 所示。

单位为毫米

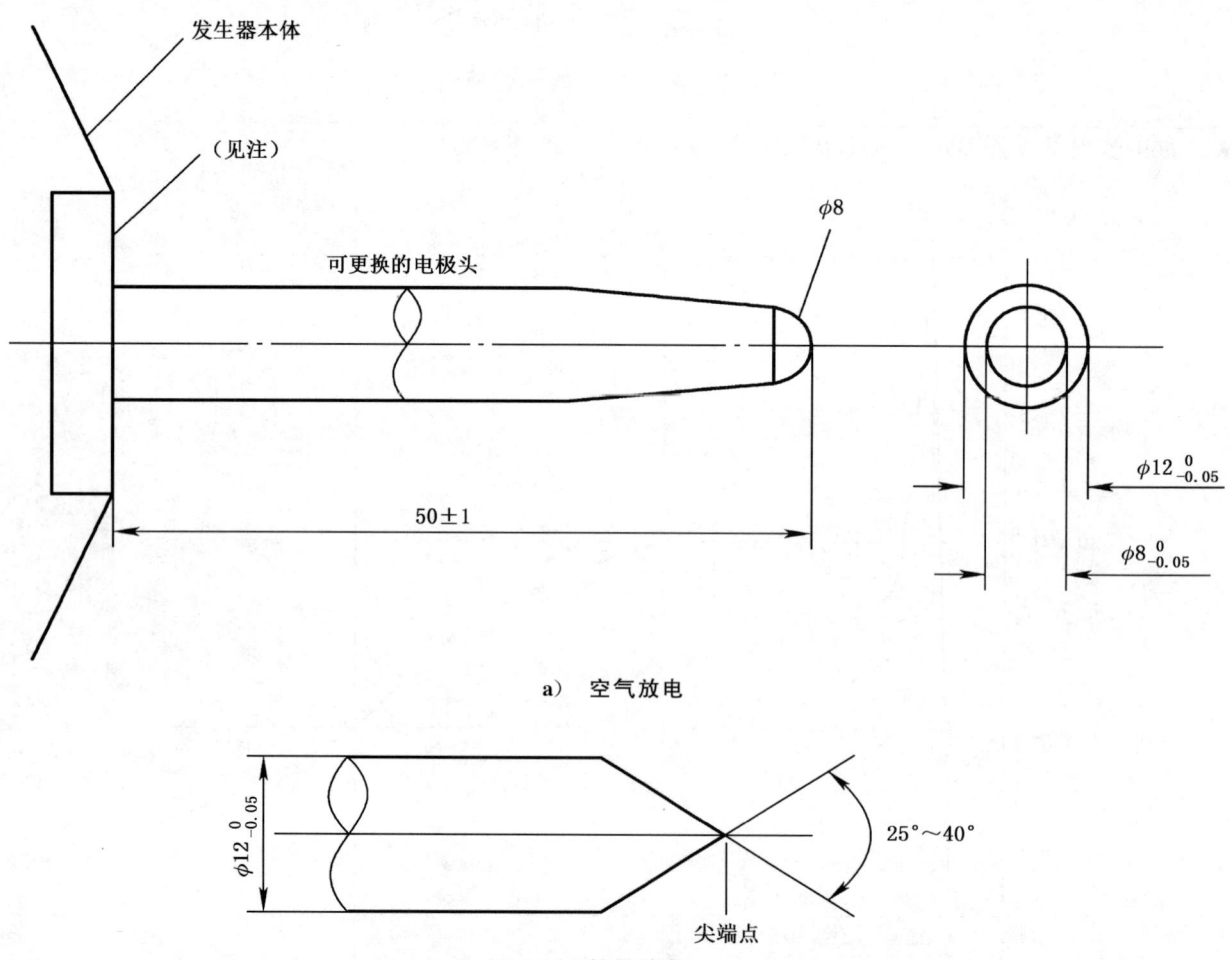

a) 空气放电

b) 接触放电

放电开关（例如，真空继电器）应尽可能靠近放电电极头安装。

图 B.12 静电放电发生器的放电电极

典型的试验设施举例如图 B.13 所示。

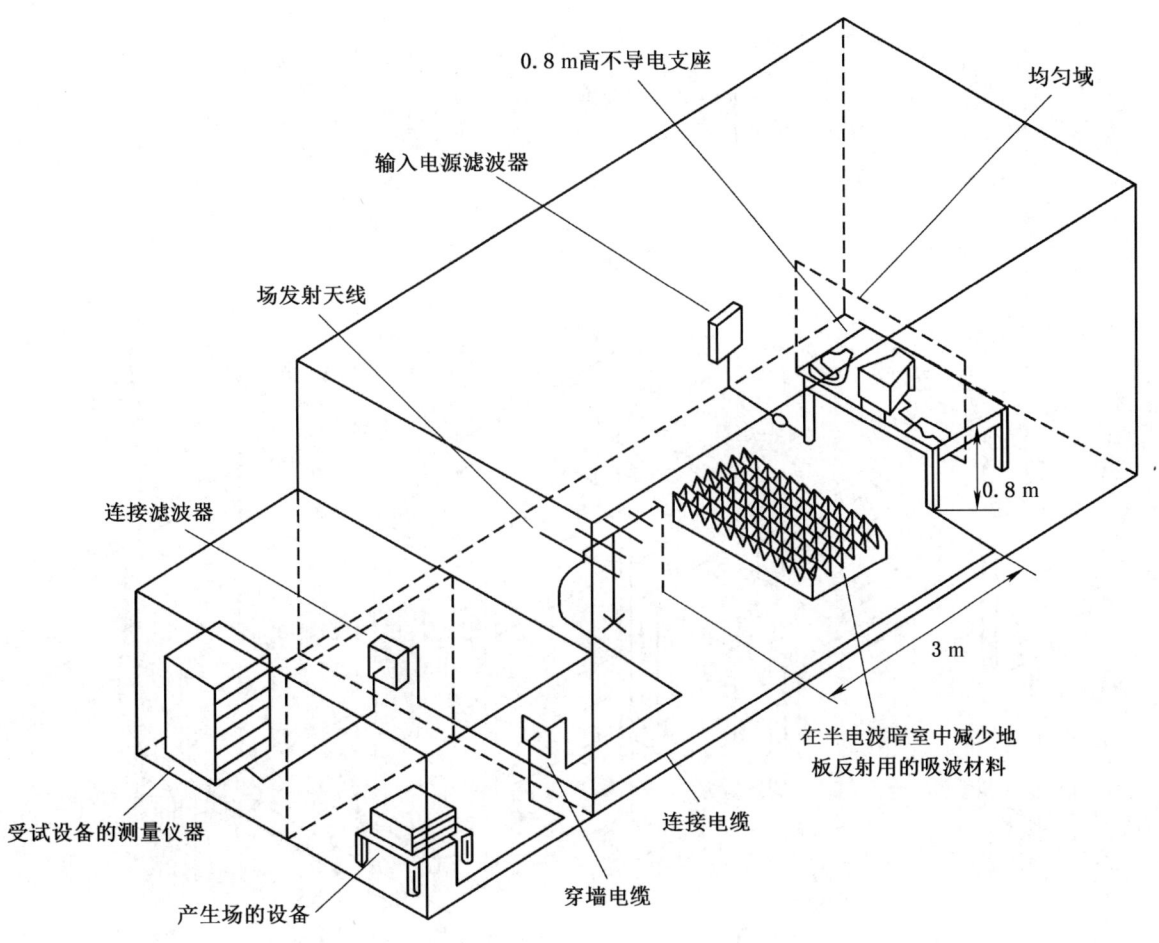

注：图中为了简明而省略了墙上和顶部的吸波材料。

图 B.13　典型的试验设施举例

落地式试验设备的试验布置如图 B.14 所示。

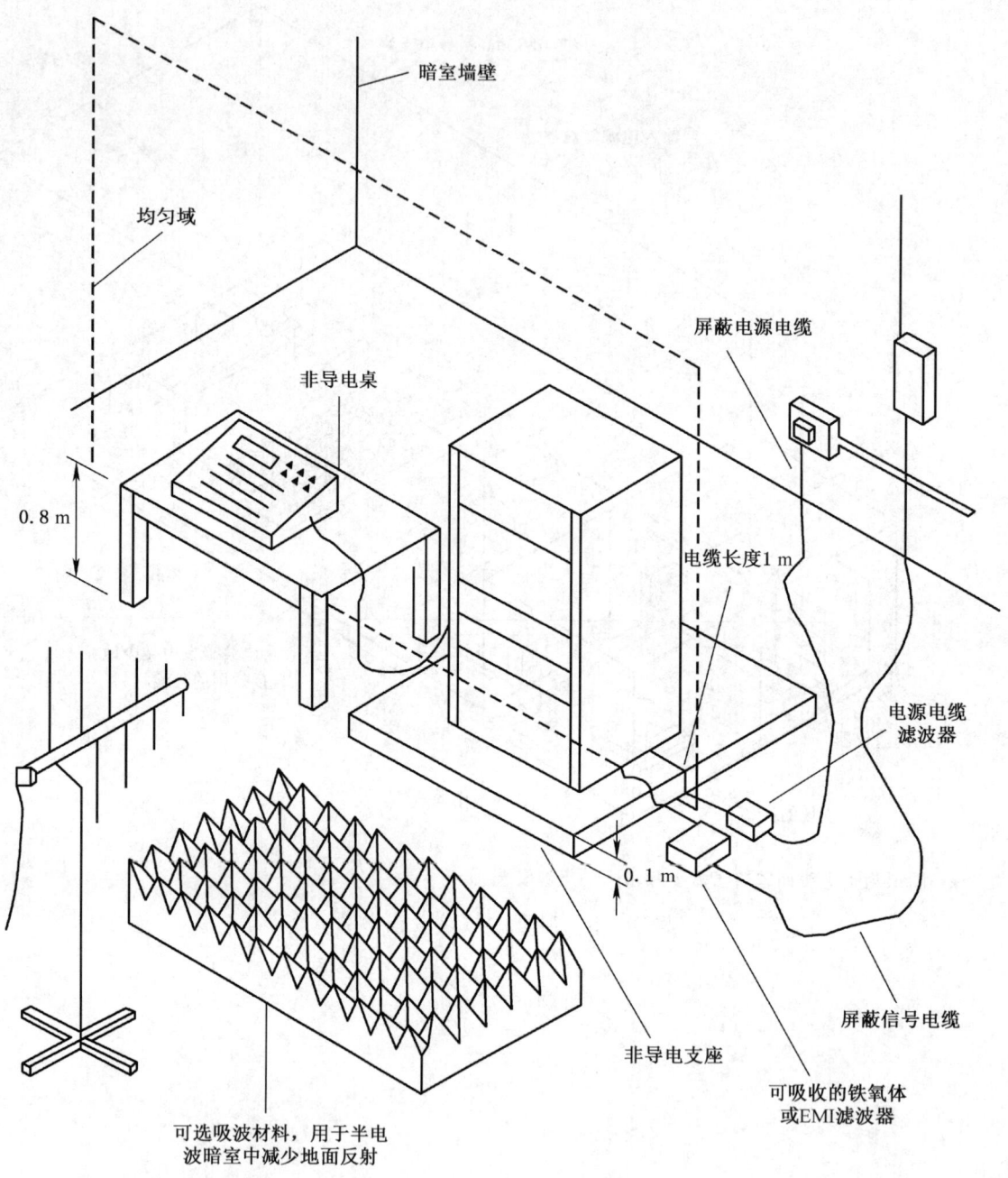

注：本图为了简明而省略了墙上的吸波材料。

图 B.14 落地式试验设备的试验布置

台式设备的试验布置如图 B.15 所示。

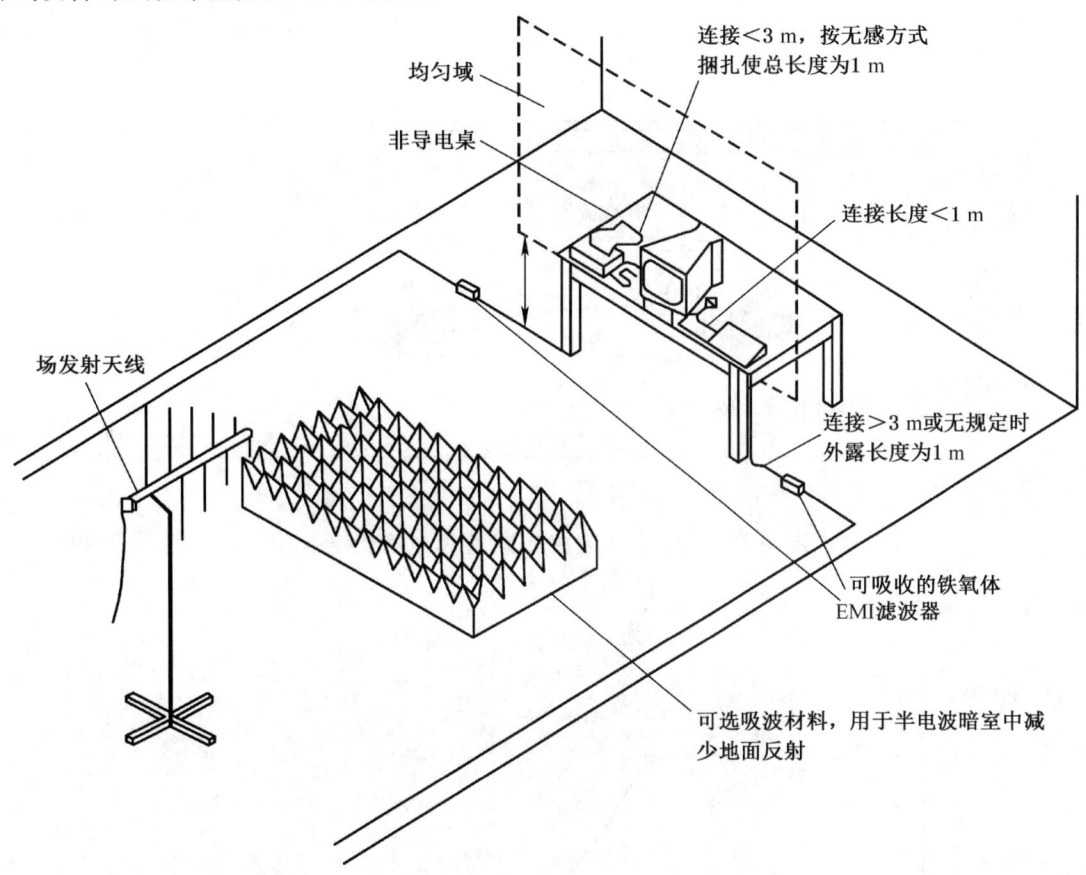

图 B.15　台式设备的试验布置

AC 电源线试验用耦合/去耦网络如图 B.16 所示。

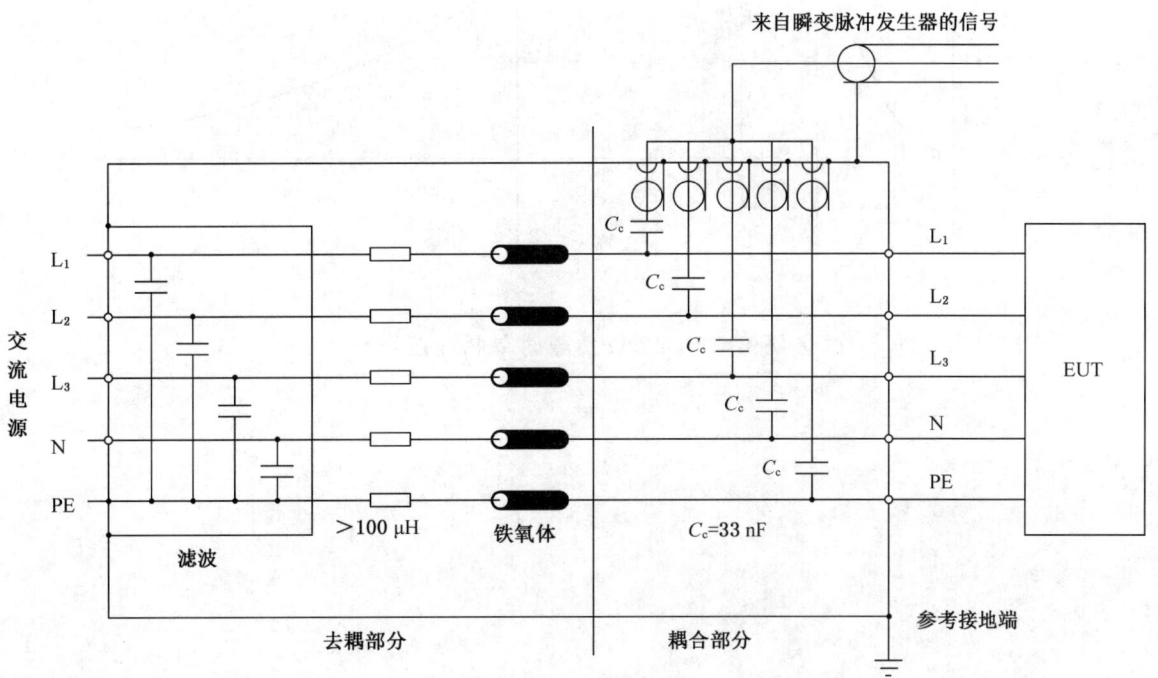

图 B.16　AC 电源线试验用耦合/去耦网络

其他外连接线试验用电容耦合夹如图 B.17 所示。

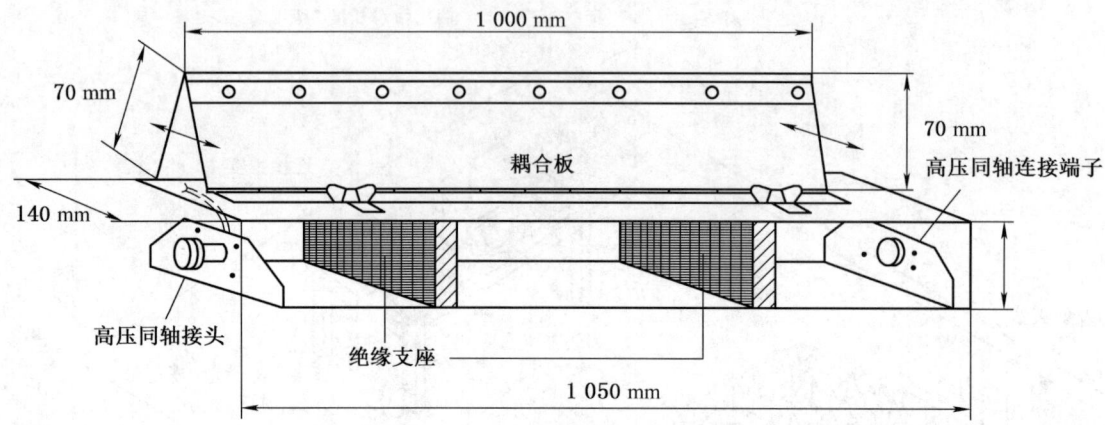

图 B.17 其他外连接线试验用电容耦合夹

50 Ω 负载时单脉冲波形如图 B.18 所示。

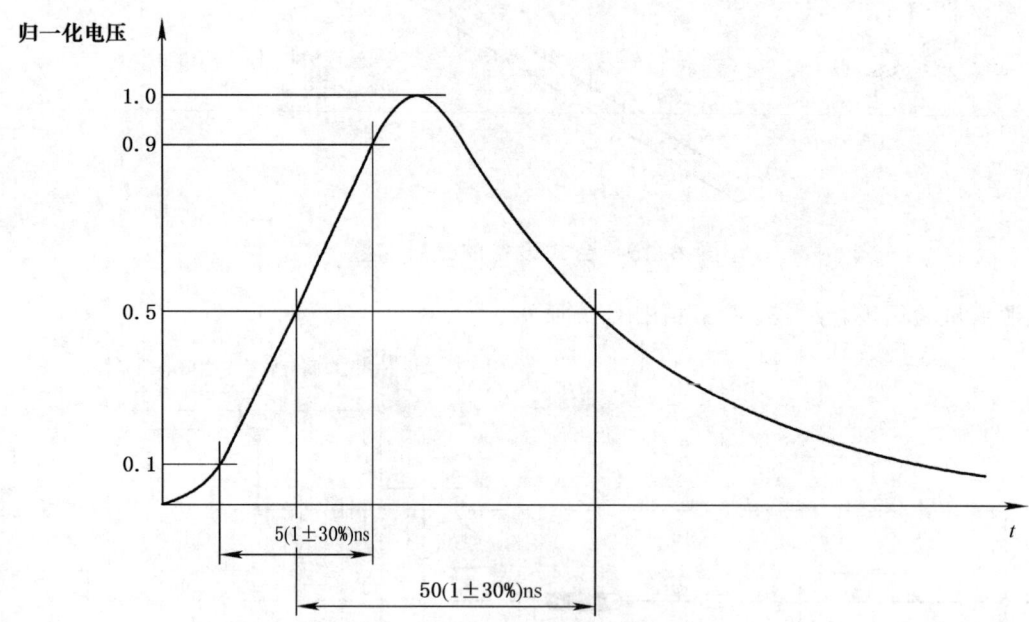

图 B.18 50 Ω 负载时单脉冲波形

一组脉冲波形如图 B.19 所示。

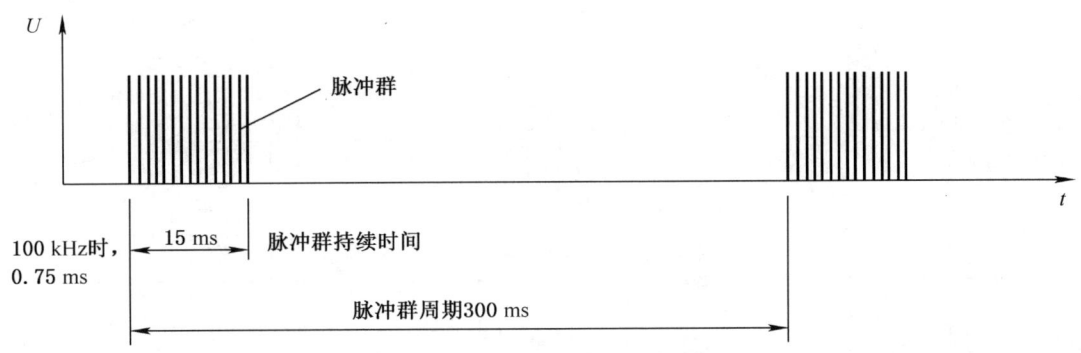

图 B.19　一组脉冲波形图

电瞬变脉冲发生器电原理如图 B.20 所示。

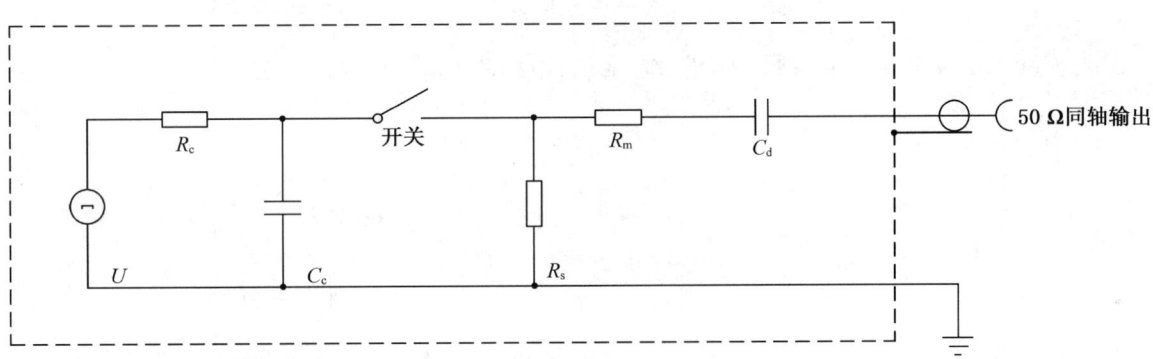

标引序号说明：
U ——高压源；
R_c ——充电电阻；
C_c ——储能电容器；
R_s ——脉冲持续时间形成电阻；
R_m ——阻抗匹配电阻；
C_d ——隔直电容。

图 B.20　电瞬变脉冲发生器电原理图

交/直流线上电容耦合的试验配置示例(线-线耦合)如图 B.21 所示。

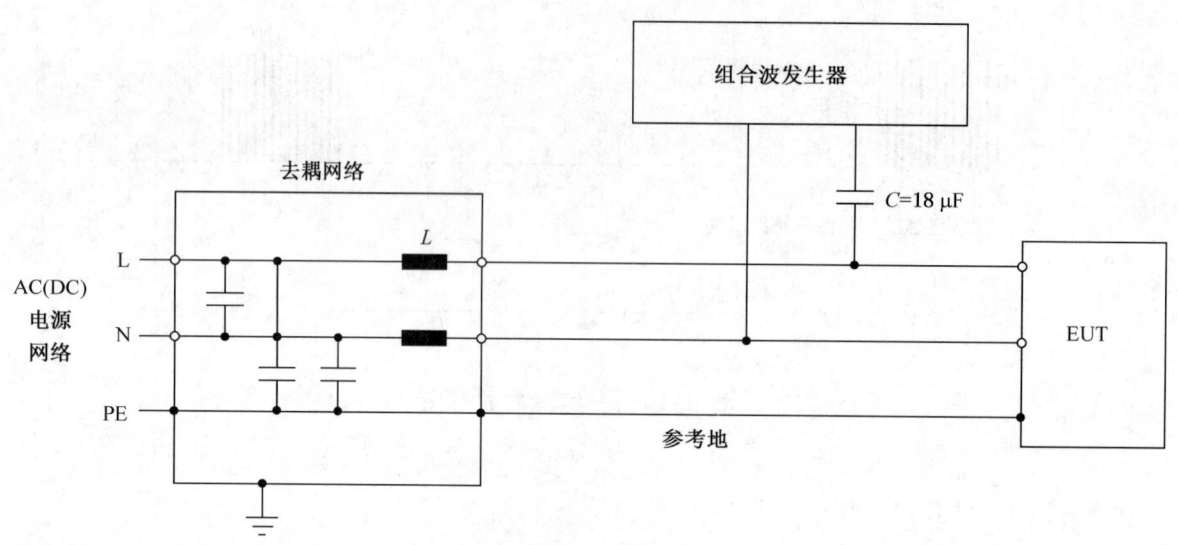

图 B.21 交/直流线上电容耦合的试验配置示例(线-线耦合)

交/直流线上电容耦合的试验配置示例(线-地耦合)如图 B.22 所示。

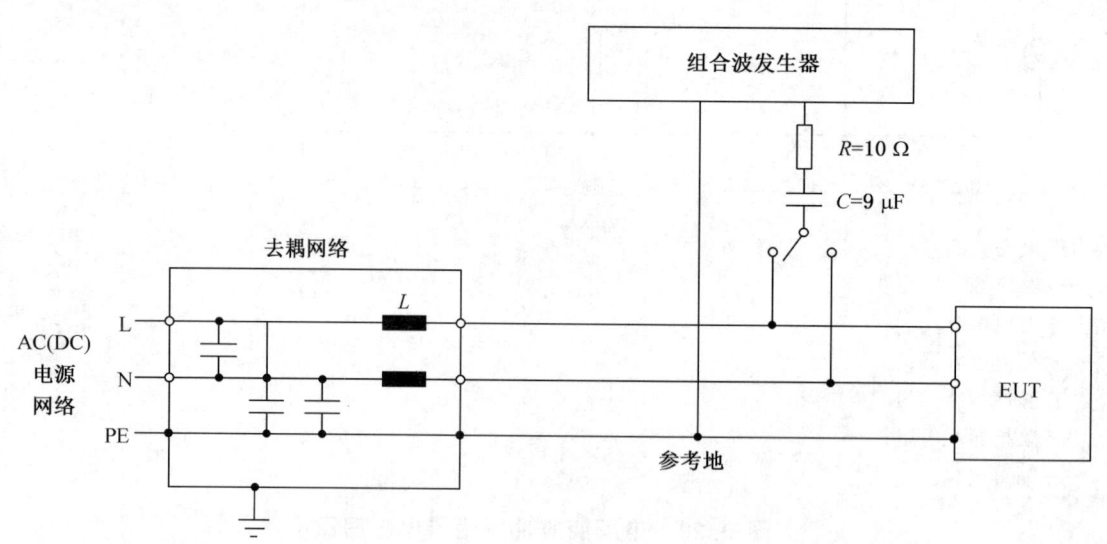

图 B.22 交/直流线上电容耦合的试验配置示例(线-地耦合)

交流线(三相)上电容耦合的试验配置示例(线 L_3-线 L_1 耦合)如图 B.23 所示。

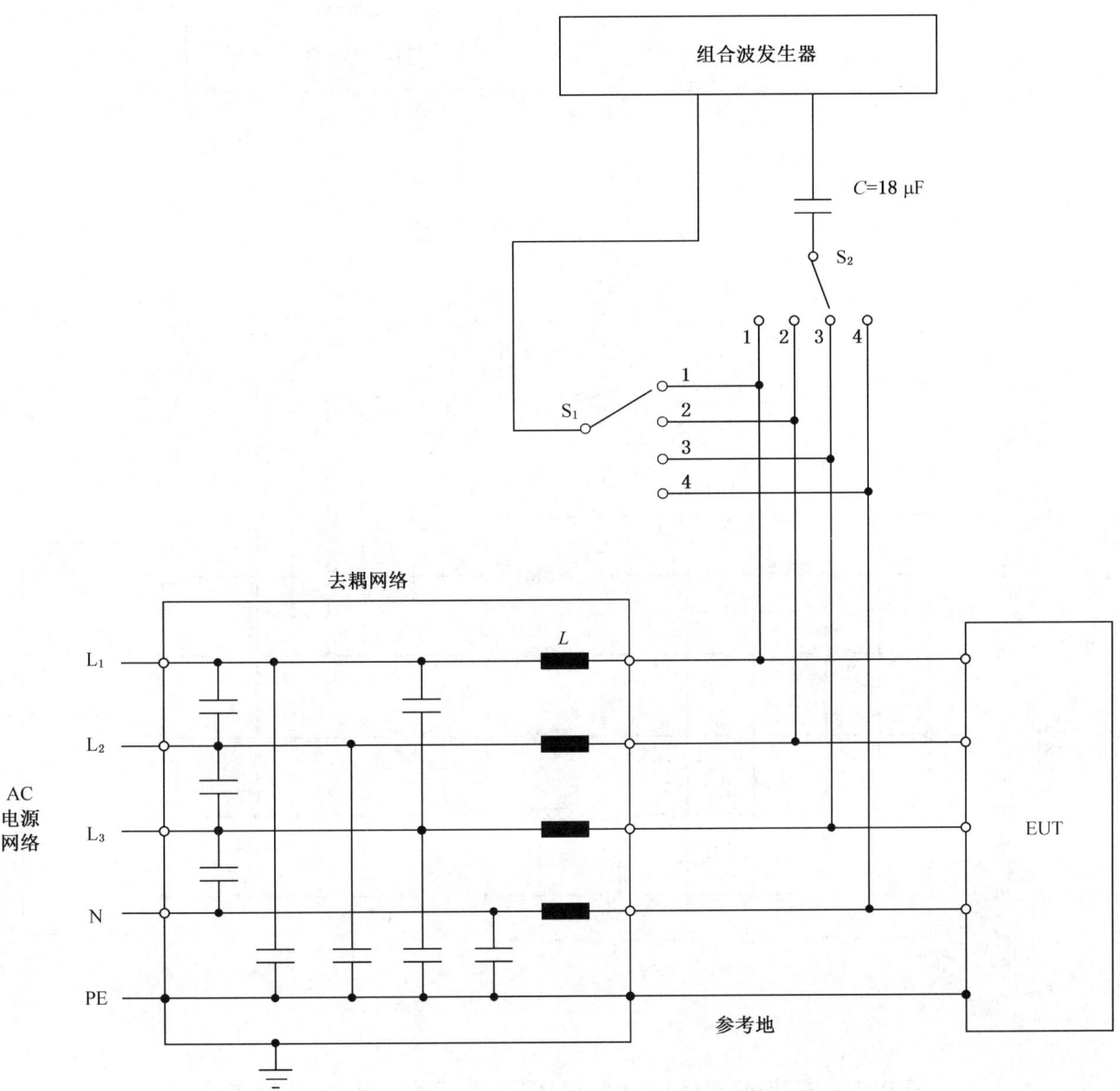

图 B.23　交流线(三相)上电容耦合的试验配置示例(线 L_3-线 L_1 耦合)

交流线(三相)上电容耦合的试验配置示例(线 L_3-地耦合)如图 B.24 所示。

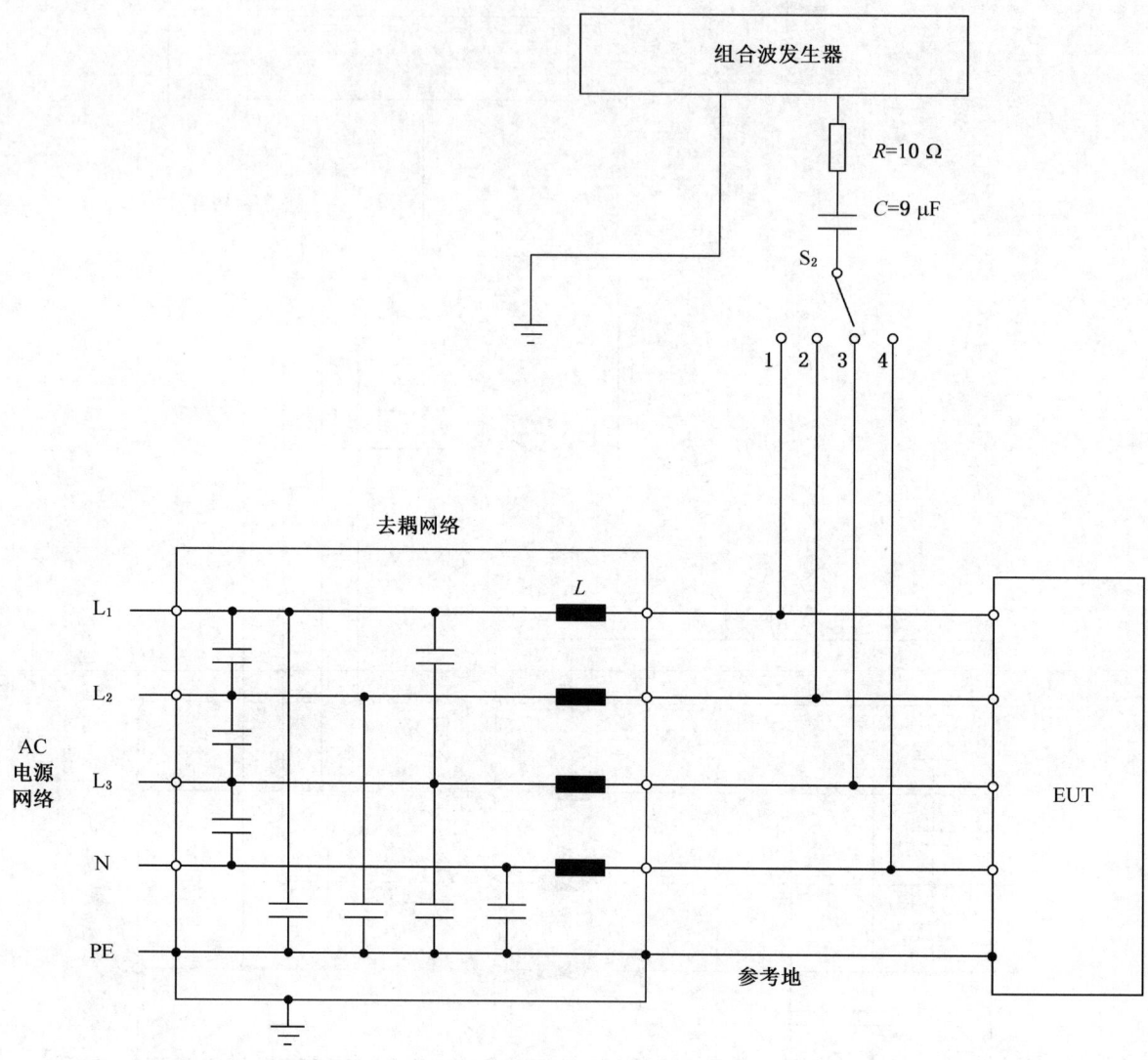

图 B.24　交流线(三相)上电容耦合的试验配置示例(线 L_3-地耦合)

非屏蔽不对称互连线的试验配置示例（线-线/线-地耦合）如图 B.25 所示。

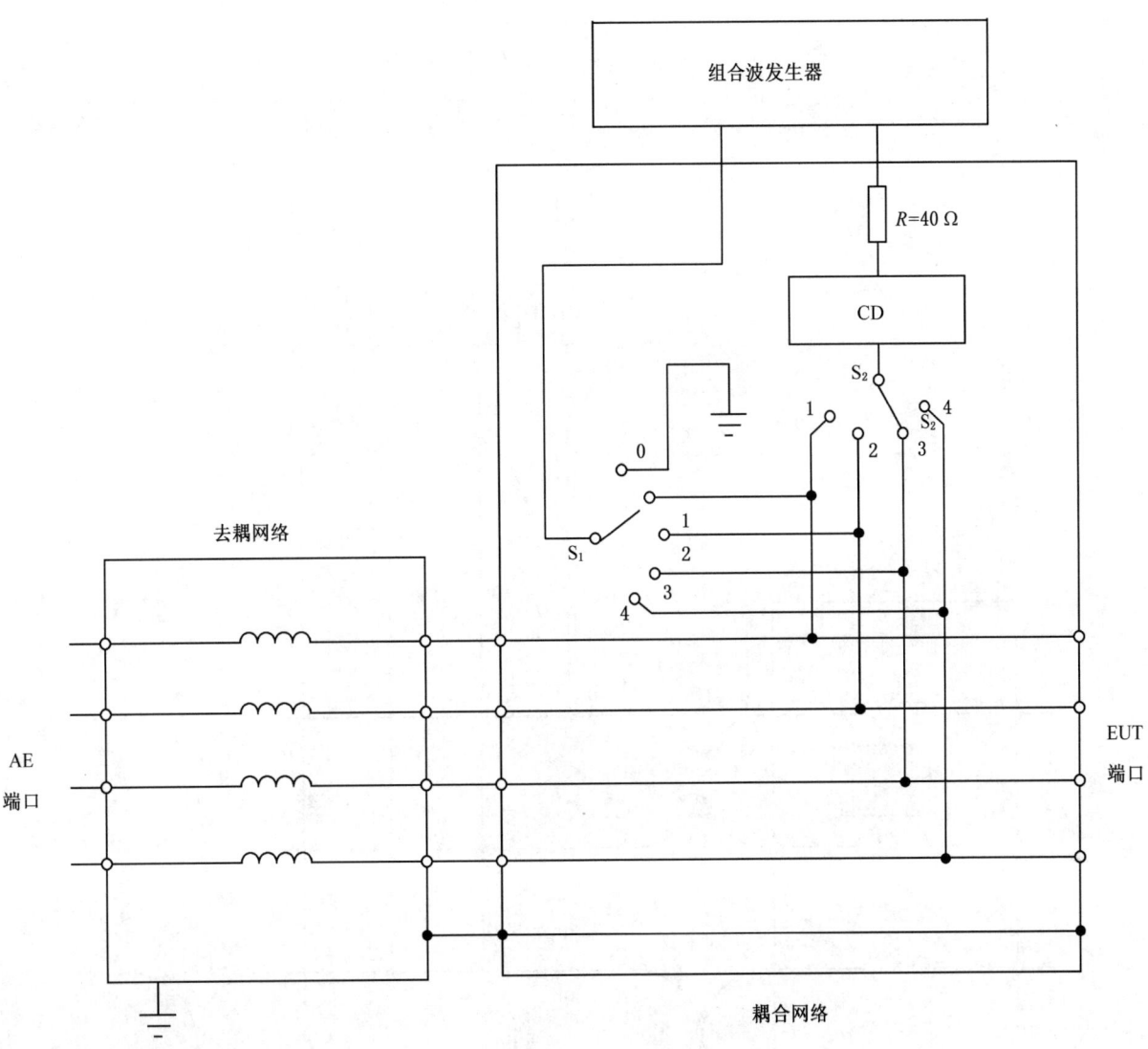

注1：开关 S_1：线-地，置于"0"；线-线，置于"1"～"4"。
注2：开关 S_2：试验时置于"1"～"4"但与 S_1 不在相同的位置。
注3：图中 CD 为隔离和耦合装置。

图 B.25　非屏蔽不对称互连线的试验配置示例（线-线/线-地耦合）

非屏蔽对称工作线路试验配置示例(线-地耦合)如图 B.26 所示。

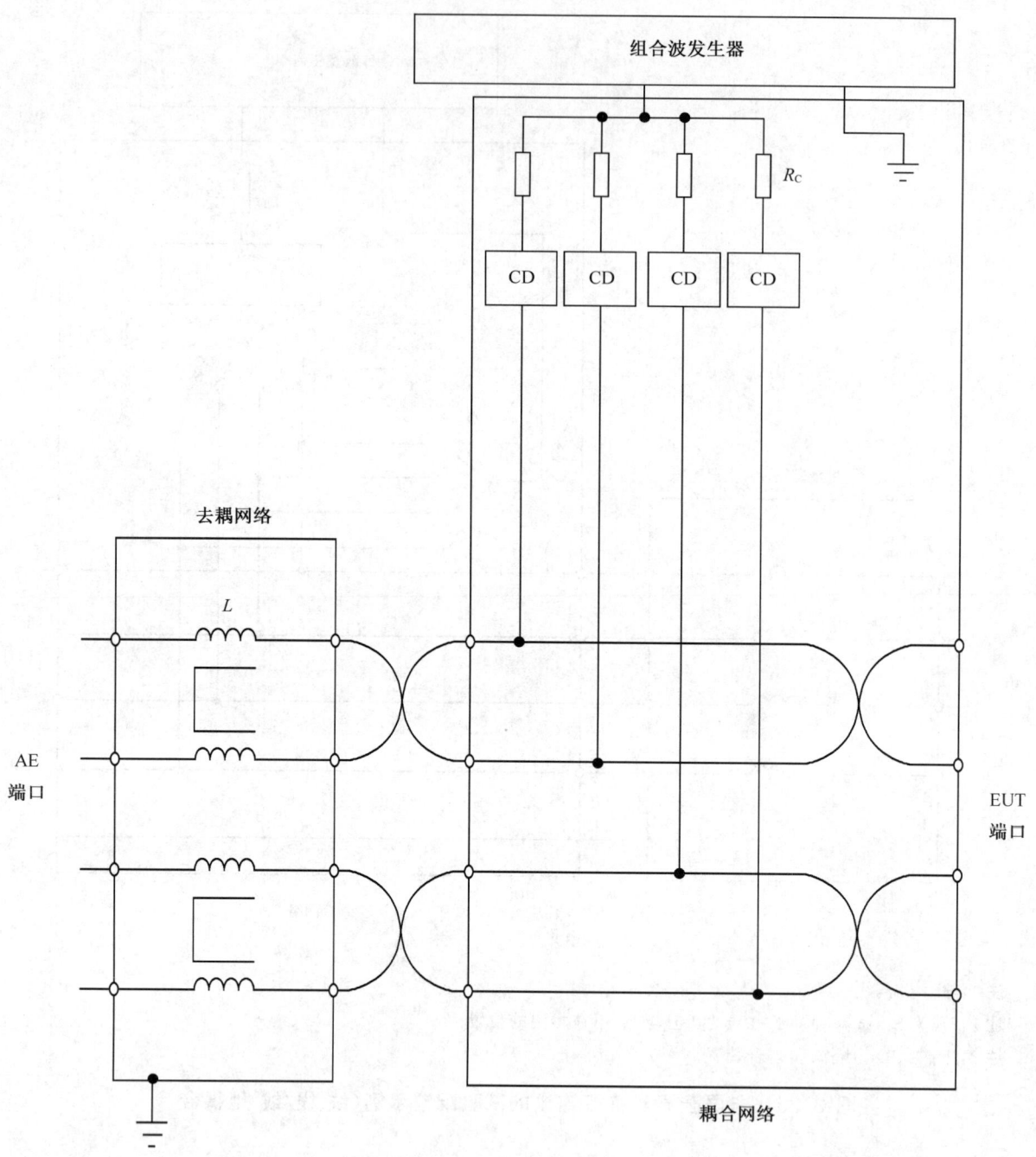

耦合电阻值 R_C 的计算:

例如:当 $n=4$ 时,$R_C=4×40\ \Omega=160\ \Omega$。

选择耦合电阻值使得其并联电阻为 40 Ω。对于 4 线端口的试验,要求 4 个 160 Ω 的电阻。

作为电流补偿的 L,可以包含全部 4 个线圈,也可以仅包含图中被使用的成对线圈。

图 B.26 非屏蔽对称工作线路试验配置示例(线-地耦合)

非屏蔽对称工作线路试验配置示例(线-地耦合,用电容耦合)如图 B.27 所示。

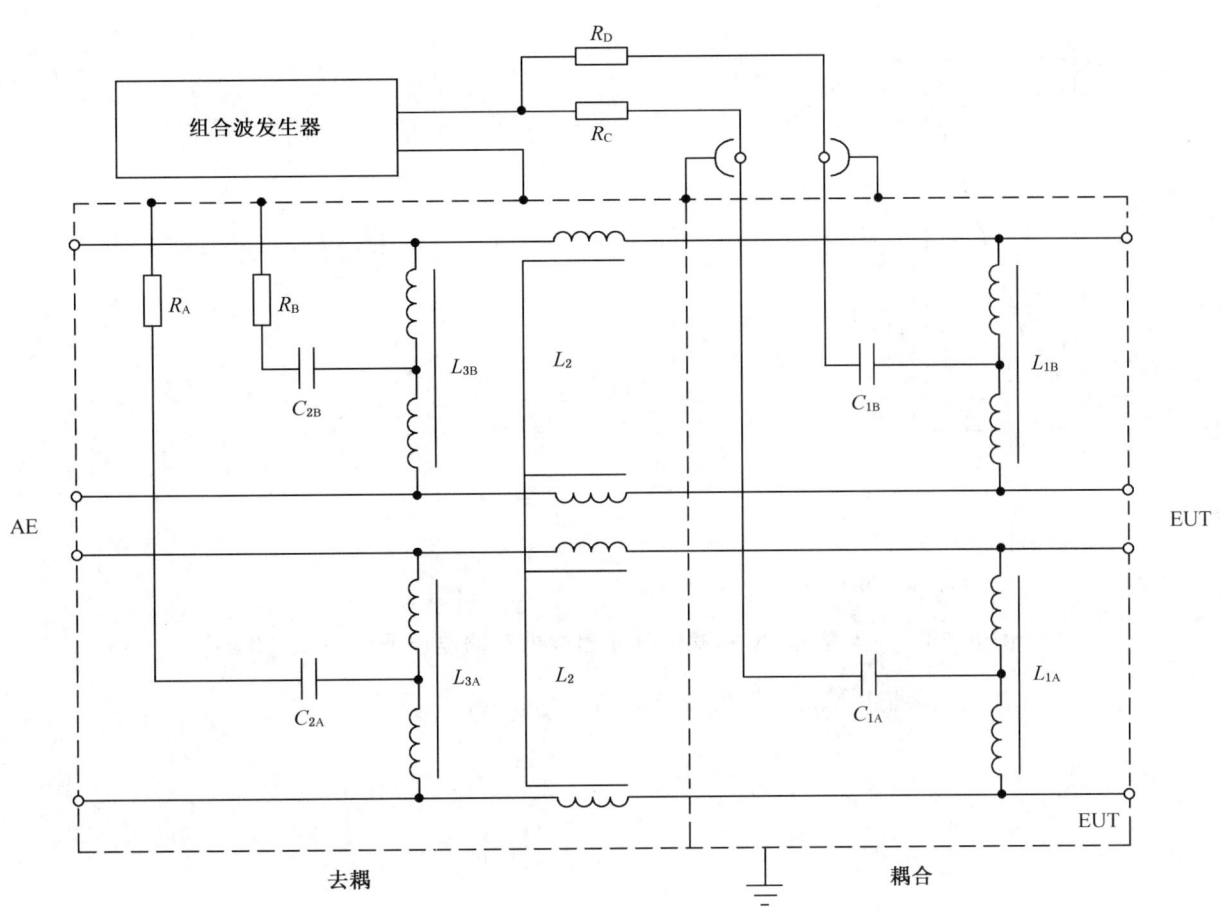

耦合电阻值和电容值的计算:
R_C 和 R_D:选择耦合电阻,使其并联电阻为 40 Ω。因此,以 2 对线端口的试验为例,要求 2 个电阻,阻值分别为 80 Ω;以 4 对线端口为例,要求 4 个电阻,阻值分别为 160 Ω。
R_A、R_B、C_1、C_2、L_1、L_2、L_3:应对所有组件进行选择,以满足规定的脉冲参数。

图 B.27 非屏蔽对称工作线路试验配置示例(线-地耦合,用电容耦合)

未连接 CDN 的发生器输出端的开路电压波形如图 B.28 所示。

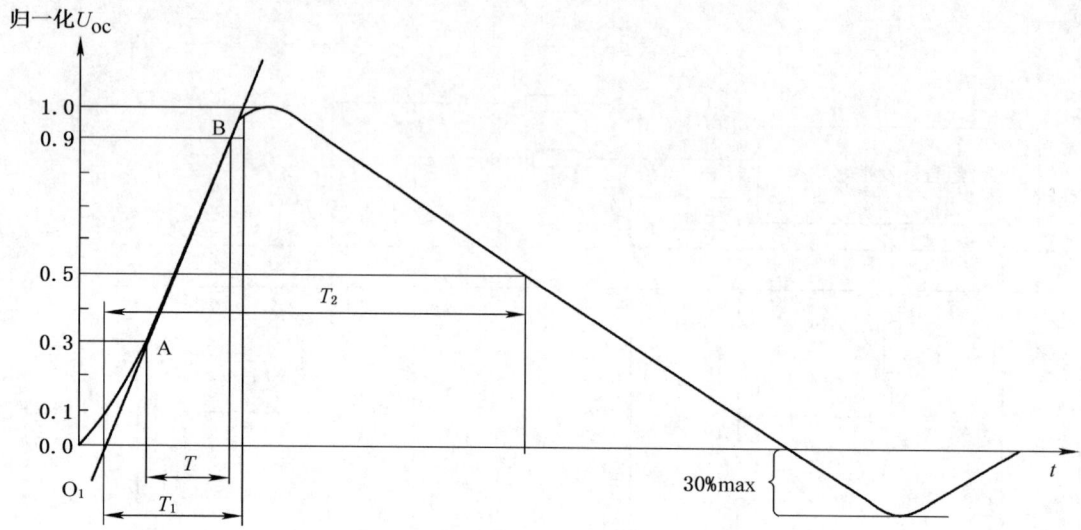

波前时间：$T_1=1.67×T=1.2×(1±30\%)\mu s$。
持续时间：$T_2=50×(1±20\%)\mu s$。

图 B.28 未连接 CDN 的发生器输出端的开路电压波形（1.2/50 μs）

未连接 CDN 的发生器输出端的短路电流波形如图 B.29 所示。

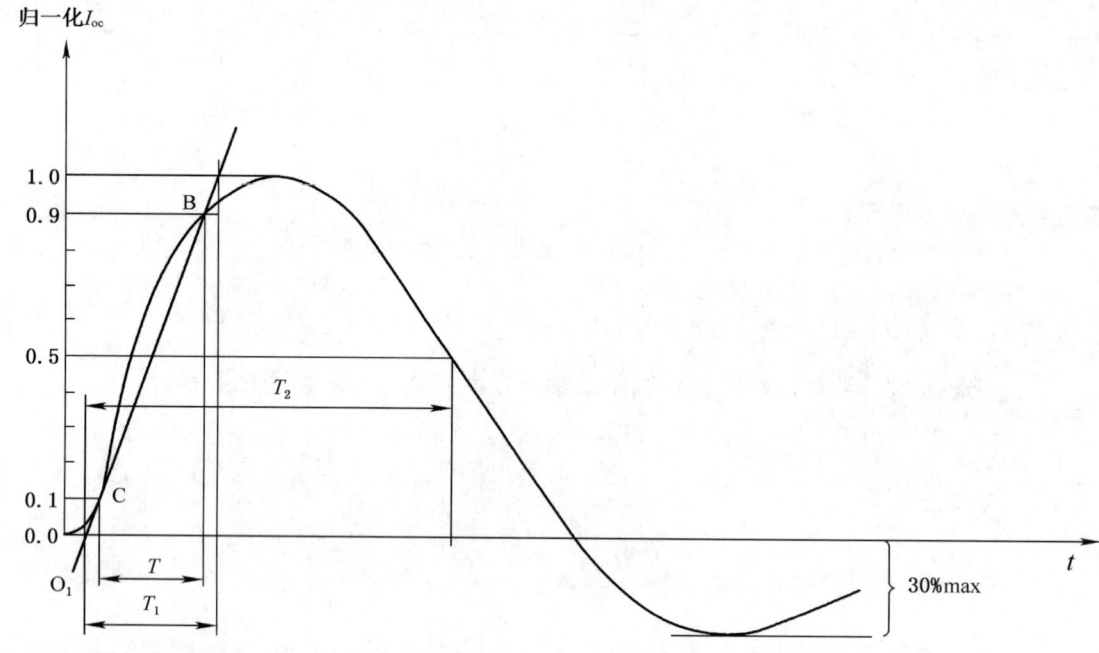

波前时间：$T_1=1.25×T=8×(1±20\%)\mu s$。
持续时间：$T_2=20×(1±20\%)\mu s$。

图 B.29 未连接 CDN 的发生器输出端的短路电流波形（8/20 μs）

组合波发生器的电路原理如图 B.30 所示。

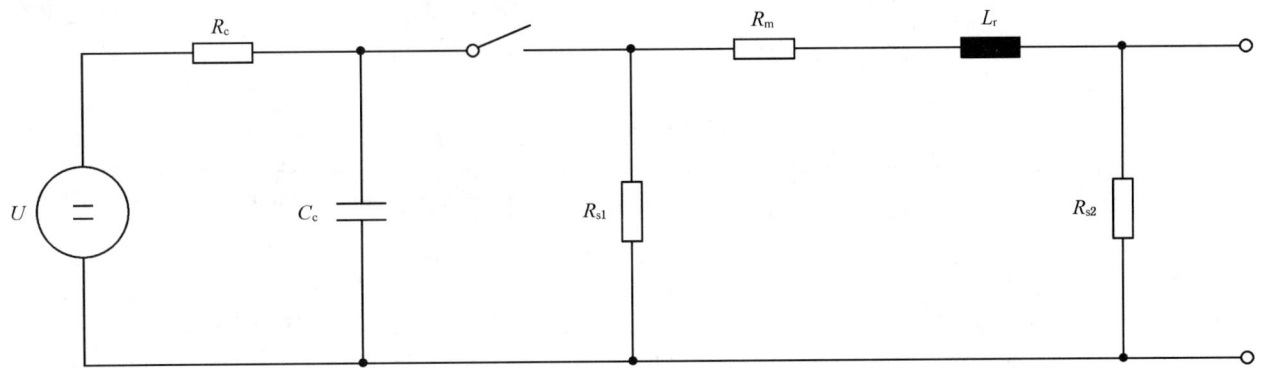

标引序号说明：
U ——高压源；
R_c ——充电电阻；
C_c ——储能电容；
R_{s1}、R_{s2} ——脉冲持续时间形成电阻；
R_m ——阻抗匹配电阻；
L_r ——上升时间形成电感。

图 B.30　组合波发生器的电路原理图

单一试验样品布置如图 B.31 所示。

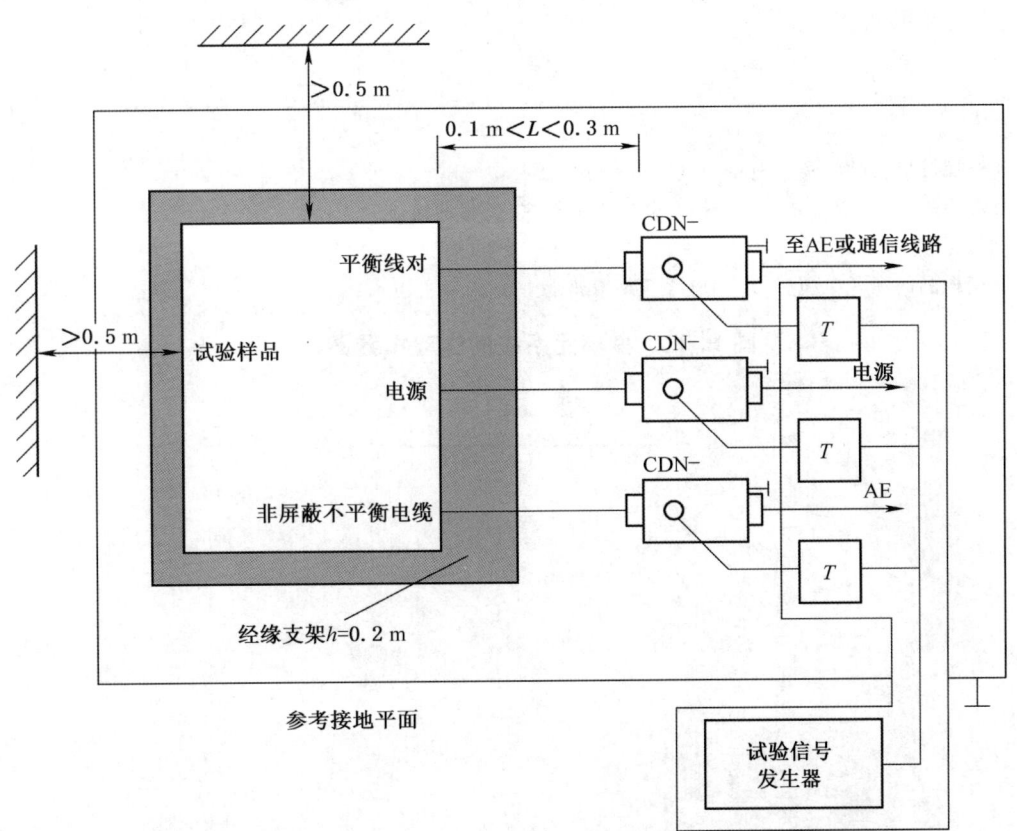

样品到任何金属障碍物的距离应至少为 0.5 m。
CDNs(耦合和去耦网络)所有非激励的输入端口应用 50 Ω 负载连接。
T 应为 50 Ω 的终端电阻。

图 B.31　单一试验样品布置图

多单元系统的试验布置如图B.32所示。

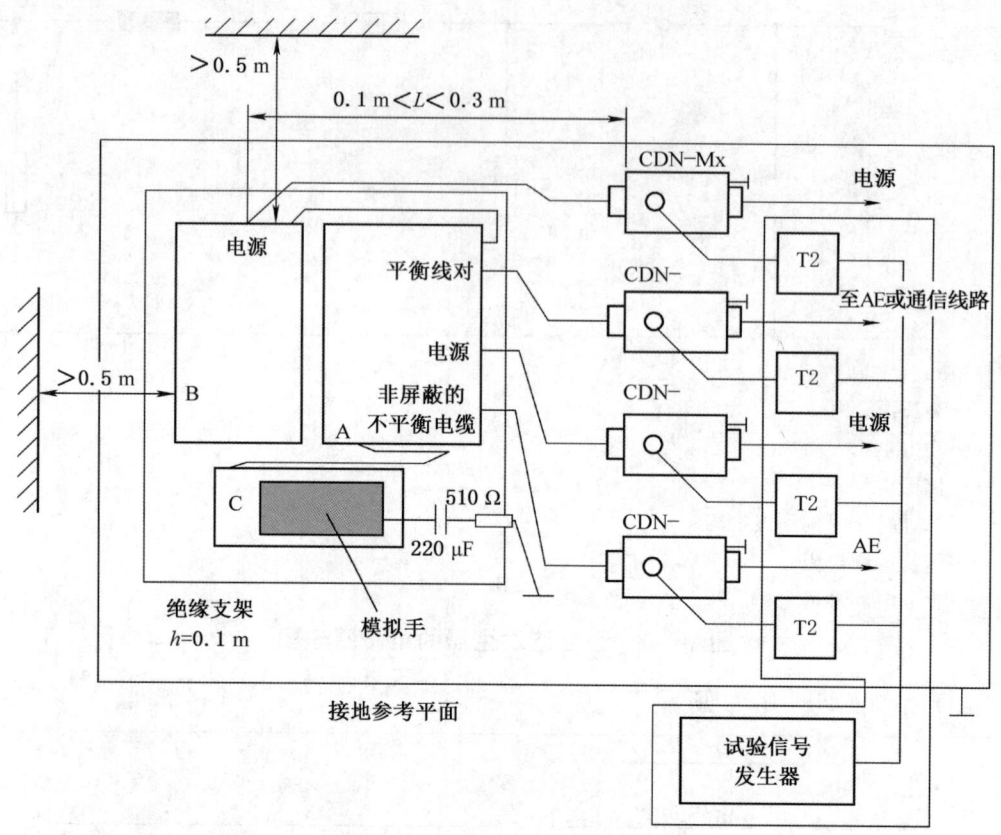

样品到任何金属障碍物的距离应至少为0.5 m。
CDNs(耦合和去耦网络)所有非激励的输入端口应用50 Ω负载连接。
T2应为功率衰减器(6 dB)。
负载端接属于样品的互联电缆(≤1 m)应置于绝缘座上。

图 B.32　多单元系统的试验布置图

ICS 13.220.20
CCS C 80/89

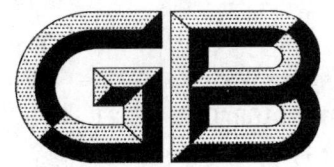

中华人民共和国国家标准

GB/T 16840.2—2021
代替 GB/T 16840.2—1997

电气火灾痕迹物证技术鉴定方法
第 2 部分：剩磁检测法

Technical determination methods for electrical fire evidence—
Part 2: Residual magnetism method

2021-08-20 发布　　　　　　　　　　　　　　　　　　2021-08-20 实施

国家市场监督管理总局
国家标准化管理委员会　发布

GB/T 16840.2—2021

目 次

前言	235
引言	236
1 范围	237
2 规范性引用文件	237
3 术语和定义	237
4 原理	237
5 仪器、器材与试剂	237
5.1 仪器	237
5.2 器材	238
5.3 试剂	238
6 检材	238
6.1 检材种类	238
6.2 检材选取	238
7 方法和步骤	238
7.1 准备工作	238
7.2 测量操作	238
8 判据	239
8.1 数据判定	239
8.2 对比判定	239
8.3 磁化规律判定	239

前 言

本文件按照GB/T 1.1—2020《标准化工作导则 第1部分：标准化文件的结构和起草规则》的规定起草。

本文件是GB/T 16840《电气火灾痕迹物证技术鉴定方法》的第2部分。GB/T 16840已经发布了以下部分：
——第1部分：宏观法；
——第2部分：剩磁检测法；
——第3部分：俄歇分析法；
——第4部分：金相分析法；
——第5部分：电气火灾物证识别和提取方法；
——第6部分：SEM微观形貌分析法；
——第7部分：EDS成分分析法；
——第8部分：热分析法。

本文件代替GB/T 16840.2—1997《电气火灾原因技术鉴定方法 第2部分：剩磁法》，与GB/T 16840.2—1997相比，除结构调整和编辑性改动外，主要技术变化如下：
——更改了适用范围（见第1章，1997年版的第1章）；
——增加了"规范性引用文件"一章（见第2章）；
——删除了"剩磁数据"和"火烧导线短路剩磁"的术语和定义，将术语"雷电熔痕"更改为"雷击熔痕"，增加了"剩磁"的术语和定义（见第3章，1997年版的第2章）；
——更改、完善了剩磁检测法原理的有关内容（见第4章，1997年版的第3章）；
——增加了分析过程中所需的仪器和试剂，以及其参数（见第5章，1997年版的第4章）；
——删除了"雷电剩磁"和"火烧导线短路剩磁判定"（见第8章，1997年版的6.1.4、6.4）；
——删除了送检及鉴定时应履行的书面程序（见1997年版的第7章）。

请注意本文件的某些内容可能涉及专利。本文件的发布机构不承担识别专利的责任。

本文件由中华人民共和国应急管理部提出。

本文件由全国消防标准化技术委员会（SAC/TC 113）归口。

本文件起草单位：应急管理部沈阳消防研究所、应急管理部天津消防研究所、应急管理部上海消防研究所、应急管理部四川消防研究所。

本文件主要起草人：邸曼、赵长征、高伟、齐梓博、鄂大志、张明、夏大维、张良、张磊、彭波。

本文件及其所代替文件的历次版本发布情况为：
——GB/T 16840.2—1997；
——本次为第一次修订。

引　言

电气火灾物证鉴定是应急救援消防机构进行火灾原因调查工作的重要组成部分,特别是伴随着国家法制建设的完善,公民法制意识的增强,物证鉴定已作为火灾原因认定的有力证据,为消防救援机构认定火灾原因提供了科学、快速、准确的技术支持。在这方面,我国已经建立了电气火灾痕迹物证技术鉴定方法的国家标准体系。在该标准体系中,GB/T 16840《电气火灾痕迹物证技术鉴定方法》是指导我国相关机构从事电气火灾物证鉴定活动的方法和依据,拟由八个部分构成,目的在于确立对电气火灾痕迹物证进行宏观分析、剩磁分析、俄歇分析、金相分析、物证识别和提取、SEM 微观形貌分析、成分分析和热分析时的方法和依据。
——第1部分:宏观法;
——第2部分:剩磁检测法;
——第3部分:俄歇分析法;
——第4部分:金相分析法;
——第5部分:电气火灾物证识别和提取方法;
——第6部分:SEM 微观形貌分析法;
——第7部分:EDS 成分分析法;
——第8部分:热分析法。
剩磁检测是我国电气火灾痕迹物证鉴定工作中使用的一种分析方法。本文件是在科研项目《应用剩磁法鉴别导线短路及雷电火灾原因的研究》基础试验数据和多年的实际火灾物证鉴定实际工作的基础上提出的。本次对 GB/T 16840.2 的修订,重点考虑了文件编写和表述的严谨性和规范性,并完善了部分内容,使火灾调查工作者在采用剩磁检测法时有据可依,提高工作效率。

电气火灾痕迹物证技术鉴定方法
第2部分:剩磁检测法

1 范围

本文件规定了电气火灾痕迹物证技术鉴定方法中剩磁检测法的原理、仪器、器材与材料、检材、方法和步骤、判据。

本文件适用于火灾事故调查时,在建筑火灾现场未发现短路熔痕或雷击熔痕的情况下,根据对铁磁性金属导体检测得出的剩磁数据判定是否发生过大电流短路或雷击现象。

2 规范性引用文件

下列文件中的内容通过文中的规范性引用而构成本文件必不可少的条款。其中,注日期的引用文件,仅该日期对应的版本适用于本文件;不注日期的引用文件,其最新版本(包括所有的修改单)适用于本文件。

GB/T 16840.1 电气火灾痕迹物证技术鉴定方法 第1部分:宏观法

3 术语和定义

GB/T 16840.1界定的以及下列术语和定义适用于本文件。

3.1
剩磁 residual magnetism
铁磁体被导线短路电流或雷击电流形成的磁场磁化后所保留的磁性。

3.2
雷击熔痕 melted mark induced by lightning
金属受雷击电流高温作用所形成的熔化痕迹。

4 原理

由于电流的磁效应,在电流流经的导线或金属导体周围空间产生磁场,处于磁场中的铁磁体受到磁化,当磁场逸去后铁磁体仍保持一定磁性。处于磁场中的铁磁体被磁化后,剩余磁感应强度与电流和距离有关。通常导线中的电流在正常状态下,虽然也会产生磁场,但其强度小,留在铁磁体上的剩磁也有限。当线路发生短路、雷击或建筑物遭受雷击时,将会产生异常大电流,从而出现具有相当强度的磁场,处于磁场中的铁磁体也随之受到强磁化作用,保持较大的磁性。

5 仪器、器材与试剂

5.1 仪器

磁场检测设备:量程为 0 mT～100 mT,分辨率不低于 0.01 mT,使用温度为 −20 ℃～+40 ℃。

5.2 器材

毛刷、镊子。

5.3 试剂

主要试剂有：
——乙醇(分析纯)；
——丙酮(分析纯)。

6 检材

6.1 检材种类

6.1.1 铁钉、铁丝、钢筋或具有磁性的金属构件。

6.1.2 穿线铁管。

6.1.3 白炽灯、荧光灯灯具上的铁磁性材料。

6.1.4 配电盘上的铁磁性材料。

6.1.5 设备器件及其他具有磁性的金属材料，以体积小的为宜。

6.2 检材选取

6.2.1 检材选取技术要求

6.2.1.1 检材应选择有代表性的部位。

6.2.1.2 检材与导线的距离小于或等于 20 mm 为宜。

6.2.1.3 对可能有雷击产生的现场，应根据实际情况进行检测，不受部位限制。

6.2.1.4 在检测之前应对检材所在位置、所处状态及所呈现的形态特征用拍照等方法进行记录。

6.2.2 注意事项

6.2.2.1 对固定在墙壁或其他物体上的检材，提取时不应弯折、敲打和摔落。

6.2.2.2 宜检测受火灾现场温度影响较小的检材。

6.2.2.3 对位于磁性材料附近的检材不应进行检测。

6.2.2.4 经证实提取检材附近的线路曾发生过短路时，不应进行检测。

7 方法和步骤

7.1 准备工作

7.1.1 测量前采用清洗试剂清洗检材表面。

7.1.2 测量前应将检测设备清零处理。

7.2 测量操作

7.2.1 根据检材选择测量点，如铁钉、铁管、钢筋等测量两端，铁板测量角部，杂散铁件测量棱角部位。

7.2.2 将探头(霍尔元件)平贴在检材上，缓慢改变探头的位置和角度进行搜索式测量，直到测量数据稳定时的最大值为止。

7.2.3 探头与检材接触即可，不应用力按压。

8 判据

8.1 数据判定

8.1.1 检材为铁钉和铁丝等

8.1.1.1 测量的剩磁数据小于 0.5 mT，不作为发生短路或雷击的判据。

8.1.1.2 测量的剩磁数据大于 0.5 mT 且小于 1.0 mT，作为判定发生短路或雷击的参考。

8.1.1.3 测量的剩磁数据大于 1.0 mT，作为发生短路或雷击的判据。

8.1.2 检材为铁管和钢筋等

8.1.2.1 测量的剩磁数据小于 1.0 mT，不作为发生短路或雷击的判据。

8.1.2.2 测量的剩磁数据大于 1.0 mT 且小于 1.5 mT，作为判定发生短路或雷击的参考。

8.1.2.3 测量的剩磁数据大于 1.5 mT，作为发生短路或雷击的判据。

8.1.3 检材为杂散铁件

8.1.3.1 杂散铁件包含导线附近的铁棒、角铁、具有磁性的金属等。

8.1.3.2 测量的剩磁数据大于 1.0 mT，作为发生短路或雷击的判据。

8.2 对比判定

当现场中处于不同部位的相同设施上均有电气线路通过时，测量线路附近设施上金属构件的剩磁数据，通过测量剩磁数据的大小，判定具有剩磁数据的设施上通过的导线是否曾发生过短路或雷击。

8.3 磁化规律判定

8.3.1 铁磁体磁性的强弱与其距导体（短路点或雷击点）的距离有关，距离越近其磁性越强。

8.3.2 测量时如发现剩磁值由强到弱的变化规律，结合所测的剩磁数据，可判定该导线或该区域是否曾发生短路或雷击。

ICS 13.220.20
CCS C 80/89

中华人民共和国国家标准

GB/T 16840.3—2021
代替 GB/T 16840.3—1997

电气火灾痕迹物证技术鉴定方法
第 3 部分：俄歇分析法

Technical determination methods for electrical fire evidence—
Part 3: Auger electron spectroscopy component analytic method

2021-08-20 发布

2021-08-20 实施

国家市场监督管理总局
国家标准化管理委员会 发布

目　次

前言 … 242
引言 … 243
1 范围 … 244
2 规范性引用文件 … 244
3 术语和定义 … 244
4 原理 … 244
5 设备、器材与试剂 … 244
　5.1 设备 … 244
　5.2 器材 … 244
　5.3 试剂 … 245
6 检材 … 245
　6.1 检材处理 … 245
　6.2 注意事项 … 245
7 方法步骤 … 245
8 成分特征 … 245
　8.1 一次短路熔痕 … 245
　8.2 二次短路熔痕 … 246

前 言

本文件按照 GB/T 1.1—2020《标准化工作导则 第 1 部分：标准化文件的结构和起草规则》的规定起草。

本文件是 GB/T 16840《电气火灾痕迹物证技术鉴定方法》的第 3 部分。GB/T 16840 已经发布了以下部分：
——第 1 部分：宏观法；
——第 2 部分：剩磁检测法；
——第 3 部分：俄歇分析法；
——第 4 部分：金相分析法；
——第 5 部分：电气火灾物证识别和提取方法；
——第 6 部分：SEM 微观形貌分析法；
——第 7 部分：EDS 成分分析法；
——第 8 部分：热分析法。

本文件代替 GB/T 16840.3—1997《电气火灾原因技术鉴定方法 第 3 部分：成分分析法》，与 GB/T 16840.3—1997 相比，除结构调整和编辑性改动外，主要技术变化如下：
——更改了适用范围（见第 1 章，1997 年版的第 1 章）；
——增加了"规范性引用文件"一章（见第 2 章）；
——删除了 1997 年版的全部术语和定义，增加了"孔洞"术语和定义（见第 3 章，1997 年版的第 2 章）；
——增加了分析过程中所需的器材、试剂，以及其参数（见第 5 章，1997 年版的第 4 章）；
——将"判定内容"更改为"成分特征"，并对有关内容做了修改完善（见第 8 章，1997 年版的第 6 章）；
——删除了送检及鉴定时应履行的书面程序（见 1997 年版的第 7 章）。

请注意本文件的某些内容可能涉及专利。本文件的发布机构不承担识别专利的责任。

本文件由中华人民共和国应急管理部提出。

本文件由全国消防标准化技术委员会（SAC/TC 113）归口。

本文件起草单位：应急管理部沈阳消防研究所。

本文件主要起草人：邸曼、夏大维、鄂大志、张明、吴莹、赵长征、高伟。

本文件及其所代替文件的历次版本发布情况为：
——GB/T 16840.3—1997；
——本次为第一次修订。

引 言

　　电气火灾物证鉴定是应急救援消防机构进行火灾原因调查工作的重要组成部分,特别是伴随着国家法制建设的完善,公民法制意识的增强,物证鉴定已作为火灾原因认定的有力证据,为消防救援机构认定火灾原因提供了科学、快速、准确的技术支持。在这方面,我国已经建立了电气火灾痕迹物证技术鉴定方法的国家标准体系。在该标准体系中,GB/T 16840《电气火灾痕迹物证技术鉴定方法》是指导我国相关机构从事电气火灾物证鉴定活动的方法和依据,拟由八个部分构成,目的在于确立对电气火灾痕迹物证进行宏观分析、剩磁分析、俄歇分析、金相分析、物证识别和提取、SEM 微观形貌分析、成分分析和热分析时的方法和依据。

——第 1 部分:宏观法;
——第 2 部分:剩磁检测法;
——第 3 部分:俄歇分析法;
——第 4 部分:金相分析法;
——第 5 部分:电气火灾物证识别和提取方法;
——第 6 部分:SEM 微观形貌分析法;
——第 7 部分:EDS 成分分析法;
——第 8 部分:热分析法。

　　俄歇分析法是我国电气火灾痕迹物证鉴定工作中使用的一种定量分析方法。本次对 GB/T 16840.3 的修订,重点考虑了文件编写和表述的严谨性和规范性,并完善了部分内容,使火灾痕迹物证鉴定工作者在采用俄歇分析法时有据可依,提高工作效率。

电气火灾痕迹物证技术鉴定方法
第3部分：俄歇分析法

1 范围

本文件规定了电气火灾痕迹物证技术鉴定方法当中俄歇分析法的原理、设备、器材与试剂、检材、方法步骤和成分特征。

本文件适用于在火灾调查时，对火灾现场中提取的铜导线短路熔痕截面上孔洞内表面采用俄歇电子能谱仪进行成分分析，以此鉴定铜导线短路熔痕是一次短路熔痕还是二次短路熔痕。

2 规范性引用文件

下列文件中的内容通过文中的规范性引用而构成本文件必不可少的条款。其中，注日期的引用文件，仅该日期对应的版本适用于本文件；不注日期的引用文件，其最新版本（包括所有的修改单）适用于本文件。

GB/T 16840.1 电气火灾痕迹物证技术鉴定方法 第1部分：宏观法

3 术语和定义

GB/T 16840.1界定的以及下列术语和定义适用于本文件。

3.1
孔洞 cavity

在熔痕截面和内部产生的不同大小、形状的气孔、缩孔、疏松等。

4 原理

短路熔痕其内部孔洞的形成机理比较复杂，主要是金属凝固过程中吸附了周围环境的气体被截留在内部组织中而形成。由于一次短路熔痕和二次短路熔痕形成的环境气氛不同，当导线发生短路而熔化并瞬间凝固时，必然将不同的环境气体成分熔入金属中，从而在短路熔痕孔洞内表面遗留下不同短路环境条件的某些特征。

5 设备、器材与试剂

5.1 设备

应具备如下主要仪器设备：
——扫描电子显微镜及其附属设备；
——俄歇电子能谱仪及其附属设备。

5.2 器材

镊子、钳子、导电胶。

5.3 试剂

主要试剂有：
— 乙醇(分析纯)；
— 丙酮(分析纯)。

6 检材

6.1 检材处理

6.1.1 检材在截取和处理过程中应保证原有状态不受破坏，不引进污染。

6.1.2 截取检材时，应使用镊子持取，不使用手直接触摸。

6.1.3 检材外表面已受到污染时，应用丙酮或乙醇等溶剂清洗干净，待溶剂干燥后再掰开。

6.1.4 将检材用钳子夹住杆部，用另一把钳子把检材的熔痕与杆相接处掰开。

6.1.5 用导电胶把掰开的熔痕固定到样品托上，使熔痕的剖面与样品托表面平行，并保持熔痕的孔洞朝上。

6.1.6 待导电胶干燥后，把检材装入系统中待分析。

6.2 注意事项

6.2.1 处理检材所用钳子的夹持部位，应使用丙酮或乙醇清洗干净。

6.2.2 从掰开检材到装入仪器的操作过程要快，尽量减少检材在空气中的停留时间。

6.2.3 检材分析前不应使用Ar离子溅射清洗，以保证孔洞内表面所保留的特征不被破坏。

6.2.4 不应使用溶剂浸泡检材，以保持检材所携带的环境气氛的信息不被破坏(尤其是已掰开的检材)。

6.2.5 暂不分析的检材应放置清洁的容器中保存。

7 方法步骤

7.1 用扫描电子显微镜确定要分析的孔洞内表面位置。

7.2 用电子束扫描成像，放大倍数宜选择在100倍~200倍。

7.3 将俄歇电子能谱仪设置初级电子能量3 000 eV、初级电子束流0.5 μA、初级电子束直径小于2 μm；测量弹性峰时，入射电子能量(E_p)小于或等于2 000 eV，倍增器高压用1 000 V；测量俄歇信号时，E_p可用3 000 eV、5 000 eV或10 000 eV，倍增器高压用1 500 V以上，脉冲计数方式，倍增器高压可用到2 500 V；对选好的分析点进行定点分析。

7.4 分析时应随时调节被分析检材的孔洞位置，确保分析点处于分析器的最佳工作点上。

7.5 应及时调整检材的分析点到分析器间的距离，以保证获得尽可能大的俄歇信号。

7.6 为保证结果可靠，减少统计误差，在有限的检材中，应分析尽可能多的孔洞。

8 成分特征

8.1 一次短路熔痕

碳(C)元素质量分数：9.0%~14.0%；氮(N)元素质量分数：3.5%~4.5%；氧(O)元素质量分数：3.0%~7.0%；铜(Cu)元素质量分数：75.0%~83.5%。

8.2 二次短路熔痕

碳(C)元素质量分数：35.0%～45.5%；氮(N)元素质量分数：0%～2.5%；氧(O)元素质量分数：2.0%～3.5%；铜(Cu)元素质量分数：52.5%～65.5%。

ICS 13.220.20
CCS C 80/89

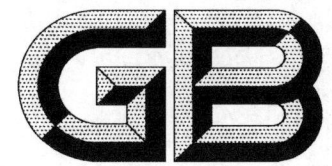

中华人民共和国国家标准

GB/T 16840.4—2021
代替 GB/T 16840.4—1997

电气火灾痕迹物证技术鉴定方法
第 4 部分：金相分析法

Technical determination methods for electrical fire evidence—
Part 4: Metallographic analysis method

2021-08-20 发布　　　　　　　　　　　　　　2021-08-20 实施

国家市场监督管理总局
国家标准化管理委员会　发布

目　次

前言	249
引言	250
1　范围	251
2　规范性引用文件	251
3　术语和定义	251
4　原理	251
5　设备、器材与试剂	252
5.1　主要设备	252
5.2　其他设备	252
5.3　器材	252
5.4　试剂	252
6　检材	252
6.1　检材的选取和截取	252
6.2　金相试样的制备	252
7　方法步骤	253
8　金相组织特征	253
8.1　火烧熔痕(熔珠)的金相组织特征	253
8.2　短路熔痕(熔珠)的金相组织特征	253
8.3　一次短路熔痕(熔珠)的金相组织特征	253
8.4　二次短路熔痕(熔珠)的金相组织特征	253
8.5　短路迸溅熔珠的金相组织特征	254
8.6　电热熔痕的金相组织特征	254
8.7　非电热痕迹的金相组织特征	254
9　综合判定	254

前　言

本文件按照GB/T 1.1—2020《标准化工作导则　第1部分:标准化文件的结构和起草规则》的规定起草。

本文件是GB/T 16840《电气火灾痕迹物证技术鉴定方法》的第4部分。GB/T 16840已经发布了以下部分:
— 第1部分:宏观法;
— 第2部分:剩磁检测法;
— 第3部分:俄歇分析法;
— 第4部分:金相分析法;
— 第5部分:电气火灾物证识别和提取方法;
— 第6部分:SEM微观形貌分析法;
— 第7部分:EDS成分分析法;
— 第8部分:热分析法。

本文件代替GB/T 16840.4—1997《电气火灾原因技术鉴定方法　第4部分:金相分析法》。与GB/T 16840.4—1997相比,除结构调整和编辑性改动外,主要技术变化如下:
— 更改了适用范围(见第1章,1997年版的第1章);
— 增加了"规范性引用文件"一章(见第2章);
— 删除了1997年版的全部术语和定义,增加了"短路熔痕""短路迸溅熔珠""电热熔痕"和"非电热痕迹"的术语和定义(见第3章,1997年版的第2章);
— 更改、完善了金相分析法原理的有关内容(见第4章,1997年版的第3章);
— 增加了用于外观形态观察的设备和分析过程中所需的器材与试剂(见第5章,1997年版的第4章);
— 更改了侵蚀时间,删除了显微照相、显影和定影和晒相的规定内容(见第6章,1997年版的第5章);
— 增加了"方法步骤"一章(见第7章);
— 更改、完善了火烧熔痕(熔珠)的金相组织特征、一次短路熔痕(熔珠)的金相组织特征和二次短路熔痕(熔珠)的金相组织特征,增加了短路熔痕(熔珠)的金相组织特征、短路迸溅熔珠的金相组织特征、电热熔痕的金相组织特征和非电热痕迹的金相组织特征(见第8章,1997年版的第6章);
— 增加了"综合判定"一章(见第9章);
— 删除了送检及鉴定时应履行的书面程序(见1997年版的第7章)。

请注意本文件的某些内容可能涉及专利。本文件的发布机构不承担识别专利的责任。

本文件由中华人民共和国应急管理部提出。

本文件由全国消防标准化技术委员会(SAC/TC 113)归口。

本文件起草单位:应急管理部沈阳消防研究所、应急管理部天津消防研究所、应急管理部上海消防研究所、应急管理部四川消防研究所。

本文件主要起草人:邸曼、赵长征、高伟、张明、夏大维、鄂大志、陈克、阳世群、黄昊。

本文件及其所代替文件的历次版本发布情况为:
— GB/T 16840.4—1997;
— 本次为第一次修订。

引 言

电气火灾物证鉴定是应急救援消防机构进行火灾原因调查工作的重要组成部分,特别是伴随着国家法制建设的完善,公民法制意识的增强,物证鉴定已作为火灾原因认定的有力证据,为消防救援机构认定火灾原因提供了科学、快速、准确的技术支持。在这方面,我国已经建立了电气火灾痕迹物证技术鉴定方法的国家标准体系。在该标准体系中,GB/T 16840《电气火灾痕迹物证技术鉴定方法》是指导我国相关机构从事电气火灾物证鉴定活动的方法和依据,拟由八个部分构成,目的在于确立对电气火灾痕迹物证进行宏观分析、剩磁分析、俄歇分析、金相分析、物证识别和提取、SEM 微观形貌分析、成分分析和热分析时的方法和依据。

——第 1 部分:宏观法;
——第 2 部分:剩磁检测法;
——第 3 部分:俄歇分析法;
——第 4 部分:金相分析法;
——第 5 部分:电气火灾物证识别和提取方法;
——第 6 部分:SEM 微观形貌分析法;
——第 7 部分:EDS 成分分析法;
——第 8 部分:热分析法。

金相分析法是我国电气火灾痕迹物证鉴定工作中使用的一种分析方法。本文件中规定的与痕迹物证技术鉴定相关的检材、方法步骤和金相组织特征等技术内容,是在科研项目《应用金相分析鉴别导线短路火灾的研究》基础试验数据和多年火灾物证鉴定实际工作的基础上提出的,在实际火灾现场中得到验证,证明切实可行。本次对 GB/T 16840.4 的修订,重点考虑了文件编写和表述的严谨性和规范性,并完善了部分内容,使火灾痕迹物证鉴定工作者在采用金相分析法时有据可依,提高工作效率。

电气火灾痕迹物证技术鉴定方法
第4部分：金相分析法

1 范围

本文件规定了电气火灾痕迹物证技术鉴定方法的金相分析法的原理、设备、器材与试剂、检材、方法步骤、金相组织特征和综合判定。

本文件适用于在火灾调查时，根据火灾现场中火灾痕迹物证呈现的金相组织特征，鉴别其性质。

2 规范性引用文件

下列文件中的内容通过文中的规范性引用而构成本文件必不可少的条款。其中，注日期的引用文件，仅该日期对应的版本适用于本文件，不注日期的引用文件，其最新版本（包括所有的修改单）适用于本文件。

GB/T 16840.1 电气火灾痕迹物证技术鉴定方法 第1部分：宏观法

3 术语和定义

GB/T 16840.1 界定的以及下列术语和定义适用于本文件。

3.1
短路熔痕 melted mark caused by short circuit

铜、铝导线发生短路在导线上形成的熔化痕迹。

注：短路熔痕包括一次短路熔痕和二次短路熔痕。

3.2
短路迸溅熔珠 splash down melted bead caused by short circuit

铜、铝导线在短路或电弧作用发生的瞬间而产生的熔化迸溅物，喷溅黏附到其他载体上的圆珠状熔化痕迹。

3.3
电热熔痕 melted mark caused by electric heating

在电弧或电流的高温热作用下，在金属表面或铜、铝导线上形成的熔化痕迹。

注：包含且不仅限于短路熔痕、过负荷熔痕、因接触不良导致的局部过热熔痕、导线与其他不同电位的金属发生放电时形成的熔痕、对地短路熔痕、不同电位的带电金属之间接触放电形成的熔痕等。

3.4
非电热痕迹 mark caused by non-electric heating

由火灾热作用、机械加工或应力作用等非电弧或电流的热作用形成的痕迹。

注：包含且不仅限于火烧、摩擦、切削、拉拔、挤压、高压冲击等形成的痕迹。

4 原理

对于火灾现场提取的金属或铜、铝导线等物证，无论是受火灾热作用还是短路电弧高温熔化，除全部烧失等特殊情况之外,一般均能查找到残留的熔痕,其外观具有能够反映当时环境条件的特征。

导线的电热熔痕、短路熔痕均由瞬间电弧高温熔化形成,具有熔化范围小、冷却速度快的特点。对于一次短路熔痕和二次短路熔痕而言,前者短路发生在正常环境条件下,后者短路发生在火灾环境条件下。火烧熔痕是导线受火灾热作用熔化的痕迹,其作用时间、作用温度又均与短路熔痕不同,具有受热持续时间长、火烧范围大、熔化温度低于短路电弧温度的特点。由于不同的环境条件参与了熔痕的形成过程,从而产生了区别电热熔痕、短路熔痕(熔珠)、一次短路熔痕(熔珠)、二次短路熔痕(熔珠)及火烧熔痕(熔珠)的金相组织特征。

5 设备、器材与试剂

5.1 主要设备

金相显微镜,分辨能力应不低于 0.45 μm,放大倍率宜为 25 倍~1 000 倍。

5.2 其他设备

照相机、体视显微镜(或视频显微镜)、金相镶嵌机、磨抛机、超声波清洗机。

5.3 器材

天平、量筒、镊子、脱脂棉、砂纸、吹风机、模具。

5.4 试剂

主要试剂有:
- ——氯化高铁(分析纯);
- ——氢氧化钠(分析纯);
- ——乙醇(分析纯);
- ——盐酸(分析纯);
- ——硝酸(分析纯);
- ——镶嵌材料。

注:镶嵌材料为用于镶嵌制作金相样品的材料,包括但不限于义齿基托树脂。

6 检材

6.1 检材的选取和截取

6.1.1 应选取载有熔痕或具有代表性部位的检材。

6.1.2 应选择在导线的熔化或蚀坑痕迹附近的未熔导线部位进行截取。

6.2 金相试样的制备

6.2.1 对提取的检材,应采用镶嵌法制成金相试样。对于具有熔痕的检材,宜采用冷镶嵌法制备金相试样。

6.2.2 采用冷镶嵌法制备时,先将检材放在底板上,再将模具罩住检材,然后将冷镶嵌材料调成的糊状混合物注入,待凝固、冷却后,去除模具得到镶嵌好的金相试样。

6.2.3 金相试样经粗磨、细磨后再进行抛光,必要时可进行手工精抛。

6.2.4 经抛光后的金相试样选择适当的侵蚀剂在室温下侵蚀,常用的侵蚀剂及侵蚀时间见表1。

6.2.5 经侵蚀后的金相试样,应先用清水冲洗或用酒精擦拭,再用吹风机吹干。

表 1 常用的侵蚀剂

样品材质	侵蚀剂配比	侵蚀时间/s
铜	氯化高铁 5 g 盐酸 50 mL 乙醇 100 mL	2～10
铝	氢氧化钠 1 g～2 g 水 100 mL	60～120
铁	3%硝酸酒精溶液	10～30
其他金属	参见相关金相试样侵蚀技术标准	

7 方法步骤

7.1 待观察的金相试样应磨面光洁、无明显划痕、晶界清晰。

7.2 用金相显微镜观察金相试样的显微组织,放大倍数为 25 倍～1 000 倍。

7.3 显微检验时应首先通观整个金相试样的表面,然后按所需视场对其显微组织进行观察分析。

7.4 根据所观察的显微组织选择合适的放大倍数或更换物镜镜头。

7.5 观察金相试样中熔化区、熔化过渡区及导线基体等部位的显微组织特征。

7.6 选择合适的视场、放大倍数和显微组织特征进行显微拍照。

8 金相组织特征

8.1 火烧熔痕(熔珠)的金相组织特征

通常呈现粗大的等轴晶或共晶组织,熔化区内部的孔洞通常形状不规则,内表面粗糙。

8.2 短路熔痕(熔珠)的金相组织特征

呈现为铸态组织,熔化区晶粒由胞状晶、枝晶、柱状晶组成;金相试样磨面内的孔洞形态呈圆形、椭圆形,内壁光滑;偶有两个或多个孔洞交叠的现象,孔洞交叠处的孔洞壁会形成锋利的锐角;基体区与熔化区显微组织形态有明显不同。

8.3 一次短路熔痕(熔珠)的金相组织特征

呈现为铸态组织,晶粒由细小的胞状晶或柱状晶组成;磨面内的孔洞尺寸较小,孔洞数量较少,孔洞形状较整齐;在熔珠与导线衔接的过渡区处显微组织的分界线明显;铜质熔珠的晶界较细,孔洞周围铜和氧化亚铜的共晶组织较少且不明显;用偏振光观察时,熔珠孔洞周围及洞壁的颜色暗淡不鲜明。

8.4 二次短路熔痕(熔珠)的金相组织特征

呈现为铸态组织,晶粒由较多粗大的柱状晶或粗大的晶界组成,晶粒被很多孔洞分割;金相试样磨面内的孔洞尺寸较大,孔洞数量较多,孔洞形状不规整;在熔珠与导线衔接的过渡区处显微组织的分界线不明显;铜质熔珠的晶界较粗大,孔洞周围铜和氧化亚铜的共晶组织较多且较明显;用偏振光观察时,熔珠孔洞周围及洞壁的颜色鲜艳明亮,呈鲜红色或橘红色。

8.5 短路迸溅熔珠的金相组织特征

呈现为铸态组织,其形态特征主要为树枝晶和细小的胞状晶,金相试样磨面内有孔洞,孔洞形状较圆、较规则。

8.6 电热熔痕的金相组织特征

呈现为铸态组织,其形态主要为胞状晶、树枝晶等,并且在熔化区与未熔化区(或基体)的交接处过渡区明显,晶粒形态明显不同。

8.7 非电热痕迹的金相组织特征

呈现晶粒变形或破坏特征;平衡再结晶条件下形成的共晶组织或等轴晶特征。

9 综合判定

在火灾现场情况较复杂和样品材质较特殊的情况下判定样品的痕迹性质时,应根据宏观形态、金相组织、微观形貌和成分分析等特征进行综合判定,给出判定结果。

ICS 13.220.20
CCS C 80/89

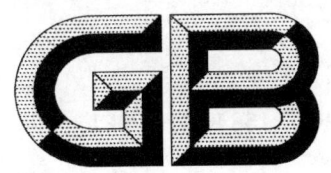

中华人民共和国国家标准

GB/T 16840.7—2021

电气火灾痕迹物证技术鉴定方法
第7部分：EDS成分分析法

Technical determination methods for electrical fire evidence—
Part 7:Component analytic method of energy dispersive spectrometry

2021-08-20 发布

2021-08-20 实施

国家市场监督管理总局
国家标准化管理委员会 发布

目　次

前言	257
引言	258
1　范围	259
2　规范性引用文件	259
3　术语和定义	259
4　原理	259
5　仪器设备	260
5.1　扫描电子显微镜	260
5.2　X射线能谱仪	260
5.3　其他所需设备	260
6　检材的制备	260
7　检材的检测	260
8　结果	261

前　言

本文件按照GB/T 1.1—2020《标准化工作导则　第1部分：标准化文件的结构和起草规则》的规定起草。

本文件是GB/T 16840《电气火灾痕迹物证技术鉴定方法》的第7部分。GB/T 16840已经发布了以下部分：
——第1部分：宏观法；
——第2部分：剩磁检测法；
——第3部分：俄歇分析法；
——第4部分：金相分析法；
——第5部分：电气火灾物证识别和提取方法；
——第6部分：SEM微观形貌分析法；
——第7部分：EDS成分分析法；
——第8部分：热分析法。

请注意本文件的某些内容可能涉及专利。本文件的发布机构不承担识别专利的责任。

本文件由中华人民共和国应急管理部提出。

本文件由全国消防标准化技术委员会(SAC/TC 113)归口。

本文件起草单位：应急管理部沈阳消防研究所、应急管理部天津消防研究所、应急管理部四川消防研究所、应急管理部上海消防研究所。

本文件主要起草人：张明、鄂大志、夏大维、邸曼、高伟、张斌、王立芬、曹丽英。

引 言

电气火灾物证鉴定是应急救援消防机构进行火灾原因调查工作的重要组成部分,特别是伴随着国家法制建设的完善,公民法制意识的增强,物证鉴定已作为火灾原因认定的有力证据,为消防救援机构认定火灾原因提供了科学、快速、准确的技术支持。在这方面,我国已经建立了电气火灾痕迹物证技术鉴定方法的国家标准体系。在该标准体系中,GB/T 16840《电气火灾痕迹物证技术鉴定方法》是指导我国相关机构从事电气火灾物证鉴定活动的方法和依据,拟由八个部分构成,目的在于确立对电气火灾痕迹物证进行宏观分析、剩磁分析、俄歇分析、金相分析、物证识别和提取,SEM 微观形貌分析、成分分析和热分析时的方法和依据。

——第 1 部分:宏观法。
——第 2 部分:剩磁检测法。
——第 3 部分:俄歇分析法。
——第 4 部分:金相分析法。
——第 5 部分:电气火灾物证识别和提取方法。
——第 6 部分:SEM 微观形貌分析法。
——第 7 部分:EDS 成分分析法。
——第 8 部分:热分析法。

EDS 成分分析法是我国电气火灾痕迹物证鉴定工作中使用的一种半定量分析方法,是在科研项目《铜导体熔痕表面微区成分分析鉴定技术的研究》基础试验数据和多年的实际火灾物证鉴定实际工作的基础上提出的,在实际火灾现场中得到验证,证明切实可行。本文件的制定重点参考了 GB/T 16840 的前六个部分,对 EDS 成分分析法检材的制备、检材的检测和结果进行了详细的规定,确保本文件的编写符合要求、内容实用可靠。

电气火灾痕迹物证技术鉴定方法 第7部分：EDS成分分析法

1 范围

本文件规定了电气火灾痕迹物证技术鉴定方法中EDS(X射线能谱仪)成分分析法的原理、仪器设备、检材的制备、检材的检测和结果。

本文件适用于火灾物证鉴定领域中，对痕迹物证微区成分的元素组成及含量进行测试，进行成分元素的溯源和同一性比对分析。

2 规范性引用文件

下列文件中的内容通过文中的规范性引用而构成本文件必不可少的条款。其中，注日期的引用文件，仅该日期对应的版本适用于本文件；不注日期的引用文件，其最新版本（包括所有的修改单）适用于本文件。

GB/T 13966 分析仪器术语
GB/T 19267.6 刑事技术微量物证的理化检验 第6部分：扫描电子显微镜/X射线能谱仪
GB/T 20162 火灾技术鉴定物证提取方法

3 术语和定义

GB/T 13966、GB/T 19267.6、GB/T 20162界定的以及下列术语和定义适用于本文件。

3.1
EDS成分分析法 component analytic method of energy dispersive spectrometry

用具有一定能量和强度的粒子束轰击检材物质，根据检材物质被激发或反射的X射线的能量和强度的关系图（称为能谱），实现对检材的非破坏性元素分析、结构分析和表面物化特性分析的方法。

3.2
微区成分 microcosmic composition

在痕迹物证上几微米至几十微米区域内的元素组成及含量。

4 原理

火灾现场中的痕迹物证所含有的同种元素，不论其所处状态如何，所发射的特征X射线均具有相同的能量。

测量火灾痕迹物证的特征X射线的强度作为定量分析的基础；可分为有标样定量分析和无标样定量分析两种。在有标样分析检材时，检材内各元素的实测X射线强度与标样的同名谱线强度进行比较，经过背景校正和基体校正，能较准确计算出绝对含量；在无标样定量分析时，对检材内各元素同名或不同名谱线的实测强度进行相互对比，经过背景校正，计算出它们的相对含量。

5 仪器设备

5.1 扫描电子显微镜

分辨率 3.0 nm(30 kV);检材条件较好时,其有效放大倍率为 20 倍～100 000 倍。

5.2 X射线能谱仪

在 MnK_α 处的分辨率高于 133 eV(计数率为 2 500 cps 时),元素分析范围为 $_4Be\sim_{92}U$。

5.3 其他所需设备

超声波清洗机、离子溅射仪、精密切割机、超薄切片机、干燥箱。

6 检材的制备

6.1 所分析的检材应为稳定的固体,在真空及电子束轰击下不挥发、不变性,无放射性和腐蚀性,适用于高、低真空条件下观察。

6.2 根据扫描电子显微镜检材室的大小,截取检材上预观察、分析的部位;对于较小的、易破坏的痕迹,应使用精密切割机在低转速下进行切割。

6.3 截取的检材,应保持其来样状态,保持干燥、避免腐蚀,其被观察、测试部位不应与其他检材相接触。

6.4 用酒精擦拭或用超声波清洗机进行表面清洗,清除检材表面附着的污染物并晾干表面的水分。

6.5 将清洗过的检材用导电胶或橡皮泥固定在检材杯(台)上,放于扫描电子显微镜检材室内待检。

6.6 对于非导体检材的表面,可使用离子溅射仪在检材表面镀一层导电膜,如金膜、铂膜或碳膜等。

7 检材的检测

7.1 当扫描电子显微镜检材室真空度达到要求时,调节加速电压,使其高于被测元素的临界激发电压的 2 倍～3 倍;对于常见金属和合金,宜使用加速电压 20 kV 或 25 kV;对于硅酸盐和氧化物,宜使用加速电压 15 kV。

7.2 调节钨灯丝发射电流使其达到饱和,保证获得最大亮度的饱和点。

7.3 确定或选择检材上的微区观察的特征部位,在适合倍率下观察和拍照其微观形貌。

7.4 对于溯源性检材,应选取检材熔化部位的微区部位进行分析,其大小应尽量接近熔化部位。

7.5 对于同一性比对检材,应在比对检材上选取至少三个部位微区用X射线能谱仪进行分析,其微区面积总和应尽量接近比对检材。

7.6 对所选择的微区成分进行定性和半定量分析,必要时应使用成分相近的标样进行对比;分析方式可采用如下方式进行:

—— 面扫描分析:在检材某一任意选择的区域做面扫描,可以检测检材整个区域的面貌和各元素在该检材区域内的含量变化情况;

—— 线扫描分析:在检材上任意一条直线进行线扫描,可以检测出检材在这一条直线的元素成分及含量变化情况。

8 结果

8.1 溯源性分析,应给出检材微区内主要含有的元素种类,将含量前三位的特征元素作为该检材所含的主要元素。

8.2 同一性比对分析,除基体元素外,比对检材与标样所含特征元素相差一种以内,可做同一性认定。

8.3 半定量分析应先得到非归一化结果;如确定没有遗漏元素并且非归一化结果在 95%～100% 之间时,才能将结果归一化。

ICS 13.220.20
CCS C 80/89

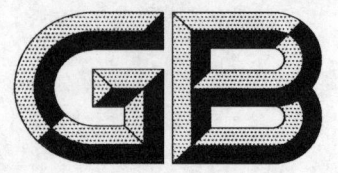

中华人民共和国国家标准

GB/T 16840.8—2021

电气火灾痕迹物证技术鉴定方法
第 8 部分：热分析法

Technical determination methods for electrical fire evidence—
Part 8: Method of thermal analysis

2021-08-20 发布

2021-08-20 实施

国家市场监督管理总局
国家标准化管理委员会 发布

GB/T 16840.8—2021

目　次

前言	264
引言	265
1　范围	266
2　规范性引用文件	266
3　术语和定义	266
4　原理	267
5　仪器设备	267
5.1　热重分析仪	267
5.2　微型量热仪	267
6　样品提取	268
7　样品制备	268
7.1　样品截取	268
7.2　截取的注意事项	268
8　样品装填	268
9　试验方法	268
9.1　概述	268
9.2　热重分析	269
9.3　微型量热分析	269
9.4　试验步骤	269
9.5　谱图分析	269
10　判定依据	271
10.1　绝缘层烧损内层重于外层判定依据	271
10.2　绝缘层烧损外层重于内层判定依据	271
10.3　绝缘层烧损内、外层一致判定依据	271
11　判定结果	271
附录A（资料性）　热重天平温度校正标准物质	272
附录B（资料性）　微型量热仪氧气传感器的校正方法	273

GB/T 16840.8—2021

前 言

本文件按照GB/T 1.1—2020《标准化工作导则 第1部分:标准化文件的结构和起草规则》的规定起草。

本文件是GB/T 16840《电气火灾痕迹物证技术鉴定方法》的第8部分。GB/T 16840已经发布了以下部分:
——第1部分:宏观法;
——第2部分:剩磁检测法;
——第3部分:俄歇分析法;
——第4部分:金相分析法;
——第5部分:电气火灾物证识别和提取方法;
——第6部分:SEM微观形貌分析法;
——第7部分:EDS成分分析法;
——第8部分:热分析法。

请注意本文件的某些内容可能涉及专利。本文件的发布机构不承担识别专利的责任。

本文件由中华人民共和国应急管理部提出。

本文件由全国消防标准化技术委员会(SAC/TC 113)归口。

本文件起草单位:应急管理部沈阳消防研究所、应急管理部上海消防研究所、应急管理部天津消防研究所、应急管理部四川消防研究所。

本文件主要起草人:刘术军、王柏、于丽丽、高伟、赵长征、邰曼、包任烈、邓震宇、张怡。

引 言

　　电气火灾物证鉴定是应急救援消防机构进行火灾原因调查工作的重要组成部分,特别是伴随着国家法制建设的完善,公民法制意识的增强,物证鉴定已作为火灾原因认定的有力证据,为消防救援机构认定火灾原因提供了科学、快速、准确的技术支持。在这方面,我国已经建立了电气火灾痕迹物证技术鉴定方法的国家标准体系。在该标准体系中,GB/T 16840《电气火灾痕迹物证技术鉴定方法》是指导我国相关机构从事电气火灾物证鉴定活动的方法和依据,拟由八个部分构成,目的在于确立对电气火灾痕迹物证进行宏观分析、剩磁分析、俄歇分析、金相分析、物证识别和提取、SEM微观形貌分析、成分分析和热分析时的方法和依据。

——第1部分:宏观法;
——第2部分:剩磁检测法;
——第3部分:俄歇分析法;
——第4部分:金相分析法;
——第5部分:电气火灾物证识别和提取方法;
——第6部分:SEM微观形貌分析法;
——第7部分:EDS成分分析法;
——第8部分:热分析法。

　　导线绝缘层是火场中较常见的一类物证,对导线绝缘层残留物内层和外层烧损轻重进行分析可以为火灾调查人员提供更多有价值的信息。本文件的制定重点参考了GB/T 16840的前七个部分,对热分析法的操作过程、判定依据和判定结果进行了详细的规定,确保本文件的编写符合要求,内容实用、可靠。

电气火灾痕迹物证技术鉴定方法 第8部分：热分析法

1 范围

本文件规定了电气火灾痕迹物证技术鉴定方法中热分析法的原理、仪器设备、样品提取、样品制备、样品装填、试验方法、判定依据和判定结果。

本文件适用于火灾现场导线绝缘层残留物内层和外层烧损轻重的鉴定。

2 规范性引用文件

下列文件中的内容通过文中的规范性引用而构成本文件必不可少的条款。其中，注日期的引用文件，仅该日期对应的版本适用于本文件；不注日期的引用文件，其最新版本（包括所有的修改单）适用于本文件。

GB/T 1844.1　塑料　符号和缩略语　第1部分：基础聚合物及其特征性能
GB/T 13464　物质热稳定性的热分析试验方法
GB/T 13966　分析仪器术语
GB/T 19267.12　刑事技术微量物证的理化检验　第12部分：热分析法

3 术语和定义

GB/T 13464、GB/T 13966、GB/T 1844.1、GB/T 19267.12 界定的以及下列术语和定义适用于本文件。

3.1
热分析法　method of thermal analysis

在程序控温下，测量物质的物理性质与温度关系的方法。

3.2
热重法　thermogravimetry；TG

在程序控温和一定气氛下，测量试样的质量与温度或时间关系的方法。

3.3
微型量热法　microscale combustion calorimeter；MCC

在程序升温和一定气氛下，测量试样气态分解产物完全氧化燃烧性能的方法。

3.4
绝缘层内层　inner side of insulation layer

导线绝缘层与金属导体相接触的表面层。

3.5
绝缘层外层　outer side of insulation layer

导线绝缘层直接暴露在空气中的表面层。

3.6
内热 internal heat

热量由绝缘层内层向外层传递。

3.7
外热 external heat

热量由绝缘层外层向内层传递。

3.8
比热释放速率 specific heat release rate

Q

在受控热分解过程中,每单位试样初始质量所释放的燃烧热的速率。

3.9
最大比热释放速率 maximum specific heat release rate

Q_{max}

试验过程比热释放率曲线的最大峰值。

3.10
热释放能力 heat release capacity

η_c

在受控热分解过程中的最大比热释放率除以测试中的升温速率。

4 原理

金属导线绝缘层是热的不良导体,因内热或外热作用烧损时,内、外层之间存在一定的温差,导致内层、外层的热力学特征存在差异。由于导线绝缘层的热分解是不可逆过程,因此绝缘层在受热并冷却后,内层、外层之间的热力学特征能够反映其经历最高温度时的受热状态。金属导线绝缘层的热分解过程可以通过热分析实验来考察:采用热重分析检测绝缘层在分解过程中的质量损失,采用微型量热分析检测分解过程中的热释放能力。通过对比内层和外层的质量损失和热释放能力,可判定导线绝缘层内、外层烧损的轻重。

5 仪器设备

5.1 热重分析仪

5.1.1 热重天平:量程大于或等于50 mg,精度大于或等于5 μg。

5.1.2 加热炉:温度范围从室温到700 ℃。

5.1.3 合适的密封装置:能够保持样品在规定的气氛中。

5.1.4 样品盘或坩埚:大小合适,应尽量小以减少样品晃动影响,且不能与样品和参比物反应。

5.1.5 控温系统:能够控制温度在5 ℃/min～30 ℃/min之间程序升温。

5.1.6 气体流速控制设备:能够精确控制气体流速。

5.1.7 气源:可采用氮气、氧气、空气等作为气源,气体纯度应大约等于99.9%。

5.1.8 数据采集和处理系统。

5.2 微型量热仪

5.2.1 样品室:温度调控在0.2 ℃/s～2 ℃/s范围内以恒定到标称值5%的速率在室温到900 ℃之间

调控。

5.2.2 温度传感器：可以±0.5 ℃的精度显示样品温度。

5.2.3 内置天平：量程不低于250 mg，灵敏度为±0.01 mg。

5.2.4 气源：可采用氮气、氧气等作为气源，气体纯度应大约等于99.9%。

5.2.5 氧气以0 cm³/min～50 cm³/min恒定流速引入混合段，以使燃烧室内氧气体积分数可在20%～50%(±0.1%)范围内调整。

5.2.6 燃烧室温度在800 ℃～900 ℃内保持恒定，通常样品气体在燃烧室中停留的时间为10 s，燃烧室温度为900 ℃。

5.2.7 能够测量50 cm³/min～200 cm³/min的气体流量，响应时间小于0.1 s，灵敏度为满刻度的0.1%，重复性为满刻度的±0.2%，准确度为满刻度的±1%。

5.2.8 能够测量0%～100%(体积分数)范围内的氧气，在90%的挠度下响应时间小于6 s，灵敏度小于0.1% O_2(体积分数)，在恒定的温度和压力下，线性度为±1%。

5.2.9 样品室通气速率为50 cm³/min～100 cm³/min，准确性±1%。

6 样品提取

应提取现场中未受火灾作用或受火灾作用较小的同一回路、相同线径、相同材质的导线绝缘层样品作为分析样品。

7 样品制备

7.1 样品截取

7.1.1 根据残留导线绝缘层的长度，选取间距相同的三个点进行内、外层取样分析。

7.1.2 在绝缘层内层和外层上分别切取小于绝缘层整体厚度的1/4作为绝缘层的内层样品和外层样品，且样品质量不宜小于3 mg。

7.2 截取的注意事项

7.2.1 烧损的绝缘层样品较脆、易碎，切取时应小心，避免损坏。

7.2.2 分层切取绝缘层样品时不要将绝缘层中间部分切穿。

7.2.3 切取绝缘层内、外层样品时应在绝缘层同一对应位置分别切取。

7.2.4 样品在测试前应充分干燥至恒重。

8 样品装填

每次样品应尽量装填一致、松紧适宜。

9 试验方法

9.1 概述

热重分析适合对PVC导线绝缘层样品进行测试，微型量热分析适合对所有导线绝缘层样品进行测试。对于复杂的样品应使用两种方法同时测试或制备比对样品进行综合分析。

9.2 热重分析

试验条件宜为:
- ——温度范围:室温到 700 ℃;
- ——升温速率:10 ℃/min;
- ——炉内气氛:动态空气;
- ——坩埚:氧化铝坩埚或铂金坩埚。

9.3 微型量热分析

试验条件宜为:
- ——温度范围:室温到 900 ℃;
- ——升温速率:1 ℃/s;
- ——炉内气氛:混合流速在 100 cm³/min,燃烧室中的氧气的体积分数为 20%;
- ——坩埚:氧化铝坩埚。

9.4 试验步骤

9.4.1 热重分析

9.4.1.1 热重天平温度校正标准物质见附录 A。

9.4.1.2 按照 7.1 规定的方法制备样品,称量样品质量,然后将样品装入坩埚中。

9.4.1.3 启动气氛单元,按照 9.2 规定的试验条件设定气氛和气体流量,编辑温度测量范围和升温速率。

9.4.1.4 启动 TG 分析程序,进行测量,得到 TG 曲线。

9.4.1.5 测试结束后,待加热炉冷却到室温,打开,清理坩埚。

9.4.2 微型量热分析

9.4.2.1 微型量热仪氧气传感器的校正方法见附录 B。

9.4.2.2 打开吹扫气体和氧气,使流速和氧气信号稳定在基线值。

9.4.2.3 在控制程序中输入试样升温速率,升温范围的起始、结束温度,氧气体积分类和总流速。

9.4.2.4 按照 7.1 规定的方法制备样品,称量样品质量,将样品放入坩埚中。

9.4.2.5 将装有样品的坩埚装载到样品平台上,确保坩埚与温度传感器之间有良好的热接触。

9.4.2.6 将样品台升至样品室中心,并确保密封。

9.4.2.7 待流速和氧气信号重新稳定在基线值后启动加热,进行测试。

9.4.2.8 将样品温度降低到起始温度,取出坩埚,得到 MCC 曲线及相关数据。

9.5 谱图分析

9.5.1 TG 曲线

从 TG 曲线上可以确定升温过程中各阶段失重率,见图 1。

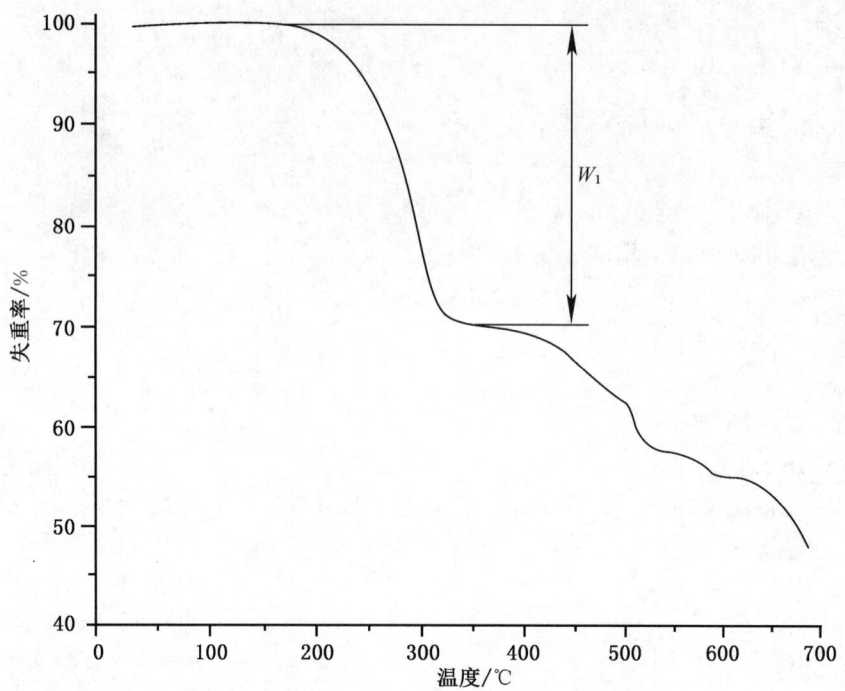

标引序号说明：

W_1——第一阶段失重率。

第一阶段失重主要是 PVC 导线绝缘层受热分解释放出氯化氢气体导致的。

图 1　典型 TG 曲线

9.5.2　MCC 曲线

从 MCC 曲线上可以确定测试样品的最大比热释放速率（Q_{max}），见图 2。

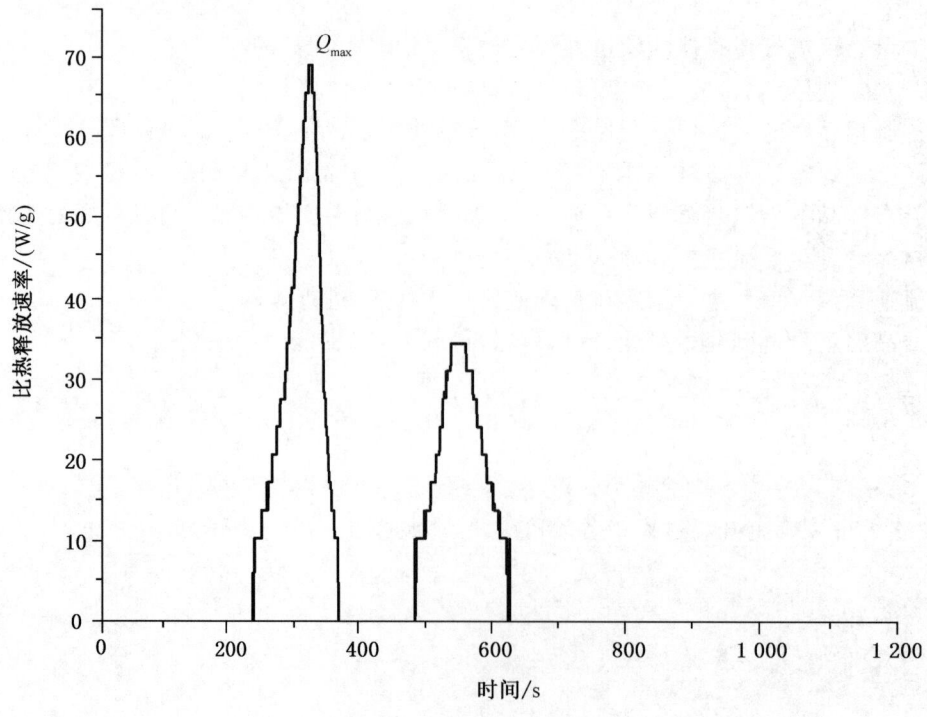

图 2　典型 MCC 曲线

热释放能力 η_c 按公式(1)计算：

$$\eta_c = Q_{\max}/\beta \quad\quad\quad\quad\quad\quad\quad\quad\quad\quad\quad\quad (1)$$

式中：
η_c ——热释放能力，单位为焦耳每克开尔文[J/(g·k)]；
$Q_{\max}$ ——最大比热释放速率，单位为瓦特每克(W/g)；
β ——测试范围内的平均加热速率，单位为开尔文每秒(K/s)。

10 判定依据

10.1 绝缘层烧损内层重于外层判定依据

10.1.1 内层样品第一阶段失重率小于外层样品第一阶段失重率，且内、外层样品失重率的差值应大于2.0%。

10.1.2 内层样品的热释放能力小于外层样品的热释放能力，且内、外层样品热释放能力之差的绝对值与热释放能力较大的数值之比应大于2.0%。

10.2 绝缘层烧损外层重于内层判定依据

10.2.1 内层样品第一阶段失重率大于外层样品第一阶段失重率，且内、外层样品失重率的差值应大于2.0%。

10.2.2 内层样品的热释放能力大于外层样品的热释放能力，且内、外层样品热释放能力之差的绝对值与热释放能力较大的数值之比应大于2.0%。

10.3 绝缘层烧损内、外层一致判定依据

10.3.1 内层和外层样品第一阶段失重率的差值应小于2.0%。

10.3.2 内层和外层样品热释放能力之差的绝对值与热释放能力较大的数值之比应小于2.0%。

11 判定结果

11.1 如果三个点的测试结果一致，且符合10.1，则给出绝缘层的受热烧损程度为内层重于外层的判定结果。

11.2 如果三个点的测试结果一致，且符合10.2，则给出绝缘层的受热烧损程度为外层重于内层的判定结果。

11.3 如果三个点的测试结果一致，且符合10.3，则给出绝缘层的受热烧损程度为内、外层一致的判定结果。

11.4 如果三个点的测试结果不一致，则给出绝缘层的受热烧损程度为不能确定的判定结果。

附 录 A
（资料性）
热重天平温度校正标准物质

热重天平的温度校正一般采用标准物质的熔点温度，见表 A.1。

表 A.1 热重天平温度校正标准物质

标准物质	理论熔点/℃
铟	156.6
锡	231.9
铋	271.4
锌	419.5
铝	660.3
银	961.8（N_2,Ar）
铜	1 064.2
镍	1 455.0

附 录 B
（资料性）
微型量热仪氧气传感器的校正方法

B.1 微型量热仪氧气传感器的校正方法为：
——选取校正样品室，当仅通入氮气且气流稳定时，氧气传感器读数标为0；
——选取校正样品室，当仅通入氧气且气流稳定时，氧气传感器度数标为100%。

B.2 在初始校正后，只有当仪器配置或气体流量二者之一发生改变，或两者同时改变时，才需要重新校正。

ICS 13.220.10
CCS C 84

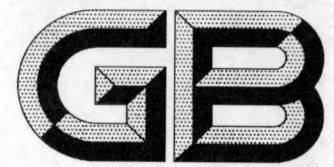

中华人民共和国国家标准

GB/T 17906—2021
代替 GB/T 17906—1999

消防应急救援装备
液压破拆工具通用技术条件

Fire emergency rescue equipment—General technical specification for
hydraulically operated rescue tools

2021-08-20 发布　　　　　　　　　　　　　　　　　　2022-03-01 实施

国家市场监督管理总局
国家标准化管理委员会　发布

GB/T 17906—2021

目　次

前言	276
1　范围	277
2　规范性引用文件	277
3　术语和定义	277
4　分类	278
5　型号	278
6　技术要求	280
7　试验方法	283
8　检验规则	289
9　标志、包装、运输和贮存	289

前言

本文件按照GB/T 1.1—2020《标准化工作导则　第1部分：标准化文件的结构和起草规则》的规定起草。

本文件代替GB/T 17906—1999《液压破拆工具通用技术条件》。与GB/T 17906—1999相比，除编辑性修改外主要技术变化如下：

——删除了按额定工作压力分类的方法(见1999年版的4.2)；
——增加了按工作能力等级分类的方法(见4.2)；
——修改了型号编制方法(见第5章，1999年版的第5章)；
——修改了液压破拆工具的性能参数要求(见6.1.3，1999年版的6.1.3)；
——修改了液压破拆工具的强度要求(见6.1.4，1999年版的6.1.4)；
——增加了液压破拆工具的抗偏心力性能、抗滑移性能和安全性要求(见6.1.5、6.1.6和6.1.12)；
——删除了液压破拆工具的振动性能和稳定性要求(见1999年版的6.1.6和6.1.11)；
——修改了动力源的动作性能要求(见6.2.3，1999年版的6.2.3)；
——增加了机动泵的抗翻转性能、抗滑移性能、满载工作时间要求和安全性要求(见6.2.4、6.2.5、6.2.6和6.2.12)；
——修改了动力源的压力、流量性能要求(见1999年版的6.2.4)；
——删除了动力源的电机、汽油机要求(见1999年版的6.2.8、6.2.9)；
——增加了快速接口的结构形式和尺寸参数要求(见6.3.1.2)；
——修改了液压破拆工具的扩张力、撑顶力试验方法(见7.2.3.1和7.2.3.3，1999年版的7.2.3.1和7.2.3.3)；
——修改了检验规则(见第8章，1999年版的第8章)。

请注意本文件的某些内容可能涉及专利。本文件的发布机构不承担识别专利的责任。

本文件由中华人民共和国应急管理部提出。

本文件由全国消防标准化技术委员会(SAC/TC 113)归口。

本文件起草单位：应急管理部上海消防研究所、艾迪斯鼎力科技(天津)有限公司、九江消防装备有限公司。

本文件主要起草人：李宝忠、金鞞、马伟光、韩翔、顾文杰、朱咏涛、宋志鹏、柳峰。

本文件所代替标准的历次版本发布情况为：

——1999年首次发布为GB/T 17906—1999；
——本次为第一次修订。

GB/T 17906—2021

消防应急救援装备
液压破拆工具通用技术条件

1 范围

本文件界定了消防应急救援装备中液压破拆工具的术语和定义,并规定了其分类、型号、技术要求、试验方法、检验规则及标志、包装、运输和贮存。

本文件适用于消防应急救援时使用的液压破拆工具、动力源及其附件,本标准不适用于电动机驱动的电动液压破拆工具。

2 规范性引用文件

下列文件中的内容通过文中的规范性引用而构成本文件必不可少的条款。其中,注日期的引用文件,仅该日期对应的版本适用于本文件;不注日期的引用文件,其最新版本(包括所有的修改单)适用于本文件。

GB/T 700 碳素结构钢
SH 0358 10号航空液压油

3 术语和定义

下列术语和定义适用于本文件。

3.1
液压破拆工具 hydraulically operated rescue tool
利用液压动力推动刀片、钳夹等工作部件进行切割、扩张、撑顶等破拆作业的一类工具的统称。

3.2
扩张器 spreader
用于扩张分离金属和非金属结构及障碍物的破拆工具。

3.3
剪切器 cutter
用于剪切金属和非金属构件及板材的破拆工具。

3.4
剪扩器 combination tool
具有扩张和剪切双重功能的破拆工具。

3.5
撑顶器 ram
用于撑顶重物的破拆工具。

3.6
扩张距离 spreading distance
扩张器最大开口时两扩张臂顶端之间的距离。

3.7
开口距离 cutter opening

剪切器最大开口时两刀口顶端之间的距离。

3.8
最小扩张力 minimum spreading force

扩张器、剪扩器在额定工作压力下,扩张臂前端在工作范围内所产生外扩力的最小值。

3.9
撑顶力 pushing force

撑顶器在额定工作压力下,撑顶杆在工作范围内产生的顶力。

3.10
撑顶长度 pushing length

撑顶器撑顶杆完全伸出时两端之间的距离。

4 分类

4.1 液压破拆工具(以下简称破拆工具)按功能分为扩张器、剪切器、剪扩器和撑顶器。特征代号和主参数见表1。

表 1 特征代号和主参数

产品名称	特征代号	主参数
扩张器	KZ	最小扩张力/扩张距离,单位为千牛(kN)/毫米(mm)
剪切器	JQ	剪切能力/开口距离,单位为毫米(mm)/毫米(mm)
剪扩器	JK	最小扩张力/剪切能力,单位为千牛(kN)/毫米(mm)
撑顶器	CD	撑顶力/撑顶长度,单位为千牛(kN)/毫米(mm)
注:多级撑顶器需顺序列出每一级的主参数,以"－"间隔,工作能力等级按照第一级的主参数划分。		

4.2 破拆工具按工作能力等级分为轻型、中型和重型。工作能力等级代号分别为 L、M 和 H。

4.3 破拆工具的动力源分为机动泵和手动泵。机动泵按驱动方式分为汽油机驱动和柴油机驱动。驱动方式代号和主参数见表2。

表 2 驱动方式代号和主参数

产品名称		驱动方式代号	主参数
机动泵	汽油机驱动	Q	额定工作压力/额定流量,
	柴油机驱动	C	单位为兆帕(MPa)/升每分(L/min)
手动泵		省略	额定工作压力,单位为兆帕(MPa)

5 型号

5.1 破拆工具型号

破拆工具型号编制方法如下:

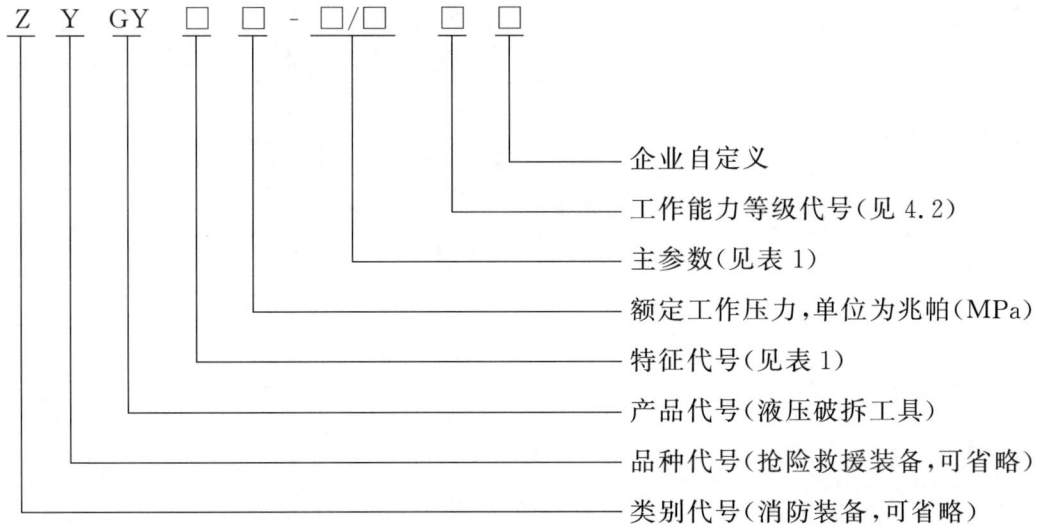

标记示例1：

额定工作压力为 63 MPa、最小扩张力为 35 kN、扩张距离为 500 mm 的轻型扩张器，其型号表示为 ZYGYKZ63-35/500L。

标记示例2：

额定工作压力为 72 MPa、剪切能力为 φ25 mm 圆钢、10 mm 厚板材、开口距离为 150 mm 的中型剪切器，其型号表示为 ZYGYJQ72-22(10)/150M。

标记示例3：

额定工作压力为 63 MPa、第一级撑顶力为 160 kN、撑顶长度为 1 020 mm、第二级撑顶力为 90 kN、撑顶长度为 1 480 mm 的双级重型撑顶器，其型号表示为 ZYGYCD63-160/1020-90/1480H。

5.2 动力源型号

动力源型号编制方法如下：

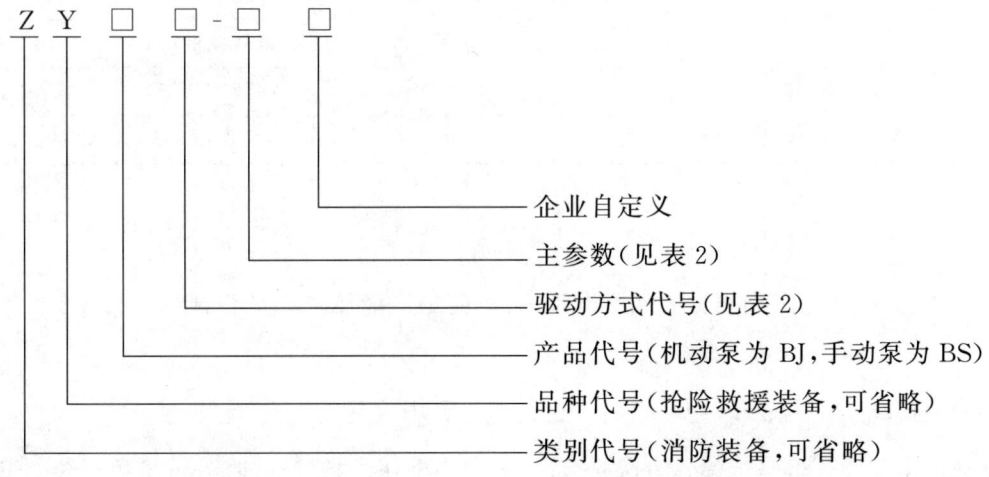

标记示例1：

额定工作压力为 72 MPa、额定流量为 0.75 L/min、由汽油机驱动的机动泵，其型号表示为 ZYBJQ-72/0.75。

标记示例2：

额定工作压力为 63 MPa 的手动泵，其型号表示为 ZYBS-63。

6 技术要求

6.1 破拆工具技术要求

6.1.1 外观

破拆工具的外表面应光滑平整,无毛刺及加工缺陷,金属件表面应进行防腐蚀处理。

6.1.2 质量

破拆工具的质量不应大于25 kg。

6.1.3 性能参数

破拆工具的性能参数应符合表3的规定。

表3 性能参数

项目			性能参数		
			轻型	中型	重型
扩张器	最小扩张力/kN		≥30	≥45	≥60
	扩张距离/mm		≥500	≥600	≥700
剪切器	剪切能力/mm	环形刀口	≥φ20(圆钢)	≥φ28(圆钢)	≥φ40(圆钢)
		直形刀口	≥8(板材)	≥10(板材)	≥12(板材)
	开口距离/mm		≥100	≥150	≥180
剪扩器	最小扩张力/kN		≥20	≥30	≥40
	扩张距离/mm		≥160	≥240	≥400
	剪切能力/mm		≥φ16(圆钢)	≥φ22(圆钢)	≥φ28(圆钢)
			≥6(板材)	≥8(板材)	≥10(板材)
撑顶器	(第一级)撑顶力/kN		≥60	≥130	≥200
	(第一级)撑顶长度/mm		≥450	≥700	≥1 000

6.1.4 强度

破拆工具经1.5倍额定工作压力的强度试验后,不应出现液压油持续性泄漏、可见的永久变形、断裂或机械损坏现象。

6.1.5 抗偏心力性能

扩张器、剪扩器和撑顶器经抗偏心力试验后,不应出现液压油持续性泄漏、可见的永久变形、断裂或机械损坏现象。

6.1.6 抗滑移性能

扩张器、剪扩器和撑顶器在抗滑移试验时,不应出现滑移弹出现象。

6.1.7 高低温性能

破拆工具经高温 55 ℃±2 ℃ 和低温 −30 ℃±2 ℃ 的试验后,应能正常工作,无泄漏和异常现象。

6.1.8 密封性能

扩张器、剪扩器、撑顶器经密封性能试验后,扩张器、剪扩器的最大位移量不应大于 2 mm,撑顶器的最大位移量不应大于 1 mm。

6.1.9 自锁性能

扩张器、剪扩器、撑顶器在动作过程中,若出现动力供应中断,扩张臂和撑顶杆应具有自锁性能,其最大位移量不应大于 2 mm。

6.1.10 手控换向阀性能

破拆工具的手动换向阀应具有自动回复中位的功能。在动作过程中,在手控换向阀回到中位时,破拆工具应在 2 s 内停止动作,再次动作时,破拆工具不应出现反向动作。

6.1.11 可靠性

扩张器、剪扩器、撑顶器连续动作 50 次,剪切器连续剪切圆钢(环形刀口)或钢板(直形刀口)50 次,剪扩器连续剪切圆钢和钢板各 25 次,应动作正常,无泄漏和异常现象。剪切器、剪扩器刀口应无卷曲、崩刃现象。

6.1.12 安全性

6.1.12.1 破拆工具的把手握持处周围 180 mm 内不应有钳夹、刀片等运转部件,否则应设置能有效防止操作人员张开手指时接触到刀片、钳夹等运转部件的挡板。见图 1。

单位为毫米

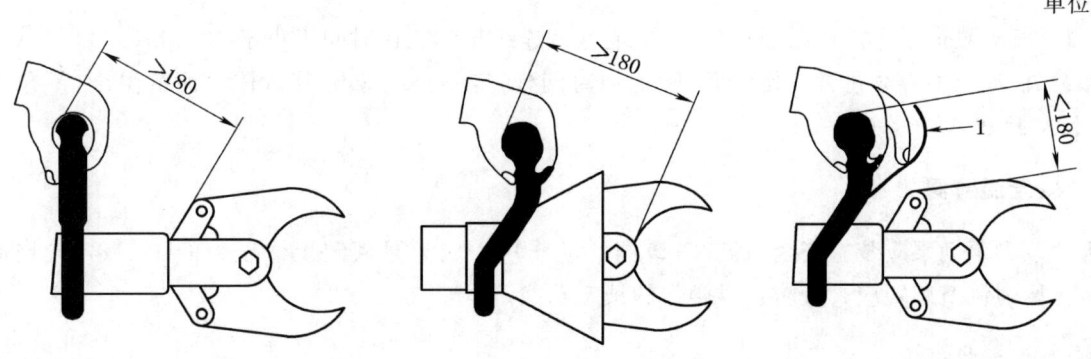

标引序号说明:
1——挡板。

图 1 把手防护要求示意图

6.1.12.2 当器具的内部压力突然下降时(如液压软管破裂),装置内所有运行中的部件应在 0.5 s 内停止运行,且在停止位置保持 5 min 以上。

6.1.12.3 破拆工具应设置指示钳夹、刀片等运转部件动作方向的永久性操作标识。

6.2 动力源技术要求

6.2.1 外观

机动泵和手动泵的金属件表面应进行防腐蚀处理，铸造件表面应光滑，无砂眼、气孔等缺陷，液压油箱、燃油箱均应有油位指示措施。

6.2.2 质量

机动泵的质量不应大于 50 kg，手动泵的质量不应大于 15 kg。

6.2.3 动作性能

机动泵和手动泵放置在与水平面成 30°的光滑水泥平面上，应无倾覆、泄漏或移动现象；放置在与水平面成 20°的光滑水泥平面上应能正常工作，无漏油和异常现象。

6.2.4 压力、流量性能

机动泵在额定工作压力时的流量不得低于额定流量标称值。机动泵和手动泵应同时具有额定压力、额定流量和低压工作压力、低压流量的两级压力、流量输出特性，低压时泵的流量应在额定工作压力时的 3 倍以上。

6.2.5 机动泵抗翻转性能

机动泵分别朝四个方向进行翻转，扶正后均应能在 60 s 内启动并运行至额定工况。

6.2.6 机动泵抗滑移性能

机动泵经抗滑移性能试验后，滑移距离不得超过 300 mm。

6.2.7 连续工作性能

6.2.7.1 机动泵的一次额定燃油充装量，应能保证连续正常工作时间不小于 40 min。

6.2.7.2 机动泵的连续正常工作时间(除加油时间外)应不小于 3 h，其机体表面的温度(不包括散热罩)应不大于 70 ℃。

6.2.8 安全溢流阀

机动泵和手动泵应装有安全溢流阀，该阀的动作压力应为泵额定工作压力的 1.1 倍，允许偏差为 ±5%，且压力调节装置应具备防止误操作的锁定功能。

6.2.9 高低温性能

机动泵和手动泵经高温 55 ℃±2 ℃和低温 −30 ℃±2 ℃的试验后，应能正常工作，无泄漏和异常现象。

6.2.10 可靠性

机动泵和手动泵经连续 50 次工作循环的可靠性试验后，应能正常工作，无泄漏和异常现象。

6.2.11 手柄操作力

手动泵的手柄操作力不应大于 350 N。

6.2.12 安全性

6.2.12.1 机动泵应设置能有效防止操作人员与旋转部件、散热罩直接接触的挡板或其他防护装置。

6.2.12.2 机动泵应设置紧急停机装置。

6.2.13 汽油机和柴油机

机动泵所使用的汽油机和柴油机应符合相应标准的要求。

6.3 附件技术要求

6.3.1 液压软管和快速接口

6.3.1.1 破拆工具使用的液压软管两端应采取有效保护措施。

6.3.1.2 破拆工具使用的快速接口应带有锁止功能和防尘装置。采用双接口快速接口时，其结构形式及尺寸参数应符合图2的要求。采用单接口快速接口时，生产厂商应提供其与图2所示双接口快速接口的转换装置。

单位为毫米

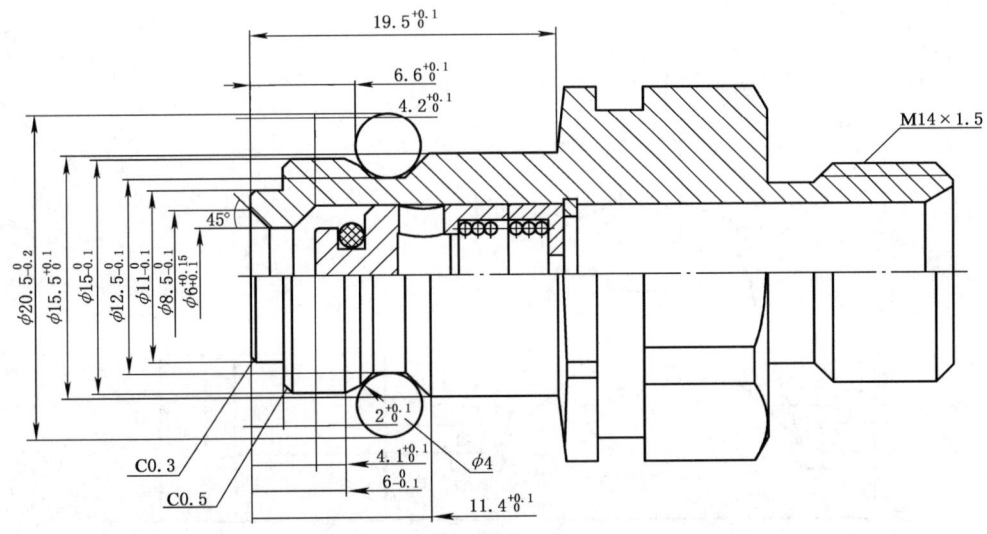

图 2 双接口快速接口结构形式和尺寸参数

6.3.1.3 在未连接状态下，破拆工具使用的液压软管和快速接口在额定工作压力下不应出现渗漏现象。

6.3.1.4 在连接状态下，破拆工具使用的液压软管和快速接口应能承受1 000 N的轴向拉力，试验后应无破损、渗漏或永久性变形。

6.3.1.5 破拆工具使用的液压软管和快速接口均应有永久性的额定工作压力标识，单位为MPa。

6.3.2 液压油

破拆工具应使用符合SH 0358要求的液压油。

7 试验方法

7.1 试验条件

7.1.1 试验用圆钢和板材均应采用符合GB/T 700要求的Q235A材料。

7.1.2 试验用压力显示器的测量准确度不应低于 0.4 级。

7.1.3 试验用衡器的测量准确度不应低于 0.1 kg。

7.1.4 除高低温试验外，试验均应在环境温度为 25 ℃±10 ℃ 的条件下进行。

7.2 破拆工具试验方法

7.2.1 外观检查

用目测检查。

7.2.2 质量检查

将破拆工具油腔充满液压油后放置在衡器上，记录其质量。

7.2.3 性能参数检验

7.2.3.1 最小扩张力和扩张距离

将距扩张器、剪扩器的扩张臂顶端垂直距离 25 mm 处的工作面和专用试验装置相接，见图 3。在额定工作压力下，扩张臂推压测试油缸活塞杆，从闭合位置展开至最大开口，用传感器测量全程的扩张力，记录最小值为最小扩张力；同时，测量扩张距离。

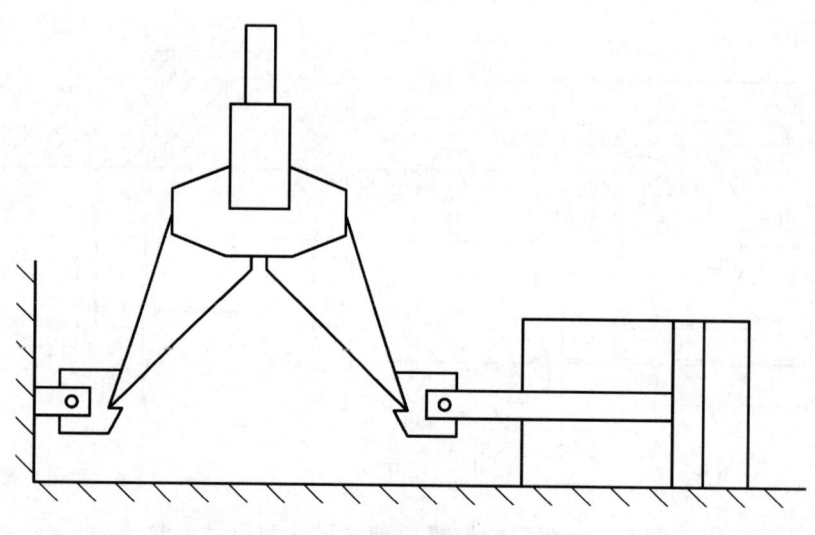

图 3 扩张性能试验示意图

7.2.3.2 剪切能力和开口距离

将长 200 mm 以上及相应直径的圆钢或长 200 mm 以上、宽 50 mm 及相应厚度的钢板放入剪切器、剪扩器的刀口，一次剪断，然后测量开口距离。

7.2.3.3 撑顶力和撑顶长度

将撑顶器和专用试验装置的测试油缸活塞杆端部相接，如图 4 所示。在额定工作压力下，撑顶杆推压测试油缸活塞杆，从收缩位置伸展至最大距离，用传感器测量撑顶力，然后测量撑顶器的撑顶长度。

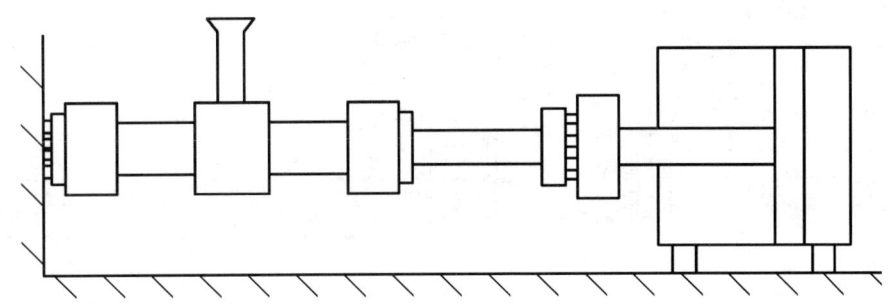

图 4　撑顶性能试验示意图

7.2.4　强度试验

扩张器、剪扩器、撑顶器分别按图3、图4安装,扩张器、剪扩器在其最大扩张距离的10%、50%、90%处,撑顶器在其撑顶长度的10%、95%处,剪切器剪切直径为60 mm的圆钢(不要求剪断),在试验压力下持续60 s,然后检查受检工具情况。

7.2.5　抗偏心力性能试验

按图5,将扩张器、剪扩器扩张至最大扩张距离的50%,在扩张臂顶端50%的宽度上施加相当于最大扩张力1.25倍的偏心力,持续60 s,然后检查受检工具情况。

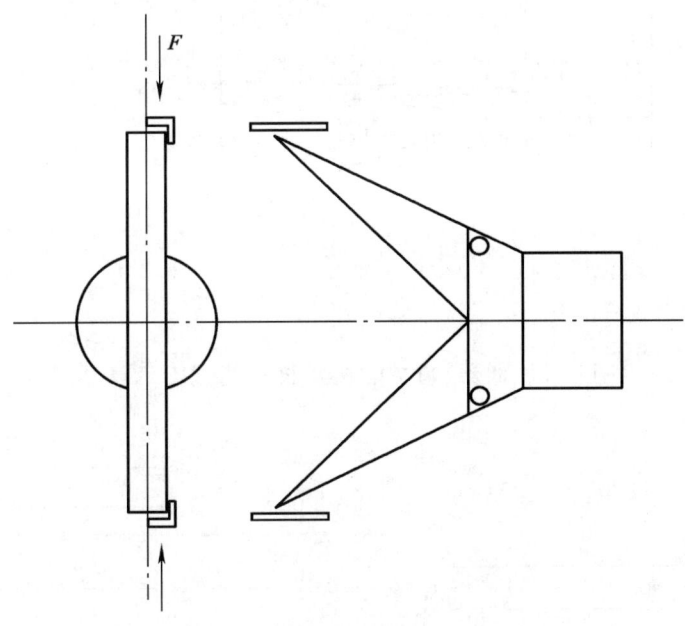

图 5　扩张器、剪扩器抗偏心力性能试验示意图

按图6,将撑顶器展开至撑顶行程(即撑顶长度减去收拢长度)的95%,在距中心轴不少于25 mm、距撑顶器顶端外沿不超过10 mm的位置上,对撑顶器施加相当于撑顶力1.25倍的偏心力,持续60 s,然后检查受检工具情况。

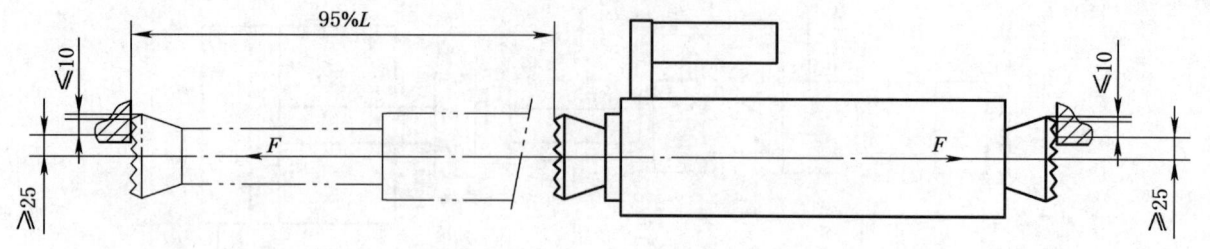

标引序号说明：
L——撑顶行程。

图6 撑顶器抗偏心力性能试验示意图

7.2.6 抗滑移性能试验

按图7，将扩张器、剪扩器扩张臂顶端伸入专用试验装置内，伸入长度为25 mm；撑顶器展开至撑顶长度的95%，按图8安装。然后加压至额定工作压力，持续60 s，观察试验现象。

单位为毫米

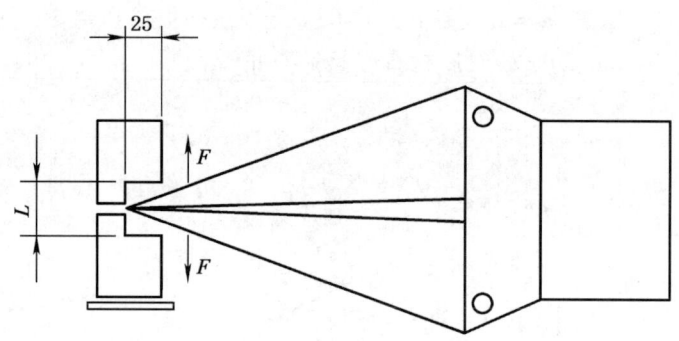

标引序号说明：
L——扩张器、剪扩器扩张距离的10%。

图7 扩张器、剪扩器抗滑移性能试验示意图

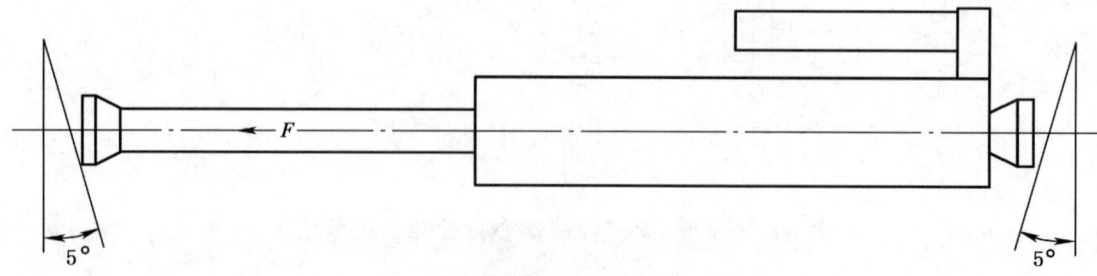

图8 撑顶器抗滑移性能试验示意图

7.2.7 高低温试验

破拆工具分别在−30 ℃±2 ℃的低温环境下和55 ℃±2 ℃的高温环境下存放60 min后取出，在5 min之内将扩张器、剪扩器完成从闭合位置到最大开口，撑顶器完成从收缩位置到撑顶长度，剪切器

完成从闭合状态到开口距离连续五次,然后检查受检工具情况。

7.2.8 密封试验

扩张器、剪扩器、撑顶器分别按图3、图4连接,扩张臂展开200 mm以上,撑顶杆伸出100 mm以上,测试油缸对扩张臂施加相当于最大扩张力的反力,对撑顶杆施加相当于撑顶力的反力。保持5 min后,测量扩张臂的开口距离和撑顶杆的伸出长度。继续保持10 min后,再测量扩张臂的开口距离和撑顶杆的伸出长度。

7.2.9 自锁性能试验

扩张器、剪扩器、撑顶器分别按图3、图4连接,在额定工作压力下,扩张器、剪扩器和撑顶器动作。当动作到一定的工作行程时,切断动力源,观察扩张臂和撑顶杆的动作情况,测量位移量。

7.2.10 手控换向阀性能试验

扩张器、剪扩器和撑顶器分别按图3、图4连接,在额定工作压力下,使扩张器、剪扩器和撑顶器动作。当动作到一定的工作行程时,将手控换向阀返回中位,观察扩张臂和撑顶杆的动作情况。然后用专用试验装置测量设备停止时间,5 min后,再将手控换向阀调至工作位置,观察扩张臂和撑顶杆的动作情况。

7.2.11 可靠性试验

扩张器、剪扩器和撑顶器分别按图3、图4连接,在不低于80%的额定工作压力下,扩张器、剪扩器完成从闭合位置到最大开口;撑顶器完成从收缩位置到撑顶长度,然后回到原始位置并连续50个循环;剪切器连续剪切不低于表1中相应剪切能力80%的圆钢或板材50次;剪扩器连续剪切不低于表1中相应剪切能力80%的圆钢和板材各25次;然后检查受检工具情况。

7.2.12 安全性

7.2.12.1 用直尺测量运转部件与把手握持处的距离,或者检查有无保护挡板。

7.2.12.2 在破拆工具正常工作状态下,中断液压供应,用计时器测量装置停止时间,观察设备停止状态的保持情况。

7.2.12.3 检查破拆工具的运转部件动作方向与操作标识。

7.3 动力源试验方法

7.3.1 外观检查

用目测检查。

7.3.2 质量检查

将机动泵装满燃油和液压油,手动泵装满液压油,然后放置在衡器上,记录其质量。

7.3.3 动作性能试验

将机动泵、手动泵放置在倾斜于水平面30°的光滑水泥平面上,保持60 s,然后将泵放置在倾斜于水平面20°±1°、平整度为4 mm/2 000 mm的C20混凝土平面上,机动泵启动电机或汽油机,把压力、流量调整到额定工况,手动泵动作到额定工作压力,运行5 min。

泵的前、后、左、右四个方向各进行1次试验,观察试验现象。

7.3.4 压力、流量性能试验

机动泵、手动泵出油口接压力显示器,机动泵启动汽油机或柴油机,达到额定工作压力时测机动泵的流量。然后调整机动泵,达到低压工作压力时测机动泵的流量。操作手动泵,同样方法测压力、流量参数。记录压力、流量值。

7.3.5 机动泵抗翻转性能试验

将机动泵装满燃油和液压油,翻转90°±1°,持续10 s,扶正后启动电机或汽油机,把压力、流量调整到额定工况,记录启动时间。前、后、左、右四个方向各翻转一次进行试验,观察试验现象。

7.3.6 机动泵抗滑移性能

将机动泵装满燃油和液压油,放置在水平度不大于2°、平整度为4 mm/2 000 mm的C20混凝土平面上,空载并以最高转速和怠速状态各运行5 min后,测量机动泵的位移。

7.3.7 连续工作性能

7.3.7.1 将机动泵装满燃油和液压油,启动汽油机或柴油机使其正常工作,用精度不低于±2 s的计时器具测量其从启动至燃油耗尽为止的时间。

7.3.7.2 启动机动泵使其正常工作,连续运行3 h(燃油即将耗尽时可继续加油,但加油时间除外),运行过程中,每隔0.5 h用精度不低于±2 ℃的非接触式温度计测量机体表面温度。

7.3.8 安全溢流阀性能试验

将机动泵、手动泵的出油口接压力显示器,启动机动泵的电机或汽油机,操作手动泵手柄,持续升压至安全溢流阀动作,记录压力显示器读数,连续进行5次。然后检查安全溢流阀的压力调节装置。

7.3.9 高低温试验

将机动泵、手动泵在−30 ℃±2 ℃的低温环境下和55 ℃±2 ℃的高温环境下分别存放60 min后取出,在5 min之内,机动泵连续启动5次,手动泵动作到额定工作压力,观察设备状态。

7.3.10 可靠性试验

启动机动泵,将压力、流量调整到额定工况,然后卸荷,记为一次工作循环。手动泵动作到额定工作压力,然后卸荷,记为一次工作循环。连续进行50次工作循环,观察设备状态。

7.3.11 手动泵手柄操作力试验

操作手柄将手动泵升压至额定工作压力,然后在操作手柄距末端部100 mm处用测力计测量操作力的值,连续进行5次试验,记录平均值。

7.3.12 安全性

7.3.12.1 检查有无挡板或其他防护装置。

7.3.12.2 在机动泵正常工作状态下,操作紧急停机装置,观察设备状态。

7.4 液压软管和快速接口试验方法

7.4.1 检查破拆工具使用的液压软管和快速接口。

7.4.2 在未连接状态下,对液压软管和快速接口增压至额定工作压力,保持60 s,检查渗漏情况。

7.4.3 在连接状态下,向液压软管和快速接口施加1 000 N的轴向拉力,保持60 s。卸荷后增压至额定工作压力,保持60 s,检查渗漏及变形情况。

7.4.4 检查液压软管和快速接口的额定工作压力标识。

8 检验规则

8.1 出厂检验

8.1.1 破拆工具和动力源应经厂质检部门检验合格并附上产品说明书和合格证后方可出厂。

8.1.2 破拆工具和动力源及其附件所使用的外购件应有生产厂的合格证并符合本标准的要求方可使用。

8.1.3 出厂检验按表4的规定进行,其结果均应符合本标准的规定。

表4 出厂检验项目

产品名称	出厂检验项目
扩张器	6.1.1、6.1.3、6.1.8、6.1.12.1
剪切器	6.1.1、6.1.3、6.1.12.1
剪扩器	6.1.1、6.1.3、6.1.8、6.1.12.1
撑顶器	6.1.1、6.1.3、6.1.8、6.1.12.1
机动泵	6.2.1、6.2.3
手动泵	6.2.1、6.2.3

8.2 型式检验

8.2.1 凡属下列情况之一,应进行型式检验:
  a) 新产品鉴定或老产品转厂生产时;
  b) 正式生产后,原材料、工艺、设计有较大改动时;
  c) 停产一年后恢复生产时;
  d) 发生重大质量事故整改后;
  e) 国家质量监督机构依法提出型式检验要求时。

8.2.2 型式检验的内容为本标准规定的全部项目,检验结果均应达到标准规定。

8.2.3 型式检验的样本数为2台。

9 标志、包装、运输和贮存

9.1 标志

产品应设有铭牌,铭牌上字体应清晰并包括但不限于下列内容:
——产品名称;
——型号规格;
——性能参数;
——额定工作压力;
——执行标准编号;

——生产单位；

——生产日期或批号。

9.2 包装

9.2.1 产品包装箱应牢固可靠，并有防潮措施。

9.2.2 包装箱上应标有下列内容：

——产品名称；

——商标；

——产品型号；

——制造日期；

——生产厂名；

——厂址；

——外形尺寸；

——净重；

——毛重及向上；

——防潮标志。

9.2.3 包装箱内应附有产品说明书、产品合格证和装箱单。产品说明书应有产品的主要技术参数、操作方法、注意事项、故障排除及维护保养等内容。

9.3 运输

产品在运输过程中应防止日晒、雨淋及互相碰撞。

9.4 贮存

产品应存放在干燥、通风、无腐蚀性化学物品的场所。

ICS 13.220.01
CCS C 80

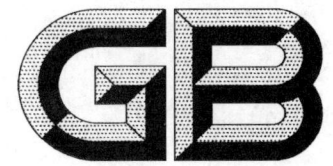

中华人民共和国国家标准

GB/T 40484—2021

城市轨道交通消防安全管理

Fire safety management for urban rail transit

2021-08-20 发布

2021-12-01 实施

国家市场监督管理总局
国家标准化管理委员会 发 布

目次

前言 ··· 293
1 范围 ·· 294
2 规范性引用文件 ·· 294
3 术语和定义 ··· 294
4 总体要求 ··· 294
5 消防安全组织和职责 ··· 295
　5.1 通用要求 ·· 295
　5.2 单位职责 ·· 295
　5.3 人员职责 ·· 296
6 日常防火管理 ·· 298
　6.1 通用要求 ·· 298
　6.2 防火巡查和检查 ··· 298
　6.3 隐患整改 ·· 298
　6.4 危险源管控 ··· 299
7 消防设施管理 ·· 300
　7.1 日常使用操作 ·· 300
　7.2 维护保养和检测 ··· 300
8 灭火和应急疏散预案与演练 ··· 300
　8.1 通用要求 ·· 300
　8.2 灭火和应急疏散预案 ··· 301
　8.3 灭火和应急疏散演练 ··· 303
　8.4 应急物资 ·· 303
9 消防宣传教育培训 ·· 303
　9.1 通用要求 ·· 303
　9.2 宣传教育培训内容 ·· 304
　9.3 专门培训 ·· 304
10 消防档案 ·· 304
　10.1 通用要求 ·· 304
　10.2 档案内容 ·· 304
　10.3 保管 ·· 305
参考文献 ··· 306

前言

本文件按照GB/T 1.1—2020《标准化工作导则 第1部分:标准化文件的结构和起草规则》的规定起草。

请注意本文件的某些内容可能涉及专利。本文件的发布机构不承担识别专利的责任。

本文件由中华人民共和国应急管理部提出。

本文件由全国消防标准化技术委员会(SAC/TC 113)归口。

本文件起草单位:应急管理部天津消防研究所、应急管理部消防救援局、北京市消防救援总队、上海市消防救援总队、天津市消防救援总队、中国矿业大学、上海申通地铁集团有限公司、天津轨道交通集团有限公司、广州地铁集团有限公司、北京市地铁运营有限公司、应急管理部上海消防研究所、重庆市轨道交通(集团)有限公司。

本文件主要起草人:倪照鹏、刘激扬、阚强、鲁云龙、王燕平、胡波、刘洋、陈亚锋、程远平、邵伟中、金怡、冯进峰、林健斌、崔博、朱国庆、杨志军、周后强、胡峥。

城市轨道交通消防安全管理

1 范围

本文件规定了城市轨道交通在运营过程中的通用要求、消防安全组织和职责、日常防火管理、消防设施管理、灭火和应急疏散预案与演练、消防宣传教育培训和消防档案管理。

本文件适用于地铁、轻轨等城市轨道交通运营的消防安全管理。

2 规范性引用文件

下列文件中的内容通过文中的规范性引用而构成本文件必不可少的条款。其中,注日期的引用文件,仅该日期对应的版本适用于本文件;不注日期的引用文件,其最新版本(包括所有的修改单)适用于本文件。

GB/T 5907.1 消防词汇 第1部分:通用术语
GB 50157 地铁设计规范
GB 50490 城市轨道交通技术规范
GB/T 50833 城市轨道交通工程基本术语标准
GB 51298 地铁设计防火标准

3 术语和定义

GB/T 5907.1、GB 50157、GB 50490、GB/T 50833 和 GB 51298 界定的以及下列术语和定义适用于本文件。

3.1
应急预案 emergency response plan
为应对可能发生的事故或突发事件所需采取的行动而预先制定的指导性文件。

3.2
运营单位 operation department
负责城市轨道交通运营管理的机构。

3.3
车站 station
供列车停靠、乘客购票、候车和乘降并设有相应设施的场所。

4 总体要求

4.1 运营单位应贯彻"预防为主、防消结合"的消防工作方针,落实"政府统一领导、部门依法监管、单位全面负责、公民积极参与"的消防工作原则,全面实行"党政同责、一岗双责"制度,落实消防安全责任制,依法接受政府统一领导和部门监管,保障轨道交通的安全运营。

4.2 运营单位应在当地政府的统一组织协调下,建立与政府相关部门相衔接的联动联络和应急救援机制,并纳入城市突发公共事件应急预案体系中。

4.3 城市轨道交通应按照 GB 51298 的要求配置消防设施及器材,鼓励在工程设计中积极采用先进的防火、灭火技术,选用先进可靠的消防设施及器材。

4.4 运营单位应依托志愿消防队,在车站、车辆基地建立微型消防站,配备必要的消防器材,积极开展防火巡查和初起火灾扑救等火灾防控工作。

4.5 运营单位应将容易发生火灾、一旦发生火灾可能严重危及人身和财产安全以及对消防安全有重大影响的部位、场所确定为消防安全重点部位或火灾高危场所。

4.6 城市轨道交通应加强标准化和标识化管理,提高消防安全管理水平。

5 消防安全组织和职责

5.1 通用要求

5.1.1 运营单位应建立消防安全责任体系,制定消防安全管理制度,明确各级岗位消防安全职责。

5.1.2 运营单位应明确消防安全责任人和管理人,成立由消防安全委员会或消防工作领导小组、消防安全归口管理部门和专职或志愿消防队(微型消防站)等救援力量共同组成的消防安全组织。

5.1.3 地下车站与周边地下空间的连通部位、车站与站内商业等非地铁功能的场所、车辆基地与上盖综合开发建筑,应由建筑物的产权方、运营方和租赁方等共同协商,在签订的协议中明确各自消防安全工作的权利、义务和违约责任。

5.1.4 运营单位应自行或委托消防技术服务机构,对消防安全重点部位、火灾高危场所定期开展消防安全评估。

5.1.5 运营单位应鼓励在城市轨道交通运用消防远程监控、电气火灾监测、物联网技术等技防物防措施。

5.2 单位职责

5.2.1 运营单位应履行下列消防安全职责:
   a) 明确各级、各岗位消防安全责任人及其职责,制定本单位的消防安全制度、消防安全操作规程、灭火和应急疏散预案,开展消防工作检查考核,保证各项规章制度落实;
   b) 明确承担消防安全管理工作的部门和消防安全管理人,组织实施消防安全管理;
   c) 保证防火检查和巡查、消防设施及器材维护保养、建筑消防设施检测、电气防火检测、火灾隐患整改、专职或志愿消防队(微型消防站)建设等消防工作所需资金的投入;安全生产费用应保证适当比例用于消防工作;
   d) 建立消防档案,确定消防安全重点部位,设置防火标志,实行严格管理;
   e) 按照相关标准配备消防设施、器材,设置消防安全标志,定期检验维修,对建筑消防设施每年至少组织一次全面检测,确保完好有效,设有消防控制室的,实行 24 小时值班制度,每班不少于 2 人,并持证上岗;
   f) 保障疏散通道、安全出口、消防车道畅通;
   g) 安装、使用电器产品、燃气用具和敷设电气线路、管线应符合相关标准和用电、用气安全管理规定,并定期进行维护保养、检测;
   h) 定期开展防火检查、巡查,及时消除火灾隐患;
   i) 组织员工进行岗前消防安全培训,定期组织消防安全培训、灭火和应急疏散演练;
   j) 根据需要建立专职或志愿消防队(微型消防站),加强队伍建设,定期组织训练演练,加强消防装备配备和灭火药剂储备,建立与消防救援机构联勤联动机制,提高扑救初起火灾能力;
   k) 消防法律、法规、规章以及政策文件规定的其他职责。

5.2.2 运营单位的消防安全归口管理部门应负责日常消防安全监督检查工作,并应履行下列职责:

a) 制定消防安全管理规章制度和目标管理实施办法；
b) 贯彻落实运营单位逐级防火责任制和岗位防火责任制，监督检查各部门执行消防法规和各项消防管理制度以及开展消防安全管理工作的情况，负责组织、布置消防安全管理工作和防火安全检查，督促、协调消除火灾隐患；
c) 定期听取消防安全管理工作汇报，及时向消防安全负责人报告需要研究解决的重大消防安全问题；
d) 组织防火宣传教育，普及消防知识，培训消防骨干，总结、交流消防安全管理工作经验；
e) 协助消防救援机构做好火灾现场保护和火灾事故调查工作；
f) 对在消防安全管理工作中的成绩突出者、事故责任人和违反消防安全规章制度者，提出奖惩意见。

5.2.3 专职消防队应履行下列职责：

a) 建立24小时执勤备战制度，有效做好本单位的火灾扑救和抢险救援任务；
b) 定期开展灭火救援技能训练，加强与辖区消防救援机构的联勤联动；
c) 根据单位安排，参加日常防火巡查和消防宣传教育；
d) 开展对微型消防站的业务训练指导。

5.2.4 志愿消防队（微型消防站）应履行下列职责：

a) 熟悉单位基本情况、灭火和应急疏散预案、消防安全重点部位、消防设施及器材设置情况；
b) 参加培训及消防演练，熟悉消防设施及器材、安全疏散路线和场所火灾危险性、火灾蔓延途径，掌握消防设施及器材的操作使用方法与引导疏散技能；
c) 定期开展灭火救援技能训练，加强与消防救援机构的联勤联动；
d) 发生火灾时，参加扑救火灾、疏散人员、保护现场等工作；
e) 参加日常防火巡查和消防宣传教育。

5.3 人员职责

5.3.1 消防安全责任人

5.3.1.1 运营单位的消防安全责任人应由法定代表人或主要负责人担任，全面负责本单位的消防安全管理工作。

5.3.1.2 消防安全责任人应履行下列职责：

a) 贯彻执行消防法规，掌握本单位的消防安全情况，保证本单位的消防安全符合规定；
b) 组织编制和审定本单位的灭火和应急疏散预案；
c) 组织审定年度消防安全管理工作计划和消防安全管理资金预算；
d) 确定本单位逐级消防安全责任，任命消防安全管理人，批准实施消防安全制度和保证消防安全的操作规程；
e) 组织建立消防安全例会制度，每季度至少召开一次消防安全管理工作会议，及时处理涉及消防经费投入、消防设施设备购置、火灾隐患整改等重大问题；
f) 每季度至少参加一次防火检查和灭火应急疏散演练；
g) 组织火灾隐患整改工作，负责筹措整改资金。

5.3.2 消防安全管理人

5.3.2.1 运营单位应确定本单位的消防安全管理人，消防安全管理人应对本单位的消防安全责任人负责，鼓励消防安全管理人取得注册消防工程师执业资格。

5.3.2.2 消防安全管理人应履行下列职责：

a) 确定运营单位消防安全管理人员的组织架构,拟订年度消防安全管理工作计划,组织编制消防管理资金预算方案,建立消防档案并及时更新完善;
b) 协助组织编制和审定本单位的灭火和应急疏散预案;
c) 制定消防安全制度和保障消防安全的操作规程;
d) 组织实施防火检查,每月至少一次;
e) 组织实施消防安全管理工作计划和整改火灾隐患;
f) 建立消防组织,每半年至少组织一次消防宣传教育、灭火和应急疏散演练;
g) 每月至少一次向消防安全责任人报告消防安全管理工作情况,重大消防安全问题应随时报告;
h) 消防安全责任人委托的其他消防安全管理工作。

5.3.3 专(兼)职消防安全管理人员

各级专(兼)职消防安全管理人员应履行下列职责:
a) 根据年度消防工作计划,开展日常消防安全管理工作;
b) 督促落实消防安全制度和消防安全操作规程;
c) 实施防火检查和火灾隐患整改工作;
d) 检查消防设施及器材和消防安全标志状况,督促维护保养;
e) 开展消防知识、技能宣传教育和培训;
f) 组织微型消防站开展训练、演练;
g) 筹备消防安全例会内容,落实会议纪要或决议;
h) 及时向消防安全管理人报告消防安全情况;
i) 单位消防安全管理人委托的其他消防安全管理工作。

5.3.4 消防控制室值班人员

消防控制室值班人员应履行下列职责:
a) 熟悉和掌握消防控制室设备的功能及操作规程,保障消防控制室设备的正常运行,及时确认、汇报、排除故障,发生火灾后立即拨打119,启动消防设施;
b) 不间断值守岗位,定时做好巡查,对消防设施联网监测系统监测中心的查岗等指令及时应答,做好火警、故障和值班等记录;
c) 熟悉单位基本情况、灭火和应急疏散预案、消防安全重点部位、消防设施及器材设置情况;
d) 取得岗位资格证书。

5.3.5 员工

员工应履行下列职责:
a) 严格执行消防安全管理制度、规定及消防安全操作规程;
b) 接受消防安全教育培训,掌握消防安全知识和逃生自救能力;
c) 保护消防设施及器材,保障消防车道、疏散通道、安全出口畅通;
d) 检查本岗位工作设施、设备、场地,发现隐患及时排除并向上级主管报告;
e) 熟悉本单位及自身岗位火灾危险性、消防设施及器材、安全出口的位置,积极参加单位消防演练,发生火灾时,及时报警并引导人员疏散;
f) 指导、督促乘客遵守单位消防安全管理制度,制止影响消防安全的行为;
g) 新入职和调岗员工应接受单位组织的消防安全培训,经考试合格后,方可上岗,并应明确本岗位消防安全责任,认真执行本单位的消防安全制度和消防安全操作规程。

6 日常防火管理

6.1 通用要求

6.1.1 运营单位应将容易发生火灾、一旦发生火灾可能严重危及人身财产安全以及对消防安全有重大影响的部位确定为消防安全重点部位,并设置明显的防火标志。

6.1.2 运营单位应按下列要求进行:
   a) 每日组织开展防火巡查,定期开展防火检查和消防设施联动运行测试;
   b) 确定防火巡查和检查的人员、内容、部位、频次,如实填写巡查和检查记录,并在记录上签名;
   c) 对发现的问题应现场处理,及时报告。

6.1.3 运营单位应按有关规定加强对消防产品的管理,选用符合市场准入或合格的消防产品。

6.1.4 有线施工作业时,运营单位应与施工单位签订施工安全协议,不应影响原有消防设施的功能,并确保运营区域的消防安全。

6.1.5 运营单位应积极运用技术手段实现消防安全的实时监测、预警监控和乘客信息发布。

6.2 防火巡查和检查

6.2.1 运营单位的防火巡查应包括下列内容:
   a) 消防车道、疏散通道、安全出口是否畅通,安全疏散指示标志、应急照明是否完好;
   b) 消防设施及器材和消防安全标志是否在位、完整;
   c) 常闭式防火门是否处于关闭状态,其他防火门的启闭装置是否完好有效,防火卷帘设置部位是否存在堆放物品等影响防火卷帘正常工作的情形;
   d) 自动消防设施运行情况;
   e) 消防控制室、车站控制室等人员是否在岗,通信设备房、信号设备房、蓄电池室、变电所、环控电控室、消防水泵房等无人值守房间是否落实每日或规定时间进行安全检查;
   f) 用火、用电、用油和用气有无违章情况;
   g) 施工现场的消防设施及器材配置与防火保护措施等消防安全情况;
   h) 其他消防安全情况。

6.2.2 运营单位防火检查应包括下列重点内容:
   a) 消防安全工作制度落实情况,日常防火巡查工作落实情况;
   b) 工作人员对消防安全知识和基本技能的掌握情况;
   c) 消防控制室的日常工作情况,消防安全重点部位的日常管理情况;
   d) 消防设施运行和维护保养情况,电气线路定期检查情况;
   e) 火灾隐患排查和整改情况;
   f) 其他需检查的内容。

6.3 隐患整改

巡查、检查中发现的火灾隐患应按下列程序予以整改:
   a) 对可立即消除的火灾隐患,发现人应通知存在隐患的部门、岗位负责人立即采取措施消除;
   b) 对不能立即消除的火灾隐患,发现人应立即报告主管部门,由主管部门研究确定隐患整改措施、制定隐患消除计划,并报消防安全归口管理部门备案,消防安全归口管理部门应协调并督促落实;
   c) 对确实无法消除的火灾隐患,消防安全责任人或消防安全管理人应决定存在火灾隐患的部门或岗位是否立即停止产生火灾隐患的生产经营行为;

d) 对应立即停止可能产生更大火灾隐患的生产经营行为,由消防安全管理人负责组织制定停止工作计划,并负责监督落实;

e) 在隐患未完全消除期间,应采取有效的措施预防火灾发生;

f) 隐患消除后,消防安全管理人或消防安全归口管理部门应组织复查,确认火灾隐患消除。

6.4 危险源管控

6.4.1 一般规定

6.4.1.1 运营单位应根据实际情况和轨道交通的设施状况、人员特点等,制定相应的危险源控制管理制度和安全操作规程。

6.4.1.2 用火、用电、用气、用油设备应选用合格产品,并符合国家有关安全标准要求。

6.4.1.3 城市轨道交通严禁吸烟,应设置明显的警示标志。

6.4.1.4 运营单位在车站站厅、站台、列车车厢和管理用房内,不应采用明火、电炉等采暖设备,采暖散热器表面平均温度不应超过80 ℃。

6.4.1.5 运营单位应加强施工现场的消防安全管理,严格控制施工现场可燃物品、易燃易爆危险品和明火的使用,禁止违章作业。

6.4.2 明火(动火)管理

在车站站厅、站台、列车车厢、管理用房、区间隧道、车辆基地内,使用明火作业时,应在动火前按程序申报并采取下列监护措施:

a) 作业前,由动火单位向消防安全归口管理部门提出书面申请办理作业许可证,并注明明火作业的地点、时间、范围、安全措施、现场监护人等内容;

b) 作业前,动火单位应制定安全防范措施和应急预案;

c) 作业现场应配备足量的灭火器材,应将周围10 m范围内的可燃物、维修设备移至安全地点或采取安全可靠的隔离措施;

d) 架空作业时,下方应采取防止火星飞溅的隔离(绝)、遮挡等安全措施;

e) 明火作业人员应持操作证上岗,现场应在显著位置公示作业许可证;

f) 作业前和作业期间,动火单位应安排专人进行动火监护工作,安全管理人员应到现场进行检查监督;

g) 动火监护人在动火作业过程中不得离开现场,当发现异常情况时,应立即通知停止作业并及时采取措施;

h) 外来人员明火作业时,运营单位应与施工单位签订安全协议,对施工单位作业进行检查监督,消防安全归口管理部门应做好抽查工作;

i) 作业结束后,应认真清理作业现场,守护至安全状态后方可离开现场。

6.4.3 用电管理

运营单位用电管理应符合下列规定:

a) 运营单位应定期巡检和维护机电设备设施中的变压器、带油电气设备;

b) 根据电器的使用年限和实际使用情况,适时调整检修时限;

c) 运营单位应定期检查、维修运行车辆上的电气设备和线路,及时清除列车运行线路上的导电体,防止受流器、电缆电线短路放弧引起列车火灾;

d) 需要临时搭设电气线路时,应向运营单位消防安全归口管理部门提出申请。

6.4.4 用气(油)管理

运营单位用气(油)管理应符合下列规定：
a) 在车站站厅、站台、列车车厢、管理用房、区间隧道和车辆基地内，使用燃气作业时，应按相关规定进行申报并采取必要的监护措施；
b) 城市轨道交通中的用气(油)系统应按规程操作，并应定期巡检和维护；
c) 废油应密闭在专用的防火容器内及时清运，并应采取防止废油泄漏的有效措施。

6.4.5 可燃物管理

运营单位可燃物管理应符合下列规定：
a) 车站内应严格控制可燃物，广告设施、建筑装修装饰材料和列车车厢内装饰材料的选用应符合GB 50157、GB 50490和GB 51298的规定；
b) 车站站台、站厅和出入口通道的乘客疏散区内不应设置商业设施；
c) 车站站厅、站台、列车车厢和管理用房内的垃圾应及时清理，可燃垃圾存放时间不应超过一昼夜；
d) 地面车站和高架车站以及线路轨道外边线外侧30 m内，出入口、通风亭、变电站等建筑物、构筑物外边线外侧10 m内，应加强可燃、易燃物品管理，不应随意堆放杂物。

7 消防设施管理

7.1 日常使用操作

7.1.1 运营单位应建立消防设施日常管理制度和操作规程，并明确有关部门和人员的岗位职责，消防设施监控操作人员应取得岗位资格证书。

7.1.2 运营单位应对消防设施开展定期巡查，并应确定巡查的人员、部位、内容和频次，巡查应如实填写记录，并签名。

7.1.3 运营单位在巡查、检查中发现的消防设施及器材故障应及时修复。

7.1.4 消防设施在大修、改造、更新时，运营单位应办理相关手续。

7.2 维护保养和检测

7.2.1 运营单位应建立消防设施及器材维护保养、检测的制度和规程。

7.2.2 运营单位应按下列要求进行：
a) 制定年度消防设施维护保养计划，确保建筑消防设施的完好有效；
b) 对不符合国家现行标准的消防设施，宜进行更新改造；
c) 自行或委托消防技术服务机构对其消防设施每年至少进行一次全面检测；
d) 检测时发现存在故障的消防设施，应及时维修。

7.2.3 因故障维修需要暂停使用消防系统的，应有确保消防安全的有效措施，并经单位消防安全责任人批准。

8 灭火和应急疏散预案与演练

8.1 通用要求

8.1.1 运营单位应遵循"安全第一、快速反应、及时疏散、有效处置、减少损失、降低影响"的原则，编制灭火和应急疏散预案。

8.1.2 运营单位应配备火灾应急处置所需要的设备及物资,并应进行经常性维护保养,保证设备完好。

8.1.3 发生火灾事故后,运营单位应按规定立即启动灭火和应急疏散预案,采取应急抢险措施,防止事态扩大,在确保安全的前提下尽快恢复运营,并按规定及时报告。

8.1.4 运营单位应根据有关法律法规和标准的变动情况、安全生产条件的变化情况以及灭火和应急疏散预案演练和应用过程中发现的问题,及时修订完善预案。

8.1.5 运营单位应定期开展预案演练,专职或志愿消防队(微型消防站)应针对预案内抢险救援任务开展技能、体能操练。

8.2 灭火和应急疏散预案

8.2.1 预案编制内容

运营单位应根据不同火灾场景编制灭火和应急疏散预案,且应包括10.2.2和下列内容:
a) 应急指挥机构的组成和职责;
b) 应急处置过程中各工作组的组织原则;
c) 信息报告流程;
d) 初起火灾的扑救程序和措施;
e) 火灾时的灭火救援策略和人员疏散方案;
f) 应急恢复。

8.2.2 信息报告

8.2.2.1 运营单位的信息报告流程应遵循"统一指挥、分级负责、信息共享、点面联动、实事求是、言简意赅、发布及时"的原则。

8.2.2.2 现场工作人员、各调度岗位向运营单位上级管理部门、上级行业主管部门信息报告应包括但不限于下列内容:
a) 发生区间、车站火灾时,火灾发生的概况、人员安全的影响和伤亡情况、运营组织的影响和行车调整情况、设施设备的影响和抢修方案、外部支援力量的情况、火灾扑救进展;
b) 发生列车火灾时,列车火灾发生的概况、列车位置或迫停区间具体位置、乘客区间疏散情况、人员安全的影响和伤亡情况、运营组织的影响和行车调整情况、设施设备的影响和抢修方案、外部救援力量的情况、火灾扑救进展;
c) 发生控制中心、车辆基地火灾时,火灾发生的概况、人员安全的影响和伤亡情况、运营组织的影响和行车调整情况、设施设备的影响和抢修方案、外部支援力量的情况、火灾扑救进展、工作人员撤离组织情况。

8.2.3 应急处置

8.2.3.1 发生车站火灾时,应急处置应包括但不限于下列内容:
a) 各岗位报告现场情况;
b) 确认发生火灾后立即报警;
c) 根据控制中心命令实施行车调整方案;
d) 按照岗位职责启动灭火和应急疏散预案;
e) 车站通知、组织和引导乘客进行紧急疏散、抢救伤员;
f) 在车站出入口处设立警告标志,阻止人员进入车站;
g) 微型消防站队员带好灭火器具赶赴现场,做好现场初起火灾处置;

GB/T 40484—2021

    h) 外部支援力量到达现场后,派人引导至火灾现场,并移交指挥权,各岗位配合外部支援力量做好后续应急处置工作。

8.2.3.2 当列车在区间发生火灾时,应尽可能将列车继续运行至就近车站。预案应按列车能继续运行或无法运行两种情况分别制定各岗位职责和工作流程,以及区间两端车站应急处置协同机制和措施。

8.2.3.3 列车在区间发生火灾并能继续运行时,应急处置应包括但不限于下列内容:
    a) 各岗位报告现场情况;
    b) 确认发生火灾后立即报警;
    c) 列车驾驶员维持列车运行至就近车站;
    d) 控制中心调整后续列车的行车方案,防止后续列车进站;
    e) 按照岗位职责启动灭火和应急疏散预案;
    f) 列车进站后,驾驶员迅速打开车门,引导乘客疏散;
    g) 车站通知、组织和引导乘客进行紧急疏散、抢救伤员;
    h) 微型消防站队员带好灭火器具赶赴站台,做好初起火灾处置;
    i) 在车站出入口处设立警告标志,阻止人员进入车站;
    j) 外部支援力量到达现场后,派人引导至火灾现场,并移交指挥权,各岗位配合外部支援力量做好后续应急处置工作。

8.2.3.4 列车在区间发生火灾且无法继续运行时,应急处置应包括但不限于下列内容:
    a) 各岗位报告现场情况;
    b) 确认发生火灾后立即报警;
    c) 列车驾驶员根据乘客区间疏散原则,接受控制中心指令打开车门,引导乘客进行紧急疏散;
    d) 两端车站接到火灾的报告后,开启相应的区间隧道照明,做好乘客广播;
    e) 按乘客疏散实际方向启动相应的送风及排烟程序;
    f) 在车站出入口处设立警告标志,阻止人员进入车站;
    g) 控制中心调整后续列车的行车方案,防止后续列车进入事发区段;若已进入事发区段的列车,需安排返回前发车站;
    h) 车站派人进入区间协助乘客疏散、抢救伤员;
    i) 外部支援力量到达现场后,派人引导至火灾现场,并移交指挥权,各岗位配合做好后续工作。

8.2.3.5 发生区间隧道火灾时,应急处置应包括但不限于下列内容:
    a) 各岗位报告现场情况;
    b) 确认发生火灾后立即报警;
    c) 控制中心调整后续列车的行车方案,防止后续列车进入事发区段;
    d) 若已进入事发区段的列车,需安排返回前发车站;
    e) 按照岗位职责启动灭火和应急疏散预案;
    f) 车站通知、组织和引导乘客进行紧急疏散、抢救伤员;
    g) 在车站出入口处设立警告标志,阻止人员进入车站;
    h) 外部支援力量到达现场后,派人引导至火灾现场,并移交指挥权,各岗位配合做好后续工作。

8.2.3.6 发生控制中心、车辆基地火灾时,应急处置应包括但不限于下列内容:
    a) 各岗位报告现场情况;
    b) 确认发生火灾后立即报警;
    c) 根据实际情况启动火灾联动工况并实施行车调整方案;
    d) 按照岗位职责启动灭火和应急疏散预案;
    e) 现场工作人员按现场实际情况进行紧急疏散、抢救伤员;
    f) 在火灾区域各通道处设立警告标志,阻止人员进入火灾区域;

g) 微型消防站队员带好灭火器具赶赴现场,做好初起火灾处置;
h) 外部支援力量到达现场后,派人引导至火灾现场,并移交指挥权,各岗位配合外部支援力量做好后续应急处置工作。

8.2.4 应急恢复

8.2.4.1 火灾应急处置结束后,相关专业抢险抢修队伍应立即赶赴现场,核实确认现场设施设备损坏情况,制定抢修方案开展抢修作业,调度指挥部门应配合做好运营恢复工作。

8.2.4.2 运营单位应做好火灾原因分析、隐患及风险辨识,落实相应的防护措施,同时根据需要协助消防救援机构做好取证、资料收集、火灾善后处理工作。

8.2.4.3 运营单位应做好事件处置流程的评估、分析和总结工作,落实后续整改措施。

8.3 灭火和应急疏散演练

8.3.1 运营单位应每年至少组织一次灭火和应急疏散演练,现场班组应每半年至少组织一次现场处置演练。

8.3.2 运营单位应根据演练计划统筹安排应急演练经费,做好人员、场地、物资器材的筹备保障和有关沟通协调工作,确保应急演练工作安全有序开展。

8.3.3 参加灭火和应急疏散演练的人员,可安排运营单位的工作人员和身体健康的成年志愿者。演练中应注意对火源及烟气的控制,防止对演练人员的伤害。

8.3.4 灭火和应急疏散演练应按职责分组实施,并应包括但不限于下列内容:
a) 指挥人员承担在消防救援机构到达之前,指挥灭火和应急疏散工作的职责;
b) 通讯联络组承担报告火警、与相关部门联络、迎接消防车辆、传达指挥员命令的职责;
c) 疏散引导组承担维持火场秩序、引导乘客疏散、抢救重要物资的职责;
d) 灭火行动组承担按照预案要求,及时到达现场扑救火灾的职责;
e) 安全防护救护组承担救护受伤人员,准备必要的医药用品的职责;
f) 其他必要的组织承担相应的职责;
g) 演练时,应在车站入口处设置有"正在进行消防演练"字样的标志牌;
h) 演练结束后,应总结问题,做好记录,修订预案内容,解决演练中暴露出的问题。

8.3.5 运营单位应按下列要求进行:
a) 建立灭火和应急疏散演练评估工作机制,应包括演练准备、组织与实施的效果、演练主要经验、演练中发现的问题和意见建议等;
b) 对演练中发现的应急处置机制、作业标准、操作规程和管理规定等缺陷,应及时修订完善预案和制度。

8.4 应急物资

8.4.1 运营单位应在车站、车辆基地及设施内设置用于通信、灭火、疏散、破拆、防护及救护等的应急物资,并保持其完好。

8.4.2 运营单位工作人员应熟练使用和操作灭火救援工具。

9 消防宣传教育培训

9.1 通用要求

9.1.1 运营单位应积极开展消防公益宣传,通过电子媒介、平面媒体等形式,向乘客宣传防火措施、消防器材的使用方法和避难、逃生方式等消防安全知识。

9.1.2 运营单位应根据季节性特点及重大活动等特殊时期开展有针对性的消防宣传教育活动。

9.1.3 新入职和调岗员工上岗前应接受消防安全教育、培训。

9.1.4 运营单位每半年应至少组织开展一次在岗人员消防安全培训。

9.1.5 消防安全教育培训应纳入职工的继续教育学时中。

9.2 宣传教育培训内容

宣传教育培训应包括下列主要内容：
  a) 有关消防法规、消防安全制度和保障消防安全的操作规程；
  b) 本单位和本岗位的火灾风险及管控措施；
  c) 消防安全巡查、检查重点内容；
  d) 有关消防设施的性能和使用、检查方法；
  e) 本单位或本部门的灭火和应急疏散预案；
  f) 报告火警、扑救初起火灾及逃生自救的知识和技能；
  g) 组织、引导乘客疏散的知识和技能；
  h) 其他消防安全宣传教育内容。

9.3 专门培训

9.3.1 运营单位每年应至少组织一次消防安全负责人、消防安全管理人、专(兼)职消防管理人员消防安全法律法规培训。

9.3.2 运营单位每年应至少组织一次电焊、气焊等具有火灾危险作业人员等员工接受消防安全法律法规、操作规程的专项培训。

9.3.3 运营单位每年应至少组织一次专职或志愿消防队(微型消防站)队员接受消防设施及器材的操作训练。

10 消防档案

10.1 通用要求

10.1.1 运营单位应建立、健全消防档案及保管制度。消防档案应包括消防安全基本情况和消防安全管理情况。消防档案应内容翔实、记录准确，并附有必要的图表；不应漏填、涂改，并应根据情况变化及时更新，统一保管、备查。

10.1.2 运营单位在落实消防档案管理制度时应落实人员、经费、场所、设施，积极采用先进的档案管理技术，按需组织检查、鉴定、销毁档案。

10.1.3 运营单位应将各类日常消防记录留档备查，消防安全重点部位应设置独立消防档案，实行严格管理。

10.2 档案内容

10.2.1 消防安全基本情况应包括但不限于下列内容：
  a) 单位基本概况和消防安全重点部位情况；
  b) 新建工程消防设计审核、消防验收，消防监督检查法律文书及相关资料、图纸等；
  c) 消防安全制度和消防安全操作规程；
  d) 消防安全管理组织机构和各级消防安全责任人、消防安全管理人；
  e) 与消防安全有关的重点人员情况；
  f) 专职或志愿消防队(微型消防站)及其消防装备配备情况；

g) 消防设施、灭火器材情况；

h) 消防产品、防火材料的合格证明材料；

i) 安全疏散图示、灭火和应急疏散预案。

10.2.2 消防安全管理情况应包括但不限于下列内容：

a) 防火巡查、检查记录；

b) 火灾隐患及其整改情况记录；

c) 消防设施检查、自动消防设施测试、维修保养记录；

d) 有关燃气、电气设备检测等记录；

e) 灭火和应急疏散预案的演练记录；

f) 消防宣传教育、培训记录；

g) 火灾情况记录；

h) 消防奖惩情况记录。

10.3 保管

流动保管的巡查记录等档案存档时间应不少于3年，交接班时应有交接手续，不应缺页。重要的技术资料、图纸、审核手续、法律文书等应按建设工程资料存档规定保存。

参 考 文 献

[1] 国家城市轨道交通运营突发事件应急预案(国办函〔2015〕32号)
[2] 城市轨道交通运营管理规定(中华人民共和国交通运输部令2018年第8号)
[3] 机关、团体、企业、事业单位消防安全管理规定(中华人民共和国公安部令第61号)
[4] 北京市轨道交通运营安全条例(北京市人民代表大会常务委员会公告〔2015〕7号)
[5] 上海市轨道交通管理条例(上海市人民代表大会常务委员会公告第68号)

ICS 13.220.01
CCS C 80

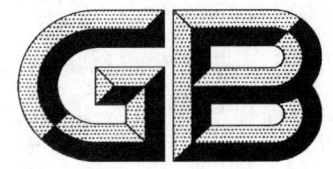

中华人民共和国国家标准

GB/T 41020—2021

建筑物财产保险火灾风险评估指南

Guidance on building fire risk assessment for property insurance

2021-12-31 发布　　　　　　　　　　　　　　　　　　2022-07-01 实施

国家市场监督管理总局
国家标准化管理委员会　发布

目 次

前言	309
引言	310
1 范围	311
2 规范性引用文件	311
3 术语和定义	311
4 火灾风险评估的分类与分级	311
5 火灾风险评估基本要素	312
5.1 基本要素	312
5.2 致灾因子	312
5.3 损失控制因子	312
6 火灾风险评估方法	313
6.1 计算方法	313
6.2 构建火灾风险评估指标体系	313
7 火灾风险评估程序	324
7.1 火灾风险评估流程图	324
7.2 火灾风险评估申请	325
7.3 现场查勘	325
7.4 火灾风险估算	325
7.5 火灾风险等级评定	326
7.6 火灾风险控制建议	326
7.7 核保建议与费率浮动	326
附录A（资料性） 建筑物财产保险火灾风险现场查勘表	327
附录B（规范性） 火灾风险评估表式样	344
附录C（规范性） 火灾风险评估报告	345
参考文献	346

前　言

本文件按照 GB/T 1.1—2020《标准化工作导则　第 1 部分:标准化文件的结构和起草规则》的规定起草。

请注意本文件的某些内容可能涉及专利。本文件的发布机构不承担识别专利的责任。

本文件由中华人民共和国应急管理部提出。

本文件由全国消防标准化技术委员会(SAC/TC 113)归口。

本文件起草单位:中国人民警察大学、准信智慧消防股份有限公司、民太安财产保险公估股份有限公司、中国人民财产保险股份有限公司福建分公司、上海安邦消防安全技术服务有限公司、福建省消防救援总队、贵州省消防救援总队。

本文件主要起草人:田玉敏、韩海云、吴立志、王跃琴、蔡晶菁、李文莉、路超、李杰、李正前、李孝斌、林德良、吴成元、程伟华。

引 言

科学合理地评估建筑物的火灾风险,确定其风险等级,既可以为保险核保提供决策依据,又可以使政府、公众及单位准确了解建筑物的消防安全状况;同时,借助火灾保险费率的杠杆调节作用,可调动投保人提高消防安全水平的积极性,实现消防与保险的良性互动,从而加快消防社会化进程,减少火灾事故和火灾损失,促进社会和谐稳定和国民经济稳步发展。

本文件借鉴国外的成功经验并结合我国实际,推荐了建筑物火灾风险评估的基本方法,实现了建筑物的火灾风险分级,用以指导财产保险的核保和费率浮动,使投保建筑物的保险费率水平与其风险状况相统一。保险中介机构应用本文件可以为委托方进行火灾风险评估,得出建筑物的火灾风险等级,并对消除火灾隐患和降低火灾风险提供咨询和服务;保险公司应用本文件可以使财产保险的核保进一步规范化、科学化,费率厘定进一步合理化、精细化;投保人应用本文件可以明确火灾风险控制的关键环节,采取有效措施最大限度地降低火灾风险。

本文件是依据我国消防法律法规、标准和规范,在深入调查研究、广泛征求意见以及参考和借鉴国内外先进经验的基础上制定的。

GB/T 41020—2021

建筑物财产保险火灾风险评估指南

1 范围

本文件提供了建筑物财产保险火灾风险评估(以下简称火灾风险评估)操作程序和评估方法的指导和建议,给出了建筑物财产保险火灾风险评估宜考虑的基本要素及有关信息。

本文件适用于住宅、公共建筑、厂房、仓库等民用和工业建筑物投保财产保险的火灾风险评估。

2 规范性引用文件

下列文件中的内容通过文中的规范性引用而构成本文件必不可少的条款。其中,注日期的引用文件,仅该日期对应的版本适用于本文件;不注日期的引用文件,其最新版本(包括所有的修改单)适用于本文件。

GB/T 5907(所有部分) 消防词汇
GB 35181 重大火灾隐患判定方法

3 术语和定义

GB/T 5907(所有部分)界定的以及下列术语和定义适用于本文件。

3.1
致灾因子 disaster-causing factor
促使火灾风险转化为灾害的因素。

3.2
损失控制因子 loss-controlling factor
防止火灾发生或减少火灾损失的因素。

3.3
火灾风险识别 fire risk identification
辨识火灾风险因素并分析存在的原因。

3.4
火灾风险估算 fire risk estimation
按照规定的方法对火灾风险大小进行量化。

3.5
火灾风险等级 fire risk ranking
区分火灾风险程度的级别。

4 火灾风险评估的分类与分级

4.1 火灾风险评估按投保建筑物的使用性质分类,宜分为以下 4 类:
——住宅火灾风险评估;
——公共建筑火灾风险评估;

——厂房火灾风险评估；
——仓库火灾风险评估。

4.2 火灾风险等级宜分为以下 5 级：
——Ⅰ级 火灾风险高；
——Ⅱ级 火灾风险较高；
——Ⅲ级 火灾风险中等；
——Ⅳ级 火灾风险较低；
——Ⅴ级 火灾风险低。

5 火灾风险评估基本要素

5.1 基本要素

建筑物火灾风险评估的基本要素包括两个方面：致灾因子和损失控制因子，每个因子所包含的评估指标因建筑使用性质不同而有所区别，如图1所示。

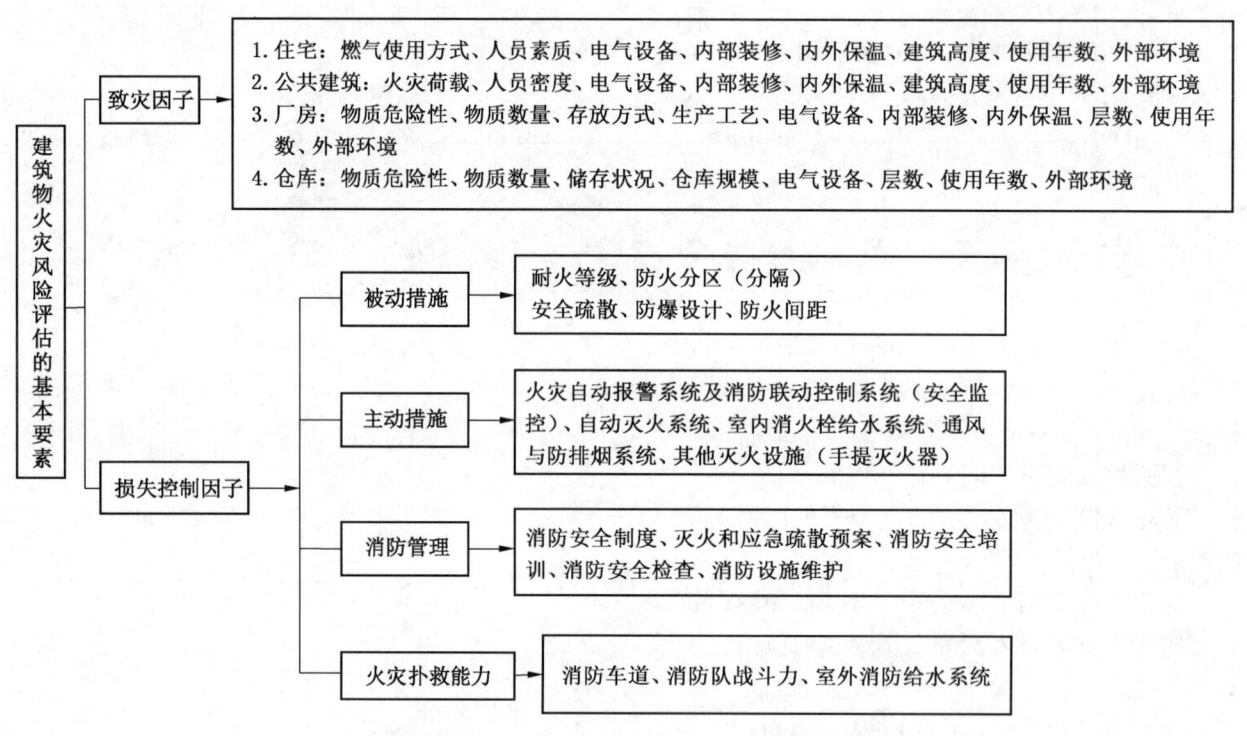

图 1 建筑物火灾风险评估基本要素

5.2 致灾因子

致灾因子主要包括客观存在的火灾危险因素和容易使火灾扩大蔓延的因素。

5.3 损失控制因子

损失控制因子主要包括被动措施、主动措施、消防管理和火灾扑救能力。

6 火灾风险评估方法

6.1 计算方法

火灾风险分值见公式(1)。

$$R = \sum_{i=1}^{n} w_i S_i \quad\quad\quad\quad\quad\quad (1)$$

式中：
R ——火灾风险分值；
n ——火灾风险评估指标的个数；
w_i ——第 i 个火灾风险评估指标的权重，取值范围为(0,1)；
S_i ——第 i 个火灾风险评估指标的分值，取值范围为[1,5]的整数。

6.2 构建火灾风险评估指标体系

6.2.1 确定建筑物火灾风险评估指标

建筑物火灾风险评估指标宜包含第 5 章规定的每类建筑物火灾风险评估的基本要素，根据建筑物实际情况可对基本要素中的评价指标进行适当调整，调整时宜具备以下条件：
——成立专家小组；
——深入实际调查研究；
——结合火灾统计和保险赔付数据。

6.2.2 确定建筑物火灾风险评估指标权重

利用层次分析法得出的各类建筑物火灾风险评估指标权重见表 1。如果评估指标发生变化，宜再次利用层次分析法对权重进行计算，并进行调整。

6.2.3 火灾风险评估指标评分标准

评分标准采用 5 分制，得分越高，表示系统越安全，而风险越低。评分分值与风险程度的对应关系如下：
——1 为风险高；
——2 为风险较高；
——3 为风险中等；
——4 为风险较低；
——5 为风险低。
致灾因子评估指标评分标准见表 2。损失控制因子评估指标评分标准见表 3。

GB/T 41020—2021

表 1 各类建筑物火灾风险评估指标及指标权重

住宅		公共建筑		厂房		仓库	
评估指标	权重 %	评估指标	权重 %	评估指标	权重 %	评估指标	权重 %
致灾因子							
燃气使用方式	7.6	火灾荷载	6.3	物质危险性	7.1	物质危险性	7.3
人员素质	8.1	人员密度	5.5	物质数量	6.3	物质数量	6.5
—	—	—	—	存放方式	3.2	储存状况	6.2
—	—	—	—	生产工艺	6.4	仓库规模	3.3
电气设备	9.5	电气设备	7.5	电气设备	5.2	电气设备	5.2
内部装修	3.9	内部装修	4.2	内部装修	3.2	—	—
内外保温	4.0	内外保温	4.5	内外保温	3.0	—	—
建筑高度	1.5	建筑高度	2.2	厂房层数	1.3	仓库层数	1.5
使用年数	3.3	使用年数	1.8	使用年数	2.1	使用年数	2.8
外部环境	1.4	外部环境	1.4	外部环境	1.2	外部环境	1.3
损失控制因子							
耐火等级	7.0	耐火等级	5.4	耐火等级	3.5	耐火等级	3.7
防火分隔	3.0	防火分区	3.5	防火分区	3.4	防火分区	2.5
安全疏散	3.9	安全疏散	2.4	安全疏散	2.1	安全疏散	2.1
—	—	—	—	防爆设计	2.7	防爆设计	2.7
防火间距	0.8	防火间距	0.8	防火间距	1.5	防火间距	1.5
安全监控	7.7	火灾自动报警系统及消防联动控制系统	5.1	火灾自动报警系统及消防联动控制系统	3.4	火灾自动报警系统及消防联动控制系统	3.7
—	—	自动灭火系统	7.0	自动灭火系统	4.8	自动灭火系统	5.5
室内消火栓给水系统	8.4	室内消火栓给水系统	3.7	室内消火栓给水系统	2.9	室内消火栓给水系统	3.2
—	—	通风与防排烟系统	4.0	通风与防排烟系统	2.8	通风与防排烟系统	3.0
手提灭火器	9.3	其他灭火设施	3.0	其他灭火设施	2.9	其他灭火设施	2.9
物业消防管理	8.6	消防安全制度	6.4	消防安全制度	6.3	消防安全制度	6.4
—	—	灭火和应急疏散预案	4.2	灭火和应急疏散预案	3.6	灭火和应急疏散预案	4.2
—	—	消防安全培训	3.7	消防安全培训	4.2	消防安全培训	3.7
—	—	消防安全检查	3.9	消防安全检查	3.7	消防安全检查	3.9
—	—	消防设施维护	3.9	消防设施维护	3.6	消防设施维护	3.9
消防车道	3.8	消防车道	2.7	消防车道	2.9	消防车道	3.8
消防队战斗力	4.4	消防队战斗力	3.8	消防队战斗力	3.6	消防队战斗力	4.9
室外消防给水系统	3.8	室外消防给水系统	3.1	室外消防给水系统	3.1	室外消防给水系统	4.3

表 2 致灾因子评分标准

建筑类型	评估指标	评分标准	分值	备注
住宅	燃气使用方式	液化气罐，无燃气报警器，且通风不好	1	
		液化气罐，无燃气报警器，但通风良好	2	
		液化气罐，且有燃气报警器	3	
		管道燃气，但无燃气报警器	4	
		管道燃气，且有燃气报警器	5	
	人员素质	家庭成员的平均年龄＞70岁	1	有未成年人(≤14岁)或行动不便的家庭成员的家庭，在相应评分级别上降低一级(行动不便主要是指老、弱、病、残)
		家庭成员的平均年龄50～70岁，没有参加过消防知识的培训	2	
		家庭成员的平均年龄20～50岁，没有参加过消防知识的培训	3	
		家庭成员的平均年龄50～70岁，且参加过消防知识的培训	4	
		家庭成员的平均年龄20～50岁，且参加过消防知识的培训	5	
	电气设备	电线、漏电保护等组件的设计安装不符合要求；或电气安全检测不合格；或 $r>1.2$	1	用电设备的最大使用负荷与设计负荷的比值用 r 来表示。GB 50016 和 GB 51348 给出了电线、漏电保护等组件的设计安装规定
		电线、漏电保护等组件的设计安装符合要求，且电气安全检测合格，$1.0<r\leq1.2$	2	
		电线、漏电保护等组件的设计安装符合要求，且电气安全检测合格，$0.8<r\leq1.0$	3	
		电线、漏电保护等组件的设计安装符合要求，且电气安全检测合格，$0.5<r\leq0.8$	4	
		电线、漏电保护等组件的设计安装符合要求，且电气安全检测合格，$0<r\leq0.5$	5	
	内部装修	顶棚采用 B_2 级材料，墙或地面采用 B_3 级材料	1	GB 50222 给出了材料的燃烧性能分级，对应关系如下： A级:不燃材料 B_1级:难燃材料 B_2级:可燃材料 B_3级:易燃材料 GB 50016 给出了建筑物内外保温结构的规定
		顶棚采用 B_1 级材料，墙或地面采用 $B_2(B_3)$ 级材料	2	
		顶棚、墙和地面都采用 B_1 级材料	3	
		顶棚采用 A 级材料，墙和地面都采用 B_1 级材料	4	
		顶棚、墙和地面都采用 A 级材料	5	
	内外保温	外墙内外保温、屋面保温均采用 B_2 或 B_3 级材料，内外保温结构不合理	1	
		外墙内外保温采用 B_2 级，屋面保温均采用 B_1 级，内外保温结构基本合理	2	
		外墙内外保温采用 A 级，屋面保温采用 B_1 级，内外保温结构基本合理	3	
		外墙内外保温采用 A 级材料，屋面保温采用 B_1 级材料，内外保温结构合理	4	
		外墙内外保温、屋面保温均采用 A 级材料，内外保温结构合理	5	

表 2（续）

建筑类型	评估指标	评分标准	分值	备注
住宅	建筑高度	$H>54\ m$	1	依据 GB 50016，建筑高度用 H 表示，并给出了建筑高度的计算方法
		$27\ m<H\leqslant 54\ m$，且首层设有商业服务网点	2	
		$27\ m<H\leqslant 54\ m$，且首层未设置商业服务网点	3	
		$H\leqslant 27\ m$，且首层设有商业服务网点	4	
		$H\leqslant 27\ m$，且首层未设置商业服务网点	5	
	使用年数	已使用年数$>4n/5$	1	n 为建筑物使用年限。GB 50068 给出了建筑使用年限分级标准：一级（重要建筑和高层建筑）：$n>100$ 年；二级（一般建筑）：n 为 50～100 年；三级（次要建筑）：n 为 25～50 年；四级（临时建筑）：$n<15$ 年
		$3n/5<$已使用年数$\leqslant 4n/5$	2	
		$2n/5<$已使用年数$\leqslant 3n/5$	3	
		$n/5<$已使用年数$\leqslant 2n/5$	4	
		$0<$已使用年数$\leqslant n/5$	5	
	外部环境	毗邻生产、贮存易燃易爆物品的建筑，且位于危险建筑的常年主导风向的下风向	1	影响外部环境的火灾危险因素主要考虑常年主导风向和毗邻建筑的危险性
		毗邻生产、贮存易燃易爆物品的建筑，位于危险建筑常年主导风向的上风向或侧风向	3	
		周围无生产、贮存易燃易爆物品的危险建筑	5	
公共建筑	火灾荷载	$d>800$	1	$d(MJ/m^2)$ 的确定方法可根据 XF/T 1427 给的调查方法确定建筑物实际的火灾荷载计算确定
		$600<d\leqslant 800$	2	
		$400<d\leqslant 600$	3	
		$200<d\leqslant 400$	4	
		$0<d\leqslant 200$	5	
	人员密度	$\rho>2$	1	人员密度 ρ（人/m^2）的确定方法：a）依照统计数据。娱乐：0.4～1.0；教育：0.7～1.0；餐饮：0.5～0.8；商场、办公：0.2～0.5。b）利用高峰人流量和低峰人流量计算平均人员密度值。c）对医院、疗养院、托、幼、老、儿、弱场所在同等级别降一等级
		$1<\rho\leqslant 2$	2	
		$0.5<\rho\leqslant 1$	3	
		$0.2<\rho\leqslant 0.5$	4	
		$\rho\leqslant 0.2$	5	

表 2（续）

建筑类型	评估指标	评分标准	分值	备注
公共建筑	电气设备	消防供配电或电线、漏电保护等组件的设计安装或防雷及接地系统任一方面不符合要求；或电气安全检测结果不合格；或 $r>1.2$ 且长时间运行	1	用电设备的最大使用负荷与设计负荷的比值用 r 来表示。GB 50016 和 GB 51348 给出了消防供配电或电线、漏电保护等组件的设计安装规定
		消防供配电、电线、漏电保护等组件的设计安装符合要求，防雷及接地系统基本符合要求，电气安全检测合格，且 $1.0<r\leqslant1.2$	2	
		消防供配电、电线、漏电保护等组件的设计安装、防雷及接地系统均符合要求，电气安全检测合格，且 $0.8<r\leqslant1.0$	3	
		消防供配电、电线、漏电保护等组件的设计安装、防雷及接地系统均符合要求，电气安全检测合格，且 $0.5<r\leqslant0.8$	4	
		消防供配电、电线、漏电保护等组件的设计安装、防雷及接地系统均符合要求，电气安全检测合格，且 $0<r\leqslant0.5$	5	
	内部装修	同住宅		
	内外保温	同住宅		
	建筑高度	$H>100$ m	1	建筑高度用 H 表示。GB 50016 给出了建筑高度的计算方法，若包含地下部分，则比相应高度级别的分值降低一级
		50 m$<H\leqslant100$ m	2	
		24 m$<H\leqslant50$ m	3	
		多层，且 $H\leqslant24$ m	4	
		单层	5	
	使用年数	同住宅		
	外部环境	同住宅		
厂房	物质危险性	甲类	1	GB 50016 给出了工业建筑中物质的火灾危险性划分依据
		乙类	2	
		丙类	3	
		丁类	4	
		戊类	5	
	物质数量	Q_1 和 Q_2 均超过规定值的 3 倍	1	物质数量包括生产过程中的原料、半成品和成品。GB 50016 给出了甲、乙类生产的危险物质的最大允许量。用 Q_1 表示危险物质总量，Q_2 表示危险物质总量与房间容积的比值
		Q_1 和 Q_2 有一个超过规定值的 3 倍	2	
		Q_1 和 Q_2 均介于规定值的 2 倍～3 倍之间	3	
		Q_1 和 Q_2 有一个介于规定值的 2 倍～3 倍之间	4	
		Q_1 和 Q_2 低于规定值的 2 倍；丙类；丁、戊类	5	

表 2（续）

建筑类型	评估指标	评分标准	分值	备注
厂房	存放方式 甲乙类	厂房内混存了不同的甲、乙类物质，隔离存放	1	隔离是在同一厂房内不同物料或物料与生产设备之间分开一定的距离。隔开是在同一厂房内不同物料或物料与生产设备之间用隔板或墙分开
		厂房内混存了不同的甲、乙类物质，隔开存放	3	
		厂房内没有混存不同的甲、乙类物质	5	
	存放方式 丙丁戊类	堆放杂乱，没有间距（丙类）	1	
		分区分类存放（丙类）	3	
		分区分类存放，且管理良好（丙类）；丁、戊类	5	
	生产工艺	有高温、高压或明火操作，但无安全监控系统，且无专职人员值守	1	安全监控系统的预警参数主要有温度、压力、液位、阀位、流量以及可燃/有毒气体浓度、明火源和音视频信号等
		有高温、高压或明火操作，安装了安全监控系统，有专职人员值守	3	
		常温或常压操作，或无明火操作	5	
	电气设备	变配电系统和配电线路以及防爆、防静电和防雷设施的设计安装不符合规范的要求；或电气安全检测结果不合格；或 $r>1.2$ 且长时间运行	1	用电设备的最大使用负荷与设计负荷的比值用 r 来表示。厂房电气设备包括配电线路、变配电系统和电气设备。GB 50168 给出了电气设备和线路防爆、防静电和防雷设施的设计安装规定；GB 50058 给出了爆炸危险环境下的电力装置和线路的设计安装规定
		变配电系统和配电线路以及防爆、防静电和防雷设施的设计安装符合规范要求，且电气安全检测合格，$1.0<r\leqslant1.2$	2	
		变配电系统和配电线路以及防爆、防静电和防雷设施的设计安装符合规范要求，且电气安全检测合格，$0.8<r\leqslant1.0$	3	
		变配电系统和配电线路以及防爆、防静电和防雷设施的设计安装符合规范要求，且电气安全检测合格，$0.5<r\leqslant0.8$	4	
		变配电系统和配电线路以及防爆、防静电和防雷设施的设计安装符合规范要求，且电气安全检测合格，$0<r\leqslant0.5$	5	
	内部装修	顶棚、墙面、地面和隔断任何一个部位采用了非 A 级的装修材料	1	
		工业厂房顶棚、墙面、地面和隔断装修材料均采用 A 级材料	5	
	内外保温	同住宅		
	厂房层数	厂房层数不符合规范要求	1	
		超过 6 层（含 6 层）	2	
		4 层或 5 层	3	
		2 层或 3 层	4	
		单层	5	
	使用年数	同住宅		
	外部环境	毗邻生产、贮存易燃易爆危险物品的建筑，且位于危险建筑常年主导风向的下风向；甲、乙类厂房处于山谷或窝风地段	1	影响厂房外部环境的因素主要包括毗邻建筑的火灾危险性和常年主导风向以及所处地理条件
		毗邻生产、贮存易燃易爆危险物品的建筑，且位于危险建筑常年主导风向的上风向或侧风向；甲、乙类厂房处于山坡或通风地段	3	
		周围无生产、贮存易燃易爆物品的危险建筑；甲、乙类厂房处于山坡或通风地段	5	

表 2（续）

建筑类型	评估指标	评分标准	分值	备注
仓库	物质危险性	同厂房		
	物质数量	M_1 和 M_2 均超过规定数值的上限	1	仓库内平均单位面积贮存量（M_1）和单一贮存区（独立库房）的最大贮存量（M_2）的信息见 GB 15603。M_1 的确定：当储存不同类危险品时，按不同类危险品的总量来计算；M_2 的确定：按最高危险物质的规定数值范围下限取值
		M_1 或 M_2 之中的一项超过了规定数值的上限	2	
		M_1 未超过规定数值，且 M_2 均在规定的数值范围内	3	
		M_1 未超过规定数值，且 M_2 均低于规定数值下限；丙、丁、戊类	5	
	储存状况 甲乙类	同一仓库混存了不同物质，贮存方式为隔离；其他参数中有任一项严重不符合要求	1	储存状况主要是指贮存方式：分为隔离、隔开和分离三种。另外还包括堆垛间距、通道宽度、储存期限、储存条件等其他参数，其他参数的相关规定信息见 GB 15603
		同一仓库混存了不同的物质，贮存方式为隔开，且其他参数均符合要求	3	
		同一仓库没有混存不同的物质，且其他参数均符合要求	5	
	储存状况 丙丁戊类	堆放杂乱（丙类）	1	XF 1131 给出了仓库存物品的分类、分垛储存要求
		分类、分垛存放，堆垛间距、通道宽度等符合要求（丙类）	3	
		分类分垛存放，堆垛间距、通道宽度等符合要求，且管理良好（丙类）；丁、戊类	5	
	仓库规模 甲乙类	$S_1 \geqslant 900 \text{ m}^2$	1	采用占地面积表征仓库规模。S_1 表示甲、乙类单体仓库的占地面积
		$750 \text{ m}^2 \leqslant S_1 < 900 \text{ m}^2$	2	
		$500 \text{ m}^2 \leqslant S_1 < 750 \text{ m}^2$	3	
		$250 \text{ m}^2 \leqslant S_1 < 500 \text{ m}^2$	4	
		$S_1 < 250 \text{ m}^2$	5	
	仓库规模 丙丁戊类	$S_2 \geqslant 8\,000 \text{ m}^2$	1	S_2 表示丙类单体仓库的占地面积
		$6\,000 \text{ m}^2 \leqslant S_2 < 8\,000 \text{ m}^2$	2	
		$4\,000 \text{ m}^2 \leqslant S_2 < 6\,000 \text{ m}^2$	3	
		$2\,000 \text{ m}^2 \leqslant S_2 < 4\,000 \text{ m}^2$	4	
		$S_2 < 2\,000 \text{ m}^2$；丁、戊类	5	
	电气设备	同厂房		
	使用年限	同住宅		
	外部环境	同厂房		

表 2（续）

建筑类型	评估指标		评分标准	分值	备注
仓库	仓库层数	甲乙类	甲类或乙类的仓库层数不符合规范要求；或设在地下	1	GB 50016 给出了甲、乙类物品仓库的最多层数的相关规定。甲类物品仓库只能采用单层。高架仓库是指货架高度大于 7 m 且采用机械化操作或自动化控制的货架仓库。普通仓库是指单层净空高度小于 12 m 且不属于高架仓库的仓储建筑。高层库房是指建筑高度超过 24 m 的二层及二层以上的仓库
			乙类仓库为 5 层	2	
			乙类仓库为 3 层或 4 层	3	
			乙类仓库为 2 层	4	
			单层仓库	5	
		丙丁戊类	高层仓库	1	
			单层净空高度≥12 m 的高架仓库	2	
			单层净空高度<12 m 的高架仓库	3	
			2 层～5 层的普通多层仓库	4	
			普通单层仓库	5	

表 3 损失控制因子评分标准

评估方面	评估指标	评分标准	分值	备注
被动措施	耐火等级	低于四级	1	
		四级	2	
		三级	3	
		二级	4	
		一级	5	
	防火分隔（住宅）	防火分隔的设置不符合规范要求	1	GB 50016 给出了防火分隔要求，主要考虑楼梯间和各种竖向井道（电梯井、管道井、垃圾道、排烟道等）的防火分隔构件的耐火性能和封堵的严密性
		符合规范要求	5	
	防火分区	$S_3>20\%$	1	S_3 表示建筑内不符合规范要求的防火分区个数占防火分区总数的比值。隐蔽部位的防火封堵不符合要求的降低一个级别
		$10\%<S_3\leqslant 20\%$	2	
		$5\%<S_3\leqslant 10\%$	3	
		$0<S_3\leqslant 5\%$	4	
		所有防火分区均符合规范要求	5	

表 3（续）

评估方面	评估指标	评分标准	分值	备注
被动措施	安全疏散	疏散路线设计不符合规范要求；或疏散通道有障碍物；或疏散引导系统不能有效发挥作用	1	GB 50016 给出了民用建筑、厂房、仓库的安全疏散规定
		疏散路线设计符合规范要求，疏散通道无障碍物，疏散引导系统能有效发挥作用	3	
		疏散路线设计优于规范要求，且疏散通道无障碍物，疏散引导系统能有效发挥作用	5	
	厂房、仓库防爆设计	未设防爆泄压设施	1	GB 50016 给出了甲、乙类厂房、仓库的防爆规定
		防爆泄压设施构造符合规范要求，但泄压面积低于规范要求	2	
		泄压面积符合规范要求，但防爆泄压设施构造不符合规范要求	3	
		泄压设施构造和泄压面积均符合规范要求	4	
		敞开式或半敞开式厂仓库；按规范不需要进行防爆设计的厂仓库	5	
	防火间距	各面防火间距都不符合规范要求	1	GB 50016 给出了防火间距的规定
		任三面的防火间距不符合规范要求	2	
		任两面的防火间距不符合规范要求	3	
		任一面的防火间距不符合规范要求	4	
		各面的防火间距均符合规范要求	5	
主动措施	安全监控（住宅）	小区未设有安全监控系统	1	
		小区设有安全监控系统，仅能实现接收报警和求助信号	2	
		小区设有安全监控系统，可监测可燃气体泄漏，能实现接收报警和求助信号	3	
		小区设有安全监控系统，实现多种安全监控，且与城市消防远程监控系统联网	5	
	火灾自动报警及消防联动控制系统	未设置火灾自动报警系统	1	GB 50016、GB 50116 和 GB 16806 给出了火灾自动报警系统的设计安装要求以及性能测试方法。依照规范可以不设火灾自动报警及消防联动控制系统的，可取 3 分
		设计安装不符合规范的要求；或经检测系统性能不合格	2	
		设计安装符合规范要求，经检测系统性能合格，但无消防控制室	3	
		设计安装符合规范要求，经检测系统性能合格，设有消防控制室	4	
		设计安装符合规范要求，经检测系统性能合格，设有消防控制室，且与城市消防远程监控系统联网	5	
	自动灭火系统	未设置自动灭火系统	1	GB 50016 和 GB 50084 给出了自动灭火系统设计和安装要求以及性能测试方法。依照规范可以不设自动灭火系统的，可取 3 分
		设计安装不符合规范的要求；或经检测系统性能不合格	2	
		设计安装基本符合规范要求，且经检测系统性能合格（大空间有标准响应喷头），但无智能灭火装置	3	
		设计安装符合规范要求，且经检测系统性能合格（大空间有快速响应喷头），且有智能灭火装置	5	

表 3（续）

评估方面	评估指标	评分标准	分值	备注
主动措施	室内消火栓给水系统	未设置室内消火栓给水系统	1	依据 GB 50016 和 GB 50974 给出了消火栓系统设计和安装要求以及性能测试方法。依照规范可以不设室内消火栓给水系统的,可取 3 分
		经检测系统性能不符合规范要求	2	
		设计安装符合要求,且经检测系统性能合格	3	
		设计安装优于规范要求	5	
	通风与防排烟系统	未设置自然排烟或机械排烟系统	1	依据 GB 50016 和 GB 51251 给出了防排烟系统设计和安装的有关规定。依照规范可以不设自然排烟或防排烟设施的,可取 3 分
		有基本的自然排烟设施	2	
		有良好的自然排烟设施(即排烟口面积比、防烟措施符合要求)	3	
		具有基本的机械防排烟系统	4	
		具有良好的机械防排烟系统(即换气次数、补风方式、排烟口位置等均符合要求,且有联动措施)	5	
	灭火器等其他灭火设施	未按照规范要求配置;或都不能正常使用	1	GB 50140 和 GB 50444 给出了灭火器配置和检查的相关规定。$N_实$ 表示实际的灭火器配置数量;$N_规$ 表示 GB 50140 要求的配置数量。$n=N_实/N_规$。除手提灭火器外,如果还配置了其他灭火器材,分值提高一个级别。
		基本符合规范要求,$n<0.8$	2	
		基本符合规范要求,$0.8 \leqslant n <1.0$	3	
		符合规范要求,$n=1.0$	4	
		符合规范要求,且 $n \geqslant 1.1$	5	
消防管理	物业消防管理(住宅)	四个方面均不健全	1	包括以下四个方面:a)有经过岗前培训的专职消防安全管理人,且建立职责明确的消防安全责任制度;b)每日进行火险隐患排查,定期进行消防安全检查,并做好记录;c)对消防设施定期进行检测,及时维修更新;d)定期对居民进行消防安全培训
		任一个方面不健全	3	
		四个方面健全	5	
	消防安全制度(厂房、仓库)	三个或三个以上方面不健全	1	包括以下四个方面:a)建立消防安全管理制度;b)各部门及人员(包括消防安全责任人、消防安全管理人、消防控制室的值班与操作人员等)职责明确,并认真履行;c)特殊物品、设备、作业的管理制度等,如厂房的危险品、特殊设备的管理、仓库日常作业管理等;d)建立消防档案
		任一个方面不健全	3	
		四个方面均健全	5	

表 3（续）

评估方面	评估指标	评分标准	分值	备注
消防管理	消防安全制度（公共建筑）	三个方面都不健全	1	包括以下三个方面：a)建立消防安全管理制度；b)各部门及人员（包括消防安全责任人、消防安全管理人、消防控制室的值班与操作人员等）职责明确，并认真履行；c)建立消防档案
		任一个方面不健全	3	
		三个方面均健全	5	
	灭火和应急疏散预案	无灭火和应急疏散预案	1	灭火和应急疏散预案包括以下四个方面：a)资源的有效性；b)指挥协调和响应的组织结构的合理性；c)通报或通信联络的畅通性；d)定期举办有针对性的消防演练
		任三个方面不满足	2	
		任两个方面不满足	3	
		任一个方面不满足	4	
		四个方面均满足	5	
	消防安全培训	a)、b)均未得到落实	1	包括：a)对员工进行岗前消防安全教育和定期培训、复训；b)危险品以及危险生产工艺等特种作业人员、自动消防系统的操作人员应持证上岗
		只有 a)得到落实	2	
		只有 b)得到落实	3	
		a)、b)能够落实，但未保留培训记录	4	
		a)、b)能够落实，人员上岗证有统一存档，培训记录清晰完备	5	
	消防安全检查	三个方面都不落实	1	包括以下三个方面：a)确定重点部位、重点工种；b)实施每日巡查，建立巡查记录，存档备查；c)对存在的火灾隐患及时整改
		任何一个方面不落实	3	
		三个方面都能够落实	5	
	消防设施维护	有三个或三个以上方面不符合要求	1	主要包括以下四个方面：a)定期检测；b)及时维修；c)定期保养、更换；d)建档备查，且存档期限符合要求。具体按照 GB 25201 的要求
		只有两个方面不符合要求	2	
		只有一个方面不符合要求	3	
		四个方面符合要求，但检测周期大于一年	4	
		四个方面符合要求，且检测周期小于一年	5	

表 3（续）

评估方面	评估指标	评分标准	分值	备注
火灾扑救能力	消防车道（救援场地）	设置不符合规范要求或被固定设施占用	1	GB 50016 给出了消防车道和救援场地的设置规定
		设置符合规范要求，没有明显标识或被临时占用	2	
		设置符合规范要求，设有明显标识，且消防车道畅通	3	
		设置符合规范要求，设有明显标识，且采用技术手段确保畅通和不被占用	5	
	消防队战斗力（除甲乙丙类厂房、仓库）	未成立志愿消防队，且未建立微型消防站	1	主要考虑单位自身灭火能力，包括两个方面：a)微型消防站装备配置符合相关要求，可参照省级以上消防救援机构发布的规定；b)成立志愿消防队符合扑救初期火灾的相关要求
		成立志愿消防队，但未建立微型消防站	3	
		成立志愿消防队，且微型消防站建设符合要求	5	
	消防队战斗力（甲乙丙类厂房、仓库）	未建立微型消防站或未成立企业专职消防队	1	甲乙丙类厂仓库消防队战斗力主要考虑单位自身灭火能力，包括企业专职消防队和微型消防站两个方面。a)微型消防站建设要求参见消防救援机构发布的规定；b)企业专职消防队建设要求见建标 152
		成立企业专职消防队；或建立微型消防站且符合建设要求	2	
		成立企业专职消防队，且消防站到达小型消防站建设标准	3	
		成立企业专职消防队，且消防站到达二级消防站建设标准	4	
		成立企业专职消防队，且消防站到达一级消防站建设标准	5	
	室外消防给水系统	无室外消火栓，且无室外消防水源	1	GB 50016 和 GB 50974 给出了室外消火栓、消防水源、水泵接合设置和检测的规定
		安装了室外消火栓，经检测系统性能不合格，且无室外消防水源	2	
		安装了室外消火栓，经检测系统性能不合格，但有室外消防水源	3	
		室外消火栓设计安装基本符合要求，经检测系统性能合格，且有室外消防水源	4	
		室外消火栓设计安装符合要求，经检测系统性能合格，且有室外消防水源	5	

7 火灾风险评估程序

7.1 火灾风险评估流程图

投保建筑物的火灾风险评估流程如图 2 所示。

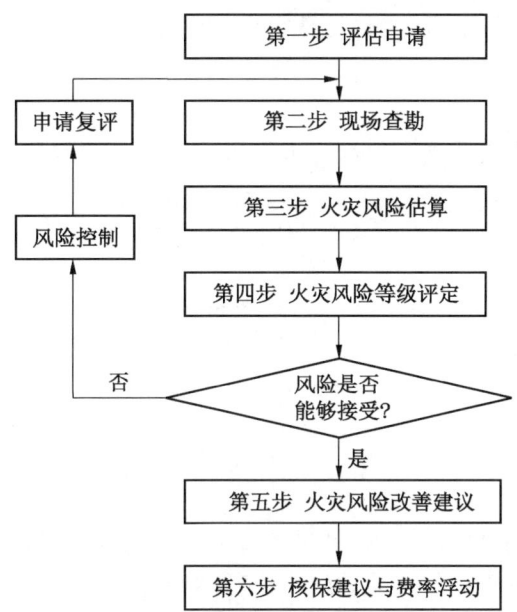

图 2 财产保险火灾风险评估流程

7.2 火灾风险评估申请

7.2.1 评估前宜对投保建筑物的消防合法性进行判断。投保人可通过提供《建设工程消防设计审查意见书》《建设工程消防验收意见书》《建设工程消防验收备案凭证》等法律文书证明建筑物消防合法性。

7.2.2 评估宜在建筑物首次投保和续保之前进行。

7.2.3 投保建筑物的火灾风险评估包括初评和复评。初评为申请投保和续保后进行的首次评估；投保人根据风险改善建议降低风险后申请进行的再次评估为复评。

7.3 现场查勘

7.3.1 评估人员宜对投保建筑物进行实地查勘，查勘人数宜为两人（含）以上。

7.3.2 投保人可提供以下材料配合评估工作：
——建筑设计、结构设计和设备设计图及施(竣)工图；
——消防安全管理制度和保障消防安全的操作规程；
——消防安全责任制；
——防火检(巡)查记录；
——建筑消防设施检测报告、维护保养报告及自动消防系统运行情况记录；
——灭火和应急疏散预案及演练情况记录；
——火灾历史情况；
——根据单位实际情况需要提供的其他文件、图纸等。

7.3.3 评估机构宜预先编制《建筑物财产保险火灾风险现场查勘表》(内容和式样可见附录 A)，查勘人员如实记录查勘情况，进行火灾风险识别。

7.4 火灾风险估算

7.4.1 火灾风险评估人员对照现场查勘情况记录的《建筑物财产保险火灾风险现场查勘表》，并根据预先制定的评分标准，对投保建筑物的火灾风险评估指标进行量化，并填写《火灾风险评估表》，其内容和式样按附录 B 填写。

7.4.2 建筑物火灾风险分值可按照公式(1)计算得出。

7.5 火灾风险等级评定

7.5.1 根据计算得出建筑物火灾风险分值确定火灾风险等级。建筑物火灾风险分值与风险等级对应关系见表4。

表4 建筑物火灾风险等级

火灾风险分值 R	$1 \leqslant R \leqslant 1.5$	$1.5 < R \leqslant 2.5$	$2.5 < R \leqslant 3.5$	$3.5 < R \leqslant 4.5$	$4.5 < R \leqslant 5$
火灾风险等级	Ⅰ级	Ⅱ级	Ⅲ级	Ⅳ级	Ⅴ级

7.5.2 按照 GB 35181 的规定,当判定投保建筑物存在重大火灾隐患时,其火灾风险等级可直接评定为Ⅰ级。

7.5.3 对于生产工艺系统特别复杂的厂房,可先按照本文件提供的工业厂房的评估方法进行火灾风险评估,然后再对生产工艺单元进行火灾风险评估,最终综合两次评价结果确定火灾风险等级。对生产工艺单元进行火灾风险评估,可以成立专家小组,仍按照第7章给出的步骤进行。

7.5.4 以下建筑物的火灾风险评估建议成立专家小组,依据本文件和建筑物的实际情况进行评估:
——采用特殊消防设计的;
——采用了新技术、新工艺、新材料,超出相关国家标准规定的;
——采用国际标准或者境外消防技术标准的。

7.5.5 火灾风险程度为不可接受时,火灾风险评估人员宜分析火灾风险的主要影响因素,并进行重要度排序,找出降低火灾风险的关键环节,从而提出有效的风险等级改善策略。

7.5.6 投保人可根据评估机构提出的风险等级改善策略,采取积极的消防措施,进行风险控制,并可申请复评,降低火灾风险直至可以接受的水平。

7.6 火灾风险控制建议

7.6.1 火灾风险评估后,评估机构宜根据评估结果并结合投保建筑物的具体情况,提出火灾风险控制建议。

7.6.2 投保人可根据火灾风险控制建议,明确火灾危险重点部位,制定火灾风险管理决策。

7.6.3 保险公司可根据火灾风险控制建议,明确防火减损措施,指导承保后的跟踪检查和消防管理。

7.7 核保建议与费率浮动

7.7.1 评估机构根据评定的火灾风险等级,宜提出核保建议,并出具火灾风险评估报告,其内容和式样按附录C填写。

7.7.2 保险公司可根据火灾风险评估报告和火灾风险等级,确定被评估建筑物投保财产保险的费率浮动系数。

附 录 A
（资料性）
建筑物财产保险火灾风险现场查勘表

建筑物财产保险火灾风险现场查勘表包括住宅现场查勘表，公共建筑现场查勘表，厂房、仓库现场查勘表，主动防火措施现场查勘表，分别参见表 A.1～表 A.4。

表 A.1 住宅现场查勘表

基本信息						
项目	住宅名称			所在地址		
	管理单位或物业公司			建筑结构		
	建筑高度			建筑面积		
	设计使用年限			使用年数		
	所在楼层/总层数			外部环境		
检查时间						
检查人						

检查项目		检查内容要点	检查结果			说明
			是	否	备注	
燃气使用方式	供气方式	1. 供气方式是什么？ □管道燃气　　　□液化气罐				
	燃气报警器	2. 是否安装了燃气报警器？				
	通风情况	3. 通风状况如何？ □良好　　□一般　　□很差				
电气设备	电线	1. 电线设计、选型等是否符合有关规范的要求？				
		2. 是否有线路老化情况？				
	漏电保护组件	1. 配电回路是否安装了漏电切断保护装置？				
		2. 漏电切断保护装置是否可以正常发挥作用？				
	使用负荷	1. 电气线路最大承受负荷是多少？（　　　　　）				
		2. 电气线路实际负荷是多少？（　　　　　）				
	电气安全检测	1. 电气安全检测是否合格？				
		2.(1)检测单位　（　　　　　） 　 (2)检测责任人（　　　　　）				
安全监控		1. 是否设置了安全监控系统？				
		2. 安全监控系统具有以下哪些功能？ □接收报警和求助信号　□监测可燃气泄漏 □监测火灾发生　　　□与城市消防远程监控系统联网				

表 A.1（续）

检查项目		检查内容要点	检查结果		备注	说明
			是	否		
内部装修	顶棚材料	□A 级　□B$_1$ 级　□B$_2$ 级　□B$_3$ 级				
	墙面材料	□A 级　□B$_1$ 级　□B$_2$ 级　□B$_3$ 级				
	地面材料	□A 级　□B$_1$ 级　□B$_2$ 级　□B$_3$ 级				
内外保温	外墙内外	□A 级　□B$_1$ 级　□B$_2$ 级　□B$_3$ 级				
	屋面外	□A 级　□B$_1$ 级　□B$_2$ 级　□B$_3$ 级				
人员素质	住户成员年龄	1. 平均年龄 　□ 20～50 岁；　□ 50～70 岁；　□ 大于 70 岁 2. 未成年人的年龄是多少？　（　　　　　　　） 3. 家庭成员是否有老、弱、病、残？				
	消防培训	是否参加过消防知识的培训？				
防火间距		1. 各面的防火间距分别是多少？ 　（　　　　　　　　　　）m 2. 有几面的防火间距不符合规范要求？ 　□一面　□二面　□三面　□四面				
防火分隔		1. 楼梯间防火门的类型是什么？（　　　　　　） 2. 防火门的耐火极限是多少？　（　　　）h 　是否达到规范要求？ 3. 各种竖向井道（电梯井、管道井、垃圾道、排烟道等）的耐火极限是多少？（　　　　　　　　　　　）h 　是否达到规范要求？				
安全疏散		1. 疏散通道的设计是否符合规范要求？ 2. 疏散路线是否保持畅通？ 3.（1）是否设置疏散引导系统？ 　（2）疏散引导系统能否有效发挥作用？				
耐火等级		耐火等级是几级？ □一级　□二级　□三级　□四级				
物业消防管理		1. 是否有经过岗前专业培训的专门消防安全管理人员？ 2. 是否有职责明确的消防安全责任制？ 3. 是否每日进行火灾隐患排查,定期进行消防安全检查,并做好记录？ 4. 对消防设施是否定期进行检测,并及时维修更新？ 5. 是否定期对居民进行消防安全培训？				

表 A.1（续）

检查项目	检查内容要点	检查结果 是	检查结果 否	备注	说明
消防车道	1.消防车道的设置是否符合规范要求？				
	2.消防车道是否保持畅通无阻？				
消防队战斗力	1.是否成立志愿消防队？				
	2.是否建立微型消防站？				
室外消防给水系统	1.是否有室外消防水源？				1项～6项均为"是"，可认为设计安装符合规范要求
	2.室外消火栓是否有水？				
	3.室外消火栓的设置数量是否符合规范要求？				
	4.室外消火栓设置是否便于消防车的停靠和操作？				
	5.水泵结合器的设置是否符合规范要求？				
	6.经检测,系统性能是否合格？				

表 A.2 公共建筑现场查勘表

基本信息				
项目	所属单位		单位地址	
	建筑名称		建筑用途	
	建筑结构		建筑面积	
	地上层数		地下层数	
	建筑高度		设计使用年限	
	外部环境		使用年数	
检查时间				
检查人				

检查项目	检查内容要点	检查结果 是	检查结果 否	备注	说明
人员密度	1.总建筑面积为（ ）m^2				
	2.高峰期的最大客流量为（ ）人 低峰期的最小客流量为（ ）人 平均客流量为（ ）人				
	3.平均人员密度 ρ 为（ ）人/m^2				
火灾荷载	1.内容物主要有几类？（ ）				
	2.燃烧性能分别是什么？（ ）				

表 A.2（续）

检查项目			检查内容要点	检查结果			说明
				是	否	备注	
内部装修			1.顶棚所用的材料是（　　　），其燃烧性能是什么？ □ A 级　□ B_1 级　□ B_2 级　□ B_3 级				
			2.墙面所用的材料是（　　　），其燃烧性能是什么？ □ A 级　□ B_1 级　□ B_2 级　□ B_3 级				
			3.地面所用的材料是（　　　），其燃烧性能是什么？ □ A 级　□ B_1 级　□ B_2 级　□ B_3 级				
			4.隔断所用的材料是（　　　），其燃烧性能是什么？ □ A 级　□ B_1 级　□ B_2 级　□ B_3 级				
内外保温			1.外墙内外保温 □ A 级　□ B_1 级　□ B_2 级　□ B_3 级				
			2.屋面外保温　□ A 级　□ B_1 级　□ B_2 级　□ B_3 级				
电气设备	消防供配电	消防供电	1.消防供电的设计安装是否符合规范要求？				1 项～4 项均为"是"，可认为符合规范要求
		低压配电	2.低压配电的设计安装是否符合规范要求？				
		变压器	3.变压器的设计安装是否符合规范要求？				
		照明装置	4.照明装置的设计安装是否符合规范要求？				
	电线及漏电保护		1.电线的选型是否符合要求？				
			2.电线的敷设是否符合要求？				
			3.漏电保护等组件是否符合要求？				
	防雷接地系统		1.防雷接地系统的设计安装是否符合规范要求？				
			2.防雷防静电检测的周期是否小于一年？				
	使用负荷		1.用电设备的最大使用负荷是（　　　　）				
			2.设计负荷是（　　　　）				
			3.最大使用负荷与设计负荷的比值 $r=$（　　　　）				
	电气安全检测		1.电气安全检测是否合格？				
			2.检测单位　（　　　　　　） 　检测责任人　（　　　　　　）				
防火间距			1.各面的防火间距分别是多少？ （　　　　　　　　　　　　）m				
			2.有几面的防火间距不符合规范要求？ □一面　□二面　□三面　□四面				
防火分区			1.划分了（　　　　　　）个防火分区？				
			2.各分区的面积分别是（　　　　　　　　）m^2				
			3.有（　　　　　）个防火分区的面积划分不符合要求？				
			4.不符合要求的个数占总数的比值为（　　　　　　　　）				
			5.隐蔽部位的防火封堵是否符合要求？				
			6.(1)防火卷帘启动是否正常？ 　(2)防火卷帘门下是否有堆物现象？				

表 A.2（续）

检查项目		检查内容要点	检查结果			说明
			是	否	备注	
安全疏散	安全出口	1.数量有（　　　）个;是否符合规范要求?				1项～14项检查内容均为"是",可认为符合规范要求
		2.宽度分别为（　　　　　　　　）m				
		3.宽度是否符合规范要求?				
		4.是否保持畅通?				
	疏散楼梯与楼梯间	5.疏散楼梯间的数量为（　　　）个;是否符合规范要求?				
		6.疏散楼梯间的宽度分别为（　　　）m;是否符合规范要求?				
	疏散通道	7.疏散通道的宽度分别为（　　　）m				
		8.疏散通道的最小净宽度是否符合规范要求?				
		9.是否保持畅通?				
		10.是否有"袋形"走道?				
		11.安全疏散距离是否符合规范要求?				
	疏散引导系统	12.(1)应急照明的设置是否符合有关规范要求? (2)是否有效发挥作用?				
		13.(1)疏散指示标志设置是否符合有关规范要求? (2)是否有效发挥作用?				
		14.(1)火灾应急广播设置是否符合有关规范要求? (2)是否有效发挥作用?				
耐火等级		耐火等级是几级? □一级　□二级　□三级　□四级				
消防安全制度	消防安全管理制度	1.建立健全的消防安全制度,包括:				1项～2项均为"是",可认为满足要求
		(1)消防安全培训制度是否健全?				
		(2)消防安全检查和隐患整改制度是否健全?				
		(3)动火管理制度是否健全?				
		(4)消防设施维护、保养制度是否健全?				
		(5)消防安全管理奖惩制度是否健全?				
		2.各项制度能否根据情况的变化及时修改?				
	消防安全责任制	1.明确各部门及人员的消防安全职责,包括:				1项～2项均为"是",可认为满足要求
		(1)消防安全责任人的职责是否明确?				
		(2)消防安全管理人的职责是否明确?				
		(3)消防控制室值班人员的职责是否明确?				
		2.消防安全责任人、消防安全管理人是否已报当地消防机构备案?				
	消防档案	1.消防档案的内容是否全面详尽?				1项～3项均为"是",可认为满足要求
		2.是否根据该单位消防安全情况变动及时补充更新?				
		3.是否设有专职人员管理?				

表 A.2（续）

检查项目		检查内容要点	检查结果			说明
			是	否	备注	
灭火和应急疏散预案	消防演练	1.是否定期举办灭火和应急疏散预案的演练？				1项～2项均为"是"，可认为满足要求
		2.演练周期为（ ）				
		3.最近一次消防演练的资料是否真实？				
	信息畅通	1.通报和通信联络程序是否合理？				
		2.通信联络设施是否可靠？				
	资源有效性	1.是否制定了火灾和应急疏散预案并通过专家论证？				
		2.(1)灭火及救援人员能否在火灾时迅速到达现场？ (2)灭火救援物资能否迅速调集？				
	组织合理性	1.指挥协调反应组织的职责是否明确？				1项～2项均为"是"，可认为满足要求
		2.以下主要组织部门是否配置专职人员负责？ □组织指挥人员（一般由消防安全管理人或当日值班负责人担任） □灭火行动组　　□疏散引导组 □通信联络组　　□安全防护救护组				
消防安全培训	一般员工	1.所有员工是否均接受岗前的消防安全培训				1项～3项均为"是"，可认为满足要求
		2.是否定期对所有员工进行培训？培训周期（ ）				
		3.是否定期对所有员工进行复训？复训周期（ ）				
	自动消防系统操作人员	1.是否均接受岗前的消防安全培训，并持证上岗？				1项～2项均为"是"，可认为满足要求
		2.是否定期对所有特种作业人员进行复训？复训周期为（ ）				
消防安全检查	确定重点部位及重点工种	1.消防安全重点部位有（ ）处，分别为（ ）；是否有明显的标志？				
		2.重点工种有（ ）个，分别为（ ）				
	防火巡查	1.是否有每日巡查制度？				对于非公众聚集场所只需满足前2项检查内容
		2.是否有巡查记录并存档备查？				
		3.公众聚集场所营业期间是否每两小时一次防火巡查？				
		4.公众聚集场所营业结束后是否对场所进行安全检查？				
	隐患整改	1.对于检查中发现的隐患进行有效整改的时间为（ ）				
		2.隐患整改的记录是否完整清晰？				
消防设施维护	检测	1.是否对消防设施定期进行检测？检测周期为（ ）次				
		2.不能及时整改的，是否采取了临时措施？				
		3.检测单位（ ）； 检测责任人（ ）				
	及时维修	是否对发现的故障进行及时有效的处理？				
	保养更换	1.是否根据消防设施使用环境及产品性能进行定期保养？				
		2.是否及时更换损坏的部件？				
	建档	1.是否建有完备的档案？				
		2.存档期限为多长？（ ），是否符合要求？				

表 A.2（续）

检查项目	检查内容要点	检查结果			说明
		是	否	备注	
消防车道	1.消防车道的设置是否符合规范要求？				
	2.消防车道是否保持畅通无阻？				
消防队战斗力	1.是否成立志愿消防队？				
	2.是否建立微型消防站？建站是否达标？				
室外消防给水系统	1.是否有室外消防水源？				1项～6项均为"是"，可认为设计安装符合规范要求
	2.室外消火栓是否有水？				
	3.室外消火栓的设置数量是否符合规范要求？				
	4.室外消火栓设置是否便于消防车的停靠和操作？				
	5.水泵结合器的设置是否符合规范要求？				
	6.经检测，系统性能是否合格？				

表 A.3 厂房、仓库现场查勘表

基本信息				
项目	所属单位		单位地址	
	建筑名称		建筑用途	
	建筑结构		建筑面积	
	建筑层数		地下层数	
	建筑高度		设计使用年限	
	外部环境		使用年数	
检查时间				
检查人				

检查项目		检查内容要点	检查结果			说明
			是	否	备注	
物质危险性		厂房、仓库的火灾危险性为： □甲类 □乙类 □丙类 □丁类 □戊类				
物质数量	甲、乙类厂房	1.主要危险物质是什么？（　　　）				
		2.厂房房间的容积是多少？（　　　）				
		3.危险物质的总量 Q_1 是多少？（　　　）				
		4.Q_1 与房间容积的比值 Q_2 是多少？（　　　）				
		5.Q_1 的最大允许量是多少？（　　　）				
		6.Q_1 与房间容积比值的最大允许量是多少？（　　　）				

表 A.3（续）

检查项目			检查内容要点	检查结果			说明
				是	否	备注	
物质数量	甲、乙类厂房		1.危险物质是什么？（ ）				
			2.仓库的总建筑面积是多少？（ ）				
			3.仓库的最大贮存量 M_2 是多少？（ ）				
			4.仓库内单位面积贮存量 M_1 是多少？（ ）				
			5.允许单位面积贮存量是多少？（ ）				
			6.允许最大贮存量是多少？（ ）				
	丙类厂房、仓库		1.物质是什么？（ ）				
			2.物质的量是多少？（ ）				
存放方式（厂房）	甲、乙类厂房		1.厂房内是否混有不同危险物质？				
			2.危险物质的存放方式为：□隔离存放　□隔开存放				
	丙类厂房		1.物质是否分区分类存放？				
			2.物质存放管理是否良好？				
储存状况（仓库）	储存形式	甲、乙类仓库	1.仓库内是否混有不同危险物质？				
			2.仓库的物质贮存方式为：□隔离贮存　□隔开贮存　□分离贮存				
		丙类仓库	1.物质是否分类分垛存放？				
			2.物质存放管理是否良好？				1项～13项均符合要求时，可认为其他参数均符合要求
	其他参数	堆垛间距	1.仓库内相邻堆垛之间最近的水平距离是多少？（ ）				
			2.仓库内堆垛边缘到相邻墙、柱表面的最近水平距离是多少？（ ）				
			3.仓库内堆垛顶部距顶棚下表面（或梁下表面）的最近垂直距离是多少？（ ）				
		通道宽度	4.仓库内部的主要通道最窄部位的水平宽度是多少？（ ）				
			5.仓库内部的次要通道最窄部位的水平宽度是多少？（ ）				
		储存期限	6.现场抽查各独立仓库内部的储存品，核对其生产日期及有效期限，检查物品超期存放情况 □没有超期储存情况　□有少量超期存放物品 □有半数以上物品超期存放				
			7.仓库内超期存放的物品是否独立存放并有清晰标识？				
			8.仓库管理人员是否能及时妥善处理超期储存物品？				

GBI/T 41020—2021

表 A.3（续）

检查项目			检查内容要点	检查结果			说明
				是	否	备注	
储存状况（仓库）	其他参数	储存条件	9.现场储存物品的包装形式是否满足安全储存的要求？				
			10.是否能根据物品特性采取适当的堆码及垫底方式对物品进行防护？				
			11.仓库内部是否设置了必要的温度、湿度测量装置，并有专人定期记录仓库温湿度情况？				
			12.是否有必要的环境调节装置确保仓库内温湿度出现异常时可以及时进行调节？				
			13.检查仓库内部温度、湿度，是否符合物品储存要求？				
生产工艺（厂房）	操作温度		1.操作温度为多少？（　　　　）				操作温度超过物质的燃点时可认为是高温操作
			2.物质的燃点是多少？（　　　　）				
			3.是否存在高温操作？				
			4.操作过程中是否有控制超温的措施？				
	操作压力		1.操作压力是多少？（　　　　）				
			2.是否存在高压操作？可根据不同生产工艺的实际情况确定操作压力是否为高压。				
			3.操作过程中是否有控制超压的措施？				
	明火		1.生产过程中是否有明火操作？				
			2.明火操作是否有安全防护措施？				
	安全监控系统		1.是否设有安全监控系统？				2项～5项均为"是"时，可认为安全监控系统运行良好
			2.安全监控系统的设计、安装是否符合要求？				
			3.监测预警参数设置是否合理？				
			4.安全监控系统是否具有良好的自动控制功能？				
			5.安全监控系统使用中是否有良好的可靠性？				
	专人职守		监控系统是否有专人职守？				
	地下燃气管道		1.是否有地下燃气管道系统？				
			2.是否有安全措施？				
仓库规模			仓库的占地面积是多少？（　　　　）				
电气设备	配电线路与系统		1.配电线路的设计安装是否符合要求？				
			2.变配电系统的设计安装是否符合要求？				
			3.照明装置的设计安装是否符合要求？				
	防爆、防雷、防静电		1.是否有相应的防爆措施？				
			2.电气设备的防爆设计安装是否符合要求？				
			3.是否有防雷措施？				
			4.防雷设计安装是否符合要求？				
			5.是否有防静电措施？				

表 A.3（续）

检查项目		检查内容要点	检查结果			说明
			是	否	备注	
电气设备	用电负荷	1.电气设备的最大使用负载是多少？（　　　）				
		2.电气设备的设计负荷是多少？（　　　）				
		3.电气设备的最大使用负荷与设计负荷的比值 r 是多少？（　　　）				
	安全检测	1.是否定期进行电气安全检测，并提供检测报告？				1项～3项均为"是"时，可认为电气安全检测合格
		2.最近一次电气安全检测是否合格？				
		3.最近两次电气安全检测的时间间隔为多久？（　　　）是否小于一年？				
		4.防静电和防雷装置是否经过专业检测机构检测合格，并提供检测报告？				
		5.防静电和防雷装置是否保证每年至少检测一次？				
		6.检测单位是（　　　） 检测人是（　　　）				
内装修（厂房）		1.顶棚装修材料是什么？（　　　）燃烧性能为哪一级？ □A级　□B_1级　□B_2级　□B_3级				
		2.墙面装修材料是什么？（　　　）燃烧性能为哪一级？ □A级　□B_1级　□B_2级　□B_3级				
		3.地面装修材料是什么？（　　　）燃烧性能为哪一级？ □A级　□B_1级　□B_2级　□B_3级				
		4.隔断装修材料是什么？（　　　）燃烧性能为哪一级？ □A级　□B_1级　□B_2级　□B_3级				
		5.地面是否为不发火地面？				
内外保温		1.外墙内外保温　□A级　□B_1级　□B_2级　□其他				
		2.屋面外保温　□A级　□B_1级　□B_2级　□其他				
厂房层数		1.厂房的层数是几层？（　　　）				
		2.多层厂房是否为生产所需的多层？				
		3.厂房高度是多少米？（　　　）是否为高层厂房？				
		4.是否为地下室或半地下室厂房？				
仓库层数		1.仓库的层数是几层？（　　　）				
		2.仓库内部单层净空高度是多少米？（　　　）				
		3.仓库的总高度是多少米？（　　　）				
		4.仓库是否采用高架仓库的形式？				
耐火等级		厂房、仓库的耐火等级为： □一级　□二级　□三级　□四级　□不足四级				

表 A.3（续）

检查项目		检查内容要点	检查结果			说明
			是	否	备注	
防火分区		1.防火分区的个数是（　　）个；面积是多少？（　　）m²				
		2.有几个防火分区面积不符合规范要求？（　　）				
		3.不符合规范要求的防火分区个数占总数的比值是（　　）				
安全疏散	疏散路线	1.安全出口有几个？（　　），是否符合规范要求？				1项～7项均为"是"时，可认为疏散路线的设计符合规范要求
		2.安全出口的宽度分别是（　　）m，是否符合最小净宽要求？				
		3.安全出口的总宽度是（　　）m，是否符合规范要求？				
		4.疏散楼梯有几部？（　　），是否符合规范要求？				
		5.疏散楼梯的宽度是多少？（　　），是否符合规范要求？				
		6.疏散走道的宽度是多少？（　　），是否符合规范要求？				
		7.安全疏散距离是否符合规范要求？				
		8.疏散路线是否保持畅通？				
	疏散引导系统	1.消防应急照明的设置是否符合规范要求？				1项～6项均为"是"时，可认为疏散引导系统能有效发挥作用
		2.消防应急照明是否能有效发挥作用？				
		3.疏散指示标志的设置是否符合规范要求？				
		4.疏散指示标志是否能有效发挥作用？				
		5.消防应急广播的设置是否符合规范要求？				
		6.消防应急广播是否能有效发挥作用？				
防爆设计		1.厂房、仓库是否具有爆炸危险性？				
		2.是否根据需要设置了防爆和泄压设施？				
		3.泄压面积是多少？（　　）m²				
		4.厂房、仓库的体积是多少？（　　）m³				
		5.实际泄压比是多少？（　　）				
		6.允许泄压比是多少？（　　）				
		7.防爆泄压设施的构造是否符合要求？				
		8.厂房、仓库是否为敞开式或半敞开式的建筑形式？				
防火间距		1.厂房、仓库与其相邻建筑之间的防火间距分别是（　　）m				
		2.不符合防火间距要求的有几面？（　　）				
		3.防火间距内是否堆放了可燃、易燃材料？				
		4.甲类厂房与架空电力线的最小水平距离是多少？（　　）m				
		5.甲类厂房与甲乙丙类液体储罐，可燃、助燃气体储罐，液化石油气储罐，可燃材料堆场防火间距是否符合要求？				

表 A.3（续）

检查项目		检查内容要点	检查结果			说明
			是	否	备注	
消防安全制度	消防安全管理制度	1.是否制定了消防安全制度？				（1）项～（10）项均为"是"时，可认为建立了消防安全制度；1项～3项均为"是"时,可认为消防安全制度健全
		（1）消防安全教育、培训制度是否健全？				
		（2）防火巡查、检查制度是否健全？				
		（3）安全疏散设施管理制度是否健全？				
		（4）消防值班制度是否健全？				
		（5）消防设施、器材维护管理制度是否健全？				
		（6）火灾隐患整改制度是否健全？				
		（7）用火、用电、电气设备管理制度是否健全？				
		（8）专职、志愿消防队管理制度是否健全？				
		（9）灭火和应急疏散预案演练制度是否健全？				
		（10）消防安全工作考评和奖惩制度是否健全？				
		2.消防安全制度落实情况是否良好？				
		3.消防安全制度是否根据情况变化进行及时修改？				
	消防安全责任制	1.部门及人员职责是否明确？				（1）项～（7）项均为"是"时，可认为部门及人员职责明确；1项～2项均为"是"时，可认为该项内容健全
		（1）消防安全责任人的职责是否明确？				
		（2）消防安全管理人的职责是否明确？				
		（3）车间消防安全责任人的职责是否明确？				
		（4）消防控制室值班员的职责是否明确？				
		（5）重点工种操作人员的职责是否明确？				
		（6）企业职能部门，如保卫、消防部门的职责是否明确？				
		（7）专职、志愿消防队等的职责是否明确？				
		2.各部门及人员是否能认真履行其职责？				
	特殊物品、设备、作业管理	1.是否制定危险品管理制度？				
		2.是否制定安全生产操作规程？（厂房）				
		3.是否制定易燃易爆设备安全管理制度？（厂房）				
		4.是否制定仓库日常作业管理制度？（仓库）				
	消防档案	1.是否建立消防档案？				1项～3项均为"是"时，可认为消防档案健全
		2.消防档案内容是否完整详实？				
		3.消防档案是否根据情况变化及时更新？				

表 A.3（续）

检查项目		检查内容要点	检查结果			说明
			是	否	备注	
灭火和应急疏散预案	资源有效	1.是否制定了火灾和应急疏散预案且组织专家论证？				(1)项、(2)项均为"是"时,可认为应急资源有效
		2.应急资源的有效性				
		(1)各种人员是否能及时到位？				
		(2)灭火救援物资是否能迅速调集？				
	组织结构合理	1.指挥协调和响应的组织结构的合理性				(1)项～(5)均为"是"时,可认为指挥协调和响应的组织结构合理
		(1)是否配置组织指挥人员？				
		(2)是否配置灭火实施人员？				
		(3)是否配置疏散引导人员？				
		(4)是否配置通信联络人员？				
		(5)是否有安全防护救护人员？				
	信息畅通	1.通报和通信联络程序是否合理？				
		2.通信联络设施是否可靠？				
	实施演练	1.是否举办灭火和应急疏散预案演练？演练周期为(　　)				
		2.最近一次消防演练的资料是否真实？				
消防安全培训	特殊人员	1.各级领导干部、消防专业人员及特殊工种人员是否经过专门的安全培训、考核并取得资格证书？				
		2.抽查特殊工种及消防自动系统值班操作人员的上岗证,证件是否统一备案,登记清晰准确？				
	一般员工	1.新入厂的工人上岗前是否经过认真的三级消防安全教育和培训？				
		2.复工、调岗工人上岗前是否经过消防安全教育？				
		3.是否结合单位实际,定期、不定期地开展全员消防安全宣传教育和培训及复训？定期培训的周期是多长时间？(　　　　)				
		4.抽查各类人员消防安全培训记录,记录内容是否完整？				
消防安全检查	确定重点部位及工种	1.是否根据本单位的火灾危险性合理确定消防安全重点部位？ 重点部位分别是哪里？(　　　　　　　　　)				
		2.是否确定重点工种？ 重点工种分别是什么？(　　　　　　　　　)				
		3.消防安全重点部位是否设置了明显的消防安全标志？				
	防火巡查	1.是否开展每日防火巡查(包括每日夜间巡查和岗位检查)？				
		2.是否适时、定期进行防火检查？				
		3.检查记录是否清楚完整且有存档？				
	隐患整改	1.是否及时整改火灾隐患？				
		2.整改记录是否清楚完整？				
		3.不能及时整改的是否采取了临时保护措施？				

表 A.3（续）

检查项目		检查内容要点	检查结果			说明
			是	否	备注	
消防设施维护	检测	1.消防设施是否进行定期检测，并提供检测报告？检测周期是多久？（　　　　　）				
		2.检查最近一次检测报告，设施是否完好可用？				
		3.检测单位是（　　　　　），检测人是（　　　　　）				
	维修	1.消防设施是否落实专人负责维修？				
		2.消防设施出现异常情况后是否能够及时有效处理？				
	保养更换	是否落实专人负责定期保养，并及时更换？				
	建档	1.消防设施检测、维修、保养等是否保留相关记录并存档？				
		2.存档期限是多久？（　　　　　）				
消防车道		1.消防车道的设置是否符合规范要求？				
		2.消防车道是否保持畅通？				
消防队战斗力		1.是否成立志愿消防队？				
		2.是否建立微型消防站，建站是否达标？				
		3.是否有企业专职消防队？				
		4.专职消防队的建设标准达到消防站建设标准的级别？ □ 一级站　　□ 二级站　　□ 小型站				
室外消防给水系统		1.是否有室外消防水源？				1项～6项为"是"时，可认为设计安装符合规范要求
		2.室外消火栓是否有水？				
		3.室外消火栓的设置数量是否符合规范要求？				
		4.室外消火栓设置是否便于消防车的停靠和操作？				
		5.水泵结合器的设置是否符合规范要求？				
		6.经检测，系统性能是否合格？				

表 A.4　主动防火措施现场查勘表

火灾自动报警系统及消防联动控制系统						
检查项目		检查内容要点	检查结果			说明
			是	否	备注	
系统设计安装	触发器件	火灾探测器	1.探测器的选型是（　　　　　），是否符合规范要求？				1项～5项检查内容全部满足，可认为系统的设计安装符合规范要求
			2.探测器的设计安装是否符合规范要求？				
		手动报警按钮	3.手动火灾报警按钮的设计安装是否符合规范要求？				
	火灾报警控制器		4.火灾报警控制器的设计安装是否符合规范要求？				
	消防联动控制系统		5.消防联动控制系统的设计安装是否符合要求？				

表 A.4（续）

火灾自动报警系统及消防联动控制系统					
检查项目	检查内容要点	检查结果			说明
		是	否	备注	
系统性能	1.经检测，系统性能是否合格？				1项、3项、4项检查内容全部满足，可认为系统性能合格
	2.(1)检测单位　（　　　　　）； 　(2)检测责任人　（　　　　　）				
	3.是否有视频监控？				
	4.是否有专职人员值守？				

自动喷水灭火系统						
检查项目			检查内容要点	检查结果			说明
				是	否	备注	
系统设计安装	喷头		1.喷头的选型是(　　　　　)； 是否符合规范要求？				1项～7项检查内容全部满足，可认为系统的设计安装符合规范要求
			2.喷头的设计安装是否符合要求？				
	报警装置		3.报警装置的设计安装是否符合规范要求？				
	压力调节设施		4.压力调节设施的设计安装是否符合规范要求？				
	供水设施	喷淋水泵	5.喷淋水泵的设计安装是否符合规范要求？				
		水泵接合器	6.水泵接合器的设计安装是否符合规范要求？				
		水箱及水池	7.水箱及水池的设计安装是否符合规范要求？				
系统性能			1.经检测，系统性能是否合格？				
			2.(1)检测单位　（　　　　　）； 　(2)检测责任人　（　　　　　）				
			3.大空间的喷头类型是否符合规范要求？ □标准响应喷头　□快速响应喷头　□其他				
			4.是否安装了其他灭火设备？ □气体灭火系统　□智能灭火装置　□消防水炮 □其他				

室内消火栓给水系统						
检查项目			检查内容要点	检查结果			说明
				是	否	备注	
系统设计安装	室内消火栓		1.室内消火栓的设计安装是否符合规范要求？				1项～4项检查内容全部满足，可认为系统的设计安装符合规范要求
	压力调节设施		2.压力调节设施的设计安装是否符合规范要求？				
	供水设施	消防水泵	3.喷淋水泵的设计安装是否符合规范要求？				
		水泵接合器	4.水泵接合器的设计安装是否符合规范要求？				

表 A.4（续）

室内消火栓给水系统					
检查项目	检查内容要点	检查结果			说明
^	^	是	否	备注	^
系统性能	1.经检测，系统性能是否合格？ （1）出水压力为（　　　　）Pa； （2）出水强度为（　　　　）L/(min·m²)； （3）充实水柱的长度为（　　　　）m				
^	2.（1）检测单位（　　　　）； （2）检测责任人（　　　　）				

（通风）防排烟系统						
检查项目		检查内容要点	检查结果			说明
^		^	是	否	备注	^
通风方式		通风方式是（　　　　） 是否符合规范要求？				
机械正压送风防烟方式	加压送风机	1.加压送风机的设计安装是否符合规范要求？				1项～3项检查内容全部满足,可认为系统的设计安装符合规范要求
^	加压送风口	2.加压送风口的设计安装是否符合规范要求？				^
^	技术参数	3.各项技术参数是否均符合规范要求？ （1）风速为（　　　　）m/s； （2）压差为（　　　　）Pa； （3）换气次数为（　　　　）次； （4）排烟口的位置为（　　　　）				^
排烟系统	自然排烟方式	自然排烟的设计是否符合规范要求？ （1）自然排烟口的面积为（　　　　）m²； （2）防风措施为（　　　　）； （3）联动情况为（　　　　）				
^	机械排烟方式 排烟风机	1.排烟风机的设计安装是否符合规范要求？				1项～3项检查内容全部满足,可认为系统的设计安装符合规范要求
^	机械排烟方式 排烟管道及风口	2.排烟管道及风口的设计安装是否符合规范要求？				^
^	机械排烟方式 排烟防火阀	3.排烟防火阀的设计安装是否符合规范要求？				^

表 A.4（续）

其他灭火设施					
检查项目	检查内容要点	检查结果			说明
		是	否	备注	
手提灭火器	1.配置类型是否符合规范要求？				
	2.设置位置是否符合规范要求？				
	3.配置数量是否符合规范要求？ (1)实际配置数量 $N_实$＝(　　　　)； (2)规范要求的配置数量 $N_规$＝(　　　　)； (3)$N_实$ 与 $N_规$ 的比值 n＝(　　　　)				
	4.外观和各项性能指标是否符合要求？				
	5.维修保养周期是否符合规范要求？				
	6.除了手提灭火器，是否还配置了其他灭火设施？ 　类型是什么？(　　　　　　　　)				

附录 B
（规范性）
火灾风险评估表式样

火灾风险评估表式样见表 B.1。

表 B.1 火灾风险评估表

序号	评估指标	实际情况	评分说明	指标分值(S_i)	指标权重(w_i)
1					
2					
……					
n					
$R = \sum_{i=1}^{n} w_i S_i = ($ $)$					
评估人员：				评估机构（印章）：	

附 录 C
（规范性）
火灾风险评估报告

火灾风险评估后，评估机构宜出具包含以下内容的火灾风险评估报告：
—— 火灾风险评估结论，式样见表 C.1；
—— 建筑基本情况；
—— 建筑物财产保险火灾风险现场查勘表，式样见表 A.1～表 A.4；
—— 火灾风险评估表，式样见表 B.1；
—— 火灾风险改善建议。

表 C.1 《火灾风险评估结论》式样

\multicolumn{3}{c}{**火灾风险评估结论**}		
\multicolumn{3}{r}{编号：****——****——****}		
被评估建筑物	名 称	
	地 址	
建筑类型		
评估依据	《建筑物财产保险火灾风险评估指南》(GB/T 41020—2021)	
评估时间		
评估结果	火灾风险等级	
	核保建议	
评估人		
审核人		
备 注	评价情况详见《建筑物财产保险火灾风险现场查勘表》与《火灾风险评估表》	
\multicolumn{3}{r}{评估机构：（印章）}		
\multicolumn{3}{r}{年 月 日}		

注：编号栏填写内容为：评估机构——年度——序号。

参 考 文 献

[1]　GB 15603　常用危险化学品贮存通则
[2]　GB 16806　消防联动控制系统
[3]　GB 50016　建筑设计防火规范
[4]　GB 50058　爆炸危险环境电力装置设计规范
[5]　GB 50084　自动喷水灭火系统设计规范
[6]　GB 50116　火灾自动报警系统设计规范
[7]　GB 50140　建筑灭火器配置设计规范
[8]　GB 50168　电气装置安装工程　电缆线路施工及验收标准
[9]　GB 50222　建筑内部装修设计防火规范
[10]　GB 50444　建筑灭火器配置验收及检查规范
[11]　GB 50974　消防给水及消火栓系统技术规范
[12]　GB 51251　建筑防烟排烟系统技术标准
[13]　GB 51348　民用建筑电气设计标准
[14]　建标 152　城市消防站建设标准
[15]　XF 1131　仓储场所消防安全管理通则
[16]　XF/T 1427　建筑火灾荷载调查与统计分析方法

第二部分

应急管理行业标准

一、危险化学品

ICS 13.230
CCS C 67

中华人民共和国安全生产行业标准

AQ/T 3001—2021
代替 AQ 3001—2005

加油（气）站油（气）储存罐体
阻隔防爆技术要求

Specifications of separate and explosion-proof techniques for oil（gas）storage tanks in petrol（gas）stations

2021-02-19 发布　　　　　　　　　　　　　　　　2021-08-01 实施

中华人民共和国应急管理部　　发　布

AQ/T 3001—2021

目　次

前言 ……………………………………………………………………………………………………… 353
1 范围 …………………………………………………………………………………………………… 354
2 规范性引用文件 ……………………………………………………………………………………… 354
3 术语和定义 …………………………………………………………………………………………… 355
4 要求 …………………………………………………………………………………………………… 355
　4.1 储罐要求 ………………………………………………………………………………………… 355
　4.2 阻隔防爆技术一般要求 ………………………………………………………………………… 355
　4.3 阻隔防爆材料要求 ……………………………………………………………………………… 356
　4.4 阻隔防爆性能要求 ……………………………………………………………………………… 356
　4.5 储罐清洗 ………………………………………………………………………………………… 356
　4.6 阻隔防爆材料的安装 …………………………………………………………………………… 356
　4.7 阻隔防爆材料的维护 …………………………………………………………………………… 356
5 检测方法 ……………………………………………………………………………………………… 356
　5.1 储罐检测 ………………………………………………………………………………………… 356
　5.2 一般性能检测 …………………………………………………………………………………… 357
　5.3 阻隔防爆材料检测 ……………………………………………………………………………… 357
　5.4 防爆性能检测 …………………………………………………………………………………… 357
　5.5 清洗作业安全检测 ……………………………………………………………………………… 357
　5.6 安装质量检测 …………………………………………………………………………………… 357
6 检验规则 ……………………………………………………………………………………………… 357
　6.1 型式检验 ………………………………………………………………………………………… 357
　6.2 定期检验 ………………………………………………………………………………………… 358
　6.3 判定规则 ………………………………………………………………………………………… 358
7 分类与标记 …………………………………………………………………………………………… 358
　7.1 分类 ……………………………………………………………………………………………… 358
　7.2 标记 ……………………………………………………………………………………………… 359
8 技术文件 ……………………………………………………………………………………………… 360
　8.1 检验合格证 ……………………………………………………………………………………… 360
　8.2 使用说明书 ……………………………………………………………………………………… 360
附录 A（规范性） 相容性试验方法 ………………………………………………………………… 361

前言

本文件为推荐性标准，按照 GB/T 1.1—2020《标准化工作导则 第 1 部分：标准化文件的结构和起草规则》的规定起草。

本文件代替 AQ 3001—2005《汽车加油(气)站、轻质燃油和液化石油气汽车罐车用防爆储罐技术要求》，与 AQ 3001—2005 相比，除结构调整和编辑性改动外，主要技术变化如下：

a) 将"分类和标记"更改为"分类与标记"(见第 7 章，2005 年版的第 4 章)；
b) 删除了"按防爆材料分类"(见 2005 年版的 4.1.1)和"按状态分为新储罐和在用储罐"(见 2005 年版的 4.1.2)；
c) 更改了"标记"的规范格式与内容(见 7.2，2005 年版的 4.2)；
d) 将"一般要求"更改为"阻隔防爆技术一般要求"(见 4.2，2005 年版的 5.1)；
e) 更改了"阻隔防爆技术一般要求"条款中引用的文件和标准(见 4.1.1、4.1.2，2005 年版的 5.1.1、5.1.2)；
f) 将"防爆材料的要求"更改为"阻隔防爆材料要求"(见 4.3，2005 年版的 5.2)；
g) 将"防爆性能要求"更改为"阻隔防爆性能要求"(见 4.4，2005 年版的 5.5)；
h) 删除了"填充密度"和"留空率和置换率"(见 2005 年版的 5.4.1、5.4.2)；
i) 删除了"材料外观质量"和"材料的结构尺寸"(见 2005 年版的 6.1.1、6.1.2)；
j) 删除了"防爆性能的检测"及所属条款(见 2005 年版的 6.4)；
k) 增加了要素"静爆试验"(见 5.4.2)、"烤燃试验"(见 5.4.3)和"破甲战斗部穿透试验"(见 5.4.4)；
l) 删除了"附录 A(规范性附录) 采用阻隔防爆技术的储罐标记"(见 2005 年版的附录 A)；
m) 增加了"附录 A(规范性附录) 相容性试验方法"(见附录 A)。

请注意本文件的某些内容可能涉及专利。本文件的发布机构不承担识别专利的责任。

本文件由中华人民共和国应急管理部提出。

本文件由全国安全生产标准化技术委员会化学品安全分技术委员会(SAC/TC 288/SC 3)归口。

本文件起草单位：中国安全生产科学研究院、军事科学院系统工程研究院军事新能源技术研究所、中国化工经济技术发展中心、中国石油大学(华东)、北京理工大学、常州大学、南京工业大学。

本文件主要起草人：魏利军、徐曦萌、蒋军成、鲁长波、王如君、吴昊、安高军、多英全、王媛媛、潘勇、宋占兵、师立晨、杨春生、陈思凝、杨国梁、王晓兵、曹梦然、马大庆、黄兰、王黎珣、李思斯、孙明亮、臧充光、郭学永、路帅、臧洪龙、郑哲。

本文件及其所代替文件的历次版本发布情况为：
——2005 年首次发布为 AQ 3001—2005；
——本次为第一次修订。

加油(气)站油(气)储存罐体阻隔防爆技术要求

1 范围

本文件规定了采用阻隔防爆技术的加油(气)站油(气)储存罐体的要求、检测方法、检验规则、分类与标记和技术文件。

本文件适用于加油(气)站油(气)储存罐体(以下简称"储罐")阻隔防爆的设计、制造、安装和验收。本文件中加气站储罐技术要求仅适用于液化石油气(LPG)储罐,不适用于压缩天然气(CNG)、液化天然气(LNG)和液化-压缩天然气(L-CNG)储罐。

2 规范性引用文件

下列文件中的内容通过文中的规范性引用而构成本文件必不可少的条款。其中,注日期的引用文件,仅该日期对应的版本适用于本文件;不注日期的引用文件,其最新版本(包括所有的修改单)适用于本文件。

GBZ 2.1 工作场所有害因素职业接触限值 第1部分:化学有害因素

GB/T 150(所有部分) 压力容器

GB/T 228.1 金属材料 拉伸试验 第1部分:室温试验方法

GB/T 258 轻质石油产品酸度测定法

GB/T 1041 塑料 压缩性能的测定

GB/T 6324.2 有机化工产品试验方法 第2部分:挥发性有机液体水浴上蒸发后干残渣的测定

GB/T 6344 软质泡沫聚合材料 拉伸强度和断裂伸长率的测定

GB/T 6540 石油产品颜色测定法

GB/T 8019 燃料胶质含量的测定 喷射蒸发法

GB 8624—2012 建筑材料及制品燃烧性能分级

GB 15322.1 可燃气体探测器 第1部分:工业及商业用途点型可燃气体探测器

GB 15322.3 可燃气体探测器 第3部分:工业及商业用途便携式可燃气体探测器

GB 15322.4 可燃气体探测器 第4部分:工业及商业用途线型光束可燃气体探测器

GB/T 23799 车用甲醇汽油(M85)

GB 30871 化学品生产单位特殊作业安全规范

GB/T 31838.2 固体绝缘材料 介电和电阻特性 第2部分:电阻特性(DC方法) 体积电阻和体积电阻率

GB 32100 法人和其他组织统一社会信用代码编码规则

AQ 3020 钢制常压储罐 第1部分:储存对水有污染的易燃和不易燃液体的埋地卧式圆筒形单层和双层储罐

JT/T 1046—2016 道路运输车辆油箱及液体燃料运输罐体阻隔防爆安全技术要求

TSG 21 固定式压力容器安全技术监察规程

3 术语和定义

下列术语和定义适用于本文件。

3.1
阻隔防爆技术 separate and explosion-proof technology

通过在储存燃料介质的储罐填充阻隔防爆材料及相应配套部件,形成众多分隔空间,阻止火焰的迅速传播与能量的瞬间释放,破坏储罐内存储介质的爆炸条件,从而防止爆炸发生的技术。

3.2
容积降低率 reduction ratio of effective volume

储罐在填充阻隔防爆材料及其相应配套部件前后容积的差值与未填充时的容积之比。

3.3
填充密度 filling density

阻隔防爆材料填充储罐后,阻隔防爆材料的质量与容器容积之比。

3.4
留空率 crevice rate

阻隔防爆材料填充储罐后,未填充空间的容积与容器容积之比。

3.5
二次爆炸 forced explosion

储罐内的介质被抛撒并与空气混合后发生的爆炸。

3.6
燃爆增压 pressure increases by burning explosion

密闭容器内储存介质燃爆后不同位置的燃爆压力峰值的平均值与燃爆前初始压力的差值。

3.7
静爆试验 static explosion test

将炸药置于储存介质气液界面引爆,考察储存介质是否发生二次爆炸的试验。

3.8
烤燃试验 cook-off test

将装有储存介质的试验容器置于火上烘烤,考察其燃爆特性的试验。

3.9
破甲战斗部穿透试验 shaped charge warhead perforating test

利用破甲战斗部引爆后形成的金属射流穿透盛有燃料的试验容器,考察其燃爆特性的试验。

4 要求

4.1 储罐要求

4.1.1 常压容器应符合 AQ 3020 的要求。

4.1.2 压力容器应符合 GB 150(所有部分)和 TSG 21 的要求。

4.2 阻隔防爆技术一般要求

4.2.1 储罐容积降低率应不大于 6%。

4.2.2 阻隔防爆材料应能采用机械化方式安装、机械化方式取出和机械化方式清洗。

4.3 阻隔防爆材料要求

4.3.1 体积电阻率应不大于 1.0×10^8 Ω·m。

4.3.2 燃烧性能等级应满足 GB 8624 的 B_2 级。

4.3.3 相容性试验前后,阻隔防爆材料的力学性能及储存介质的理化性能指标变化值不超出其精密度测量范围。

4.3.4 振动耐久性试验后,碎屑质量应不大于 1.0 mg/L。

4.4 阻隔防爆性能要求

4.4.1 燃爆增压试验中,试验容器内燃爆增压值应不大于 0.14 MPa。

4.4.2 静爆试验中,试验容器内储存介质不发生二次爆炸。

4.4.3 烤燃试验中,试验容器内储存介质不发生二次爆炸。

4.4.4 破甲战斗部穿透试验中,采用阻隔防爆技术的试验容器油气爆炸高温区持续时间较未采用阻隔防爆技术的试验容器降低幅度不低于80%。

4.5 储罐清洗

罐体内的特殊作业应符合 GB 30871 的规定,阻隔防爆材料安装前,应对罐体进行清洗。

a) 检查并确定储罐渗漏试验用试剂。
b) 应选择毒性较低、非易燃易爆的清洗剂进行清洗作业。
c) 罐体清洗完毕后,应对罐体内作业的安全性进行分析,内容及合格标准如下:
   1) 罐体内氧含量应为 18%～21%,在富氧环境下应不大于 23.5%;
   2) 罐体内有毒气体(物质)浓度应符合 GBZ 2.1 的规定;
   3) 当罐体内被测的气体或可燃气体的爆炸下限大于或等于4%时,其被测浓度应小于0.5%(体积分数);
   4) 当罐体内被测的气体或可燃气体的爆炸下限小于4%时,其被测浓度应不大于0.2%(体积分数)。

4.6 阻隔防爆材料的安装

经清洗作业,检验安全分析合格后进行阻隔防爆材料安装。储罐内的特殊作业应符合 GB 30871 的规定。按储罐和所储存介质的要求,选用不同材质和不同规格的阻隔防爆材料,应保证不污染储存介质,不被储存介质腐蚀。阻隔防爆材料应符合 4.2、4.3、4.4 的要求。阻隔防爆材料的安装应满足以下要求:

a) 填充密度不大于 80 kg/m³;
b) 储罐容积小于 25 m³ 时,留空率不大于 8%,其他情况下留空率不大于 10%;
c) 阻隔防爆材料安装时,防爆材料不应进入储罐的装卸管路,不应影响储罐的功能。

4.7 阻隔防爆材料的维护

阻隔防爆材料应按储罐定期检验周期的要求进行清洗。

5 检测方法

5.1 储罐检测

5.1.1 常压容器的检测应符合 AQ 3020 中规定的检测方法与要求。

5.1.2 压力容器的检测应符合 GB 150(所有部分)和 TSG 21 中规定的检测方法与要求。

5.2 一般性能检测

罐体的容积降低率测试应符合 JT/T 1046—2016 附录 A 要求。

5.3 阻隔防爆材料检测

5.3.1 体积电阻率测定应符合 GB/T 31838.2 要求。

5.3.2 阻隔防爆材料的燃烧性能等级测定应符合 GB 8624 要求。

5.3.3 相容性试验前后,阻隔防爆材料力学性能和储存介质理化性能的测试和变化值计算应符合相容性试验(见附录 A)的要求。

5.3.4 振动耐久性试验应符合 JT/T 1046—2016 附录 C 要求。

5.4 防爆性能检测

5.4.1 燃爆增压试验应符合 JT/T 1046—2016 附录 D 要求。

5.4.2 静爆试验应符合 JT/T 1046—2016 附录 E 要求。

5.4.3 烤燃试验应符合 JT/T 1046—2016 附录 F 要求。

5.4.4 破甲战斗部穿透试验应符合 JT/T 1046—2016 附录 G 要求。

5.5 清洗作业安全检测

易燃易爆气体或可燃气体浓度的测定按照 GB 30871 要求进行。

a) 使用可燃气体探测器或其他类似手段进行检测:
    1) 可燃气体探测器应符合 GB 15322.1、GB 15322.3 和 GB 15322.4 的规定;
    2) 其浓度检测范围应符合 4.5c)的规定。
b) 使用其他分析手段进行检测:
    1) 按各种检测物相关标准的规定进行检测;
    2) 其浓度检测范围应符合 4.5c)的规定。

5.6 安装质量检测

5.6.1 填充密度

填充密度的计算应符合 JT/T 1046—2016 H.1 要求。

5.6.2 留空率

留空率的计算应符合 JT/T 1046—2016 H.2 要求。

6 检验规则

6.1 型式检验

有下列情况之一者应进行型式检验,型式检验项目见表1:
a) 采用阻隔防爆技术的储罐在投入使用之前;
b) 主管部门提出检验要求时。

表 1 检验项目表

序号	检验项目名称	型式检验	定期检验	要求章条号	试验章条号
1	常压容器	●	●	4.1.1	5.1.1
2	压力容器	●	●	4.1.2	5.1.2
3	容积降低率	●	—	4.2.1	5.2
4	体积电阻率	●	●	4.3.1	5.3.1
5	振动耐久性	●	●	4.3.4	5.3.4
6	相容性试验后储存介质性能	●	●	4.3.3	5.3.3
7	相容性试验后材料力学性能	●	●	4.3.3	5.3.3
8	燃爆增压试验	●	—	4.4.1	5.4.1
9	静爆试验	●	—	4.4.2	5.4.2
10	烤燃试验	●	—	4.4.3	5.4.3
11	破甲战斗部穿透试验	○	—	4.4.4	5.4.4
12	填充密度	●	—	4.6 a)	5.6.1
13	留空率	●	—	4.6 b)	5.6.2
注："●"为必检项目，"○"为选做项目，"—"为不检项目					

6.2 定期检验

有下列情况之一时应随机抽取满足检验项目需求的数量作为一个检验批进行定期检验，定期检验项目见表1：

a) 正常使用中，每年进行一次检验；
b) 储罐使用单位提出需要检验时；
c) 采用阻隔防爆技术的储罐达到检验周期时。

6.3 判定规则

6.3.1 型式检验的检验项目全部符合表1要求，判定为型式检验合格。型式检验不合格时，应对其进行返修，重新提交检验，检验严格度不变，若重新提交后型式检验仍不合格，则判定该批次阻隔防爆材料样本型式检验不合格。

6.3.2 定期检验的检验项目全部符合表1要求，判定为定期检验合格。若出现不合格项目时，应从同一批次阻隔防爆材料样本中，抽取双倍数量的样本按表1要求重新检验，若第二次复检仍有不合格项目，判定为该批次阻隔防爆材料样本不合格，应更换不同批次阻隔防爆材料并且重新进行型式检验。

7 分类与标记

7.1 分类

按工作压力分为常压容器和压力容器：

a) CT 表示常压容器；
b) YT 表示压力容器。

7.2 标记

采用阻隔防爆技术的储罐应在显著位置牢固粘贴或安装防爆标志,阻隔防爆标志的材质宜为铝合金材质、不锈钢材质或其他耐油气腐蚀的材质,内容及平面尺寸见图1。

单位为毫米

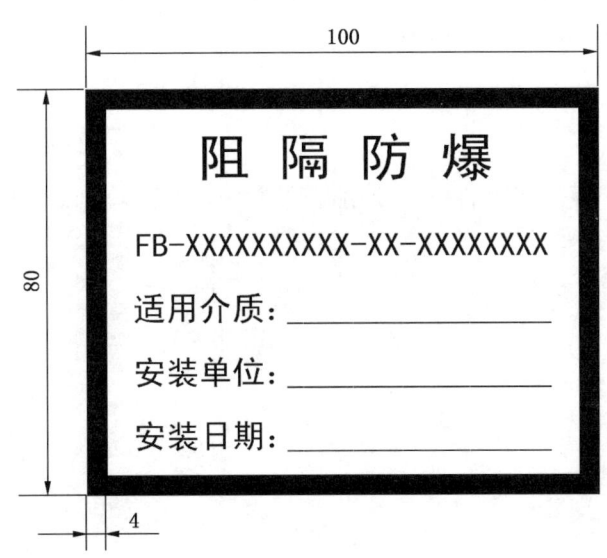

图 1 防爆标志示例

标志最小尺寸为 100 mm(长)×80 mm(宽),边缘线最小宽度为 4 mm,厚度为 1 mm。标志尺寸可按比例放大,放大后的尺寸不得超过 200 mm×150 mm,所有要素均应与图1比例大致相当,单位为毫米。

标志填写内容及采用字体、字号如下:
a) 防爆提示,采用黑体一号字;
b) 安装编号,采用黑体三号字;
c) 适用介质,采用黑体三号字;
d) 安装单位,采用黑体三号字;
e) 安装日期,采用黑体三号字。

采用防爆技术的储罐的安装编号格式如下:

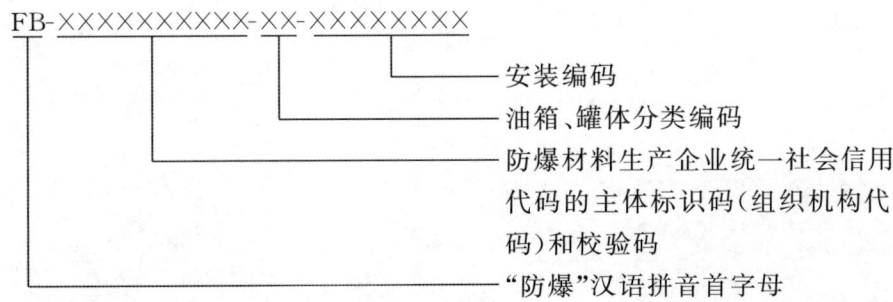

采用阻隔防爆技术的罐体的安装编号规则如下:
a) 阻隔防爆材料生产企业统一社会信用代码的主体标识码(组织机构代码)和校验码为应符合 GB 32100 规定的后 10 位阿拉伯数字;
b) 储罐分类编码为2位字母,为工作压力代码[常压容器(CT)、压力容器(YT)];

c) 安装编码为 8 位阿拉伯数字,编码范围为 00000001~99999999。

8 技术文件

8.1 检验合格证

阻隔防爆储罐采用的阻隔防爆材料应有产品合格证、出厂批号、产品编号、安装单位名称和型号、检验日期和检验员代号等。

8.2 使用说明书

阻隔防爆储罐采用的阻隔防爆材料应有使用说明书并包括阻隔防爆材料的第三方性能检测报告、保质期、清洗方法和日常维护要求等。

附 录 A
（规范性）
相容性试验方法

A.1 设备与材料

A.1.1 设备

设备包括：
a) 试验容器：体积不小于 5 L 的容器，材料为不锈钢外壳加聚四氟乙烯内衬，密封且带有压力指示表和放空阀；
b) 烘箱：控温范围为 20 ℃至 300 ℃，精度 1 ℃。

A.1.2 材料

材料包括：
a) 阻隔防爆材料；
b) 液体燃料：M85 甲醇汽油，满足 GB/T 23799，数量应满足相容性储存后性能指标分析用。

A.2 试验步骤

试验步骤如下：
a) 用洗涤剂清洗试验容器并用水冲洗，将试验容器放在微碱性的实验室玻璃器皿清洗剂中浸泡 12 h，依次用自来水、蒸馏水洗干净，干燥后再用试验用的液体燃料冲洗待用；
b) 按国家或行业标准要求，测定相容性试验前 M85 甲醇汽油的部分性能指标和阻隔防爆材料的性能指标；
c) 按照 4.6 规定的安装要求，将阻隔防爆材料装入试验容器中；
d) 加入试验容器三分之一体积的 M85 甲醇汽油，给每个试验容器贴上标签，标明开始试验的时间、日期和样品标识以及取出的时间和日期；
e) 放入烘箱中，调节温度为(50±1)℃，试验周期为 672 h，注意要使用未填装阻隔防爆材料的 M85 甲醇汽油试验容器作为空白试验同步进行，试验过程中应定期检查试验容器内压力变化情况，如果出现压力突变情况，应终止试验，检查原因；
f) 试验周期结束后，取出试验容器冷却到室温；
g) 使用放空阀小心释放试验容器内压力，打开试验容器，取出 M85 甲醇汽油和阻隔防爆材料放入深色试样瓶或试样袋中待用；
h) 按表 A.1 要求，测定相容性试验后 M85 甲醇汽油的部分性能指标；
i) 按表 A.2 要求，测定相容性试验后阻隔防爆材料的性能指标；试验前后对拉网成型工艺生产的阻隔防爆材料的抗拉强度按 GB/T 228.1 的规定进行测定，试验后对拉网成型工艺生产的阻隔防爆材料的压缩变形量按 A.2j)步骤进行测定；对发泡成型工艺生产的阻隔防爆材料的拉伸强度和断裂伸长率按 GB/T 6344 的规定进行测定；对注塑成型工艺生产的阻隔防爆材料的压缩强度按 GB/T 1041 的规定进行测定，因受产品形状制约无法使用标准试样或小试样，而采用阻隔防爆材料成品作为测试试样，考虑到使用同等材料的成品获取的测试结果与标准

试样得到的结果将不同,要在试验报告中注明;

表 A.1 相容性试验 M85 甲醇汽油检测项目表

序号	液体燃料	检测项目	检测方法
1	车用甲醇汽油(M85)	外观	目测[a]
		色度	GB/T 6540
		实际胶质	GB/T 8019
		酸度	GB/T 258
		蒸发残渣	GB/T 6324.2

[a] 目测试验组与空白组样品进行对比,如果液体燃料的颜色与透明度发生明显变化,则判断阻隔防爆材料与液体燃料发生反应,不必做其他检测。

表 A.2 相容性试验阻隔防爆材料性能指标检测项目表

生产工艺	检测项目
拉网成型	抗拉强度、压缩变形量
发泡成型	拉伸强度、断裂伸长率
注塑成型	压缩强度

j) 拉网成型工艺生产的阻隔防爆材料的压缩变形量测试步骤如下:
   1) 准备一个无盖的圆柱形试验容器,高度为 345.5 mm、内径为 215.0 mm,容器底板厚度为 4.5 mm、壁厚 2.0 mm;同时准备一个活动压板,活动压板由直径 205.0 mm 的圆片、直径 80.0 mm 圆片和直径小于 80.0 mm 的圆形连接导柱构成,其中圆片厚度为 8.0 mm,圆形连接导柱的高度为 350.0 mm、壁厚 2.0 mm;圆形试验容器和活动压板均由不锈钢制成;圆形试验容器和活动压板的尺寸及结构分别见图 A.1a)、图 A.1b);

单位为毫米

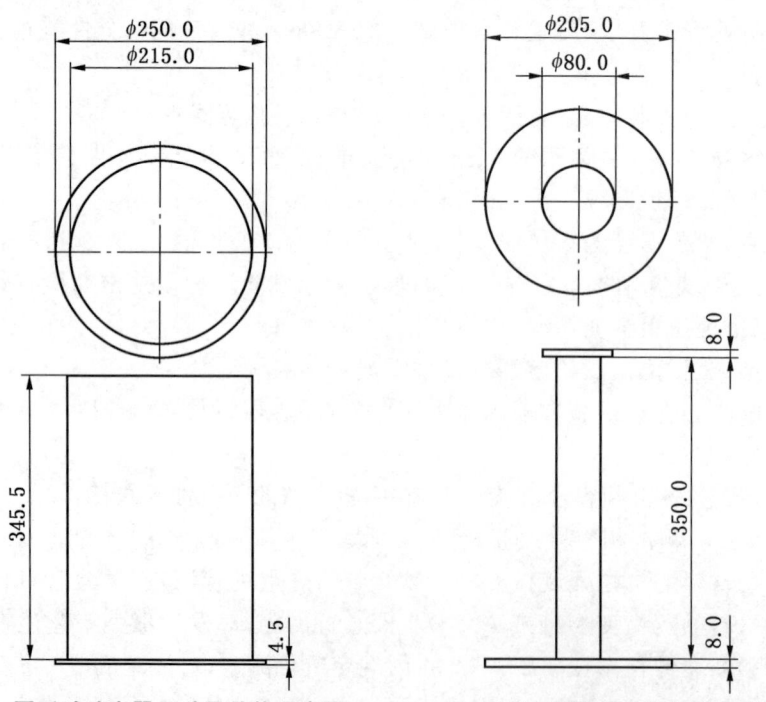

a) 圆形试验容器尺寸及结构示意图　　b) 活动压板尺寸及结构示意图

图 A.1 圆形试验容器和活动压板尺寸及结构示意图

2) 将拉网成型工艺生产的阻隔防爆材料按宽度 345.0 mm 进行裁剪，然后缠绕成直径 210.0 mm 的圆柱体，装入圆柱形试验容器，并测量高度 H_1，精确值 0.1 mm；

3) 将活动压板 205.0 mm 的圆片一端垂直放置于步骤 2)中阻隔防爆材料的上端，将组合好的各个部分放置于万能试验机中，采用位移速度为 50.0 mm/min 进行下压试验，当位移为 105.0 mm 时，维持变形 24 h 后取出，取出后静置 24 h，并测量其高度 H_2，精确值 0.1 mm。

A.3 计算

A.3.1 按公式(A.1)计算相容性试验前后 M85 甲醇汽油性能指标的变化。

$$B = B_2 - B_1 \quad\quad\quad\quad\quad\quad (A.1)$$

式中：
B ——阻隔防爆材料对液体燃料指标的影响值；
B_1——未使用阻隔防爆材料的液体燃料相容性试验后的指标值；
B_2——使用阻隔防爆材料的液体燃料相容性试验后的指标值。

A.3.2 按公式(A.2)计算相容性试验前后阻隔防爆材料性能指标 C 的变化(不包含拉网成型工艺阻隔防爆材料压缩变形量)。

$$C = C_1 - C_2 \quad\quad\quad\quad\quad\quad (A.2)$$

式中：
C ——阻隔防爆材料性能指标变化值；
C_1——阻隔防爆材料相容性试验前的性能指标值；
C_2——阻隔防爆材料相容性试验后的性能指标值。

A.3.3 按公式(A.3)计算相容性试验后拉网成型阻隔防爆材料压缩变形量 H。

$$H = (H_1 - H_2)/H_1 \quad\quad\quad\quad\quad\quad (A.3)$$

式中：
H ——拉网成型工艺阻隔防爆材料压缩变形量，%；
H_1——拉网成型工艺阻隔防爆材料原始高度值，mm；
H_2——拉网成型工艺阻隔防爆材料下压试验后的高度值，mm。

A.4 判定

相容性试验结果按以下规则进行判定：
a) 如果 B 值在液体燃料指标值的测量精密度要求范围内，则判定为油箱或罐体盛装液体燃料的性能指标不发生变化；
b) 如果 C 值在阻隔防爆材料指标值的测量精密度要求范围内，则判定为阻隔防爆材料的性能指标不发生变化；
c) 如果 B 和 C 均在各自的测量精密度要求范围内，则判定为阻隔防爆材料与液体燃料相容(不包含拉网成型工艺阻隔防爆材料)；
d) 如果 H 值不超过 5%，且 B 和 C 均在各自的测量精密度要求范围内，则判定拉网成型工艺阻隔防爆材料与液体燃料相容。

ICS 13.230
CCS C 67

中华人民共和国安全生产行业标准

AQ/T 3002—2021
代替 AQ 3002—2005

阻隔防爆橇装式加油（气）装置技术要求

Separate and explosion-proof technical specification of portable fuel（gas）device

2021-02-19 发布　　　　　　　　　　　　　　　　　　2021-08-01 实施

中华人民共和国应急管理部　　发　布

目　次

前言 ··· 366
1　范围 ··· 367
2　规范性引用文件 ··· 367
3　术语和定义 ··· 367
4　要求 ··· 368
　4.1　基本要求 ·· 368
　4.2　阻隔防爆橇装式加油装置制造要求 ··· 369
　4.3　阻隔防爆橇装式液化石油气加气装置制造要求 ·· 369
5　阻隔防爆橇装式加油(气)装置的安装及质量检验 ·· 370
　5.1　材料和设备检验 ··· 370
　5.2　设备安装及质量检验 ··· 372
　5.3　管道安装及质量检验 ··· 372
　5.4　电气仪表施工及质量检验 ··· 373

前 言

本文件为推荐性标准,按照GB/T 1.1—2020《标准化工作导则 第1部分:标准化文件的结构和起草规则》的规定起草。

本文件代替AQ 3002—2005《阻隔防爆橇装式汽车加油(气)装置技术要求》,与AQ 3002—2005相比,除结构调整和编辑性改动外,主要技术变化如下:

a) 删除了"分类和标记"一章(见2005年版的第4章);
b) 将"一般要求"更改为"基本要求"(见4.1,2005年版的5.1);
c) 增加了要素"基本要求"的条款(见4.1.1、4.1.2、4.1.5、4.1.6);
d) 删除了"附录A(规范性附录) 阻隔防爆储油(气)罐标记"(见2005年版的附录A)。

请注意本文件的某些内容可能涉及专利。本文件的发布机构不承担识别专利的责任。

本文件由中华人民共和国应急管理部提出。

本文件由全国安全生产标准化技术委员会化学品安全分技术委员会(SAC/TC 288/SC 3)归口。

本文件起草单位:中国安全生产科学研究院、军事科学院系统工程研究院军事新能源技术研究所、中国化工经济技术发展中心、中国石油大学(华东)、北京理工大学、常州大学、南京工业大学。

本文件主要起草人:魏利军、徐曦萌、多英全、鲁长波、王媛媛、蒋军成、王如君、安高军、张圣柱、潘勇、于立见、褚云、罗艾民、易高翔、王晓兵、曹梦然、徐一星、张昕宇、王向阳、胡敏、凌新、臧充光、郭学永、张洪玉、蔡海林、郑哲。

本文件及其所代替文件的历次版本发布情况为:
——2005年首次发布为AQ 3002—2005;
——本次为第一次修订。

AQ/T 3002—2021

阻隔防爆橇装式加油(气)装置技术要求

1 范围

本文件规定了采用阻隔防爆技术的橇装式加油(气)装置的技术要求。

本文件适用于设置于各种场所、采用了阻隔防爆技术的橇装式加油(气)装置的设计、制造和安装。

本文件所指的橇装式加气装置仅适用于液化石油气(LPG)加气装置，不适用于压缩天然气(CNG)、液化天然气(LNG)和液化-压缩天然气(L-CNG)加气装置。

2 规范性引用文件

下列文件中的内容通过文中的规范性引用而构成本文件必不可少的条款。其中，注日期的引用文件，仅该日期对应的版本适用于本文件；不注日期的引用文件，其最新版本(包括所有的修改单)适用于本文件。

GB/T 150(所有部分) 压力容器
GB 3836.1 爆炸性环境 第1部分：设备 通用要求
GB/T 8163 输送流体用无缝钢管
GB/T 12224 钢制阀门 一般要求
GB/T 37243 危险化学品生产装置和储存设施外部安全防护距离确定方法
GB 50058—2014 爆炸危险环境电力装置设计规范
GB 50156 汽车加油加气站设计与施工规范
GB 50168 电气装置安装工程电缆线路施工及验收标准
GB 50171 电气装置安装工程盘、柜及二次回路接线施工及验收规范
GB 50257 电气装置安装工程爆炸和火灾危险环境电气装置施工及验收规范
GB 50303 建筑电气工程施工质量验收规范
AQ/T 3001—2021 加油(气)站油(气)储运罐体阻隔防爆技术要求
JT/T 1046—2016 道路运输车辆油箱及液体燃料运输罐体阻隔防爆安全技术要求
NB/T 47003.1 钢制焊接常压容器
NB/T 47013(所有部分) 承压设备无损检测
SH/T 3059 石化管道器材选用设计通则
SH 3097 石油化工静电接地设计规范
SH/T 3134 采用橇装式加油装置的汽车加油站技术规范
SH 3501 石油化工有毒、可燃介质钢制管道工程施工及验收规范
SH/T 3521 石油化工仪表工程施工技术规程
TSG 21 固定式压力容器安全技术监察规程

3 术语和定义

下列术语和定义适用于本文件。

3.1
阻隔防爆技术 separate and explosion-proof technology

通过在储存燃料介质的储罐内填充阻隔防爆材料及相应配套部件,形成众多分隔空间,阻止火焰的迅速传播与能量的瞬间释放,破坏储罐内存储介质的爆炸条件,从而防止爆炸发生的技术。

3.2
阻隔防爆储罐 separate and explosion-proof fuel tank

采用了阻隔防爆技术、达到了阻隔防爆要求的储存介质储罐。

3.3
阻隔防爆橇装式加油(气)装置 separate and explosion-proof portable fuel(gas) device

一种集地面阻隔防爆储罐、加油(气)机、自动灭火器设备于一体的地面加油(气)系统。

3.4
自动灭火器 automatic fire extinguisher

安装于加油机上方,由熔断阀控制的干粉灭火器或泡沫灭火器。

注:该灭火器主要用于扑灭加油机区域的火灾。

3.5
紧急泄压装置 emergency relief valve

用于火灾时迅速排放油罐内气体从而释放油罐内压力的装置。

注:该装置位于储罐的顶部,正常情况下处于关闭状态。当罐内压力大于其设计压力的90%时能自行打开排气,并使罐内压力始终小于油罐的设计压力。

3.6
防溢流装置 prevent overfill valve

与油罐的进油管相连、当油罐内的液位升到油罐容量的95%时能自动关闭进油管的装置。

3.7
自动关闭保护阀 external fire valve

安装在加油(气)机进液(气)管道上、受熔断片控制的阀门。

注:该阀门正常情况下处于打开状态,发生火灾时,其熔断片受热熔化而关闭阀门。

4 要求

4.1 基本要求

4.1.1 阻隔防爆橇装式加油(气)装置的油(气)储罐,属于压力容器的,设计和制造应符合 GB/T 150(所有部分)和 TSG 21 的技术要求;属于常压容器的,设计和制造应符合 NB/T 47003.1 的技术要求。

4.1.2 阻隔防爆橇装式加油(气)装置的油(气)储罐的分类与标记应符合 AQ/T 3001—2021 中"7 分类与标记"的规定。

4.1.3 采用阻隔防爆橇装式加油装置的加油站设计和施工应符合 GB 50156 和 SH/T 3134 的有关规定。

4.1.4 采用阻隔防爆橇装式加气装置的液化石油气加气站的设计和施工应符合 GB 50156 的有关规定。

4.1.5 阻隔防爆橇装式加气装置在设置时的外部安全防护距离应按 GB/T 37243 中规定的方法计算确定。

4.1.6 阻隔防爆储罐的防爆性能及制作、安装、检测和清洗应满足 AQ/T 3001—2021 的技术要求。

4.1.7 阻隔防爆橇装式加油(气)装置应有阻燃、防爆性能。阻隔防爆橇装式加油(气)装置应作为整体产品,由供货商整体供应,其阻燃、防爆性能应通过国家有关机构的验证。

4.2 阻隔防爆橇装式加油装置制造要求

4.2.1 阻隔防爆橇装式加油装置地面储罐的单罐最大容积应小于或等于 50 m³，罐内加强筋不应少于 4 组。当储罐单罐容积大于 25 m³ 时，罐内应设隔仓，隔仓的容积应小于或等于 25 m³。

4.2.2 设在城市建成区内的橇装式加油装置地面储罐的总容积以及单罐最大容积应小于或等于 20 m³。当地面储油单罐容积大于 10 m³ 时，罐内应设隔仓，隔仓的容积应小于或等于 10 m³。

4.2.3 应用于阻隔防爆橇装式加油装置的阻隔防爆储罐应设置带有高液位报警功能的液位计、自动灭火器、紧急泄压装置、防溢流装置。阻隔防爆储罐出油管道应设置高温自动断油保护阀。

4.2.4 阻隔防爆橇装式加油装置的阻隔防爆储罐设置的带有高液位报警功能的液位计应位于工作人员便于观察的位置。当油料达到储罐容量 90% 时，应能触动高液位报警功能；当油料达到储罐容量 95% 时，应能触发防溢流装置，并自动停止油料进罐。

4.2.5 阻隔防爆储罐应能在 90% 装载量时承受明火炙烤而不发生爆炸，考核方式参照 JT/T 1046—2016 中的附录 F 执行，以阻隔防爆储罐为考核对象，装载量仍采用 90%。

4.2.6 储油罐采用双层钢制油罐，钢制油罐的罐体、封头所用钢板的公称厚度按 GB 50156 执行；两层罐壁之间的底部应设带有报警功能的在线漏油监测装置及报警设施。

4.2.7 阻隔防爆橇装式加油装置应设接纳卸油时溅漏的油品的措施。

4.2.8 储罐应采用上部进油方式，进油管应伸至罐内距罐底 0.05 m 处，进油立管的底端应为 45°斜管口。进油管管壁上不得有与油罐气相空间相通的开口。如果进油管接头设在下部，进油管的高点应高于储罐的最高液位。软管接头应采用快速自封接头。

4.2.9 储罐出油管管口距罐底的高度不应低于 0.15 m。

4.2.10 自动灭火器的启动温度不应高于 80 ℃。

4.2.11 阻隔防爆橇装式加油装置应设防雷和防静电设施，并应符合 GB 50156 的有关规定。

4.2.12 阻隔防爆橇装式加油装置的汽油储罐应设防晒罩棚或采取隔热措施。

4.2.13 阻隔防爆储罐通气管管口应高出地面 4 m 及以上，并应高出罩棚的顶面 1.50 m 及以上，通气管管口应设置阻火器。

4.2.14 阻隔防爆橇装式加油装置的基础面应高于地坪 0.15 m～0.20 m。

4.2.15 阻隔防爆橇装式加油装置周围应设防撞设施，设施高应为 0.50 m。每个防撞柱直径应不小于 0.08 m，间距不大于 0.50 m。

4.2.16 阻隔防爆橇装式加油装置四周应设防护围堰或漏油收集池，防护围堰或漏油收集池的有效容积不应小于储油罐总容积的 50%。防护围堰或漏油收集池应采用不燃烧实体材料建造，且不应渗漏。

4.2.17 阻隔防爆橇装式加油装置与装置外建（构）筑物的安全间距按 GB 50156 执行。

4.2.18 储罐安装前应进行压力试验，试验要求应符合本文件 5.1.11 的规定。

4.3 阻隔防爆橇装式液化石油气加气装置制造要求

4.3.1 阻隔防爆橇装式液化石油气加气装置储罐总容积以及单罐最大容积应小于或等于 10 m³。

4.3.2 储罐设计和建造应符合 GB 150（所有部分）和 TSG 21 的有关规定。储罐的设计压力不应小于 1.78 MPa。

4.3.3 应用于阻隔防爆橇装式液化石油气加气装置的阻隔防爆储罐应设置液位计、压力表、温度计、自动灭火器、安全阀。

4.3.4 储罐的出液管道端口接管位置应按选择的充装泵要求确定。进液管道和液相回流管道应接入储罐内的气相空间，并延伸至距罐底 0.20 m 处，以避免物料喷溅。

4.3.5 储罐首级关闭阀门的设置应符合下列规定：
   a) 储罐的进液管、液相回流管和气相回流管上应设止回阀；

b) 出液管和卸车用的气相平衡管上应设过流阀。

4.3.6 储罐的管路系统和附属设备的设置应符合下列规定：
a) 管路系统的设计压力不应小于 2.50 MPa；
b) 储罐安全阀应选用全启封闭式弹簧安全阀；安全阀与储罐之间的管道上应装设切断阀，切断阀应保持常开状态，并加铅封；储罐放散管管口应高出储罐操作平台 2 m 及以上，且应高出地面 5 m 及以上，同时设置阻火器，防止回火；
c) 在储罐外的排污管上应设两道切断阀，阀间应设排污箱；在寒冷和严寒地区，从储罐底部引出的排污管的根部管道应加装伴热或保温装置；
d) 对储罐内未设置控制阀门的出液管道和排污管道，应在储罐的第一道法兰处配备堵漏装置；
e) 储罐应设置检修用的放散管，其公称直径不应小于 40 mm，并应与安全阀接管共用一个开孔；
f) 过流阀的关闭流量应为最大工作流量的 1.60~1.80 倍；
g) 储罐出液管道应设置高温自动关闭保护阀。

4.3.7 储罐测量仪表的设置应符合下列规定：
a) 储罐设置的液位计应具有液位上、下限报警功能，或单独设置液位上、下限报警装置；储罐应采取液位上限限位控制措施；
b) 储罐应设置压力上限报警装置；
c) 储罐液位、压力和温度的测量应能就地指示，且应在值班室设远传二次仪表及报警设施。

4.3.8 储罐的出液管应设置在储罐底部。充装泵的管路系统设计应符合下列规定：
a) 泵的进、出口应安装长度不小于 0.30 m 的挠性管或采取其他防震措施；
b) 从储罐引至泵进口的液相管道不应有窝存气体的地方；
c) 在泵的出口管路上应安装回流阀、止回阀和压力表。

4.3.9 加气机技术要求应符合 GB 50156 的有关规定。

4.3.10 液化石油气管道应选用技术性能符合 GB/T 8163 的规定的无缝钢管，管件应与管道材质相同。

4.3.11 管道上的阀门及其他金属配件的材质应为碳素钢。

4.3.12 液化石油气管道、管件以及液化石油气管道上的阀门和其他配件的设计压力不应小于 2.50 MPa。

4.3.13 管道与管道的连接应采用焊接。

4.3.14 管道与储罐、设备及阀门的连接应采用法兰连接。

4.3.15 管道系统上的胶管应采用耐液化石油气腐蚀的钢丝缠绕高压胶管，压力等级不应小于 6.30 MPa。

4.3.16 阻隔防爆橇装式液化石油气加气装置应设置紧急切断系统。该系统应能在事故状态下迅速关闭重要的液化石油气管道阀门和切断液化石油气泵的电源。紧急切断系统的设置应符合 GB 50156 的有关规定。

4.3.17 阻隔防爆橇装式液化石油气加气装置上方应设防晒罩棚或采用有效的防护层；当采用有效的防护层时，可不设防晒罩棚。

4.3.18 阻隔防爆橇装式液化石油气加气装置应设防雷和防静电设施，并应符合 GB 50156 的有关规定。

4.3.19 阻隔防爆橇装式液化石油气加气装置的基础面应高于地坪 0.15 m～0.20 m。

4.3.20 阻隔防爆橇装式液化石油气加气装置周围应设防撞设施，设施高应为 0.50 m。每个防撞柱直径应不小于 0.08 m，间距不大于 0.50 m。

5 阻隔防爆橇装式加油（气）装置的安装及质量检验

5.1 材料和设备检验

5.1.1 材料和设备（包括工艺设备和电气仪表设备，以下同）的规格、型号、材质、质量应满足有关设计标准和产品标准的要求。

5.1.2 材料和设备应由有生产许可证的专业制造厂生产,应具有有效的质量证明文件,其质量不应低于有关标准的规定。

5.1.3 材料的质量证明文件应包括下列内容：
 a) 材料标准代号；
 b) 材料牌号、规格、型号；
 c) 生产批号；
 d) 生产单位名称；
 e) 检验印鉴标志。

5.1.4 压力容器应具有检验监督机构出具的《特种设备监督检验证书》,其内容应符合 TSG 21 的要求。

5.1.5 防爆电器设备应符合 GB 3836.1 的有关规定,防爆合格证明应齐全。

5.1.6 其他设备质量证明文件应有符合相应标准要求的内容。

5.1.7 引进的设备上应有商检部门出具的进口设备商检合格证。

5.1.8 计量仪器应在计量鉴定合格有效期内。

5.1.9 应对设备进行开箱检验,包括但不限于：
 a) 核对设备的名称、型号、规格、包装箱号、箱数并检查包装状况；
 b) 检查随机技术资料及专用工具；
 c) 对主机、附属设备及零、部件进行外观检查,并核实零、部件的品种、规格、数量等；
 d) 检验后应提交有签证的检验记录。

5.1.10 可燃介质管道的组成件应有产品标识,并应按 SH 3501 的规定进行检验。

5.1.11 储罐在安装前还应进行下列检查：
 a) 储罐应进行压力试验,试验介质应为温度不低于 5 ℃ 的洁净水,试验压力应为 0.10 MPa；升压至 0.10 MPa 后,应停止加压 10 min,然后降至 0.08 MPa,再停止加压 30 min,不降压、无泄漏和无变形为合格；压力试验后,应及时排除罐内积水,罐内不应有油和焊渣等污物；
 b) 双层油罐内层与外层之间的间隙应以 35 kPa 空气静压进行正压或真空度渗漏检测,持压 30 min,不降压、无泄漏为合格；
 c) 双层油罐内层与外层的夹层应以 34.50 kPa 进行水压或气压试验或以 18 kPa 进行真空试验,持压 1 h,不降压、无泄漏为合格；
 d) 对已在制造厂完成压力试验且有完备的证明文件的压力容器,安装前经外观检查罐体无损伤,且双层油罐内外层之间间隙持压符合 5.1.11b)的要求时,施工现场可不进行压力试验；否则,应按 GB/T 150(所有部分)的规定进行压力试验；
 e) 液化石油气储罐内不应有水、油和焊渣等污物。

5.1.12 管道及其组成件在施工安装前还应进行下列检查：
 a) 外观检查不应有裂纹、气孔、夹渣、折皱、重皮等缺陷；
 b) 外观检查不应有超过壁厚负偏差的腐蚀和凹陷；
 c) 可燃介质系统上使用的法兰、螺栓和螺母,其表面硬度、精度、粗糙度和机械性能等技术要求应符合设计及有关标准的规定。

5.1.13 可燃介质管道上的阀门在安装前应由阀门制造厂家或有资质的第三方检测机构按 GB/T 12224 的要求逐个进行强度试验和严密性试验,并应按下列要求进行检查、验收。
 a) 试验合格的阀门应及时排尽内部积水,并吹干。密封面和阀杆等处应涂防锈油。强度试验不合格的产品,严禁使用。严密性试验不合格的产品,必须解体检查；解体复检仍然不合格的产品,不应采用。

b) 解体检查的阀门,其质量应符合下列规定:
   1) 阀座与阀体应结合牢固;
   2) 阀芯与阀座应结合良好;
   3) 阀杆与阀芯的联接应灵活、可靠;
   4) 阀杆不应有弯曲和锈蚀,阀杆与填料压盖配合合适,螺纹不应有缺陷;
   5) 压盖与阀体应接合良好,压盖螺栓应留有调节余量;
   6) 垫片、填料、螺栓等应齐全,且不应有缺陷。
c) 阀门的操作机构应进行清洗检查,操作应灵活可靠,不应有卡涩现象。

5.1.14 当材料和设备有下列情况之一时,不应使用:
   a) 质量证明文件数据不全或用户对该文件数据有异议;
   b) 实物标识与质量证明文件标识不符;
   c) 要求复验的材料未进行复验或复验后不合格。

5.2 设备安装及质量检验

5.2.1 设备采用平垫铁或斜垫铁找正时,应符合下列规定:
   a) 斜垫铁应成对使用,搭接长度不应小于全长的3/4,各斜垫铁中心线相互偏斜角不应大于3°;
   b) 每组垫铁不超过4块,垫铁组高度应为30 mm~50 mm;
   c) 每组垫铁均应放置平稳,设备找正后,各组垫铁均应被压紧,各块垫铁互相焊牢;
   d) 垫铁露出设备支座外缘应为10 mm~20 mm,垫铁组伸入长度应超过地脚螺栓;
   e) 每个地脚螺栓近旁应至少有1组垫铁。

5.2.2 静设备安装找正后的允许偏差应符合表1的规定。

表1 静设备安装允许偏差

单位为毫米

检查项目		偏差值
中心线位置		5
标高		±5
储罐水平度	轴向	$L/1000$
	径向	$2D/1000$
注:D 为静设备外径;L 为卧式储罐长度。		

5.2.3 静设备封孔前应清除内部的泥沙和杂物,经检验人员检查确认后方可封闭。

5.2.4 加油机、加气机安装应按产品使用说明书的要求进行,并应符合下列规定。
   a) 安装前应对设备基础位置和几何尺寸进行复检。
   b) 安装完毕,应按照产品使用说明书的规定预通电,进行整机的试机工作。在初次通电前应再次检查确认下列事项符合要求:
      1) 电源线已连接好;
      2) 管道上各接口已按设计要求连接完毕;
      3) 管道内污物已清除。
   c) 加气枪应进行加气充装泄漏测试,测试压力应以最大工作压力进行。测试不应少于3次。
   d) 试机时禁止以水代油(气)试验整机。

5.3 管道安装及质量检验

5.3.1 油品管道、液化石油气管道的安装应符合SH 3501的规定。

5.3.2 可燃介质管道焊缝外观应成型良好，宽度以每道盖过坡口 2 mm 为宜，焊接接头表面质量应符合下列要求：

  a) 不应有裂纹、未熔合、夹渣、飞溅；

  b) 管道焊缝咬边深度不应大于 0.50 mm，连续咬边长度不应大于 100 mm，且焊缝两侧咬边总长不应大于焊缝全长的 10%；

  c) 焊缝表面不应低于管道表面，焊缝余高不应大于 2 mm。

5.3.3 可燃介质管道焊接接头无损检测的缺陷等级评定应执行 NB/T 47013（所有部分）的规定。可燃介质管道焊缝射线检测 Ⅱ 级为合格。

5.3.4 每名焊工焊接的接头的射线检测百分率应符合下列要求：

  a) 油品管道焊接接头，不应低于 10%；

  b) 液化石油气管道焊接接头，不应低于 20%；

  c) 固定焊的焊接接头不应少于检测数量的 40%，且不少于 1 个。

5.3.5 可燃介质管道焊接接头抽样检验，若有不合格时，应按该焊工的不合格数加倍检验；若仍有不合格，则应全部检验。不合格焊缝的返修次数不应超过 3 次。

5.3.6 可燃介质管道系统安装完成后，应进行压力试验。管道系统的压力试验应以洁净水进行，试验压力应为设计压力的 1.50 倍。管道系统采用气压试验时，应有经施工单位技术总负责人批准的安全措施，试验压力应为设计压力的 1.15 倍。压力试验的环境温度不应低于 5 ℃，环境温度低于 5 ℃时要采取防冻措施，方可进行试压。

5.3.7 压力试验过程中若有泄漏，不应带压处理。缺陷消除后应重新试压。

5.3.8 可燃介质管道系统试压完毕，应在排除管道中可燃介质或已进行能源隔离的条件下，及时拆除专为系统试压设置的盲板，并恢复管道系统原状。

5.3.9 可燃介质管道系统试压合格后，应用洁净水、氮气或其他惰性气体进行冲洗或吹扫，并应符合下列规定：

  a) 不应安装法兰连接的安全阀、仪表件等，对已焊在管道上的阀门和仪表应采取保护措施；

  b) 不参与冲洗或吹扫的设备应隔离；

  c) 吹扫压力不应超过设备和管道系统的设计压力，空气流速不应小于 20 m/s；

  d) 水冲洗流速不应小于 1.5 m/s。

5.3.10 可燃介质管道系统采用水冲洗时，应目测排出口的水色和透明度，以出、入口水色和透明度一致为合格。采用氮气或其他惰性气体吹扫时，应在排出口设白色油漆靶检查，以 5 min 内靶上无铁锈及其他杂物颗粒为合格。经冲洗或吹扫合格的管道，应及时恢复原状。

5.3.11 可燃介质管道系统应按设计压力进行严密性试验，试验介质应为压缩空气或氮气。

5.4 电气仪表施工及质量检验

5.4.1 电气设备选型、安装、电力线路敷设等，应符合 GB 50058—2014 的规定。

5.4.2 盘、柜及二次回路接线的安装除应执行 GB 3836.1 和 GB 50171 的规定外，还应符合下列规定：

  a) 母带搭接面应处理后挂锡，并均匀涂抹电力复合脂；

  b) 二次回路接线应紧密、无松动，采用多股软铜线时，线端应采用相应规格的接线耳与接线端子相连。

5.4.3 电缆施工应执行 GB 50168 的规定。在电缆进入电气盘、柜的孔洞处应进行防火和阻燃处理，并应采取隔离密封措施。

5.4.4 照明施工应按 GB 50303 的规定执行。

5.4.5 设备和管道的静电接地应符合 GB 50156 的规定。

5.4.6 电气和仪表设备的选用和安装除应执行 GB 50257 的规定外，还应符合下列规定。

a) 接线盒、接线箱等的隔爆面上不应有砂眼、机械伤痕。
b) 电缆线路穿过不同危险区域时,在交界处的电缆沟内应充砂、填阻火堵料或加设防火隔墙,在保护管两端的管口处应将电缆周围用非燃性纤维堵塞严密,再填塞密封胶泥。
c) 钢管与钢管、钢管与电气设备、钢管与钢管附件之间的连接,应采用螺纹连接方式,丝扣处应涂铅油或磷化膏。
d) 仪表的安装调试除应执行 SH/T 3521 的规定外,还应符合下列规定：
   1) 仪表安装前应进行外观检查,并经调试校验合格;
   2) 仪表电缆电线敷设及接线以前,应进行导通检查与绝缘试验;
   3) 内浮筒液面计及浮球液面计采用导向管或其他导向装置时,导向管或导向装置应垂直安装,并应保证导向管内液流畅通;
   4) 安装浮球液位报警器用的法兰与工艺设备之间连接管的长度,应保证浮球能在全量程范围内自由活动;
   5) 仪表设备外壳、仪表盘(箱)、接线箱等,当其在正常情况下不带电,但有可能接触到危险电压的裸露金属部件时,均应作保护接地。

二、煤 矿

ICS 13.100
CCS D 09

中华人民共和国安全生产行业标准

AQ/T 1118—2021

矿山救援培训大纲及考核规范

Training syllabus and assessment specification of mine rescue team

2021-12-24 发布　　　　　　　　　　　　　　　　2022-03-01 实施

中华人民共和国应急管理部　　发　布

AQ/T 1118—2021

目　次

前言 …… 379
1　范围 ……………………………………………………………………………………………………… 380
2　规范性引用文件 ………………………………………………………………………………………… 380
3　术语和定义 ……………………………………………………………………………………………… 380
4　培训大纲 ………………………………………………………………………………………………… 381
　　4.1　培训和复训要求 ………………………………………………………………………………… 381
　　4.2　培训内容 ………………………………………………………………………………………… 381
　　4.3　复训内容 ………………………………………………………………………………………… 386
　　4.4　学时安排 ………………………………………………………………………………………… 387
5　考核标准 ………………………………………………………………………………………………… 388
　　5.1　考核办法 ………………………………………………………………………………………… 388
　　5.2　培训和复训考核要求 …………………………………………………………………………… 389

前 言

本文件按照 GB/T 1.1—2020《标准化工作导则 第 1 部分:标准化文件的结构和起草规则》的规定起草。

请注意本文件的某些内容可能涉及专利。本文件的发布机构不承担识别专利的责任。

本文件由中华人民共和国应急管理部提出。

本文件由全国安全生产标准化技术委员会煤矿安全分技术委员会(SAC/TC 288/SC 1)归口。

本文件起草单位:应急管理部矿山救援中心、华北科技学院、中国煤矿安全技术培训中心、平顶山天安煤业股份有限公司安全技术培训中心。

本文件主要起草人:邹维纲、田得雨、肖文儒、贾春玉、邱雁、欧阳奇、辛文彬、戴其浩、吴三海、张羽、马汉鹏、李其中、张立强、李华炜、潘霄、聂志华、李雪冰、刘晓辉、李刚强、王金凤、王悦平、曹宇锋、许建平、毕瑞卿。

矿山救援培训大纲及考核规范

1 范围

本文件规定了矿山救护人员的培训和复训要求,培训内容、学时安排、考核要求和考核办法等。

本文件适用于矿山救护中队以上指挥员(含"独立中队指挥员",下同)、中队副职(大队所属中队,下同)及小队指挥员(含兼职矿山救护队的专职队长,下同)、救护队员、兼职矿山救护队员和救护培训教师的培训、复训与相应的考核。

2 规范性引用文件

下列文件中的内容通过文中的规范性引用而构成本文件必不可少的条款。其中,注日期的引用文件,仅该日期对应的版本适用于本文件;不注日期的引用文件,其最新版本(包括所有的修改单)适用于本文件。

AQ 1008—2007 矿山救护规程

3 术语和定义

下列术语和定义适用于本文件。

3.1
矿山救护大队指挥员 mine rescue brigade commander

从事矿山救护工作的救护大队大队长、副大队长、政委、副政委、书记、副书记、总工程师、副总工程师、职能科室负责人和工程技术人员等。

3.2
矿山救护中队指挥员 mine rescue squadron commander

从事矿山救护工作的救护中队中队长、副中队长、中队指导员/书记、技术负责人和工程技术人员等。

3.3
矿山救护小队指挥员 mine rescue squad leader

从事矿山救护工作的救护小队小队长和副小队长。

3.4
矿山救护队员 mine rescuer

从事矿山救护工作的一般人员。

3.5
兼职救护队员 part-time mine rescuer

兼职从事矿山救护工作的人员。

3.6
应急救援 emergency rescue

在应急响应过程中,为最大限度地降低事故造成的损失或危害,防止事故扩大,而采取的紧急措施或行动。

4 培训大纲

4.1 培训和复训要求

4.1.1 应按照本文件的规定对矿山救护大队指挥员、中队指挥员、小队指挥员、救护队员、兼职救护队员和救护培训教师进行培训和复训。

4.1.2 矿山救护大队指挥员、中队指挥员、小队指挥员、救护队员和兼职救护队员应接受矿山救护培训和复训,具备与矿山救护相适应的专业技术知识及矿山灾害事故处理能力。

4.1.3 矿山救护培训教师应具有良好的身体素质和心理素质;具有一定的矿山救护相关专业基础知识,3年以上现场实践经历或相关工作经历;具备与矿山救护培训教学内容相关专业的本科以上学历或中级以上职称或取得注册安全工程师职业资格或取得技师以上职业资格,应该接受矿山救护培训教师的培训和复训,具备与矿山救护培训教学相适应的培训教学能力。

4.1.4 培训和复训工作应坚持理论与实践相结合,加强案例教学、实地参观、模拟演练等。

4.2 培训内容

4.2.1 矿山安全生产政策法规

主要包括以下内容:
a) 《中华人民共和国安全生产法》;
b) 《中华人民共和国矿山安全法》;
c) 《煤矿安全规程》;
d) 《金属非金属矿山安全规程》;
e) 《生产经营单位生产安全事故应急预案编制导则》;
f) 《尾矿库安全监督管理规定》。

4.2.2 矿山救护规程规范

主要包括以下内容:
a) 《矿山救护规程》;
b) 《矿山救护队标准化考核规范》。

4.2.3 矿山救护队的组织与管理

主要包括以下内容:
a) 国家矿山应急救援体系;
b) 矿山救护队工作性质、特点及任务;
c) 矿山救护队指战员岗位责任制;
d) 矿山救护队的管理;
e) 矿山救援的基本原则、救援理念;
f) 矿山救护队军事化队列训练;
g) 矿山救护队标准化考核;
h) 救护技术竞赛等。

4.2.4 矿山救护行动计划及安全措施

主要包括以下内容:

a) 闻警出动和返回基地；
b) 矿山救护队在灾区行动中应遵守的原则；
c) 灾区侦察；
d) 救援工作的行动原则等。

4.2.5 应急预案编制与管理

主要包括以下内容：
a) 应急救援的基本任务及特点；
b) 应急预案概述；
c) 矿山事故应急预案编制与管理；
d) 矿山救护队应急预案与企业应急预案的衔接；
e) 矿山事故应急预案演练与实施等。

4.2.6 矿井通风理论与灾变通风技术

主要包括以下内容：
a) 矿井通风基础知识；
b) 矿井通风系统；
c) 矿井通风流动理论基础；
d) 矿井通风阻力；
e) 矿井通风动力；
f) 局部通风；
g) 反风演习技术；
h) 矿井风量调节技术；
i) 常见通风事故及处置技术；
j) 通风安全监控技术；
k) 矿井灾变时期风流控制技术等。

4.2.7 矿山事故抢险与救灾技术

主要包括以下内容：
a) 矿井水灾事故处理技术：矿井水灾类型及特点，矿井水灾防治技术，矿井水灾事故的现场应急处理，遇险人员生存条件分析及救援措施，矿井突水事故案例分析等；
b) 矿井火灾事故处理技术：矿井火灾概述，火灾时期风流调节与控制，扑灭火灾方法，火区侦查，火区密闭、管理及启封技术，反风演习，火灾事故处理要点，处理井下火灾战术应用与案例分析等；
c) 矿井瓦斯事故处理技术：矿井瓦斯性质和来源，矿井瓦斯涌出特点，瓦斯排放方法，矿井瓦斯涌出量预测，瓦斯爆炸条件及影响因素，防止瓦斯爆炸范围扩大的措施，瓦斯爆炸事故处理要点，瓦斯突出机理，瓦斯突出综合防治技术，瓦斯突出事故救灾技术及要点，瓦斯燃烧事故救灾要点，瓦斯爆炸事故案例分析等；
d) 矿井粉尘事故处理技术：粉尘的产生、来源、性质、危害及防治措施，煤尘爆炸事故处理技术等；
e) 矿井顶板及冲击地压事故处理技术：顶板基础知识，采场支护技术，冒顶事故处置基本原则，局部冒顶灾害的防治与处理，大面积冒顶灾害的防治与处理，坚硬难冒顶板灾害的防治与处理，破碎顶板灾害的防治与处理，复合顶板灾害的防治与处理，冲击地压事故的防治与处理，顶板及冲击地压事故案例分析等；

f) 爆破事故处理技术：炸药与爆破器材，爆炸基础知识，哑炮、盲炮处置技术，典型案例分析等；

g) 提升、运输、机电和机械伤害事故处理技术：提升基础知识，机电运输基础知识，提升、运输、机电和机械伤害事故处置技术，典型案例分析等；

h) 露天矿山抢险与救灾技术：露天矿山主要安全风险、事故类型，事故监测与预警技术，事故应急抢险技术，典型事故案例分析等；

i) 尾矿库事故抢险与救灾技术：尾矿库安全风险，尾矿库安全监测与预警技术，尾矿库事故应急抢险，尾矿库事故案例分析等；

j) 地震灾害救援技术：地震及次生灾害的危害，地震救援装备的使用，人员搜救技术，高空绳索救援技术，伤员转运技术等。

4.2.8 矿山隐患排查与治理

主要包括以下内容：

a) 矿山事故隐患的分级、分类及特点；

b) 隐患排查方法、内容与治理技术等。

4.2.9 应急救援决策指挥技术

主要包括以下内容：

a) 救援决策的影响因素分析；

b) 灾情评估方法；

c) 避免外界因素干扰的方法；

d) 救援决策成功与失败的案例分析。

4.2.10 地面火灾事故处理技术

主要包括以下内容：

a) 地面及建筑物火灾特点和演变规律；

b) 灭火器材；

c) 地面火灾扑灭技术等。

4.2.11 领导科学与艺术

主要包括以下内容：

a) 领导认知及应具备的基本素质；

b) 领导方法和艺术；

c) 领导与下属关系处理；

d) 团队凝聚力培养等。

4.2.12 自我防护技术

主要包括以下内容：

a) 矿山救护队自身伤亡原因及影响因素分析；

b) 违章指挥及预防措施；

c) 违章救护作业及预防措施；

d) 自身伤亡及预防措施。

4.2.13 救援心理训练

主要包括以下内容：
a) 安全心理学；
b) 心理应激基本理论；
c) 灾害环境下心理应激及心理训练；
d) 心理素质培养等。

4.2.14 医疗急救

主要包括以下内容：
a) 运动医学基本理论；
b) 创伤、烧伤、触电、中毒窒息等医疗急救基本知识；
c) 急救技术及演练；
d) 自救、互救与避灾方法；
e) 急救器材的使用及维护。

4.2.15 矿山安全生产技术

主要包括以下内容：
a) 矿山地质基础知识；
b) 矿图基础知识；
c) 矿山开采技术；
d) 巷道掘进与支护技术；
e) 矿山爆破安全技术；
f) 矿山粉尘防治技术；
g) 矿山机电安全技术；
h) 通风安全技术；
i) 尾矿库安全技术等。

4.2.16 矿山救援信息化技术

主要包括以下内容：
a) 采矿CAD制图基本知识；
b) 数据库基本知识；
c) 信息管理基本知识等。

4.2.17 矿山救护一般技术操作

主要包括以下内容：
a) 风障建造方法；
b) 木板密闭筑建和启封方法；
c) 木棚架设方法；
d) 砖密闭、料石密闭筑建和启封方法；
e) 局部通风机安装、撤除和接风筒；
f) 水管连接；
g) 高倍数泡沫灭火机安装使用等矿山救护常用技术操作及演练。

4.2.18 矿山救护装备与仪器使用、管理

主要包括以下内容：
a) 矿山救护个体防护仪器；
b) 个人救护装备；
c) 矿山救护灭火装备；
d) 呼吸器校验装备；
e) 救护通信装备；
f) 矿山救护检测装备；
g) 其他救护装备的使用、保养和操作演练。

4.2.19 国内外矿山安全生产形势、矿山救护发展趋势和矿山救援技术装备

主要包括以下内容：
a) 国内外矿山安全生产形势；
b) 矿山安全生产方针及安全生产政策法规等；
c) 矿山救护发展趋势；
d) 矿山救护相关政策、法规、规程、标准及技术规范等；
e) 矿山救护技术、工艺和装备；
f) 矿山救护相关专业基础知识。

4.2.20 救护培训教师的素养和技能

主要包括以下内容：
a) 救护培训教师的角色定位；
b) 救护培训教师的职业素养；
c) 救护培训教师的基本技能；
d) 成人学习特点；
e) 成人学习障碍；
f) 成人学习的心理需求；
g) 成人培训理念及培训方式。

4.2.21 培训课程设计与开发

主要包括以下内容：
a) 培训需求分析；
b) 培训目标、内容制定；
c) 培训课程设计程序；
d) 培训课程基本架构及培训资料收集整理；
e) 培训内容组织；
f) PPT等培训课件设计。

4.2.22 培训课程实施

主要包括以下内容：
a) 培训方法及手段运用；
b) 培训表达技巧；

c) 培训授课技巧；
d) 课堂掌控能力；
e) 培训辅助工具使用技巧。

4.2.23 培训效果评估

主要包括以下内容：
a) 培训评估方法；
b) 培训评估手段。

4.3 复训内容

4.3.1 新颁布或修订的矿山救援法律、法规、标准规范及政策性文件

主要包括以下内容：
a) 新颁布或修订的矿山救援法律、法规；
b) 新颁布或修订的矿山救护标准规范及政策性文件。

4.3.2 应急救援发展与新装备

主要包括以下内容：
a) 国内外矿山应急救援技术现状及发展趋势；
b) 矿山应急救援新技术、新工艺、新装备及其安全技术要求等。

4.3.3 矿山预防性安全检查

主要包括以下内容：
a) 预防性安全检查的内容；
b) 预防性安全检查的方法；
c) 预防性安全检查的结果处理等。

4.3.4 事故救援决策指挥新技术

主要包括以下内容：
a) 应急救援决策基本内容；
b) 救援指挥部的决策指挥；
c) 矿山救护队救援决策新技术；
d) 矿山重特大事故救援决策要点等。

4.3.5 矿山事故处理新技术

主要包括以下内容：
a) 矿井通风与灾变处理新技术；
b) 矿井火灾事故处理新技术；
c) 矿井瓦斯事故处理新技术；
d) 矿井煤尘爆炸事故处理新技术；
e) 顶板事故处理新技术；
f) 冲击地压事故处理新技术；
g) 尾矿库灾害处理新技术；

h) 地震灾害救援新技术；
i) 地质灾害救援新技术；
j) 露天矿山事故救援新技术；
k) 典型矿山事故救护案例分析。

4.3.6 培训教学新理念、新方法

主要包括以下内容：
a) 培训教学新理念；
b) 培训教学新方法。

4.4 学时安排

4.4.1 矿山救护中队以上指挥员的培训时间按照 AQ 1008—2007 中 8.1.3 规定的时间执行，为不少于 30 天(144 学时)，每 2 年至少复训 1 次，时间为不少于 14 天(60 学时)。具体培训、复训学时应符合表 1 的规定。

4.4.2 矿山救护中队副职及小队指挥员的培训时间按照 AQ 1008—2007 中 8.1.3 规定的时间执行，为不少于 45 天(180 学时)，每 2 年至少复训 1 次，时间为不少于 14 天(60 学时)。具体培训、复训学时应符合表 1 的规定。

4.4.3 矿山救护队员的培训时间按照 AQ 1008—2007 中 8.1.3 规定的时间执行，为不少于 90 天(372 学时，不含编队实习)，每年至少复训 1 次，时间为不少于 14 天(60 学时)。具体培训、复训学时应符合表 1 的规定。

4.4.4 兼职矿山救护队员的培训时间按照 AQ 1008—2007 中 8.1.3 规定的时间执行，为不少于 45 天 (180 学时)，每年至少复训 1 次，时间为不少于 14 天(60 学时)。具体培训、复训学时应符合表 1 的规定。

4.4.5 矿山救护培训教师的培训时间为 7 天，不少于 56 学时，每两年至少复训 1 次，时间为 5 天，不少于 40 学时。具体培训、复训学时应符合表 1 的规定。

表 1 矿山救援培训及复训学时安排

类别	培/复训内容	学时分配				
		中队以上指挥员	中队副职及小队指挥员	救护队员	兼职救护队员	救护培训教师
培训	4.2.1	4	4	—	—	—
	4.2.2	4	4	16	8	—
	4.2.3	12	16	—	—	—
	4.2.4	—	12	32	8	—
	4.2.5	8	12	4	—	—
	4.2.6	16	16	4	4	—
	4.2.7	24	32	88	32	—
	4.2.8	8	8	24	16	—
	4.2.9	16	16	—	—	—
	4.2.10	4	4	12	12	—
	4.2.11	4	4	—	—	—

表 1（续）

类别	培/复训内容	学时分配				
		中队以上指挥员	中队副职及小队指挥员	救护队员	兼职救护队员	救护培训教师
培训	4.2.12	8	8	16	16	—
	4.2.13	8	8	16	16	—
	4.2.14	8	8	16	16	—
	4.2.15	8	8	40	—	—
	4.2.16	—	4	—	—	—
	4.2.17	—	—	32	20	—
	4.2.18	8	8	64	24	—
	4.2.19	—	—	—	—	8
	4.2.20	—	—	—	—	16
	4.2.21	—	—	—	—	8
	4.2.22	—	—	—	—	8
	4.2.23	—	—	—	—	8
	考试	4	8	8	8	8
	合计	144	180	372	180	56
复训	4.2.7	—	—	12	12	—
	4.2.12	8	8	12	12	—
	4.2.18	—	—	12	12	—
	4.3.1	4	4	4	4	8
	4.3.2	8	8	4	4	8
	4.3.3	16	16	8	8	—
	4.3.4	8	8	—	—	—
	4.3.5	12	12	4	4	—
	4.3.6	—	—	—	—	20
	考试	4	4	4	4	4
	合计	60	60	60	60	40

5 考核标准

5.1 考核办法

5.1.1 考核范围

考核范围参见 4.2 和 4.3。

5.1.2 考核方式

各类人员培训、复训考核方式及有关要求如下。

a) 培训和复训理论考试的方式为笔试或计算机考试,考试时间为120分钟,满分为100分,80分及以上为合格,考试不合格者可补考1次;

b) 矿山救护中队副职及小队指挥员、救护队员、兼职救护队员和救护培训教师培训阶段除理论考试外,还应参加综合能力考核,矿山救护中队副职及小队指挥员、救护队员和兼职救护队员的综合能力考核可通过救护技能实验和实训操作等方法进行;救护培训教师的综合能力考核可通过采取现场授课、课程设计或课件制作、撰写论文、面试答辩等方法进行;考核成绩分为合格和不合格,考核不合格者可补考1次;

c) 国家矿山救援培训中心负责矿山救护中队以上指挥员(包括工程技术人员和矿山企业救护管理人员)和救护培训教师的培训、复训及考核;

d) 省级矿山救援机构委托具备培训能力的培训机构负责矿山救护中队副职以下指挥员、救护队员(兼职救护队员)的培训、复训及考核;

e) 应急管理部矿山救援中心负责对全国各级各类矿山救援人员培训、考核工作进行监督检查;省级矿山救援机构负责对辖区内各类矿山救援人员培训、考核工作进行指导监督。

5.1.3 考核内容的层次和比重

理论考试内容分为了解、熟悉和掌握3个层次,3个层次由低到高,高层次的要求包含低层次的要求。3个层次按20%、30%、50%的比例进行考核。

了解:能正确理解本文件所列知识的含义、内容,并能够应用。

熟悉:对本文件所列知识有较深的认识,能够分析、解释,并应用相关知识解决问题。

掌握:对本文件所列知识有全面、深刻的认识,能够综合分析、解决较为复杂的相关问题。

5.2 培训和复训考核要求

培训和复训考核要求按照表2的规定。

表 2 矿山救援培训及复训考核要求

类别	考核内容	考核要求				
		中队以上指挥员	中队副职及小队指挥员	救护队员	兼职救护队员	救护培训教师
培训	4.2.1	了解	了解	—	—	—
	4.2.2	熟悉	熟悉	熟悉	熟悉	—
	4.2.3	掌握	掌握	—	—	—
	4.2.4	—	掌握	掌握	掌握	—
	4.2.5	掌握	熟悉	了解	—	—
	4.2.6	掌握	熟悉	了解	了解	—
	4.2.7	掌握	掌握	掌握	掌握	—
	4.2.8	熟悉	熟悉	了解	了解	—

表 2（续）

类别	考核内容	考核要求				
		中队以上指挥员	中队副职及小队指挥员	救护队员	兼职救护队员	救护培训教师
培训	4.2.9	掌握	掌握	—	—	—
	4.2.10	掌握	掌握	掌握	掌握	—
	4.2.11	了解	了解	—	—	—
	4.2.12	掌握	掌握	掌握	掌握	—
	4.2.13	了解	了解	熟悉	熟悉	—
	4.2.14	熟悉	熟悉	掌握	掌握	—
	4.2.15	掌握	掌握	熟悉	—	—
	4.2.16	—	熟悉			
	4.2.17	—	—	掌握	掌握	—
	4.2.18	掌握	掌握	掌握	掌握	—
	4.2.19	—	—	—	—	了解
	4.2.20	—	—	—	—	熟悉
	4.2.21	—	—	—	—	掌握
	4.2.22	—	—	—	—	掌握
	4.2.23	—	—	—	—	熟悉
复训	4.2.7	—	—	掌握	掌握	—
	4.2.12	掌握	掌握	掌握	掌握	—
	4.2.18	—	—	掌握	掌握	—
	4.3.1	了解	了解	了解	了解	了解
	4.3.2	熟悉	熟悉	了解	了解	熟悉
	4.3.3	掌握	掌握	熟悉	熟悉	—
	4.3.4	掌握	掌握	—	—	—
	4.3.5	掌握	掌握	熟悉	熟悉	—
	4.3.6	—	—	—	—	掌握

ICS 13.100
CCS D 09

中华人民共和国安全生产行业标准

AQ/T 1009—2021
代替 AQ 1009—2007

矿山救护队标准化考核规范

Specification for standardized assessment of mine rescue teams

2021-12-24 发布　　　　　　　　　　　　　　　　　　2022-03-01 实施

中华人民共和国应急管理部　　发　布

目　次

前言 …… 393
1　范围 ……………………………………………………………………………………………………… 394
2　规范性引用文件 ………………………………………………………………………………………… 394
3　术语和定义 ……………………………………………………………………………………………… 394
4　一般规定 ………………………………………………………………………………………………… 394
5　大队标准化考核标准及评分办法 ……………………………………………………………………… 396
6　大队所属中队、独立中队及所属小队标准化考核标准及评分办法 ………………………………… 399
参考文献 …………………………………………………………………………………………………… 421

AQ/T 1009—2021

前 言

本文件按照 GB/T 1.1—2020《标准化工作导则 第1部分:标准化文件的结构和起草规则》的规定起草。

本文件代替 AQ 1009—2007《矿山救护队质量标准化考核规范》,与 AQ 1009—2007 相比,除结构调整和编辑性改动外,主要技术变化如下:

a) 调整了大队、中队考核项目分值的分配(见4.3、4.4,2007年版的4.2);
b) 修改了独立中队标准化考核标准及评分办法(见4.4、第6章,2007年版的4.2、第5章、第6章);
c) 修改了考核等级设置,考核等级由四级改为三级(见4.4,2007年版的4.4);
d) 增加了矿山救护队达到各等级的前置条件(见4.5);
e) 修改了独立中队开展达标自检的时间要求(见4.6,2007年版的4.5);
f) 修改了矿山救护队标准化考核等级公布管理机构(见4.7,2007年版的4.6);
g) 增加了大队指挥员岗位总人数、从业年限、学历要求,以及年龄和身体状况,修改了大队科室设置数量、人数要求(见5.1,2007年版的5.1);
h) 修改了大队技术装备,增加了大队设施要求(见5.2,2007年版的5.2);
i) 删除了建立培训机构要求,增加了大队组织开展综合性演习训练要求(见5.3,2007年版的5.3);
j) 增加了大队牌板管理、标准化考核内容,删除了技术竞赛内容(见5.4,2007年版的5.4);
k) 增加了独立中队科室设置要求(见6.1,2007年版的6.1);
l) 修改了中队培训与训练内容(见6.2,2007年版的6.2);
m) 修改了中队、小队和指战员个人基本装备配备及维护保养和中队设施标准要求(见6.3,2007年版的6.3);
n) 修改了业务技术工作内容(见6.4,2007年版的6.4);
o) 修改了救援准备内容,增加了矿井火灾、瓦斯和煤尘爆炸、煤(岩)与瓦斯(二氧化碳)突出等事故出动要求及报告程序(见6.5,2007年版的6.5);
p) 修改了医疗急救内容(见6.6,2007年版的6.6);
q) 修改了中队技术操作内容,删除了安装惰性气体发生装置或惰泡装置考核项目,增加了带风接风筒的技术操作要求(见6.7,2007年版的6.7);
r) 修改了综合体质内容(见6.8,2007年版的6.8);
s) 修改了准军事化风纪、礼节、队容要求(见6.9,2007年版的6.9);
t) 修改了中队日常管理内容,增加了独立中队管理要求(见6.10,2007年版的6.10)。

请注意本文件的某些内容可能涉及专利。本文件的发布机构不承担识别专利的责任。

本文件由中华人民共和国应急管理部提出。

本文件由全国安全生产标准化技术委员会煤矿安全分技术委员会(SAC/TC 288/SC 1)归口。

本文件起草单位:应急管理部矿山救援中心、中国安全生产科学研究院、国家矿山安全监察局山东局。

本文件主要起草人:邹维纲、周北驹、邱雁、张安琦、王庆、张立、李刚、李刚业、宋先明、刘永立。

本文件及其所代替文件的历次版本发布情况为:
——2007年首次发布为 AQ 1009—2007;
——本次为第一次修订。

矿山救护队标准化考核规范

1 范围

本文件规定了矿山救护队标准化考核的一般规定、矿山救护大队(以下简称大队)标准化考核标准及评分办法、大队所属中队和独立中队标准化考核标准及评分办法。

本文件适用于县级及以上矿山救援管理机构开展矿山救护队标准化考核工作。

2 规范性引用文件

本文件没有规范性引用文件。

3 术语和定义

下列术语和定义适用于本文件。

3.1
矿山救护队 mine rescue team

处理矿山事故的专业应急救援队伍,实行标准化、准军事化管理和 24 h 值班。

3.2
矿山救护指战员 commander and rescuer of mine rescue

矿山救护指挥员和队员的统称。

3.3
矿山救护指挥员 commander of mine rescue

矿山救护队担任副小队长及以上职务人员、技术负责人的统称。

3.4
演习巷道 tunnel for exercising

供矿山救护队演习训练的地下巷道或地面封闭构筑物。

3.5
风障 air brattice

在矿井巷道或工作面内调整风流的设施。

3.6
高温浓烟训练 high temperature smoke exercise

矿山救护队在演习巷道内模拟高温浓烟环境开展的演习训练。

4 一般规定

4.1 按照矿山救护队建制,矿山救护队标准化考核分为大队考核(含所属中队)和独立中队考核。

4.2 大队和独立中队标准化考核采用每项单独扣分的方法计分,标准分扣完为止。

4.3 大队标准化考核包括组织机构(8分)、技术装备与设施(10分)、业务培训(6分)、综合管理(6分)和所属中队(百分制得分乘以70%)共5个大项,满分为100分。大队标准化考核得分=前四大项得分之和＋所属中队得分×70%。大队标准化考核时,对全部所属中队或随机抽取1~2个所属中队进行考核,平均得分为所属中队得分。

4.4 大队所属中队和独立中队标准化考核包括队伍及人员(10分)、培训与训练(7分)、装备与设施(17分)、业务工作(15分)、救援准备(5分)、医疗急救(5分)、技术操作(13分)、综合体质(10分)、准军事化操练(8分)、日常管理(10分)共10项,满分为100分。大队所属中队和独立中队标准化考核得分为10项得分之和。

大队所属中队和独立中队标准化考核的10个项目应全部考核。每个项目包含若干小项,除规定可采取抽小项考核外,其他均应逐小项考核。每个项目在逐小项考核时,按实际扣分计算,该项标准分扣完为止;在抽小项考核时,按该项标准分乘以该项总扣分率计算该项总扣分值,该项总扣分率等于该项中实际抽查小项扣分率的平均值。

大队所属中队和独立中队标准化考核时,业务知识和准军事化操练由2个及以上小队集体完成,其他项目以小队为单位独立完成。2个以上小队完成同一项目,小队平均得分为该项目中队得分。

4.5 矿山救护队标准化考核分为3个等级,分别为一级、二级、三级,如果未达到60分,则不予评级,应限期整改,等级评级要求如下。

    a) 一级,总分90分及以上,且具备以下条件。
        1) 大队建制且建队10年及以上,考核前3年内无救援违规造成自身死亡事故。
        2) 大队由不少于3个中队组成,所属中队由不少于3个小队组成。小队由不少于9名矿山救护指战员(以下简称指战员)组成。
        3) 大队、大队所属中队、小队和个人的装备与设施得分分别不低于相应项目标准分的90%。
        4) 具有模拟高温浓烟环境的演习巷道、面积不少于500 m^2 的室内训练场馆、面积不少于2 000 m^2 的室外训练场地。
        5) 大队、大队所属各中队矿山救护指挥员(以下简称指挥员)及其小队实行24 h值班。

    b) 二级,总分80分及以上,且具备以下条件。
        1) 建队5年及以上,考核前2年内无救援违规造成自身死亡事故。
        2) 大队由不少于2个中队组成,所属中队由不少于3个小队组成;独立中队由不少于4个小队组成。大队和独立中队所属小队由不少于9名指战员组成。
        3) 大队、独立中队、大队所属中队、小队和个人的装备与设施得分分别不低于相应项目标准分的80%。
        4) 具有模拟高温浓烟环境的演习巷道、面积不少于300 m^2 的室内训练场馆、面积不少于1 200 m^2 的室外训练场地。
        5) 大队、独立中队、大队所属中队指挥员及其小队实行24 h值班。

    c) 三级,总分60分及以上,且具备以下条件。
        1) 建队1年及以上。
        2) 大队由不少于2个中队组成,所属中队由不少于3个小队组成;独立中队由不少于3个小队组成。大队和独立中队所属小队由不少于9名指战员组成。
        3) 大队、独立中队、大队所属中队、小队和个人的装备与设施得分分别不低于相应项目标准分的60%。
        4) 具有演习巷道、室内训练场馆、面积不少于800 m^2 的室外训练场地。
        5) 大队、独立中队、大队所属中队指挥员及其小队实行24 h值班。

4.6 应当按规定定期组织开展矿山救护队标准化考核。

4.7 矿山救护队标准化考核等级实行动态管理。标准化考核等级按规定对社会公布。

4.8 矿山救护队依托单位需将矿山救护队标准化工作与矿井标准化工作同规划、同考核、同总结、同奖惩,并纳入本单位标准化建设中。

5 大队标准化考核标准及评分办法

5.1 组织机构(8分)

5.1.1 组织机构考核标准要求如下。

a) 大队设大队长1人,副大队长2人,总工程师1人,副总工程师1人。大队指挥员人数不应少于5人。
b) 大队指挥员应熟悉矿山救援业务,具有相应矿山专业知识,熟练佩用氧气呼吸器,从事矿山生产、安全、技术管理工作5年及以上和矿山救援工作3年及以上,并经国家矿山救援培训机构培训取得合格证。
c) 大队指挥员应具有大专及以上学历,总工程师应具有中级及以上技术职称。
d) 大队指挥员年龄不超过55岁。
e) 大队指挥员每年进行1次体检,体检指标应符合岗位要求。
f) 大队业务科室应具备战训、培训、装备管理及综合办公等职能,设置不少于2个,每科室专职人员不少于3人。战训工作人员应从事矿山救援工作3年及以上,并经省级及以上矿山救援培训机构培训取得合格证。

5.1.2 组织机构评分办法:未达到5.1.1a)项规定少1人扣3分;未达到5.1.1b)、5.1.1c)、5.1.1d)、5.1.1e)项规定1人次扣1分;未达到5.1.1f)项规定业务科室少1个扣2分,专职人员未达到规定1人次扣1分。

5.2 技术装备与设施(10分)

5.2.1 技术装备

大队基本装备配备标准及扣分办法见表1。

表 1 大队基本装备配备标准及扣分办法

类别	装备名称	要求及说明	单位	数量	扣分
车辆	指挥车	—	辆	2	2
	气体化验车	安装气体分析仪器,配有打印机和电源	辆	1	1
	装备车	—	辆	1	1
通信器材	视频指挥系统	双向可视、可通话	套	1	1
	录音电话	值班室配备	部	1	0.5
	对讲机	—	部	6	0.5
灭火器材	高倍数泡沫灭火机	—	套	1	1
	惰气灭火装置	N_2、CO_2等	套	1	0.5
	快速密闭	喷涂、充气、轻型组合均可	套	4	0.5
排水设备	潜水泵	流量为100 m^3/h或200 m^3/h及以上	台	2	0.5
	高压软体排水管	承压4.5 MPa及以上	m	1 000	0.5
	泥沙泵	—	台	1	1

表 1（续）

类别	装备名称	要求及说明	单位	数量	扣分
检测设备	气体分析化验设备	能够分析 O_2、N_2、CO_2、CO、CH_4、C_2H_6、C_2H_4、C_2H_2、H_2 等浓度	套	1	1
	便携式气体分析化验设备	能对矿井火灾气体进行分析化验	套	1	1
	氢氧化钙化验设备	—	套	1	0.5
	热成像仪	—	台	1	1
	生命探测仪	—	套	1	1
	氧气呼吸器校验仪	—	台	2	1.5
训练设备	心理素质训练设施	高空组合、独立和地面组合、独立拓展训练器材	套	1	0.5
	多功能体育训练器械	含跑步机、臂力器、体能综合训练器械等	套	1	0.5
	多媒体电教设备	—	套	1	0.5
信息处理设备	传真机	—	台	1	0.5
	打印机	指挥员1台/人	台		0.5
	复印机	—	台	1	0.5
	台式计算机	指挥员1台/人	台		0.5
	笔记本电脑	配无线网卡	台	2	0.5
	数码摄像机	防爆	台	1	0.5
	数码照相机	防爆	台	1	0.5
工具药剂	防爆射灯	—	台	2	0.5
	破拆、支护工具	具有剪切、扩张、破碎、切割、起重、支护等功能	套	1	1
	氢氧化钙	—	t	0.5	0.5
	泡沫药剂	—	t	0.5	0.5
注：不完好或数量不足按该项扣分值扣分。					

5.2.2 设施

设施标准要求：设施应包括办公室、会议室、学习室、修理室、气体分析化验室、装备器材库、车库。
设施评分办法：每缺少1项设施扣1分。

5.3 业务培训（6分）

5.3.1 业务培训标准要求如下。
   a) 大队指挥员按规定参加复训。
   b) 制定大队指战员年度培训计划。

c) 协助矿山企业对职工开展矿山救援知识的普及教育。
d) 每年组织1次包括应急响应、应急指挥、灾区侦察、方案制定、救援实施、协同联动和突发情况应对等内容的综合性演习训练。
e) 按规定组织对矿山救护队和兼职救护队人员进行技术培训及技能训练。
f) 举办矿山救援新技术、新装备推广应用和典型案例专题讲座。

5.3.2 业务培训评分办法:查阅证件,未按5.3.1a)项规定参加复训1人扣1分;查阅原始记录和资料,5.3.1b)、5.3.1c)、5.3.1d)、5.3.1e)、5.3.1f)项有1项达不到要求扣1分。

5.4 综合管理(6分)

5.4.1 准军事化管理

5.4.1.1 准军事化管理标准要求:统一着装,佩戴矿山救援标志;日常办公、值班、理论和业务知识学习、准军事化操练等工作期间,着制服;技术操作、仪器操作、入井准备、医疗急救、模拟演习等训练期间,着防护服。

5.4.1.2 准军事化管理评分办法:未统一着装扣1分,未按规定配备服装扣1分。

5.4.2 制度管理

5.4.2.1 制度管理标准要求:制定大队指挥员及业务科室岗位责任制和各项管理制度,并严格执行。制度包括大队指挥员24 h值班、会议、学习与培训、装备及设施更新维护与管理、战备器材库管理、车辆使用及库房管理、氧气充填室管理、事故救援总结讲评、评比检查、预防性安全检查和技术服务管理、内务管理、财务管理、档案管理、考勤和奖惩等工作制度。

5.4.2.2 制度管理评分办法:制度缺1项扣1分,1项制度未落实扣0.5分。

5.4.3 计划管理

5.4.3.1 计划管理标准要求:制定年度、季度和月度工作计划,内容包括队伍建设、培训与训练、装备管理、评比检查、预防性安全检查和技术服务、内务管理、财务管理和设备设施维修等。按照计划认真落实,并分别形成工作总结。

5.4.3.2 计划管理评分办法:缺年度、季度和月度计划或总结各扣1分,计划内容缺1项扣0.5分。

5.4.4 资料管理

5.4.4.1 资料管理标准要求:建立工作日志(包含会议、学习)、值班、培训、装备及设施更新维护、评比检查(含标准化自评)、预防性安全检查和技术服务、事故接警、事故救援、考勤和奖惩等记录,并保存1年及以上。工作日志由值班指挥员填写,其他记录按岗位责任制的要求填写。保存人员信息、装备与设施、培训与训练、事故救援总结和工作文件等档案资料,保存3年及以上。

5.4.4.2 资料管理评分办法:缺1项记录或档案资料扣1分,记录不完整1项扣0.5分。

5.4.5 牌板管理

5.4.5.1 牌板管理标准要求:悬挂组织机构牌板、救护队伍部署图、服务区域矿山分布图、值班日程表、接警记录牌板和评比检查牌板。

5.4.5.2 牌板管理评分办法:缺1种扣1分。

5.4.6 标准化考核

5.4.6.1 标准化考核标准要求:每半年组织1次大队(包括全部所属中队)的标准化考核。

5.4.6.2 标准化考核评分办法:查看上一年度的考核资料,少考核 1 次扣 2 分,少考核 1 个所属中队扣 1 分。

5.4.7 劳动保障

5.4.7.1 劳动保障标准要求如下。
  a) 指战员应享受矿山采掘一线作业人员的岗位工资、入井津贴和夜班补助等待遇。
  b) 佩用氧气呼吸器工作,应享受特殊津贴。在高温、烟雾和冒落的恶劣环境中佩用氧气呼吸器工作的,特殊津贴增加一倍。
  c) 所在单位除了执行医疗、养老、失业和工伤等职工保险各项制度外,还应为指战员购买人身意外伤害保险。
  d) 体检指标不符合岗位要求的,或者年龄达到规定上限但未达到退休年龄的,所在单位应另行安排适当工作。

5.4.7.2 劳动保障评分办法:上述 4 项要求,未达到 1 项扣 1 分。

6 大队所属中队、独立中队及所属小队标准化考核标准及评分办法

6.1 队伍及人员(10 分)

6.1.1 队伍及人员考核标准要求如下。
  a) 中队设中队长 1 人,副中队长 2 人,技术员 1 人。中队指挥员人数不应少于 4 人。小队设正、副小队长各 1 人。
  b) 中队指挥员应熟悉矿山救援业务,具有相应矿山专业知识,熟练佩用氧气呼吸器,从事矿山生产、安全、技术管理工作 5 年及以上和矿山救援工作 3 年及以上,并按规定参加培训取得合格证。
  c) 中队指挥员应具有中专以上学历,技术员应具有初级及以上技术职称。
  d) 中队指挥员年龄不超过 50 岁。
  e) 中队应配备必要的管理人员、司机、仪器维修和氧气充填人员。
  f) 小队指战员年龄不超过 45 岁。40 岁以下人员至少要保持在 2/3 以上。
  g) 指战员每年进行 1 次体检,体检指标应符合岗位要求。
  h) 独立中队除具备上述条件外,还应设具备办公、战训、培训及装备管理等职能的综合科室,专职人员不少于 2 人。战训工作人员应从事矿山救援工作 2 年及以上,并经省级及以上矿山救援培训机构培训取得合格证。

6.1.2 队伍及人员评分办法:查阅资料和现场抽查相结合。未达到 6.1.1a)项规定中队指挥员人数少 1 人扣 2 分,未达到 6.1.1b)、6.1.1c)、6.1.1d)、6.1.1e)项规定,1 人扣 1 分;小队指战员超龄或 40 岁以下人员不足 2/3 的,1 人扣 1 分;未按规定进行体检或体检指标不符合岗位要求的,1 人扣 1 分;独立中队未设置综合科室扣 2 分,专职人员未达到规定 1 人次扣 1 分。

6.2 培训与训练(7 分)

6.2.1 培训与训练标准要求如下。
  a) 新队员应通过培训,经考核合格取得合格证。
  b) 指战员应按规定参加复训。
  c) 开展包括救援技术操作、救援装备和仪器操作、体能、医疗急救、准军事化队列等内容的日常训练。
  d) 中队应每季度组织 1 次高温浓烟训练,时间不少于 3 h。

e) 以小队为单位,每月开展1次结合实战的救灾模拟演习训练,每次训练指战员佩用氧气呼吸器时间不少于3 h。

f) 独立中队除具备上述条件外,还应做到以下要求。
   1) 制定指战员年度培训计划。
   2) 协助矿山企业对职工开展矿山救援知识的普及教育。
   3) 每年组织1次包括应急响应、应急指挥、灾区侦察、方案制定、救援实施、协同联动和突发情况应对等内容的综合性演习训练。
   4) 举办矿山救援新技术、新装备推广应用和典型案例专题讲座。

6.2.2 培训与训练评分办法:查阅证件,6.2.1a)项达不到要求1人扣1分,6.2.1b)项达不到要求1人扣0.5分;查阅原始记录和资料,6.2.1c)、6.2.1d)、6.2.1e)项有1项达不到要求扣1分;6.2.1f)项有1条未完成扣1分。

6.3 装备与设施(17分)

6.3.1 救援装备(8分)

矿山救护中队、小队和指战员个人基本装备配备标准及扣分办法见表2、表3、表4。

表 2 大队所属中队和独立中队基本装备配备标准

类别	装备名称	要求	单位	数量		扣分
				大队所属中队	独立中队	
运输通信	矿山救护车	每小队1辆,越野性能好	辆	≥3	≥3	2
	值班电话	—	部	1	1	1
	灾区电话	—	套	2	2	1
	引路线	使用无线灾区电话的配备	m	1 000	1 000	0.5
	指挥车	—	辆	—	1	2
	气体化验车	安装气体分析仪器,配有打印机和电源	辆	1	1	1
	装备车	—	辆	1	1	1
	录音电话	值班室配备	部	1	1	0.5
	对讲机	—	部	—	4	0.5
排水设备	潜水泵	流量为100 m³/h或200 m³/h及以上	台	1	1	1
	高压软体排水管	承压4.5 MPa以上	m	—	300	1
信息处理设备	传真机	—	台	—	1	0.5
	打印机	—	台	1	4	0.5
	复印机	—	台	1	1	0.5
	台式计算机	—	台	4	4	0.5
	笔记本电脑	配无线网卡	台	1	1	0.5
	数码摄像机	防爆	台	—	1	0.5
	数码照相机	防爆	台	—	1	0.5

表 2（续）

类别	装备名称	要求	单位	数量 大队所属中队	数量 独立中队	扣分
个体防护	4 h 氧气呼吸器	正压,全面罩	台	6	6	2
	2 h 氧气呼吸器	—	台	6	6	1
	自动苏生器	—	台	2	2	1
	自救器	压缩氧	台	10	10	1
灭火装备	快速密闭	喷涂、充气、轻型组合均可	套	—	2	0.5
	高倍数泡沫灭火机	—	套	1	1	1
	干粉灭火器	8 kg	台	20	20	0.5
	风障	≥4 m×4 m,棉质	块	2	2	0.5
	水枪	开花、直流各 2 个	支	4	4	0.5
	水龙带	直径 63.5 mm 或 51.0 mm	m	400	400	0.5
检测仪器	氢氧化钙化验设备	—	套	—	1	0.5
	热成像仪	—	台	—	1	1
	氧气呼吸器校验仪	—	台	2	2	1
	便携式气体分析化验设备	能对矿山火灾气体进行分析化验	套	1	1	1
	氧气便携仪	数字显示,带报警功能	台	2	2	0.5
	红外线测温仪	—	台	1	1	0.5
	红外线测距仪	—	台	1	1	0.5
	多参数气体检测仪	能够检测到 CH_4、CO、O_2 等三种以上气体	台	1	1	0.5
	瓦斯检定器	10%、100%库存各 2 台（金属非金属矿山救护队可以不配备）	台	4	4	0.5
	多种气体检定器	CO、CO_2、O_2、H_2S、NO_2、SO_2、NH_3、H_2 检定管各 30 支	台	2	2	0.5
	风表	满足中、低速风速测量	台	4	4	0.5
	秒表	—	块	4	4	0.5
	干湿温度计	—	支	2	2	0.5
	温度计	0 ℃～100 ℃	支	10	10	0.5
工具备品	破拆、支护工具	具有剪切、扩张、破碎、切割、起重、支护等功能	套	1	1	1
	防爆射灯	—	台	—	1	0.5
	防爆工具	锤、斧、镐、锹、钎、起钉器等	套	2	2	1
	氧气充填泵	氧气充填室配备	台	2	2	2

表 2（续）

类别	装备名称	要求	单位	数量 大队所属中队	数量 独立中队	扣分
工具备品	氧气瓶	40 L	个	8	8	0.5
	氧气瓶	4 h氧气呼吸器每台备用1个	个	—	—	0.5
	氧气瓶	2 h氧气呼吸器、自动苏生器每台备用1个	个	—	—	0.5
	救生索	长30 m,抗拉强度3 000 kg	条	1	1	0.5
	担架	含2副负压多功能担架、防静电	副	4	4	0.5
	保温毯	棉质	条	4	4	0.5
	快速接管工具	—	套	2	2	0.5
	绝缘手套	—	副	3	3	0.5
	电工工具	—	套	2	2	0.5
	冰箱或冰柜	—	台	1	1	0.5
	瓦工工具	—	套	2	2	0.5
	灾区指路器	或冷光管	支	10	10	0.5
	救援三脚架	—	支	1	1	0.5
训练设备	体能综合训练器械	—	套	1	1	0.5
药剂	泡沫药剂	—	t	0.5	0.5	0.5
	氢氧化钙	—	t	0.5	0.5	0.5

注： 不完好或数量不足按该项扣分值扣分。

表 3 矿山救护小队基本装备配备标准

类别	装备名称	要求及说明	单位	数量	扣分
通信器材	灾区电话	—	套	1	1
	引路线	使用无线灾区电话的配备	m	1 000	0.5
个人防护	矿灯	备用	盏	2	0.5
	4 h氧气呼吸器	正压,全面罩	台	1	2
	2 h氧气呼吸器	—	台	1	2
	自动苏生器	—	台	1	1
灭火装备	灭火器	干粉8 kg	台	2	0.5
	风障	≥4 m×4 m,棉质	块	1	0.5
	帆布水桶	棉质	个	2	0.5

表 3（续）

类别	装备名称	要求及说明	单位	数量	扣分
检测仪器	氧气呼吸器校验仪	—	台	1	1
	瓦斯检定器	10%、100%各一台	台	2	0.5
	多种气体检定器	筒式（CO、O_2、H_2S、H_2 检定管各30支）	台	1	0.5
	氧气检定器	便携式数字显示，带报警功能	台	1	0.5
	多参数气体检测仪	检测 CH_4、CO、O_2 等	台	1	0.5
	风表	满足中、低速风速测量	台	1	0.5
	红外线测温仪	—	台	1	0.5
	温度计	0 ℃～100 ℃	支	2	0.5
工具备品	氧气瓶	2 h、4 h氧气呼吸器备用	个	4	0.5
	灾区指路器	冷光管或者灾区强光灯	个	10	0.5
	担架	防静电	副	1	0.5
	采气样工具	包括球胆4个	套	2	0.5
	保温毯	棉质	条	1	0.5
	液压起重器	或者起重气垫	套	1	0.5
	防爆工具	锯、锤、斧、镐、锹、钎、起钉器等	套	1	0.5
	电工工具	—	套	1	0.5
	瓦工工具	—	套	1	0.5
	皮尺	10 m	个	1	0.5
	卷尺	2 m	个	1	0.5
	钉子包	内装常用钉子各1 kg	个	2	0.5
	信号喇叭	一套至少2个	套	1	0.5
	绝缘手套	—	副	2	0.5
	救生索	长30 m，抗拉强度3 000 kg	条	1	0.5
	探险杖	—	个	1	0.5
	负压夹板	或者充气夹板	副	1	0.5
	急救箱	—	个	1	0.5
	记录本	—	本	2	0.5
	记录笔	—	支	2	0.5
	备件袋	内装防雾液、各种易损易坏件等	个	1	0.5

注1：不完好或数量不足按该项扣分值扣分。
注2：急救箱内装止血带、夹板、绷带、胶布、药棉、镊子、剪刀、酒精、碘伏、消炎药等。

表 4 矿山救护队指战员个人基本装备配备标准

类别	装备名称	要求	单位	数量	扣分
个人防护	4 h氧气呼吸器	正压,全面罩	台	1	2
	自救器	压缩氧	台	1	0.5
	救援防护服	带反光标志,防静电	套	1	1
	胶靴	防砸、防扎	双	1	1
	毛巾	棉质	条	1	0.5
	安全帽	—	顶	1	0.5
	矿灯	本质安全型	盏	1	0.5
装备工具	手表	副小队长以上指挥员配备,机械表	块	1	0.5
	移动电话	副小队长以上指挥员配备	部	1	0.5
	手套	布手套、线手套、防割刺手套各1副	副	3	0.5
	灯带	—	条	2	0.5
	背包	装救援防护服,棉质或者其他防静电布料	个	1	0.5
	联络绳	长2 m	根	1	0.5
	粉笔	—	支	2	0.5

注: 不完好或数量不足按该项扣分值扣分。

6.3.2 技术装备的维护保养(5分)

6.3.2.1 技术装备的维护保养标准要求如下。

a) 正压氧气呼吸器:按照氧气呼吸器说明书的规定标准,检查其性能。
b) 自动苏生器:自动肺工作范围在12次/min～16次/min,氧气瓶压力在15 MPa以上,附件、工具齐全,系统完好,不漏气;气密性检查方法:打开氧气瓶,关闭分配阀开关,再关闭氧气瓶,观看氧气压力下降值,大于0.5 MPa/min为不合格。
c) 氧气呼吸器校验仪:按说明书检查其性能。
d) 光学瓦斯检定器:整机气密、光谱清晰、性能良好、附件齐全、吸收剂符合要求。
e) 多种气体检定器:气密、推拉灵活、附件齐全、检定管在有效期内。
f) 氧气便携仪:数值准确、灵敏度高。
g) 灾区电话:性能完好、通话清晰。
h) 氧气充填泵:专人管理、工具齐全,按规程操作,氧气压力达到20 MPa时,不漏油、不漏气、不漏水和无杂音,运转正常。
i) 矿山救护车:保持战备状态,车辆完好。
j) 值班车及装备库的装备要摆放整齐,挂牌管理,无脏乱现象。装备要有保养制度,放在固定地点,专人管理,保持完好。
k) 装备、工具:应有专人保养,达到"全、亮、准、尖、利、稳"的规定要求。
l) 救护队的装备及材料应保持战备状态,账、卡、物相符,专人管理,定期检查,保持完好。

6.3.2.2 技术装备的维护保养评分办法:按要求对个人、小队、中队装备的维护保养情况进行全面检查,对小队及个人装备的抽检率应达到50%以上;发现1台(件、处)不合格扣0.5分;该项总扣分值按抽检扣分值除以抽检率计算,最高不超过该项标准分。

6.3.3 设施(4分)

6.3.3.1 设施标准要求:设施应包括接警值班室、值班休息室、办公室、会议室、学习室、氧气充填室、装备室、装备器材库、车库、体能训练设施、宿舍、浴室、食堂和仓库等。

独立中队除应有上述设施外,还应有修理室。

6.3.3.2 设施评分办法:每缺少1项设施扣1分。

6.4 业务工作(15分)

6.4.1 业务知识及战术运用(5分)

6.4.1.1 业务知识标准要求及评分办法:依据相关法律、法规、标准要求的内容按百分制出题,由不少于2个小队人员参加考试,缺1人扣1分;80分及以上为合格,不合格1人扣0.5分。

6.4.1.2 战术运用标准要求及评分办法:模拟事故现场,被检中队指挥员制定救援方案,30 min 完成。方案不合理扣2分,超时扣1分。

6.4.2 仪器操作(10分)

6.4.2.1 仪器操作考核方法及要求:以小队为单位,每个队员随机被抽查3种及以上仪器进行考核。单个队员进行全部10种仪器考核时,按逐小项检查扣分方式计算;未进行全部10种仪器考核时,按抽小项检查扣分方式计算。小队中未参加考核的队员按扣该项标准分计算,小队所有人员的平均扣分为中队仪器操作扣分。

仪器操作项目中,部件名称及有关操作内容以仪器说明书为准;应知与应会扣分各占50%;应知部分每种仪器至少提2个问题。

6.4.2.2 仪器操作考核项目包括以下10项内容。
   a) 4 h 正压氧气呼吸器(1分),标准要求和评分办法如下。
      1) 应知:仪器的构造、性能、各部件名称、作用和氧气循环系统,提问每错1题扣0.2分。
      2) 应会:设置5个故障,在30 min 内正确判断并排除;判断错误或未排除1处扣0.5分,超过时间扣0.4分。
   b) 4 h 正压氧气呼吸器更换氧气瓶(1分),标准要求和评分办法如下。
      更换氧气瓶:60 s 按程序完成,操作不正确扣1分,超过时间扣0.4分。
   c) 4 h 正压氧气呼吸器更换2 h 正压氧气呼吸器(1分),标准要求和评分办法如下。
      1) 应知:仪器的构造、性能、各部件名称、作用和氧气循环系统,提问每错1题扣0.2分。
      2) 应会:能熟练将4 h 正压氧气呼吸器更换成2 h 正压氧气呼吸器,30 s 按程序完成,操作不正确扣0.5分,超过时间扣0.4分。
   d) 自动苏生器(1分),标准要求和评分办法如下。
      1) 应知:仪器的构造、性能、使用范围、主要部件名称和作用,提问每错1题扣0.2分。
      2) 应会:苏生器准备,60 s 完成,操作不正确扣0.5分,超过时间扣0.4分。
   e) 氧气呼吸器校验仪(1分),标准要求和评分办法如下。
      1) 应知:仪器的构造、性能、各部件名称、作用,检查氧气呼吸器各项性能指标,提问每错1题扣0.2分。
      2) 应会:正确检查氧气呼吸器,检查不正确每项扣0.5分。
   f) 光学瓦斯检定器(1分),标准要求和评分办法如下。
      1) 应知:仪器的构造、性能、各部件名称、作用、吸收剂名称,提问每错1题扣0.2分。

2) 应会:正确检查甲烷和二氧化碳,操作或读数不正确扣 0.5 分。
g) 多种气体检定器(1分),标准要求和评分办法如下。
　　1) 应知:仪器的构造、性能、各部件名称、作用,提问每错 1 题扣 0.2 分。
　　2) 应会:正确检查一氧化碳三量(常量、微量、浓量)及其他气体,正确读数、换算,不正确扣 0.5 分。
h) 氧气便携仪(1分),标准要求和评分办法如下。
　　1) 应知:仪器的构造、性能、各部件名称及作用,提问每错 1 题扣 0.2 分。
　　2) 应会:正确检查氧气含量,不正确扣 0.5 分。
i) 压缩氧自救器(1分),标准要求和评分办法如下。
　　1) 应知:自救器的构造、原理、作用性能、使用条件及注意事项,提问每错 1 题扣 0.2 分。
　　2) 应会:正确佩用,不正确扣 0.5 分。
j) 灾区电话(1分),标准要求和评分办法如下。
　　1) 应知:灾区电话的构造、性能、各部件名称及作用,提问每错 1 题扣 0.2 分。
　　2) 应会:正确使用,不正确扣 0.5 分。

6.5 救援准备(5分)

6.5.1 闻警集合

6.5.1.1 闻警集合标准要求如下。
a) 值班小队集体住宿,24 h 值班。
b) 接到事故电话召请时,值班员应立即按下预警铃。
c) 值班员在记录发生事故单位名称和事故地点、时间、类别、遇险人数及通知人姓名、单位、联系电话后,立即发出警报,并向值班指挥员报告。
d) 值班小队闻警后,立即集合,面向指挥员列队,小队长清点人数,值班员向带队指挥员报告事故情况,指挥员布置任务后,立即发出出动命令。
e) 值班小队在事故预警铃响后立即开始进行出动准备,在警报发出后 1 min 内出动。不需要乘车出动的,不应超过 2 min。计时方法:自发出事故警报起,至救护车出发为止;不需乘车时,至最后一名队员携带装备入列为止。
f) 在值班小队出动后,待机小队 2 min 内转为值班小队。
g) 接到矿井火灾、瓦斯和煤尘爆炸、煤(岩)与瓦斯(二氧化碳)突出等事故通知,应当至少派 2 个救护小队同时赶赴事故地点。
h) 救护队出动后,接班人员应当记录出动小队编号及人数、带队指挥员、出动时间、记录人姓名,并向救护队主要负责人报告。救护队主要负责人应当向单位主管部门和省级矿山救援管理机构报告出动情况。

6.5.1.2 闻警集合评分办法如下。
a) 值班小队少 1 人,扣 1 分;少于 6 人或未 24 h 值班,该项无分。
b) 不打预警铃扣 0.5 分。
c) 出动队次不符合规定扣 2 分。
d) 出动时间超过规定扣 1 分。
e) 记录内容错误、不全或缺项,每处扣 0.5 分。
f) 未按规定程序出动,缺 1 个程序扣 0.5 分。
g) 待机小队转为值班小队超过规定时间扣 1 分。
h) 未按规定报告,扣 0.5 分。

6.5.2 入井准备

6.5.2.1 入井准备标准要求如下。
  a) 按规定,根据事故类别带齐救援装备。
  b) 指战员着防护服,带装备下车。
  c) 领取、布置任务。
  d) 正确进行氧气呼吸器战前检查(包括自检和互检),并做好入井准备,2 min内完成。
  e) 到达指定位置后,小队长整理队伍,下达战前检查口令。
  f) 自检顺序为摘安全帽、戴面罩、检查面罩气密性、检查呼吸阀、打开氧气瓶、检查自动补给阀、检查手动补给阀、检查排气阀、观察氧气压力表、关闭氧气瓶。互检顺序为小队长依次检查队员呼吸器外壳、面罩、头带、氧气压力等,最后一名队员对小队长仪器进行检查。

战前检查完毕,小队长问"装备",队员答"齐全";小队长问"仪器",队员答"完好";小队长问"压力",队员依次报告"××MPa",小队长最后报告自己的仪器压力。小队长向中队指挥员报告:"报告首长,×小队实到×人,装备齐全,仪器良好,最低气压××MPa,请指示。小队长×××。"中队指挥员发布命令后,小队长回答"是",然后向小队布置任务。

6.5.2.2 入井准备评分办法如下。
  a) 小队少1人扣1分,少于6人该项无分。
  b) 小队和个人装备每缺少1件扣1分。
  c) 1人不着防护服扣1分。
  d) 顺序颠倒、漏项、漏报或报告内容错误,每处扣0.5分。
  e) 战前检查按照实战要求进行,超过规定时间扣0.5分。战前检查操作不正确1人次扣0.5分。

6.6 医疗急救(5分)

6.6.1 考核方法及要求

以小队为单位,按规定人数随机确定一组人员,随机确定2个及以上小项进行考核。小队进行全部3个小项考核时,按逐小项检查扣分方式计算;未进行全部3个小项考核时,按抽小项检查扣分方式计算。小队扣分为中队医疗急救扣分。

6.6.2 考核项目

6.6.2.1 急救器材(1分)

矿山救护中队、小队医疗急救器材基本配备标准及扣分办法见表5、表6。

表 5 矿山救护中队急救器材基本配备标准

器材名称	要求	单位	数量	扣分
模拟人	—	套	1	0.5
背夹板	—	副	4	0.5
负压夹板	或者充气夹板	套	3	0.5
颈托	大、中、小号各2副	副	6	0.5
聚酯夹板	或者木夹板	副	10	0.5
止血带	—	个	20	0.5

表 5（续）

器材名称	要求	单位	数量	扣分
三角巾	—	块	20	0.5
绷带	—	m	50	0.5
剪子	—	个	5	0.5
镊子	—	个	10	0.5
口式呼吸面罩/隔离膜	口对口人工呼吸用面罩	个	5/50	0.5
医用手套	—	副	20	0.5
开口器	—	个	6	0.5
夹舌器	—	个	6	0.5
伤病卡	—	张	100	0.5
相关药剂	碘伏、消炎药等	—	若干	0.5
医疗急救箱	—	个	1	0.5
防护眼镜	—	副	3	0.5
医用消毒大单	—	条	2	0.5

表 6 矿山救护小队急救器材基本配备标准

器材名称	要求	单位	数量	扣分
颈托	可调试	副	2	0.5
聚酯夹板	—	副	2	0.5
三角巾	—	块	10	0.5
绷带	—	m	5	0.5
消炎消毒药水	酒精、碘伏等	瓶	2	0.5
药棉	—	卷	2	0.5
剪子	—	个	1	0.5
衬垫	—	卷	5	0.5
冷敷药品	—	份	2	0.5
口式呼吸面罩/隔离膜	—	个	2/20	0.5
医用手套	—	副	2	0.5
夹舌器	—	个	1	0.5
开口器	—	个	1	0.5
镊子	—	个	2	0.5
止血带	—	个	5	0.5
无菌敷料	或无菌纱布	份	10	0.5

6.6.2.2 心肺复苏基本知识及操作(2分)

6.6.2.2.1 心肺复苏基本知识及操作标准要求如下。
- a) 掌握心肺复苏(CPR)基本知识,能够正确对模拟人进行心肺复苏操作。
    1) 判定事发现场安全、配备个人防护装备后,开始施救。
    2) 快速判断伤员反应,确定意识状态,判断有无呼吸或呼吸异常(如仅仅为喘息),在5 s~10 s内完成。方法:轻拍或摇动伤员,并大声呼叫:"您怎么了。"如果伤员有头颈部创伤或怀疑有颈部损伤,必要时才能移动伤员,对有脊髓损伤的伤员不要随意搬动。
    3) 呼救及寻求帮助。
    4) 将伤员放置心肺复苏体位。将伤员仰卧于坚实平面,施救队员跪于伤员肩旁。
    5) 判断有无动脉搏动,在5 s~10 s内完成。用一手的食指、中指轻置伤员喉结处,然后滑向同侧气管旁软组织处(相当于气管和胸锁乳突肌之间)触摸颈动脉搏动。
    6) 胸外心脏按压。①定位:队员用靠近伤员下肢手的食指、中指并拢,指尖沿其肋弓处向上滑动(定位手),中指端置于肋弓与胸骨剑突交界即切迹处,食指在其上方与中指并排。另1只手掌根紧贴于定位手食指的上方固定不动;再将定位手放开,用其掌根重叠放于已固定手的手背上,两手扣在一起,固定手的手指抬起,脱离胸壁。②姿势:队员双臂伸直,肘关节固定不动,双肩在伤员胸骨正上方,用腰部的力量垂直向下用力按压。③频率:100次/min~120次/min。深度:成人50 mm~60 mm。下压与放松时间比为1:1。
    7) 畅通呼吸道。①仰头举颏法(或仰头举颌法):队员1只手的小鱼际肌放置于伤员的前额,用力往下压,使其头后仰,另1只手的食指、中指放在下颌骨下方,将颏部向上抬起。②下颌前移法(托颌法):队员位于伤员头侧,双肘支持在伤员仰卧平面上,双手紧推双下颌角,下颌前移,拇指牵引下唇,使口微张。
    8) 开放气道时还应查看口腔内有无异物,若有异物,吹气前应先清除异物。
    9) 如果最初有颈动脉搏动而无呼吸或经CPR急救后出现颈动脉搏动而仍无呼吸,则应开始进行人工呼吸,人工呼吸的频率应为10次/min~12次/min(不包括初始2次吹气)。
- b) 单人心肺复苏要求如下。
    1) 由同一个队员顺次轮番完成胸外心脏按压和口对口人工呼吸。
    2) 队员测定伤员无脉搏,立即进行胸外心脏按压30次,频率100次/min~120次/min,然后俯身打开气道,进行2次连续吹气,再迅速回到伤员胸侧,重新确定按压部位,再做30次胸外心脏按压,如此循环操作。
    3) 进行5次循环(2 min左右)后,再次检查脉搏、呼吸(要求在5 s~10 s内完成)。若无脉搏呼吸,再进行5次循环,如此重复操作。
- c) 双人心肺复苏要求如下。
    1) 由两名队员分别进行胸外心脏按压和口对口人工呼吸。
    2) 其中1人位于伤员头侧,1人位于胸侧。按压频率仍为100次/min~120次/min,按压与人工呼吸的比值仍为30:2,即30次胸外心脏按压给以2次人工呼吸。
    3) 位于伤员头侧的队员承担监测脉搏和呼吸,以确定复苏的效果。5个周期按压和吹气循环后,若仍无脉搏呼吸,两名施救者进行位置交换。

6.6.2.2.2 心肺复苏基本知识及操作评分办法如下。
- a) 心肺复苏基本知识回答不正确,1处扣0.4分。
- b) 未检查现场安全,扣0.4分。
- c) 未佩戴防护用品,扣0.4分。
- d) 未呼救及寻求帮助,扣0.4分。

e) 伤员心肺复苏体位不正确,扣0.4分。
f) 未对伤员进行脉搏判断,或判断方法不正确,扣0.4分。
g) 未开放伤员呼吸道或开放方式不正确,扣0.4分。
h) 未检查伤员口中异物,或清理异物方式不正确,扣0.4分。
i) 未判断伤员有无呼吸或判断不正确,扣0.4分。
j) 胸外按压的位置、幅度及按压方法不正确,扣0.4分。
k) 胸外按压的次数、频率不正确,扣0.4分。
l) 人工呼吸的吹气幅度、吹气频率不正确,扣0.4分。
m) 伤员昏迷体位放置不正确,扣0.4分。

6.6.2.3 伤员急救包扎转运模拟训练(2分)

6.6.2.3.1 伤员急救包扎转运模拟训练标准要求

掌握现场急救基本常识,能够对伤员受何种伤害、伤害部位、伤害程度进行正确的分析判断,并熟练掌握各种现场急救方法和处理技术。主要内容包括:能正确对伤员进行伤情检查和诊断,掌握止血、包扎、骨折固定以及伤员搬运等现场急救处理技术。由3人组成1个医疗急救小组,对指定的伤情进行处置,处置在20 min内完成。

a) 检查事故现场,确保自身安全。施救前佩用个人防护装备。
b) 初步评估伤员。如果伤员无反应,应进行心肺复苏(仅告知检查组,不进行具体操作);如果有大出血,应同时控制大出血。
c) 处理大出血。发现大出血应立即处置:用厚敷料直接压迫伤口,同时按压伤口外近心端的动脉止血点,并抬高伤肢,然后再用绷带加压包扎伤口。根据检查组提示,必要时在相应肢体近心端绑扎止血带。
d) 详细评估伤员。检查头部(头皮、头发里伤口)—面部—颈部—胸部—腹部—腰部—骨盆—生殖器(检查生殖器区明显的外伤)—下肢(检查下肢是否瘫痪,询问伤员让其活动肢体,触摸伤员双足询问有无感觉)—上肢(检查上肢是否瘫痪,询问伤员让其活动肢体并与伤员握手检查其握力,触摸伤员双手询问有无感觉)—翻身检查背部(当检查后背伤时,3人同处一侧要统一口令,遵从1人指挥;1人位于伤员肩膀一侧,1人位于伤员臀部一侧,1人位于伤员膝盖一侧,同时轻轻翻转伤员)。检查伤员背部翻身后应检查伤员头枕部、颈后及脊柱区、肩胛区和臀部。最后检查手腕或颈部的标牌。
e) 抗休克处理。轻轻松开伤员颈部,胸部及腰部过紧衣物(扣子、拉链、腰带等),保证伤员呼吸和血液循环更畅通。对无头颈或胸部伤的休克伤员一般采取头低脚高位,应将脚端垫高,以促进血液供应重要脏器;对有头颈伤或胸部伤的伤员,若无休克表现应垫高头端,若有休克表现则应保持平卧位。尽量保持伤员体温,盖保温毯。保持伤员情绪稳定,安抚伤员。
f) 处理创伤。处理顺序:先处理烧烫伤,再处理创伤,最后处理骨折。用消毒纱布或敷料包扎伤口,烧烫伤应注意纱布是否需要湿润,注意手指间、足趾间及耳背等处必要的隔离,扭挫伤应冷敷或抬高伤肢,胸部穿透伤应封闭伤口,注意绷带的使用及正确使用三角吊带。
g) 处理骨折的方法如下。
   1) 对于扭伤、拉伤急救,应抬高受伤部位,使肢体处于放松状态。用冰袋减轻肿胀疼痛感,(使用冰袋时不能直接接触皮肤,把冰袋裹上毛巾或其他软布)。如扭伤部位在踝部,用绷带"8"字包扎踝关节。
   2) 若受伤肢体有严重的肿胀并有青紫瘀斑,则应怀疑骨折需按骨折对待。
   3) 处置颈椎损伤,应采用合适颈托;骨盆骨折用带状三角巾包扎固定;四肢骨折用夹板固定。
4) 如怀疑头颅骨折，除包扎头部伤口外，还应抬高头端。
5) 对于四肢骨折（除有肿胀、青紫瘀斑外还有伤肢的畸形和反常活动），夹板固定前均应专人用手固定骨折处两端保持肢体不动。
6) 四肢骨折如为开放性骨折，应先包扎伤口，用敷料、纱布、绷带（最少包扎两圈）或带状三角巾包扎（如有动脉出血应先止血），然后再用夹板固定。
7) 如为脊柱骨折，应3人共同将伤员用平托法或滚身法抬上背夹板，若存在颈椎伤，则需专人扶伤员头部（或抬人前佩戴颈托）。

h) 转运伤员的方法如下。
1) 检查担架可靠性，1名队员俯卧担架上，两臂自然下垂，两名队员抬起担架测试。
2) 3人搬动伤员时，均应位于伤员受轻伤的一侧，单膝着地，1人位于伤员肩膀一侧抬伤员头颈部和肩膀（若有颈椎损伤，应有专人扶伤员头部固定颈椎或提前佩戴颈托），1人位于伤员臀部一侧抬伤员臀部和背部，1名位于伤员膝盖一侧抬伤员膝盖和踝。统一遵从1人指挥，按照口令慢慢抬起，动作协调一致，发出口令同时轻轻移动到担架上，盖好保温毯。
3) 可自行活动的伤员不需担架；休克或不能行走的伤员均应抬上担架，上肢有伤或昏迷伤员应悬吊固定上肢。
4) 搬运顺序为先运送重伤员，再运送轻伤员。

6.6.2.3.2 伤员急救包扎转运模拟训练评分办法

伤员急救包扎转运模拟训练评分办法如下。
a) 操作队员和伤员不按要求着装或佩带装备，每少1件扣0.4分。
b) 超过时间扣0.4分。
c) 未检查现场安全，伤员矿工帽、矿灯、高筒胶鞋未脱下，每处扣0.4分。
d) 对伤员未评估，评估程序不正确，扣0.4分。
e) 如果需要心肺复苏，告知检查组，未告知扣0.4分。
f) 按压动脉止血点位置错误，扣0.4分。
g) 止血带未扎紧或自动松开，衬垫位置放错，未做止血标记，扣0.4分。
h) 伤口未放无菌纱布或敷料，绷带未完全包住敷料，绷带打结方法错误，每处扣0.4分。
i) 抗休克处理不正确或未进行，扣0.4分。
j) 创伤处理顺序不正确，或处理方式不正确，扣0.4分。
k) 对骨折处理不正确，扣0.4分。
l) 夹板使用不当，夹板和衬垫放错位置或未加衬垫，每处扣0.4分。
m) 固定骨折时绷带绑扎位置错误，应用绷带数量不足，每处扣0.4分。
n) 需要时，没有应用三角吊带，或三角吊带使用错误，扣0.4分。
o) 未给伤员盖保温毯，扣0.4分。
p) 搬运伤员方法、顺序错误，扣0.4分/次。

6.7 技术操作（13分）

6.7.1 考核方法及要求

技术操作考核方法及要求如下。
a) 考核时以小队为单位，随机确定2个及以上小项进行考核。小队进行全部6个小项考核时，按逐小项检查扣分方式计算;未进行全部6个小项考核时,按抽小项检查扣分方式计算。小队扣分为中队技术操作扣分。

b) 所有技术操作项目佩用氧气呼吸器,正确使用音响信号;暂不使用的装备、工具可放置在基地,工作结束后带回。

c) 在灾区工作时,氧气呼吸器发生故障应立即处理。当处理不了时,全小队退出灾区,处理后再进入灾区。操作中出现工伤事故,不能坚持工作时,全小队退出灾区,安置伤员后,再进入灾区继续操作;少于6人时,不应继续操作。

d) 挂风障、建造木板密闭墙、建造砖密闭墙、架木棚(均在断面为 4 m² 的不燃性梯形巷道内进行)、安装局部通风机和接风筒、安装高倍数泡沫灭火机等项目连续操作,每项之间允许休息时间不应超过 10 min。

6.7.2 考核项目

6.7.2.1 挂风障(2分)

6.7.2.1.1 挂风障标准要求如下。

a) 用4根方木架设带底梁的梯形框架,在框架中间用方木打一立柱。架腿、立柱应坐在底梁上。中柱上下垂直,边柱紧靠两帮。

b) 风障四周用压条压严,钉在骨架上。中间立柱处,竖压1根压条,每根压条不少于3个钉子,压条两端与钉子间距不应大于 100 mm。同一根压条上的钉子分布均匀(相差不应超过 150 mm)。

c) 同一根压条上的钉子分布大致均匀,底压条上相邻两钉的间距不小于 1 000 mm,其余各根压条上相邻两钉的间距不小于 500 mm。钉子应全部钉入骨架内,跑钉、弯钉允许补钉。

d) 结构牢固,四周严密。

e) 4 min 完成。

6.7.2.1.2 挂风障评分办法如下。

a) 不按规定结构操作扣 0.5 分。

b) 少1根立柱或结构不牢,该项无分(用1只手推,不能用力冲击)。

c) 每少1根压条扣 0.5 分。

d) 每少1个钉子、钉子未钉在骨架上、钉帽未接触到压条,每处扣 0.5 分。

e) 钉子距压条端大于 100 mm,每处扣 0.3 分。

f) 压条搭接或压条接头处间隙大于 50 mm,每处扣 0.3 分。

g) 中柱与两边柱的边距差 50 mm,中柱上下垂度超过 50 mm、边柱与帮缝大于 20 mm、长度大于 300 mm,障面孔隙大于 2000 mm²,每处扣 0.3 分(从压条距顶、帮、底的空隙宽度大于 20 mm 处始量长度,计算面积)。

h) 障面不平整,折叠宽度大于 15 mm,每处扣 0.3 分。

i) 同一根压条上,相邻两个钉子的间距不符合要求,每处扣 0.3 分。

j) 超过时间扣 0.5 分。

k) 未佩用氧气呼吸器、呼吸器故障、工伤、退出灾区不能完成任务,出现任一情况该项不得分;音响信号使用不正确,每次扣 0.3 分,丢失工具 1 件扣 0.3 分;与前项间隔的休息时间超时扣 0.5 分。

6.7.2.2 建造木板密闭墙(2分)

6.7.2.2.1 建造木板密闭墙标准要求如下。

a) 骨架结构要求如下。
   1) 先用 3 根方木设一梯形框架,再用 1 根方木,紧靠巷道底板,钉在框架两腿上。
   2) 在框架顶梁和紧靠底板的横木上钉上 4 根立柱,立柱排列应均匀,间距在 380 mm～460 mm 之间(中对中测量,量上不量下)。
b) 钉板要求如下。
   1) 木板采用搭接方式,下板压上板,压接长度不少于 20 mm,两帮镶小板,在最上面的大板上钉托泥板。
   2) 每块大板不少于 8 个钉子(可一钉两用),钉子应穿过 2 块大板钉在立柱上。每块小板不少于 1 个钉子,每个钉子要穿透 2 块小板钉在大板上。钉子应钉实,不可以空钉。
   3) 小板不准横纹钉,不可以钉劈(通缝为劈),压接长度不少于 20 mm。
   4) 托泥板宽度为 30 mm～60 mm,与顶板间距为 30 mm～50 mm,两头距小板间距不大于 50 mm,托泥板不少于 3 个钉子,两头钉子距板头不大于 100 mm,钉子分布均匀。
   5) 大板要平直,以巷道为准,大板两端距顶板距离差不大于 50 mm。
   6) 板闭四周严密,缝隙宽度不应超过 5 mm、长度不应超过 200 mm。
   7) 结构牢固。
c) 10 min 完成。

6.7.2.2.2 建造木板密闭墙评分办法如下。
a) 骨架不牢、缺立柱、缺大板,边柱松动(用一手推拉边柱移位)、边柱与顶梁搭接面小于 1/2、立柱断裂未采取补救措施的,该项无分。
b) 立柱排列不均匀(间距不在 380 mm～460 mm 之间),扣 1 分。
c) 大板压茬小于 20 mm,大板水平超过 50 mm,每处扣 0.3 分。
d) 缺小板、小板横纹钉、小板钉劈、小板压茬小于 20 mm,每处扣 0.3 分。
e) 大板钉子未钉在立柱上、小板未坐在大板上、少钉 1 个钉子、空钉或弯钉(可以补钉)、钉子未钉在大板上、钉帽与板面未接实(以钉帽与板之间能放进起钉器为准),每处扣 0.5 分。
f) 未钉托泥板,扣 0.5 分。
g) 托泥板与顶板或小板的间距、两头钉子与板头的间距超过规定、均匀误差大于 100 mm,每处各扣 0.3 分,少 1 个钉子扣 0.5 分。
h) 板闭四周缝隙宽度超过 5 mm,且长度超过 200 mm,每处扣 0.3 分。
i) 超过时间扣 0.5 分。
j) 未佩用氧气呼吸器、呼吸器故障、工伤、退出灾区不能完成任务,出现任一情况该项不得分;音响信号使用不正确,每次扣 0.3 分,丢失工具 1 件扣 0.3 分;与前项间隔的休息时间超时扣 0.5 分。

6.7.2.3 建造砖密闭墙(3 分)

6.7.2.3.1 建造砖密闭墙标准要求如下。
a) 密闭墙牢固、墙面平整、浆饱、不漏风、不透光,结构合理,接顶充实,30 min 完成。
b) 墙厚 370 mm 左右,结构为(砖)一横一竖,不准事先把地找平。按普通密闭施工,可不设放水沟和管孔。
c) 前倾、后仰不大于 100 mm(从最上一层砖两端的三分之一处挂 2 条垂线,分别测量 2 条垂线上最上及最下一层砖至垂线的距离,存在距离差即为前倾、后仰)。
d) 砖墙完成后,除两帮和顶可抹不大于 100 mm 宽的泥浆外,墙面应整洁,砖缝线条应清晰,符合要求。

6.7.2.3.2 建造砖密闭墙评分办法如下。

a) 墙体不牢(用1只手推晃动、位移);结构不合理(不按一横一竖施工或竖砖使用大半头);墙面透光;接顶不实(接顶宽度少于墙厚的2/3,连续长度达到120 mm);使用可燃性材料接顶;封顶前墙面内侧仍有人员。出现以上任一情况,该项无分。

b) 墙面平整以砖墙最上和最下两层砖所构成的平面为基准面,墙面任何砖块凹凸,超过基准面的正负20 mm,每处扣0.3分。检查方法:分别连接上宽、下宽各三分之一处,形成2条线,在2条线上每层砖各查1次。

c) 前倾、后仰大于100 mm扣1分。

d) 砖缝应符合要求。每有1处大缝、窄缝、对缝各扣0.3分,墙面泥浆抹面扣0.5分。

e) 超过时间扣0.5分。

f) 未佩用氧气呼吸器、呼吸器故障、工伤、退出灾区不能完成任务,出现任一情况该项不得分;音响信号使用不正确,每次扣0.3分,丢失工具1件扣0.3分;与前项间隔的休息时间超时扣0.5分。

注1:砖缝大于15 mm为大缝(水平缝连续长度达到120 mm为1处,竖缝达到50 mm为1处)。
注2:砖缝小于3 mm为窄缝(水平缝连续长度达到120 mm为1处,竖缝达到50 mm为1处)。
注3:上下砖的缝距小于20 mm为对缝。
注4:紧靠两帮的砖缝不能大于30 mm(高度达到50 mm),否则,按大缝计。
注5:接顶处不足一砖厚时,可用碎石砖瓦等非燃性材料填实,间隙宽度大于30 mm,高度大于30 mm时为大缝;若该大缝的水平长度大于120 mm时为接顶不实。

6.7.2.4 架木棚(3分)

6.7.2.4.1 架木棚标准要求如下。

a) 结构牢固、亲口严密,无明显歪扭,叉角适当。

b) 棚距800 mm~1 000 mm,两边棚距(以腰线位置量)相差不超过50 mm,一架棚高,一架棚低或同一架棚的一端高一端低,相差均不应超过50 mm,6块背板(两帮和棚顶各2块),楔子准备16块。

c) 棚腿应做"马蹄"状。

d) 棚腿窝深度不少于200 mm,工作完成之后,应埋好与地面平,棚子前倾后仰不超过100 mm。

e) 棚腿大头向上,亲口间隙不应超过4 mm,后穷间隙不应超过15 mm,梁腿亲口不准砍,不准砸。

f) 棚子叉角范围为180 mm~250 mm(从亲口处作一垂线1 m处到棚腿的水平距离),同一架棚两叉角相差不应超过30 mm,梁亲口深度不少于50 mm,腿亲口深度不少于40 mm,梁刷头应盖满柱顶(如腿径小于梁子直径,则两者中心应在1条直线上)。

g) 棚梁的2块背板压在梁头上,从梁头到背板外边缘距离不大于200 mm,两帮各两块背板,从柱顶到第1块背板上边缘的距离应大于400 mm、小于600 mm,从巷道底板到第2块背板下边缘的距离,应大于400 mm、小于600 mm。

h) 1块背板打2块楔子,楔子使用位置正确,不松动,不准同点打双楔。

i) 30 min完成。

6.7.2.4.2 架木棚评分方法如下。

a) 结构不牢(用1只手推动位移),该项无分。

b) 亲口间隙超过4 mm(用宽20 mm、厚5 mm的钢板插入10 mm为准),梁头与柱间隙(后穷)超过15 mm(用宽20 mm、厚16 mm的方木插入10 mm为准)均为亲口不严,每发现1处扣0.3分。

c) 叉角不在180 mm~250 mm范围,同一架棚两叉角直差超过30 mm,每处扣0.3分。

d) 砍砸棚梁或棚腿接口,少1个楔子,楔子松动,楔子使用位置不正确,同点打双楔,每处扣0.5分。
e) 棚腿大腿朝下,背板少1块,每处扣0.5分。
f) 棚距不在800 mm～1 000 mm范围内(以两腿中心测量),扣0.5分。两帮棚距相差超过50 mm扣0.5分,木棚一架高一架低超过50 mm,每处扣0.5分。
g) 棚腿未做"马蹄"状,每个扣0.5分,柱窝未埋出地面,每处扣0.5分。
h) 背板位置不正确,每处扣0.3分。
i) 棚子明显歪扭(以每架棚为1处),梁或腿歪扭差大于50 mm,每处扣0.3分。棚梁或棚腿亲口深度不当,每处扣0.3分。
j) 每架棚前倾后仰超过100 mm,扣0.3分。检验方法:在两棚距地面300 mm处拉1条线,从棚梁中点向下吊1条线,线与水平连线的水平距离,即为前倾后仰的检测距离。
k) 超过时间扣0.5分。
l) 未佩用氧气呼吸器、呼吸器故障、工伤、退出灾区不能完成任务,出现任一情况该项不得分;音响信号使用不正确,每次扣0.3分,丢失工具1件扣0.3分;与前项间隔的休息时间超时扣0.5分。

6.7.2.5 安装局部通风机和接风筒(2分)

6.7.2.5.1 安装局部通风机和接风筒标准要求如下。
a) 安装和接线正确。
b) 风筒接口严密不漏风。
c) 现场做接线头,局部通风机动力线接在防爆开关上,操作人员不限,使用挡板、密封圈。
d) 带风逐节连接5节风筒,每节长度为10 m,直径不小于400 mm;采用双反压边接头,吊环向上一致。
e) 8 min完成。

6.7.2.5.2 安装局部通风机和接风筒评分办法如下。
a) 安装与接线不正确,每处扣0.5分。
b) 接头漏风,每处扣0.5分。
c) 事先做好线头,不使用挡板、密封圈,该项无分。
d) 不带风连接风筒,该项无分;未逐节连接风筒,扣0.5分。
e) 不采用双反压边接头,吊环错距大于20 mm,每处扣0.3分。
f) 未接地线或接错,该项无分。
g) 超过时间扣0.5分。
h) 未佩用氧气呼吸器、呼吸器故障、工伤、退出灾区不能完成任务,出现任一情况该项不得分;音响信号使用不正确,每次扣0.3分,丢失工具1件扣0.3分;与前项间隔的休息时间超时扣0.5分。

6.7.2.6 安装高倍数泡沫灭火机(1分)

6.7.2.6.1 安装高倍数泡沫灭火机标准要求如下。
a) 在安装地点备好1台防爆磁力启动器、3个防爆插座开关、连好线的四通接线盒、带电源的三相闸刀(或空气开关)及水源。
b) 将高泡机、潜水泵、配制好的药剂、水龙带等器材运至安装地点,进行安装。防爆四通接线盒的输入电缆要接在磁力启动器上,磁力启动器的输入电缆接在三相闸刀电源上,两处接线头应现场做。风机、潜水泵与四通接线盒之间均采用事先接好的防爆插销、插座开关连接和控制,接线、安装应符合防爆要求。

AQ/T 1009—2021

    c) 安装完成后,送电开机,发泡灭火。

    d) 15 min 完成。

6.7.2.6.2 安装高倍数泡沫灭火机评分办法如下。

    a) 不能发泡、地线接错,接线未接完或磁力启动器盖子上的螺丝未全部上完就送电开机、接线电缆没有密封圈、风机安装颠倒,未将火扑灭,发现上述情形之一者,该项无分。

    b) 接线不正确(线头绕向错误),每处扣 0.3 分。

    c) 螺丝未上紧(凡用工具上的螺丝,用手能拧动为未上紧),每处扣 0.5 分。

    d) 螺丝垫圈,压线金属片,每缺 1 件扣 0.3 分。

    e) 发泡不满网的三分之二扣 0.5 分。

    f) BGP200 型高倍数泡沫灭火机单机运转或风机反转,各扣 1 分。

    g) 超过时间扣 0.5 分。

    h) 未佩用氧气呼吸器、呼吸器故障、工伤、退出灾区不能完成任务,出现任一情况该项不得分;音响信号使用不正确,每次扣 0.3 分,丢失工具 1 件扣 0.3 分;与前项间隔的休息时间超时扣 0.5 分。

6.8 综合体质(10 分)

6.8.1 综合体质考核方法:以标准建制小队为单位,每个队员随机确定 3 个(至少包含 6.8.2i)、6.8.2j)、6.8.2k)小项中 1 个)及以上小项进行考核。单个队员进行全部 11 个小项考核时,按逐小项检查扣分方式计算;未进行全部 11 个小项考核时,按抽小项检查扣分方式计算。小队所有人员的平均扣分为中队综合体质扣分。

6.8.2 综合体质标准要求如下。

    a) 引体向上(0.5 分):正手握杠,下颌过杠,连续 8 次。

    b) 举重(0.5 分):杠铃重 30 kg,连续举 10 次。

    c) 跳高(0.5 分):1.1 m。

    d) 跳远(0.5 分):3.5 m。

    e) 爬绳(0.5 分):爬高 3.5 m。

    f) 哑铃(0.5 分):8 kg(2 个)上、中、下各 20 次。

    g) 负重蹲起(0.5 分):负重为 40 kg 的杠铃,连续蹲起 15 次。

    h) 跑步(0.5 分):2 km,10 min 完成。

    i) 激烈行动(2 分):佩用氧气呼吸器,按火灾事故携带装备,8 min 行走 1 km,不休息,150 s 拉检力器 80 次。

    j) 耐力锻炼(2 分):佩用氧气呼吸器负重 15 kg,4 h 行走 10 km。

    k) 高温浓烟训练(2 分):在演习巷道内,40 ℃的浓烟中,25 min 每人拉检力器 80 次,并锯两块直径 160 mm～180 mm 的木段。

6.8.3 综合体质评分办法如下。

    a) 第 6.8.2a)~6.8.2h)小项,1 名队员不参加或达不到标准扣 0.5 分。

    b) 第 6.8.2i)~6.8.2k)小项,1 名队员不参加或达不到标准扣 2 分;查看中队平时训练记录,未按规定进行训练,扣 2 分。

    c) 小项训练器械缺损或不符合标准(检力器标准:重量 20 kg,拉距为 1.2 m),该小项不得分。

6.9 准军事化操练(8 分)

6.9.1 风纪、礼节(2 分)

6.9.1.1 风纪、礼节标准要求:全队人员统一整齐着制服,正确佩戴标志(肩章、臂章、领花、帽徽),帽子要戴端正,不能留长发、胡须,不能佩戴首饰;全体指战员做到服从命令,听从指挥。

6.9.1.2 风纪、礼节评分办法为发现 1 人不符合规定扣 0.5 分,未统一着装扣 2 分。

6.9.2 队容(6 分)

6.9.2.1 队容考核标准要求如下。
   a) 队列操练由中队指挥员指挥,由不少于 2 个建制小队共同完成。
   b) 队列操练由领队指挥员在场外(指定位置)整理队伍,跑步进入场地至各项操练完毕。
   c) 项目操练按照排列顺序依次进行,不能颠倒。
   d) 除领取与布置任务、整理服装外,其余各单项均操练两次。
   e) 行进间队列操练时,行进距离不小于 10 m(步伐变换时要求两种步伐的总行进距离不小于 10 m,纵队队形和方向变化除外)。
   f) 操练完毕,领队指挥员向首长请示后,将队列成纵队跑步带出场地结束。
   g) 指挥员要做到以下 4 点。
      1) 指挥位置正确。
      2) 姿态端正,精神振作,动作准确。
      3) 口令准确、清楚、洪亮。
      4) 清点人数,检查着装,严格要求,维护队列纪律。

6.9.2.2 队容考核评分办法如下。
   a) 少于 2 个标准建制小队,扣 3 分。
   b) 指挥员位置不正确,1 处扣 0.5 分。
   c) 队列操练项目,每缺 1 项扣 1 分,各单项少做 1 次扣 0.5 分;项目之间或单项内前后顺序颠倒,每次扣 0.5 分。
   d) 行进距离小于 10 m,扣 0.5 分。

6.9.2.3 队容考核内容如下。
   a) 领取与布置任务标准要求及评分办法如下。
      1) 领队指挥员整好队伍后,应跑步到首长处报告及领取任务,再返回向队列人员简要布置任务。
      2) 报告前和领取任务后向首长行举手礼。
      3) 领队指挥员在报告和向队列人员布置任务时,队列人员应成立正姿势,不许做其他动作。
      4) 在各项操练过程中,不许再分项布置任务和用口令、动作提示。
      5) 领队指挥员报告词:"报告!×××救护队操练队列集合完毕,请首长指示!报告人:队长×××!"首长指示词:"请操练!"接受指示后回答:"是!"行礼后返回队列前,向队列人员简要布置操练的项目。
      6) 指挥员在操练过程中有口令和动作提示,1 次扣 0.5 分;队列人员每有 1 人次动作不正确,扣 0.3 分;报告词有漏项或报告词出现错误,每处扣 0.3 分。
   b) 解散标准要求及评分办法:队列人员听到口令后要迅速离开原位散开;每有 1 人次不按要求散开,扣 0.3 分。
   c) 集合(横队)标准要求及评分办法如下。
      1) 队列人员听到集合预令,应在原地面向指挥员,成立正姿势站好。
      2) 听到口令应跑步按口令集合(凡在指挥员后侧人员均应从指挥员右侧绕行)。
      3) 每有 1 人次不正确,扣 0.3 分。
   d) 立正、稍息标准要求及评分办法:按动作要领分别操练,姿势正确、动作整齐一致;每有 1 人次做错,扣 0.3 分。

e) 整齐(依次为整理服装、向右看齐、向左看齐、向中看齐)标准要求及评分办法:在整齐时,先整理服装一次(整理队帽、衣领、上口袋盖、军用腰带、下口袋盖)。每有1人次整理顺序错误或看齐动作与口令不符,扣0.3分。
f) 报数标准要求及评分办法:报数时要准确、短促、洪亮、转头(最后一名不转头);每有1人次报数不转头或报错数,扣0.3分。
g) 停止间转法(依次为向右转、向左转、向后转、半面向右转、半面向左转)标准要求及评分办法:动作准确,整齐一致;每有1人次转错,扣0.3分。
h) 齐步走、正步走、跑步走(均为横队)标准要求及评分办法:队列排面整齐,步伐一致;每有1人次走(跑)错,扣0.3分。
i) 立定标准要求及评分办法:在齐步走、正步走和跑步走分别作立定动作时进行检查考核,要整齐一致;每有1人次做错,扣0.3分。
j) 步伐变换(依次为齐步变跑步、跑步变齐步、齐步变正步、正步变齐步)标准要求及评分办法:按要领操练,排面整齐、步伐一致;每有1人次做错,扣0.3分。
k) 行进间转法(均在齐步走时向左转走、向右转走、向后转走)标准要求及评分办法:队列排面整齐,步伐一致;每有1人次转(走)错,扣0.3分。
l) 纵队方向变换(停止间左转弯齐步走、右转弯齐步走,行进间右转弯走、左转弯走)标准要求及评分办法:排面整齐,步伐一致;每有1人次单列行进、步伐错误,扣0.3分。
m) 队列敬礼(停止间)标准要求及评分办法:排面整齐,动作一致;每有1人次做错,扣0.3分。
n) 操练结束标准要求及评分办法:领队指挥员报告词:"报告!×××救护队队列操练完毕,请首长指示!报告人:队长×××!"首长指示词:"请带回!"接受指示后回答:"是!"行礼后返回队列前,将队列成纵队跑步带出场地。报告词有漏项或报告词出现错误,每处扣0.3分。

队列操练场地布置如图1所示。

单位为米

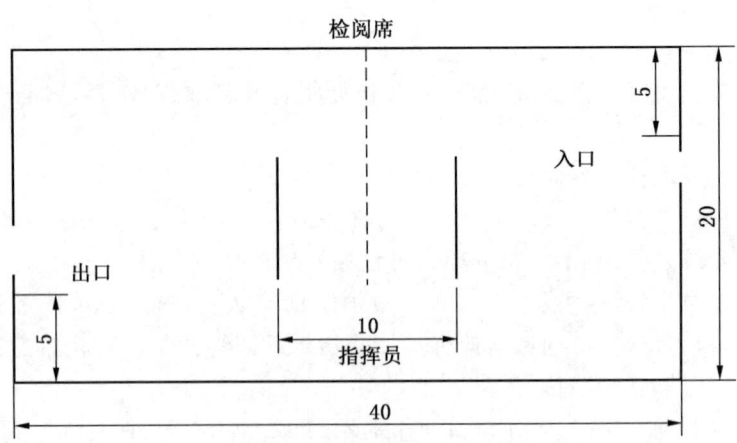

图1 队列操练场地布置图

6.10 日常管理(10分)

6.10.1 值班室管理

6.10.1.1 值班室管理标准要求:电话值班室应装备录音电话机、报警装置、计时钟、接警记录簿、交接班记录簿、救护队伍部署图、服务区域矿山分布图、作息时间表和工作日程图表。

6.10.1.2 值班室管理评分办法:每缺1种扣0.5分。

6.10.2 规章制度

6.10.2.1 规章制度标准要求：制定并落实中队指挥员值班、小队值班和待机、会议、学习和训练、氧气充填室管理、装备维护保养与管理、战备器材库管理、车辆使用及库房管理、事故救援总结讲评、评比检查、预防性安全检查、内务管理、考勤和奖惩等工作制度。

独立中队除制定并落实上述制度外，还应制定并落实技术服务管理、财务管理、档案管理等工作制度。

6.10.2.2 规章制度评分办法：制度缺1项扣1分，1项制度未落实扣0.5分。

6.10.3 任务管理

6.10.3.1 任务管理标准要求：按照大队（独立中队）年度、季度和月度工作计划，制定各项工作任务分解表，明确责任分工、细化落实措施，并严格对照落实。

6.10.3.2 任务管理评分办法：未制定年度、季度和月度工作任务分解表各扣1分，未落实1项扣0.5分。

6.10.4 记录管理

6.10.4.1 记录管理标准要求：建立工作日志（包含会议、学习）、值班与交接班、训练（包含体能、技能、模拟演习等）、装备维护保养、评比检查（含标准化自评）、预防性安全检查、事故接警、事故救援、考勤和奖惩等记录，并保存1年及以上；工作日志由值班指挥员填写，其他记录按岗位责任制的要求填写。

独立中队除建立上述各项记录外，还应建立培训、装备及设施更新、技术服务等记录，并保存1年及以上。保存人员信息、装备与设施、培训与训练、事故救援总结和工作文件等档案资料，保存3年及以上。

6.10.4.2 记录管理评分办法：缺1项记录或档案资料扣1分，记录不完整1项扣0.5分。

6.10.5 各类检查

6.10.5.1 各类检查标准要求：按计划到服务矿井进行熟悉巷道和预防性安全检查，绘出检查路线及通风系统示意图；每季度组织1次标准化自评。

6.10.5.2 各类检查评分办法：未按计划开展预防性安全检查扣1分，未绘制示意图扣0.5分；查看一整年的标准化自评资料，少开展1次扣1分。

6.10.6 内务管理

6.10.6.1 内务管理标准要求：室外环境舒适、整洁和畅通，室内保持干净、整齐、简便，宿舍、值班室物品悬挂一条线、床上卧具叠放一条线、洗刷用品摆放一条线。

6.10.6.2 内务管理评分办法：发现1项（处）不符合要求扣1分。

6.10.7 独立中队管理

独立中队除执行上述管理规定外，还应执行以下规定。

a) 准军事化管理标准要求及评分办法如下。
   1) 统一着装，佩戴矿山救援标志。
   2) 日常办公、值班、理论和业务知识学习、准军事化操练等工作期间，着制服。
   3) 技术操作、仪器操作、入井准备、医疗急救、模拟演习等训练期间，着防护服。
   4) 未统一着装扣1分，未按规定配备服装扣1分。

b) 牌板管理标准要求及评分办法如下。

1) 悬挂组织机构牌板、接警记录牌板和评比检查牌板。
2) 缺1种扣1分。

c) 劳动保障标准要求及评分办法如下。
1) 指战员应享受矿山采掘一线作业人员的岗位工资、入井津贴和夜班补助等待遇。
2) 佩用氧气呼吸器工作,应享受特殊津贴;在高温、烟雾和冒落的恶劣环境中佩用氧气呼吸器工作的,特殊津贴增加一倍。
3) 所在单位除了执行医疗、养老、失业和工伤等职工保险各项制度外,还应为指战员购买人身意外伤害保险。
4) 体检指标不适应岗位要求的,或者年龄达到规定上限但未达到退休年龄的,所在单位应另行安排适当工作。
5) 上述4项要求,未达到1项扣1分。

参 考 文 献

[1] GB 16423 金属非金属矿山安全规程
[2] AQ 1008 矿山救护规程
[3] 煤矿安全规程(国家安全生产监督管理总局令第 87 号,2016 年)